南昌师范学院学术著作出版基金资助

南昌师范学院博士科研基金资助

南昌师范学院重点学科建设计划资助

弘道与垂范

释赞宁《宋高僧传》研究

金建锋／著

中国社会科学出版社

图书在版编目(CIP)数据

弘道与垂范：释赞宁《宋高僧传》研究 / 金建锋著. —北京：
中国社会科学出版社，2014.12
ISBN 978-7-5161-5309-3

I.①弘… Ⅱ.①金… Ⅲ.①僧侣—列传—中国—宋代②《宋高
僧传》—研究 Ⅳ.①B949.92

中国版本图书馆 CIP 数据核字(2014)第 300544 号

出 版 人	赵剑英	
责任编辑	凌金良	
责任校对	周　昊	
责任印制	张雪娇	

出　　版	中国社会科学出版社	
社　　址	北京鼓楼西大街甲 158 号 （邮编 100720）	
网　　址	http：//www.csspw.cn	
	中文域名：中国社科网　010-64070619	
发 行 部	010-84083685	
门 市 部	010-84029450	
经　　销	新华书店及其他书店	

印　　刷	北京君升印刷有限公司	
装　　订	廊坊市广阳区广增装订厂	
版　　次	2014 年 12 月第 1 版	
印　　次	2014 年 12 月第 1 次印刷	

开　　本	710×1000　1/16	
印　　张	18.25	
插　　页	2	
字　　数	310 千字	
定　　价	55.00 元	

凡购买中国社会科学出版社图书,如有质量问题请与本社联系调换
电话:010-84083683

目　录

绪 论

一 研究对象、范围和意义

"佛教进入中国后便有了佛教史学。鉴于史学至少有着反映一种宗教形态来龙去脉的功能，所以佛教史学也是全面认识中国佛教的一个非常重要的窗口。"① 佛教史学的主要载体是佛教史籍。佛教史学的研究是以佛教史籍的研究为基础。佛教史籍是佛教史学的重要组成部分。佛教史学有广义和狭义之分②，同样的，佛教史籍也有广义和狭义之分。③ 我们可以说，不论是佛教史学还是佛教史籍，它们都同时具有宗教和历史的属性。受中国古代传统史学发展的影响，中国佛教史学结合自身特点有着一个模仿、发展和创新的过程。

中国佛教史籍体裁多样。僧人传记是其中之一。"佛教自从西汉之末、东汉之初，随着商旅的往还，信使的来去而传入了中国。三四百年以后，有了相当的发展。关于这一期间佛教人物的史实，人们要求有汇集的记载以免散失遗忘，于是有僧传之作。这种以僧传作为佛教史的唯一体例，由南北朝经过隋唐以至北宋无不如此。"④ 所以研究北宋之前僧传作品对中国佛教史具有重要意义。汤一介先生在《高僧传》之《绪论》云："魏晋南北朝时期史书以僧人传记最为发达。有一人之传记；有一时一地僧人之传记；有尼传；有感应传；而最重要者为通撰僧传，此不以时地性质为限者。一则附之他书；一则叙历代诸僧，另立专书，所摄至广，因至重要……现存全书者，仅慧皎之《高僧传》……后之作高僧传者，均继

① 严耀中：《试论佛教史学》，载《佛教与三至十三世纪中国史》，宗教文化出版社 2007 年版，第 16 页。

② 同上书，第 17 页。

③ 曹刚华：《宋代佛教史籍研究》（绪言），华东师范大学出版社 2006 年版，第 1 页。

④ 周叔迦：《周叔迦佛学论著集》（上），中华书局 1991 年版，第 113 页。

其成规焉。"① 诚然，释慧皎《高僧传》（简称《梁传》)② 是诸"高僧传"著作中的第一座丰碑，其在佛教史、文化史、历史学上有极其重要的价值，所以近现代研究者比较多。近二十年，以此部著作为中心的专著就有好几部③，同时《梁传》是在全国未统一的情况下写成，具有地域的局限性。而释道宣所撰《续高僧传》（简称《唐传》）虽成书于全国统一的唐朝，至今没有点校本。释赞宁《宋高僧传》（简称《宋传》）是承继《梁传》《唐传》所作，既是成书于统一的北宋初，又有前辈学者范祥雍先生的点校，据笔者了解，研究此书者还不多（参见后面研究历史和现状），所以笔者把释赞宁的《宋传》作为研究对象，同时兼与释慧皎的《梁传》、释道宣的《唐传》作比较。

释赞宁《宋传》三十卷，所载传主时限大致是续接《唐传》，大体始于唐高宗麟德二年（665)④，终于宋太宗雍熙四年（987)，即卷七所载义寂的卒年，前后凡三百二十三年。其中所载涉及魏、陈、隋代的一些僧人，是补充《唐传》之阙，并非超越本传时限范围。由此，这部僧传成为研究唐代至宋初中国佛教史、政治史、文化史、历史学等的重要资料。

《宋传》有值得研究的意义。首先，从纵向来说，通过《宋传》，我们可以比较深入了解唐初至宋初中国佛教史发展的基本状况。佛教自两汉之际传入我国，作为一种异域文化，首先依附中国文化；历经魏晋南北朝，逐渐与中国文化相融合；隋唐有了进一步发展，开始了创新，形成中国特色的佛教。这个过程，是由许多高僧来完成的；这个过程，也受到了不同时期政治、经济、军事等社会环境的影响。而以高僧为作者的《宋传》，恰恰从当时佛教的角度出发，记录了当时佛教在这个过程中的变化发展，并记录了当时佛教徒所闻所见到的中国社会政治、经济、历史及文

---

① 汤用彤：《高僧传》（绪论），中华书局 1992 年版，第 1—2 页。

② 本文所采用本子：《高僧传》是汤用彤点校注，中华书局 1992 年版。《续高僧传》取自上海古籍出版社 1991 年印行的《高僧传合集》，碛砂藏本；《宋高僧传》是范祥雍点校本，中华书局 1987 年版。

③ 就笔者所知，其中著作及论文有：郑郁卿：《高僧传研究》，台北文津出版社 1990 年版；黄先炳：《高僧传研究》，2004 年南京大学博士论文；纪赟：《高僧传研究》，2006 年复旦大学博士论文，等等。

④ 关于大致起始年，如果以《唐传》中传主纪事最晚时间起算，那么应是卷二三《释昙光》云："今麟德二年。"（即 665 年），释道宣：《续高僧传》，载《高僧传合集》，上海古籍出版社 1991 年版，第 299 页。

化思想发展状况。这对中国佛教史、甚至古代传统文化研究具有重要价值。就现在来说，虽然有的学者注意到了这部僧传的重要价值，但是他们主要把《宋传》作为一个基础史料来引用，对于整体研究很少。

其次，从横向来看，同前两部僧传进行一些比较，可以见出三部僧传的许多不同之处。很明显的是，首先创作时代不同。其次作者不同。这些差异，导致三部僧传不论从内容还是形式都带来了一些根本不同。通过比较，我们可以了解这些差异何在及其原因。"道由人弘"，僧传的传主一般都是当时活跃的人物，或在翻译上、或在义理上、或在宗教神通上等方面有突出表现。他们对佛教的侧重，往往影响当时人们对佛教的认识和接受。相对于《唐传》还没有点校本而言，研究《宋传》的学者多一些。有的学者结合《梁传》《唐传》的传论，往往可以见出中国佛教思想的发展轨迹。比如严耀中先生《〈高僧传〉、〈续高僧传〉与〈宋高僧传〉的"明律传论"之比较》①，这是值得笔者学习的方法。因此本书试图从文献学的角度出发，结合学术史、文化史、史学史等多学科，开展比较研究，结合佛教发展不同时期状况，力图对中国佛教史研究有所补益。

最后，《宋传》具有史学史意义上的重要史料价值。这方面研究，著名史学家陈垣先生《中国佛教史学概论》一书具有筚路蓝缕之功。这部书中，陈先生从僧传之体制及内容、在史学上之利用、版本异同、特色及缺点方面进行了概述②，曹刚华先生《宋代佛教史籍研究》，从总体上对宋代佛教史籍进行研究和论述，③ 虽涉及赞宁《宋传》，但是缺乏具体的研究，比如文献来源，文献加工与史传加工上区别不同等。

二 《宋传》研究的历史和现状

20世纪以前，儒家思想占主导地位，官方与士大夫主流形成一种重视正史的传统思想，对佛教史籍大多停留在目录上的著录或提要。官方目录，如《隋书·经籍志》《宋史·艺文志》《四库全书总目》等。私家目录，如宋代陈振孙《直斋书录解题》、晁公武《郡斋读书志》等。这些目

---

① 严耀中：《〈高僧传〉、〈续高僧传〉与〈宋高僧传〉的"明律传论"之比较》，载《佛教与三至十三世纪中国史》，宗教文化出版社2007年版，第52页。

② 陈垣：《中国佛教史籍概论》，上海书店出版社2005年版，第22—36页。

③ 曹刚华：《宋代佛教史籍研究》，华东师范大学出版社2006年版。

录记载对僧传体例来说，不论在分类上还是在提要评价上或多或少存在一些问题。还有一种就是佛教目录，佛教高僧编撰的著录或提要。如唐释道宣《大唐内典录》、释智升《开元释教录》等。这些目录对僧传著录与提要评价虽有独到之处，但没有进行整体深入研究。

进入 20 世纪以来，随着时代发展，学者对佛教与佛教史籍研究取得长足进展，新思维、新方法的使用，深化了对佛教的研究。有关《宋传》研究，大致可以分为以下几个阶段。

第一阶段：20 世纪初至 1949 年。

用僧传来研究佛教史的早期研究者，应首推梁启超先生，梁先生研究佛教作品集为《佛学研究十八篇》，其中如《中西印度之交通》（亦题为《千五年前之中国留学生》）《佛典之翻译》《翻译文学与佛典》，对佛经翻译史的研究，运用僧传做了很多有关史料的考订排比，便利了学者且具有参考价值，其结论，也有很多可取之处。[①] 特别值得一提的是，梁先生的研究方法，采辑史料以成表格，梁先生称之为历史统计学的方法[②]，对后人大有启发。

之后，胡适先生也对僧传有关注。胡先生有关研究佛教的文集，后人集为《胡适学术文集·中国佛学史》。[③] 在此书中，胡先生有大量关于禅宗的研究论文，要研究禅宗，离不开记录高僧言行的僧传。当然此书收录时间跨度比较长，既又二三十年代的论文，也五十年代的论文，一并录之。

最具有系统的研究者是汤用彤先生，汤先生是现代中国佛教史学的奠基人。1929 年，他执教中央大学，油印讲义《隋唐佛教史稿》[④]，此书广泛运用了《唐传》和《宋传》资料，从整体上展现了当时佛教史发展的状况。1938 年，汤先生另一部名著《汉魏两晋南北朝佛教史》由商务印书馆印行，其理论框架之宏大、具体材料之丰富、逻辑思维之缜密、叙述脉络之清晰，都是佛教史学上难以逾越的高峰。此书已成为研究佛教学者的必备书之一。对《宋传》具有指导意义的是《隋唐佛教史稿》。该书第

① 梁启超：《佛学研究十八篇》，辽宁教育出版社 1998 年版。
② 梁启超：《历史统计学》，载《梁启超卷》，河北教育出版社 1996 年版，第 687 页。
③ 胡适：《中国佛学史》，载《胡适学术文集》，中华书局 1997 年版。
④ 汤用彤：《汤用彤先生学术年表》，载《汤用彤卷》，河北教育出版社 1996 年版，第 786—789 页。《隋唐佛教史稿》，中华书局 1982 年版。

一章：隋唐佛教势力之消长。第二章：隋唐传译之情形。第三章：隋唐佛教撰述。第四章：隋唐之宗派。第五章：隋唐佛教之传布。这种史稿性论述，为后学者研究提供了便利。

三十年代，对僧传进行过专题研究的是著名史学家陈寅恪先生，陈先生《陈寅恪集》之《读书札记三集》为《梁传》《唐传》《宋传》三部僧传之读书札记，经后人整理。① 此三僧传之读书札记，说明陈先生重视三传的价值。但是，此札记前详后略，重点在《梁传》，我们从页码可知：《梁传》一百五十一页；《唐传》一百二十四页；《宋传》十六页。可惜的是《宋传》内容比较少。虽然如此，陈先生之札记仍有十分重要的参考价值。正如蒋天枢先生在《陈寅恪先生读书札记弁言》所说："先生生平读书，用思之细，达于无间，常由小以见其大，复由大以归于细；读者倘能由小以见其大，斯得之矣。"②

四十年代，陈垣先生出版了有关佛教史籍的重要书籍《中国佛教史籍概论》。③ 该书卷二有对《宋传》的精细考证，厘清了一些容易出错的问题，并从版本、主旨、内容、史学价值等方面进行了论说，对后学者大有启发。正如作者在《缘起》所云……今特为之补正，望初学者于此略得读佛教书之门径云。另外，陈先生撰写了佛教工具书《释氏疑年录》④，此书充分利用僧传资料，并与其他各种文献相互参考，记载古代高僧的生卒年，显示了作者具有深厚的文献功力。还有周一良先生《唐代密宗》，重点考察《宋传》中密教三大师善无畏、金刚智、释不空传记的校注，正如钱文忠先生在《译后记》所云："代表了当时研究密宗的最高水平。"⑤

第二阶段：1949 年至 1978 年。

这一阶段，由于政治波动和"文化大革命"的影响，佛教研究处于停滞状态，几乎没有以《宋传》为对象进行研究的论文。相比而言，中国香港、台湾地区与日本等地学者对僧传有一定关注。一些论文在张曼涛主编的《现代佛教学术丛刊》之《佛典翻译史论》《佛教人物史话》《中国佛教史学史论集》有所收录。比如，翻译篇，台湾学者曹仕邦《论中

① 陈寅恪：《读书札记三集》，载《陈寅恪集》，三联书店 2001 年版。
② 陈寅恪：《读书札记三集·弁言》，载《陈寅恪集》，三联书店 2001 年版。
③ 陈垣：《中国佛教史籍概论》，上海书店出版社 2005 年版。
④ 陈垣：《释氏疑年录》，上海书店出版社 1990 年版。
⑤ 周一良：《唐代密宗》，载《周一良集》第 3 卷，辽宁教育出版社 1998 年版，第 148 页。

国佛教译场之译经方式与程序》①，译场之译经方式中主要记载在僧传；人物篇，日本学者牧田谛亮《赞宁及其时代》②，从赵宋帝室的佛教信仰、官僚士大夫阶级的佛教压抑论、赞宁的生涯、赞宁的著述、独裁君主治下的教团立场、补遗来论述，这是对《宋传》作者的相关研究。还有丸田教雄的《宋僧赞宁之イム教史观》③、安藤智信《〈宋僧传〉著者赞宁之立场》④ 两文主要阐述了宋僧赞宁的撰述立场和佛教史观。

第三阶段：1979 年至今。

进入八十年代以来，由于改革开放，人们思想得到解放，反映在学术界的是，学术禁区及界限消失，学术视野扩大，佛教研究逐渐升温，研究的学者也越来越多。1982 年，我国成立中华大藏经编辑局，《大藏经》编辑出版及其相应电子版本出现，大大方便了学人了解、研究佛教，同时1990 年日本财团法人佛陀教育基金会出版的日本新修《大正大藏经》也流传较广。《大藏经》的出版，扩大了人们接触佛教文献的可能，为研究佛教提供了先决条件。与此同时，国内《续藏经》也得以出版发行，佛教资料成为研究者触手可及的文献资料。

这一时期，产生了一些对《宋传》进行研究的论文，但是专著仅有一部，不少论文针对僧传来进行个案研究，还有进一步研究的必要。但是不少辞典、佛教史、学术史、思想史、文学史等著作和论文内容涉及《宋传》。这些成果大致体现在以下几个部分。

（一）提要式概述研究

提要式有一个优点，就是便于学者迅速了解书籍，有助于对书籍形成一个初步认识。此种方式乃延续陈垣先生《中国佛教史籍概论》方法。魏承思先生《中国佛教文化论稿》中第五章《中国佛教史学》第三节《卓有成就的佛教史学家》⑤，就僧传作者概论言及《梁传》《唐传》《宋传》撰者概论。此后陈士强先生的《佛典精解》⑥ 尤为突出，此书在第二门《僧人总传》第四品概述《梁传》《唐传》《宋传》，分别指出了三部

---

① 张曼涛：《佛典翻译史论》，大乘文化出版社 1979 年版，第 187—282 页。
② 同上书，第 351—381 页。
③ 丸田教雄：《宋僧赞宁之イム教史观》，龙谷大学佛教文化研究所纪要，1973 年 6 月。
④ 安藤智信：《〈宋僧传〉著者赞宁之立场》，《印度学佛教学研究》1971 年第 3 期。
⑤ 魏承思：《中国佛教文化论稿》，上海人民出版社 1991 年版，第 176—178 页。
⑥ 陈士强：《佛典精解》，上海古籍出版社 1992 年版，第 327—352 页。

僧传的长处和不足，展现了三部僧传的基本情况。苏晋仁先生《佛教文化与历史》第二部分《佛教传记》第五章也概述了《梁传》《唐传》《宋传》①，此概述更为详细全面，并附有统计表格。还有刘保金先生《中国佛典通论》②、赖永海先生主编《中国佛教百科全书》之《历史卷》中《宋代佛教》论及《宋传》③，这些概述，基本上是在陈垣先生概述基础上的扩充和深化。

（二）从佛教史学、文献学、地理学等方面发展来考察《宋传》

《宋传》包含内容丰富，涉及多方面资料，如翻译学、历史学、地理学等，这些都是许多研究者关注的对象。如佛教翻译学，王铁均《中国佛典翻译史稿》④，该书按历史分期来论述，其中唐宋期间的翻译学发展情况论述材料主要来自《宋传》，因为佛典翻译离不开僧传的译经科。至于论文，也比较多，如王亚荣《略论唐代初期的佛经翻译》（《人文杂志》1994 年第 2 期），把唐代初期翻译过程分为三个时期：波颇、玄奘为第一个时期；实叉难陀、义净、菩提流支为第二个时期；不空、般若等为第三个时期。地理学方面，李映辉《唐代佛教地理研究》⑤，该书依据《唐传》《宋传》《大唐西域求法高僧传》三书，从地理学角度对不同标准进行全面统计和分析。第一章：唐代高僧籍贯分布。第二章：唐代高僧住锡地分布。第三章：唐代佛教寺院的地理分布。第四章：唐代佛教石刻的区域分布。第五章：唐代佛教学术的时空差异。第六章：综论唐代佛教地区分布及其变迁。第七章：影响佛教地理分布的因素。朱士光先生在序里写道，论文最明显的特点是论点建立在丰富、扎实的佛教史籍及金石文字资料基础上，同时又进行了科学的计量分析，并结合时代特点与各种因素的影响进行周密论述，因而结论是科学的可靠的，之后又指出论文具有一定的开创性。此书研究方法是值得笔者借鉴的。文化史方面，张弓先生的《汉唐佛寺文化史》⑥ 是部集大成之作。该书框架宏大、结构合理、论述翔实。分为上下篇，上篇：寻蓝篇、造设篇、基壤篇、伽蓝篇、科门篇、

---

① 苏晋仁：《佛教文化与历史》，中央民族大学出版社 1998 年版。
② 刘保金：《中国佛典通论》，河北教育出版社 1997 年版。
③ 赖永海：《中国佛教百科全书》，上海古籍出版社 2000 年版。
④ 王铁均：《中国佛典翻译史稿》，中央编译出版社 2006 年版。
⑤ 李映辉：《唐代佛教地理研究》，湖南大学出版社 2004 年版。
⑥ 张弓：《汉唐佛寺文化史》，中国社会科学出版社 1997 年版。

妙相篇；下篇：妙相篇、文苑篇、艺技篇、辅世篇。其中许多篇章涉及三部僧传。史学方面，严耀中先生两部专著《中国东南佛教史》①、《汉传密教》②，大量运用三部僧传材料来进行研究，正如何兹全先生在《中国东南佛教史·序》里说："一是这部著作不单是引用了大量的原始史料……二是这部著作从体裁到内容多有创新。"还有毛双民《研究中国佛教史的重要资料——三朝〈高僧传〉》③，此文就《梁传》《唐传》《宋传》的史料价值做了简单论述。在文物发掘考证方面，张乃翥先生《龙门〈石道记〉碑与宋释赞宁》，据残碑文就赞宁的祖籍地、在洛阳时间、编撰《宋传》时间提供了新材料。④ 文学史方面，李剑亮《〈宋高僧传〉的文学史料价值》⑤，主要对《宋传》在文学史料价值作用研究方面进行阐述。聂士全在《赞宁〈大宋僧史略〉述评》中，主要对赞宁另一佛教著作《大宋僧史略》进行了述评，给予了极高评价，称："《僧史略》虽名僧史，其实乃是对佛法东传以来诸种佛事之始及其沿革的考索及记载，因其丰厚的史学价值而在当今具有'中国佛教史必携'之美称。"⑥ 闻人军在《宋初博物名僧赞宁事迹著作考评》一文中，对赞宁的一些生平事迹进行了简要论述以及部分著作进行了考评和辑佚点校。⑦ 还有如张松涛《中国千年佛经翻译的总结者——赞宁》⑧、莫丹《从〈宋高僧传〉看唐代外国僧人的汉语学习》⑨ 等。

　　台湾师范大学的黄敬家2006年博士论文《赞宁〈宋高僧传〉叙事研究》是第一部有关《宋传》的专著。此文即如题目所言，重点在叙事方面，全文分为章节如下：第一章：绪论；第二章：中国僧传叙事传统的源

　　① 严耀中：《中国东南佛教史》，上海人民出版社2005年版（此书又名为《江南佛教史》，上海人民出版社2000年版）。

　　② 严耀中：《汉传密教》，学林出版社1999年版。

　　③ 文史知识编辑室：《佛教与中国文化》，中华书局1988年版，第163页。

　　④ 张乃翥：《龙门〈石道记〉碑与宋释赞宁》，《文物》1988年第4期。

　　⑤ 李剑亮：《〈宋高僧传〉的文学史料价值》，《杭州大学学报》1994年第1期。

　　⑥ 聂士全：《赞宁〈大宋僧史略〉述评》，载《戒幢佛学》第1卷，岳麓出版社2002年版，第415页。

　　⑦ 闻人军：《宋初博物名僧赞宁事迹著作考评》，载徐规《宋史研究集刊》，浙江古籍出版社1986年版，第217—249页。

　　⑧ 张松涛：《中国千年佛经翻译的总结者——赞宁》，《外交学院学报》2002年第2期。

　　⑨ 莫丹：《从〈宋高僧传〉看唐代外国僧人的汉语学习》，《徐州教育学院学报》2005年第3期。

流与发展；第三章：《宋高僧传》的产生背景与编撰取材；第四章：《宋高僧传》的叙事结构；第五章：《宋高僧传》的叙事视角与时序；第六章：《宋高僧传》的高僧形象与宗教生活；第七章：《宋高僧传》的叙事主题与特色；第八章：《宋高僧传》的特殊宗教现象；第九章：《宋高僧传》的论、系、通及其史观；第十章：结论。附录一《宋高僧传》收录高僧年代之佛教大事暨赞宁年谱简编；附录二《宋高僧传》传末系、通一览表。① 此文对《宋传》研究具有开拓性作用，说明《宋传》已经引起研究者的重视，从具体章节来看，《宋传》不论从内容还是体例等方面还有许多值得研究的地方。

（三）从比较角度来研究《宋传》的论文

严耀中先生《〈高僧传〉、〈续高僧传〉与〈宋高僧传〉的"明律传论"之比较》②，把僧传体例十科中的明律科传论放在一起进行比较，展现佛教戒律思想在中国发展演变的轨迹和发展特点。国内还有王振国《略析〈宋高僧传〉、〈景德传灯录〉关于部分禅宗人物传记之误失——兼论高僧法如在禅宗史上的地位》③，此论文涉及关于《宋传》与《景德传灯录》的比较研究。还有介永强《中古西北佛教戒律学考述——以梁、唐、宋〈高僧传〉为中心》④，以《梁传》《唐传》《宋传》的《明律篇》为中心考察中古戒律学概况。日本学者阿部肇一《〈宋高僧传〉与〈禅林僧宝传〉——北宋之赞宁与德洪之僧史观》⑤，则利用《高僧传》《禅林僧宝传》对赞宁与德洪佛教史观加以比较研究。滋贺高义《三朝高僧传管窥——习禅篇为中心研究》⑥ 以三传习禅篇为考察对象。这些论文从比较研究的角度对《宋传》研究进行了阐述，对进一步深化这方面研究有重要意义。

---

① 黄敬家：《赞宁〈宋高僧传〉叙事研究》，博士学位论文，台湾师范大学，2006 年。后于台湾学生书局 2008 年出版。目录有所修改，此处引用乃正式出版本目录。

② 严耀中：《〈高僧传〉、〈续高僧传〉与〈宋高僧传〉的"明律传论"之比较》，载《佛教与三至十三世纪中国史》，宗教文化出版社 2007 年版，第 52—62 页。

③ 王振国：《略析〈宋高僧传〉、〈景德传灯录〉关于部分禅宗人物传记之误失——兼论高僧法如在禅宗史上的地位》，《敦煌学辑刊》2002 年第 1 期。

④ 介永强：《中古西北佛教戒律学考述——以梁、唐、宋〈高僧传〉为中心》，《敦煌学辑刊》2007 年第 2 期。

⑤ 阿部肇一：《〈宋高僧传〉与〈禅林僧宝传〉——北宋之赞宁与德洪之僧史观》，载《酒井忠夫先生古稀祝贺纪念论集》1982 年 9 月。

⑥ 滋贺高义：《三朝高僧传管窥——习禅篇为中心研究》，《大谷学报》1992 年 5 月。

以上是迄今为止学术界有关研究《宋传》的大致情况，从上述情况可以看出，对于《宋传》研究取得了一些成绩，但也存在明显不足。主要有以下方面。第一，就《宋传》全面性研究不足。以前要么是知识介绍性概要，要么仅对某一些方面进行论述，或者就僧传某一方面进行研究。第二，大多数专著和论文主要把《宋传》作为史料来引用，未以《宋传》本身为对象进行深入研究。第三，就是进行比较研究的论文，也就是以某一科别为研究，当然这些论文都具有指导性，但还远远不够。因此，本论文准备把释赞宁《宋传》从文献学角度进行全面研究，意在对《宋传》所涉及的不论是形式，如体例、分科、风格，还是内容，如时代背景、作者创作思想、僧人活动、著作等方面有所建树，廓清文献面貌，结合文献学、文化学、历史学、学术史等不同学科进行深入研究，探讨其中原因及其影响。

三　研究思路

《宋传》具有历时性，同时从横向来看，与其他两传具有许多异同，为我们比较研究提供了先决条件。本文拟从以下几种研究思路来展开。

第一，着重于作者考察。三部僧传作者结合起来进行比较，因为作者的时代背景、作者的生平、作者的身份立场、作者的生活地理环境，这些都深深影响他们对各自僧传的创作。

第二，着重考察《宋传》的成书时间与背景。成书时间结合相关文献得出相关推论，成书背景结合政治、经济、文化、佛教发展的大背景，得出赞宁在此背景下的创作倾向。

第三，着重于作品文本体例的研究。首先研究《宋传》的编撰思想，结合其他两部僧传进行考察，突出《宋传》的独特性。其次，研究《宋传》的编撰体例。结合其他两传，厘清僧传编撰体例的继承与发展特点。再次，就《宋传》的传主人数等进行统计、正传与附见体例及僧传标题等问题，从而得出一些新的观点和结论。同时对作者选录传主的标准进行分析。

第四，着重于作品内容的研究。首先就《宋传》各篇内容简述及三部僧传传论比较分析。其次，研究《宋传》传主内容叙述方式。再次，研究作品文献来源、文献加工方法，可以体现作者的不同学识以及对文献选择的取舍倾向。复次，就《宋传》中五代十国高僧籍贯及主要活动地进行统计和分析。最后，研究《宋传》的文学性。

第五，对《宋传》进行总体评价。主要从史料价值、在中国佛教史及史学上的地位影响及其局限性进行探析。

四　研究方法

本文在论述过程中主要采用以下几种方法。

首先，比较研究方法。由于三部僧传具有继承性又具有各自特点，所以自然离不开许多方面的比较。比较要确立好比较的标准，尽量做到科学、客观，体现出比较的独特之处。

其次，历史统计学方法。由于《宋传》以人物为主的传记，具有很多类型特点，最好的方法之一就是用数据说话，这种方法前辈们用得很成功，这是笔者值得好好学习的方法。三部僧传体例分科相同，为统计打下了很好的基础。统计能得出较为精确的客观数据，使论述更具有科学性和说服力。

再次，历史学、地理学、文学、宗教学相结合的方法。《宋传》虽记录高僧言行，高僧活动广泛、游学频繁等，这些所导致的现象需要多学科结合来进行阐释。

最后，宏观把握与微观着手。对文本研究是一种微观考察，但是一定要以宏观为指导。宏观与微观相结合，这种方法也是前辈学者们所常用的。

第一章 《宋传》作者考察

释赞宁是五代和北宋初在中国佛教史上具有重要地位的佛教史学家。他的人生和佛教活动主要在 10 世纪。此时，作为异域文化的佛教已经在中土存在近千年，就佛教三宝佛、法、僧来说，在佛教高僧努力下，不但传译了众多印度经典，中国也有许多经、律、论产生，而且拥有了来自社会各个阶层的广泛的信仰群体。从佛教发展来说，黄忏华先生说此时进入了中国佛教之保守时代①，方立天先生说是在衰微中延续②，镰田茂雄先生说是实践和渗透时期。③ 在中国佛教的转变时期，需要有佛教学者对前代佛教史学进行总结，而赞宁担当了此任。赞宁一生著作极多，其中有律学著作、有僧传僧史等史传著作，还有许多儒学著作等，虽文献散佚颇多，但其中影响最大的佛教著作得以保留，即现存的有重要影响的佛教史籍《宋传》三十卷、《大宋僧史略》三卷。《宋传》是一部承继《梁传》《唐传》有关前代僧人精英的总传，它的编撰是赞宁对佛教史学的重要贡献之一。

第一节 赞宁生平考论

一 赞宁籍贯考

大多史籍和著作论及赞宁时云：德清（今浙江德清县）人，主要如下：

宋人④王禹偁《小畜集》卷二〇《左街僧录通惠大师文集序》（以下

---

① 黄忏华：《中国佛教史》，上海文艺出版社 1990 年版，第 314 页。黄忏华把中国佛教分为四个阶段：中国佛教之肇始时代（东汉至西晋）、中国佛教之进展时代（东晋至南北朝）、中国佛教之光大时代（隋唐）、中国佛教之保守时代（五代至清）。

② 方立天：《中国佛教文化》，中国人民大学出版社 2006 年版，第 71 页。

③ 镰田茂雄：《简明中国佛教史》，上海译文出版社 1986 年版，第 253 页。

④ 凡是前面标明作者和朝代的著作，后面不再标出。

简称《文集序》）云："大师世姓高氏，法名赞宁，其先渤海人，隋末徙居吴兴郡之德清县……母周氏以唐天祐十六年，岁在己卯某月某日，生大师于金鹅山别墅，时梁贞明七年也。"[①] 宋人释宗鉴《释门正统》卷八云："渤海高氏，徙于德清。母周以梁贞明五年，生于金鹅别墅。"[②] 宋人释元敬《武林西湖高僧事略》云："师名赞宁，姓高氏，其先世渤海人。天祐中，师生于吴兴郡之德清金鹅别墅。"[③] 元人释念常《佛祖历代通载》卷一八云："沙门赞宁随钱王归朝，姓高氏，其先渤海人。唐天祐中，生于吴兴之德清金鹅别墅。"[④] 其他如明人吴之鲸《武林梵志》卷十、田汝成《西湖游览志》卷四、清人吴任臣《十国春秋》卷八九、日本人释行诚《僧史略序》[⑤]、《浙江通志》卷一一九、四库馆臣《笋谱提要》、民国喻谦《新续高僧传四集》卷六〇《宋京师左街天寿寺沙门释赞宁传》（以下简称《赞宁传》）等言及赞宁籍贯时皆同。

又据张乃翥先生《龙门〈石道记〉碑与宋释赞宁》碑文内容："师本洛阳人，俗姓高氏。"他指出："考高氏于魏晋时代著籍于渤海……孝文之际即以外戚入居洛京。自此而后，洛阳渐多渤海高氏世家……赞宁之先辈亦自洛阳南徙，而以渤海、洛阳并称其郡望。"[⑥]

由以上可知，赞宁祖籍渤海，高氏家族其实是先从渤海移居洛阳，然后从洛阳移居德清。而且他出生在德清，所以籍贯为德清无疑。

然而，独元人释觉岸编《释氏稽古略》卷四云："己巳仁宗天圣七年，宁曾孙宗盛启塔荼毗之，收遗骸舍利，归葬钱塘故里。宁生杭州临安县。"[⑦] 此文表明出处为《钱塘塔记》，此文现已不存。

① 王禹偁：《小畜集》卷 20，四部丛刊本，上海书店出版社 1989 年影印本，第 7 页。

② 释宗鉴：《释门正统》，《卍续藏经》第 75 册，河北佛教协会印行 2006 年版，第 353 页。（以下《续藏经》用此版本，不再详列）

③ 释元敬：《武林西湖高僧事略》，载赵一新《杭州佛教文献丛刊》，杭州出版社 2006 年版，第 24 页。

④ 释念常：《佛祖历代通载》，《大正藏》第 49 册，财团法人佛陀教育基金会 2001 年版，第 659 页。（以下《大正藏》用此版本，不再详列）

⑤ 此序署时间为"时治治十六年四月佛生日沙门行诚识于三缘山山房"，又序中提到《稽古略》，可以肯定是元之后所作。据日本《续藏经编后语》提及芝增上寺福田行诚（1809—1888），所以"治治"乃"明治"，明治十六年即 1883 年。行诚对日本《大藏经》刊行起了重要作用。

⑥ 张乃翥：《龙门〈石道记〉碑与宋释赞宁》，《文物》1988 年第 4 期。

⑦ 释觉岸：《释氏稽古略》，《大正藏》第 49 册，第 861 页。

据《旧唐书·地理志》载，德清属于湖州，其沿革为：天授二年，分武康置武原县。景云二年，改为临溪。天宝元年，改为德清县。① 又《新唐书·地理志》记载，德清属于湖州吴兴郡。沿革因之。②

那《钱塘塔记》何以说"宁生杭州临安县"呢？原因可能如下：其一，据《隋书·地理志》载，余杭郡之余杭有金鹅山，德清当时还没有设置，但是有武康，也属于余杭郡。③ 由于许多文献记载赞宁生于金鹅山，那么据此说赞宁生于余杭郡即杭州，从大范围来看可以说得过去，毕竟古人由于资料有限，地理的区域划分知识远远不够。其二，赞宁确实葬于钱塘，如《武林西湖高僧事略》云："葬龙井坞。"④ 也有称故里的，如《释门正统》卷八云："示寂故里，葬钱唐龙井坞。"⑤ 故里不等同籍贯地，而是指居住地。从上述可以看出，临安虽与武康同属于杭州，但是两者是完全不同的地方，而且后世没有任何文献记载临安有金鹅山，而武康有记载，如宋人乐史《太平寰宇记》卷九四"江南东道六湖州"载："武康县：金鹅山在县东二十里，《山墟名》曰：'汉海昏侯沈戎葬于此，上有池，深五尺，其水冬夏不竭。时吴帝见山上金鹅翔集，或风清雨霁，樵夫耕父闻山上鹅鸣。'"⑥ 据此可以推测《隋书·地理志》把金鹅山放在余杭即临安有误。所以笔者认为，《钱塘塔记》撰者云"赞宁生杭州临安县"完全是看重赞宁的名僧效应，把赞宁的居住地当成籍贯，而释觉岸未考证，直接录入。

二　生卒年考

出生年月问题，有确切记载的有《文集序》云："大师世姓高氏，法名赞宁，……母周氏以唐天祐十六年（919），岁在己卯某月某日，生大师于金鹅山别墅，时梁贞明七年也。"⑦ 王禹偁是赞宁的深交朋友，他们交往比较频繁，对赞宁出生年月应当清楚，所以记载可信度高。虽如此，

① 刘昫：《旧唐书》，中华书局1975年版，第1587页。

② 欧阳修：《新唐书》，中华书局1975年版，第1059页。

③ 魏征等：《隋书》，中华书局1973年版，第878页。

④ 释元敬：《武林西湖高僧事略》，载赵一新《杭州佛教文献丛刊》，杭州出版社2006年版，第24页。

⑤ 释宗鉴：《释门正统》，《卍续藏经》第75册，第353页。

⑥ 乐史：《太平寰宇记》（四），王文楚等校，中华书局2007年版，第1887页。

⑦ 王禹偁：《小畜集》卷20，四部丛刊本，上海书店出版社1989年影印本，第7页。

此处还是出现了小错误，即天祐十六年，岁在己卯是梁贞明五年（919），不是贞明七年（921），"鹕"应为"鹅"，所以《释门正统》卷八云："母周以梁贞明五年，生于金鹅别墅。"① 后人基本持此说。

至于卒年，则众说纷纭，这里还要指出，与之紧密相关的是赞宁寿龄问题，主要有以下几种说法。

（一）至道二年（996）卒

《佛祖历代通载》卷一八云："至道二年，示寂，葬龙井坞焉。"②

《武林梵志》卷一〇云："至道二年，示寂，葬龙井坞。"③

《僧史略序》云："至道中，示寂。"④

《笋谱提要》云："至道二年卒。"⑤

以至道年卒者，实未核查文献。首先需言明，至道年（995—997）在咸平年（998—1003）前。不仅《文集序》提到"今上咸平元年，诏充右街僧录"⑥，而且赞宁在自己的大作《宋高僧传后序》云："咸平初承诏入职东京右街僧录，寻迁左街。"⑦《大宋僧史略》卷上、卷中、卷下之后都有记载："咸平二年重更修理。"⑧ 所以，那些主要基本材料都有言赞宁在至道之后咸平年间的活动，发生此误大不应该。

（二）咸平二年（999）卒

《释氏稽古略》卷四云："己亥咸平二年春二月，东京左街僧录史馆编修主管教门公事通慧大师赞宁归寂，寿八十二。三月，葬全身于天寿寺。己巳仁宗天圣七年，宁曾孙宗盛启塔荼毗之，收遗骸舍利，归葬钱塘故里。"⑨（《钱塘塔记》）

《释氏稽古略》引自《钱塘塔记》，此文不存，关于可信度问题，在考证籍贯时，就已提出。所以此条有两误：其一，关于卒年和寿龄，可能

① 释宗鉴：《释门正统》，《卍续藏经》第75册，第353页。

② 释念常：《佛祖历代通载》，《大正藏》第49册，第659页。

③ 吴之鲸：《武林梵志》，载赵一新《杭州佛教文献丛刊》，杭州出版社2006年版，第277页。

④ 释赞宁：《大宋僧史略》卷首，《大正藏》第54册，第234页。

⑤ 永瑢等：《四库全书总目》，中华书局1997年版，第1543页。

⑥ 王禹偁：《小畜集》卷20，四部丛刊本，上海书店出版社1989年影印本，第8页。

⑦ 释赞宁：《宋高僧传》，范祥雍校注，中华书局1987年版，第759页。

⑧ 释赞宁：《大宋僧史略》，《大正藏》第54册，第235、241、248页。

⑨ 释觉岸：《释氏稽古略》，《大正藏》第49册，第861页。

误解了《文集序》云："大师年八十二，视听不衰。"① 只见前，不见后。视力好、听力好，说明身体还健康，应当不是卒于八十二。《文集序》言及最后准确年为咸平元年，因此可能臆断为卒于咸平二年。其二，葬地问题。宋人多言葬于钱塘龙井坞，而《释氏稽古略》言葬于天寿寺，虽然是后来才归葬，但此说还值得商榷。因为这里还涉及赞宁是卒于东京还是杭州的问题，由于文献缺乏，无从考证。此外，《文集序》云："大师以述作颇多，叙引未立，猥蒙见托，不克固辞，总其篇题，具如别录，凡内典集一百五十二卷，外学集四十九卷。"② 可见此序是赞宁在生时请王禹偁所写。

（三）咸平四年（1001）卒

宋人释志磐《佛祖统纪》卷四四云："四年五月……史馆修撰左右街僧录赞宁亡。"③

《释门正统》卷八云："三年，迁左街参政……明年二月，示寂故里，葬钱唐龙井坞。"④

明人释心泰《佛法金汤编》卷一一云："咸平四年，史馆修撰左街僧录赞宁亡。"⑤

陈垣先生在《释氏疑年录》卷六"赞宁"云："宋咸平四年卒，年八十三。"⑥

（四）寿八十四

宋人释文莹《湘山野录》卷下云："僧录赞宁有大学，洞古博物，著书数百卷……太宗欲知古高僧事，撰《僧史略》十卷进呈，充史馆编修，寿八十四。"⑦ 宋人江少虞《事实类苑》卷四七、明人董斯张《吴兴备志》卷二八等引此条。

（五）咸平五年（1002）卒，寿八十五

此说乃日本学者牧田谛亮在其论文《赞宁与其时代》中"赞宁的生涯"中所持，云："生于贞明五年（919）……于咸平五年（1002）以八

---

① 王禹偁：《小畜集》卷20，四部丛刊本，上海书店出版社1989年影印本，第9页。
② 《小畜集》卷20，第9页。
③ 释志磐：《佛祖统纪》，《大正藏》第49册，第402页。
④ 释宗鉴：《释门正统》，《卍续藏经》第75册，第353页。
⑤ 释心泰：《佛法金汤编》，《卍续藏经》第87册，第419页。
⑥ 陈垣：《释氏疑年录》卷6，上海书店出版社1990年版，第9页。
⑦ 释文莹：《湘山野录》，中华书局1984年版，第46页。

十五岁高龄，于杭州祥符寺示寂。"① 这样算来也是八十四岁，而不是八十五，所以和第（四）说一样。由于没有指出文献出处，不知何据。

第一、第二种说法已经被否决，那么赞宁卒年是何时和寿龄究竟多少？笔者认为，陈垣先生观点即第（三）种说法是正确的。陈垣先生在标注中云：

> 《西湖高僧事略》云："咸平初加右街僧录，至道二年卒。"至道实先于咸平，《事略》误。《四库笋谱提要》乃因之。《稽古略》作咸平二年卒，年八十二。今生年据王禹偁撰《通慧大师文集序》，《小畜集》二十，卒年据《释门正统》八。按《小畜集》四部丛刊本此序适阙前页，武英殿聚珍本亦颇有误字，如谓"唐天祐十六年己卯生，时梁贞明七年也"，七年当作五年。又谓"故相文贞公悬车之，明年年七十一，思继白少傅九老之会，得旧相吏部尚书宋琪年七十九，左谏议大夫杨徽之年七十五，郓州刺史判金吾街仗事魏丕年七十六，太常少卿致仕李运年八十，水部郎中直秘阁朱昂年七十一，庐州节度副使武允成年七十九，太子中允致仕张好问年八十五，大师时年七十八，凡九人焉。文贞公将燕于家园，形于绘事，以声诗流咏播于无穷。会蜀寇作乱，朝廷出师，不果而罢"，文贞谓李昉，蜀寇谓李顺，昉以淳化五年致仕，明年师七十七，非七十八也。然《宋史李昉传》述此事亦谓"时吴僧赞宁年七十八"，则误由来久。此序未知撰于何年，惟云"今九老之中，李、宋、杨、魏、张已先逝矣。大师年八十二，视听不衰"，据《宋史》，李昉、宋琪并至道二年卒，魏丕咸平二年卒，杨徽之咸平三年卒，此序当作于三年庚子时，师正年八十二也。②

陈垣先生对于赞宁生卒年考证精当，依据"今九老之中，李、宋、杨、魏、张已先逝矣。大师年八十二，视听不衰"，以已逝五人当中有记载的杨徽之卒年确定王禹偁写《文集序》时间，算是抓住了关键。

---

① 牧田谛亮：《赞宁与其时代》，载张曼涛《佛教人物史话》，大乘文化出版社1978年版，第363页。

② 陈垣：《释氏疑年录》卷6，上海书店出版社1990年版，第9页。

《李昉传》卷《宋史》卷二六五本传，《宋琪传》见《宋史》卷二六四本传，《杨徽之传》见《宋史》卷二九六本传，《魏丕传》见《宋史》二七〇本传，张好问无传。陈垣先生云"卒年据《释门正统》八"，笔者以为，卒年据《佛祖统纪》卷四四应当更恰当些。因为同卷释志磐有云："述曰：道法师序《僧史略》称：'内翰王公抵排释氏，过于韩子，而独于宁通慧推服之不暇，盖其学行才识有可取也。'今观《小畜集》，其修《僧史》则赠以七言，撰《圣贤录》则贺以五言，归葬钱唐则志其墓，所著内外集则冠以序，而于通论之作，赞之以书。且盛称其驳董、难王、斥颜、非史历、诋诸家自周秦已来未之见，是知王公之于通慧不敢排以佛，而独有取于学识之高，可谓能诚服矣。至于通慧道德之盛，则王公未学，不足以知。非如梁敬之之知荆溪，柳子厚之知重巽也。"① 可知释志磐时，《小畜集》存有现在不存的"墓志铭""赞之书"，这些资料想必作者都有亲见，可信度比较高。释志磐之前是存有《赞宁墓志铭》，南宋释法道绍兴十四年撰《重开僧史略序》："余尝读王公禹偁文集，有赠僧录通慧学公诗……欧阳文忠公亦录王内翰宁僧录元夜观灯嘲谑之言，有'秦郑不爱未坑'之语。王又述宁之墓志，则有心慕诚服之意。叙宁有文集一百七十卷，见行于世。王之毁僧破佛，蜂虿枭獍，吠尧弹凤，天下皆知矣。独于通慧友爱相师，赋诗述铭，以褒美之，何也？盖通慧学行才识兼类相求，自相友爱耳。"② 既然确定了王禹偁撰写了《赞宁墓志铭》，那么我们就能否定日本学者牧田谛亮"咸平五年卒"或"八十四岁"之说。据《宋史》卷二九三《王禹偁传》载："王禹偁，字符之，济州巨野人……（咸平）四年，州境二虎斗，其一死，食之殆半，群鸡夜鸣，经月不止，冬雷暴作。禹偁手疏引《洪范传》陈戒，且自劾；上遣内侍乘驿劳问，醮禳之，询日官，云：'守土者，当其咎。'上惜禹偁才，是日，命徙蕲州。禹偁上表谢，有'宣室鬼神之问，不望生还；茂陵封禅之书，止期身后'之语。上异之，果至郡未踰月而卒，年四十八。"③ 王禹偁在咸平四年卒，如果赞宁是咸平五年卒或八十四岁，何来撰写墓志铭之理！

---

① 释志磐：《佛祖统纪》，《大正藏》第 49 册，第 402 页。
② 释赞宁：《大宋僧史略》卷首，《大正藏》第 54 册，第 234 页。
③ 脱脱：《宋史》，中华书局 1977 年版，第 9799 页。

综上所述，我们基本可以肯定地说，释赞宁的籍贯是德清，其生年为梁贞明五年（919），卒年为宋真宗咸平四年（1001），寿龄八十三。

三 赞宁行迹考

赞宁生于后梁贞明五年（919），卒于宋真宗咸平四年（1001）。其生平事迹《文集序》著录比较简略。现搜集相关文献资料中有关交游的信息，将其一生分为两个阶段，以太平兴国三年（978）随吴越王钱俶归宋为分界线分为前后期。前期在吴越国，主要是求学和为两浙僧统；后期在北宋，主要是撰写佛教书籍和历任僧职。

（一）前期

《文集序》云："大师世姓高氏，法名赞宁，其先渤海人，隋末徙居吴兴郡之德清县。祖玥，考审，皆隐德不仕。母周氏。"① 我们可知，赞宁家族祖籍据说是渤海高氏，隋末迁居到德清，极有可能是因为战乱，而南方相对稳定。从他祖父、父亲的介绍看来，其出身只是一般的知识分子家庭。据其母亲周氏说，生时正得天贵临门，宋人释文莹《湘山野录》卷下云："司天监王处讷推其命孤薄不佳，三命星禽，暑禄壬遁，俱无寿贵之处。谓宁曰：'师生时所异者，正得天贵星临，门必有裂土，侯王在户否？'宁曰：'母氏长谓某曰：汝生时卧草，钱文穆王元瓘往临安县拜茔，至门雨作，避于茆檐甚久，殆浣浴褓籍毕，徘徊方去。'"② 此次事件不管是真是假，只要流传出来，无疑给赞宁出生增加神异色彩，更重要的是把这个没有显贵出身的赞宁和吴越国最高统治者钱氏联系起来了，以后赞宁在吴越国僧界地位上升之快，和这件事情有着一定的关联。赞宁在后唐天成中（926—929）出家于祥符寺，此时大概十岁左右。清泰初（934），赞宁入天台山，天台山是佛教圣地，隋智者大师智顗在此创立天台宗，在国清寺弘阐，受到几代皇帝的礼遇，此后天台山一直十分兴旺。受此影响，天台山也陆续有其他各宗高僧前来弘阐。之后，赞宁可能进行了一段游历，《宋传》卷二三《后晋天台山平田寺道育传》云："后唐清泰二年，曾游石梁，回与育同宿堂内。时春煦，亦烧槲柮柴以自熏灼，口

---

① 王禹偁：《小畜集》卷20，四部丛刊本，上海书店出版社1989年影印本，第7页。
② 释文莹：《湘山野录》，中华书局1984年版，第46页。

中唠唠，通夜不辍。"① 天福三年（938），赞宁受具足戒，习四分律，通南山律。天台山除了是法华宗的基地外，其实还有许多律师、禅师等其他僧侣驻锡，《宋传》之"明律科"有天台律师两位，其一，卷一六《唐天台山国清寺文举传》，传中云："后十五年，以四分律为学，时术之，昼夜翘勤，遂登讲训。"② 说明此寺具有通四分律之人，赞宁在太平兴国八年，写了《天台智者大师说序》，可以从侧面表明赞宁在国清寺可能求学过，而且对天台宗有所了解。其二，同卷《后唐天台山福田寺从礼传》，传中云："自尔精持律范，造次颠沛必于是……后推为寺中上座。"③ 说明福田寺也有通律学者，赞宁可能去学习过。赞宁由于精通南山律，而且可能在文学方面颇下功夫，使他成为一个有名气的僧人，这是他进入吴越国统治者和士大夫阶层视野的基础。《文集序》云："长兴三年武肃王薨，文穆王某嗣位。大师声望日隆，文学益茂。时钱氏公族，有若忠懿王某、宣德节度倧、奉国节度亿、越州刺史仪、金州观察使俨、故工部侍郎昱，与大师以文义切磋。"④ 可知，赞宁的声望首先来自于其文学的水平，于是有了和吴越钱氏进行沟通的纽带，一旦受到最高统治阶层的青睐，那么赞宁无疑在吴越国僧界享有盛誉。同时，赞宁还与当时士大夫有诗歌唱和，《文集序》云："时浙中士大夫有若卫尉卿崔仁冀、工部侍郎慎知礼、内侍致仕杨恽与大师以诗什唱和。"⑤ 赞宁的诗歌水平也确实达到了一定程度，但是他并不满足，仍然不断学习，《文集序》云："又得文格于光文大师汇征，授诗诀于前进士龚霖，由是大为流辈所服。"⑥ 他所学习的对象，要么是佛教界高僧大德，要么是士大夫中的名流，此时，才可以说，赞宁真真正正地在吴越国以士大夫为主的统治阶层占有一席之地，成为他们当中特殊的一员。但是赞宁并未忘记自己的僧侣和律师身份，一直在为宣传戒律而努力，使他在佛教律师界一枝独秀，《文集序》云："时钱塘名僧有若契凝者，通名数一支，谓之论虎；常从义者，文章俊捷，谓

①　释赞宁：《宋高僧传》，范祥雍校注，中华书局1987年版，第594页。

②　《宋高僧传》，第395页。

③　《宋高僧传》，第399页。

④　王禹偁：《小畜集》卷20，四部丛刊本，上海书店出版社1989年影印本，第8页。

⑤　《小畜集》卷20，第8页。

⑥　同上。

之文虎；大师多毗尼著述，谓之律虎，故时称'三虎'① 焉。置本国监坛，又为两浙僧统，历数十年，像法修明，缁徒整戢。"② 又，《释门正统》卷八云： "以虎子称，署本国监坛，两浙僧统，赐'明义宗文'号。"③ 此年，赞宁大约三十岁。④ 赞宁律部著作虽丰，但多不存。他在宣扬戒律方面的功绩，符合统治阶级统治的需要，各种因缘综合起来，受到了吴越钱氏的器重，自然而然地进入了僧官系统，被任命为两浙僧统。

（二）后期

太平兴国三年（978），吴越国钱氏在北宋日益统一的进程下，主动纳土归宋，保全宗族，符合当时历史潮流。赞宁此年正好六十岁，作为两浙佛教界的最高代表，奉舍利塔随钱氏入朝，受到了宋太宗的特殊礼遇，《文集序》云："太平兴国三年，忠懿王携版图归国，大师奉真身舍利塔入朝。太宗素闻其名，召对滋福殿，延问弥日，别赐紫方袍，寻改师号曰通惠。"⑤ 另外，《佛祖统纪》卷四三云："三年三月……吴越王俶奉版图归朝，令僧统赞宁奉释迦舍利塔入见于滋福殿。上素闻其名，一日七宣，赐号通慧大师（宁在国为两浙僧统。号'明义宗文'大师），除翰林与学士陶谷同列。或诮之曰：'青琐朱楹，安容此物。'及与之语，师援据经史，衮衮不已，诮者为之畏服。学士王禹偁、徐铉，每有疑则就质之，皆为下拜，事以师礼。滋福殿者，安佛像经藏，立刹声钟，即内道场也（《国朝会要》）。"⑥ 如果说，赞宁奉释迦舍利塔入见表明两浙佛教愿意接收宋王朝的统治而受到宋太宗的礼遇，那么他以他的博学多识，进入北宋王朝储才之处，获得了士大夫阶层的佩服和认可。

其后，赞宁接受了编撰《高僧传》和《僧史》的任务，他在《僧史

---

① "三虎"，文渊阁四库本《文集序》为"三虎"，四部丛刊本《文集序》为"四虎"，从文义来看，应为"三虎"。《佛祖统纪》卷10《高论旁出世家》云："法师悟［晤］恩，字修己，路氏常熟人。年十三，闻诵《弥陀经》，心有所感，遂破破山兴福寺求度。初学毗尼，闻天台三观、六即之说，深符其意。晋开运初，造钱唐慈光因师室。因讲次覆述，剖析幽微，时称义虎。"《释门正统》卷五《晤恩》基本相同。但是赞宁在《宋传》卷七《宋杭州慈光院晤恩传》未提晤恩为"义虎"之事。两种说法皆有可能。

② 王禹偁：《小畜集》卷20，四部丛刊本，上海书店出版社1989年影印本，第8页。

③ 释宗鉴：《释门正统》，《卍续藏经》第75册，第353页。

④ 序中有"历数十年"，赞宁太平兴国三年六十岁随钱氏归宋，能称得上"数"，古人也一般以"三"为限，所以向前推三十年。

⑤ 王禹偁：《小畜集》卷20，四部丛刊本，上海书店出版社1989年影印本，第8页。

⑥ 释志磐：《佛祖统纪》，《大正藏》第49册，第397页。

略并序》中云："（赞宁）以太平兴国初，迭奉诏旨，《高僧传》外别修《僧史》。及进育王塔，乘驲到阙，敕居东寺。披览多暇，遂树立门题。搜求事类。始乎佛生教法流衍，至于三宝住持诸务事始，一皆隐括，约成三卷，号《僧史略》焉。盖取裴子野《宋略》为目，所恨删采不周，表明多昧，不可鸿硕寓目，预惧缺然者尔。"① 赞宁与官僚士大夫仍保持紧密联系，《文集序》云："故相卢朱崖深加礼重，参知政事李穆儒学之外，善谈名理，事大师尤为恭谨。"②

太平兴国八年（983）五月，赞宁在洛阳，准备修龙门石道，张乃翥先生《龙门〈石道记〉碑与宋释赞宁》据碑文："顾石道以陈残，起口征而整葺。矧自太平兴国癸未岁季五月"，指出："太平兴国八年五月，赞宁居于洛中。他目睹伊阙水患，于是奏报朝廷，请筹修复石道。是年六月，赞宁奉诏撰修《大宋高僧传》，乃乞归钱塘专事著述，修复龙门石道之事暂未实现。"③ 由于奉诏，他回杭州撰写《宋传》。端拱元年（988）十月，上《进高僧传表》，北宋政府不吝奖谕，士大夫代表王禹偁有寄赠诗，极尽褒美之词，《小畜集》卷七有《寄赞宁上人》（时上人进新修《高僧传》，有诏赴阙），诗云："支公兼有董狐才，史传修成乙夜开。天子远酬丹诏去，高僧不出白云来。眉毛久别应垂雪，心印休传本似灰。若念重瞳欲相见，未妨西上一浮杯。"④ 十一月，赴阙，住天寿寺。淳化元年（990），北宋政府又进行大规模的撰书活动，《文集序》云："参知政事苏易简奉诏撰《三教圣贤事迹》，奏大师与太一宫道士韩德纯分领其事。大师著《鹫岭圣贤录》，又集《圣贤事迹》凡一百卷。制署左街讲经首座。"⑤ 赞宁俨然成为儒、释、道三教之中佛教的权威人物，担任了佛教方面的主撰者。书成之后，他在佛教界的地位也在上升。

由于在编撰方面的成绩，淳化二年（991），赞宁充史馆编修，此乃清贵显要之职，还有一点需注意，就是史馆主要是由官僚士大夫儒学之士充任，赞宁的加入，不仅表明赞宁的博学和才能得到认可，而且是北宋三

---

① 释赞宁：《大宋僧史略》卷首，《大正藏》第 54 册，第 234 页。
② 王禹偁：《小畜集》卷 20，四部丛刊本，上海书店出版社 1989 年影印本，第 8 页。
③ 张乃翥：《龙门〈石道记〉碑与宋释赞宁》，《文物》1988 年第 4 期，第 29 页。
④ 王禹偁：《小畜集》卷 7，四部丛刊本，上海书店出版社 1989 年影印本，第 15 页。
⑤ 王禹偁：《小畜集》卷 20，四部丛刊本，上海书店出版社 1989 年影印本，第 8 页。

教合一的充分体现。由此，赞宁完全融入了士大夫阶层，至道元年①
（995），被列入"至道九老会"就是很好的证明，《文集序》云：

> 先是故相文贞公悬车之明年，年七十一，思继白少傅九老之会，
> 得旧相吏部尚书宋琪年七十九，左谏议大夫杨徽之年七十五，郓州刺
> 史判金吾街仗事魏丕年七十六，太常少卿致仕李运年八十，水部郎中
> 直秘阁朱昂年七十一，庐州节度副使武允成年七十九，太子中允致仕
> 张好问年八十五，大师时年七十八，凡九人焉。文贞公将燕于家园，
> 形于绘事，以声诗流咏，播于无穷。会蜀寇作乱，朝廷出师，不果
> 而罢。②

我们首先看发起人李昉，三入翰林，太宗拜平章事，奉敕撰《太平
御览》《文苑英华》《太平广记》等，具体参见《宋史》卷二六五《李昉
传》。可以说，李昉是北宋初文臣之首。再看组成人员，除赞宁是僧人
外，其他都是既有学识又有社会地位的官僚士大夫，此次入选，再次说明
赞宁在士大夫阶层的影响。至道二年（996），赞宁知西京教门事。咸平
元年（998），赞宁充右街僧录，次年，迁左街僧录。自此，赞宁由吴越
国的僧统，逐渐登上北宋王朝佛教界最高职务。咸平四年（1001）卒，
葬于钱塘龙井坞。后人有拜像诗，《释门正统》卷八载："孤山拜像诗曰：
'寂尔归真界，人间化已成。两朝钦至业，四海仰高名。旧迹存华社，遗
编满帝京。徘徊想前事，庭树晚鸦鸣。'"③此诗赞扬了赞宁的高名、著述
等，表达了对他的无限追思之情。

第二节　赞宁与士大夫④的交游

赞宁博学多识，长期担任高层僧职，深受最高统治者信任，与以士大

---

① 据《宋史李昉传》："（淳化）四年，昉以私门连遭忧戚，求解机务……明年，昉年七十
以特进司空致事。"那么五年之明年即至道元年，此年大师应为七十七岁，陈垣先生已经指出。
② 王禹偁：《小畜集》卷20，四部丛刊本，上海书店出版社1989年影印本，第8—9页。
③ 释宗鉴：《释门正统》，《卍续藏经》第75册，第353页。
④ 士大夫定义，本文依据郭绍林先生所言："指以修习儒家著作而安身立命的文人和文人
出生的武官。"载《唐代士大夫与佛教》，河北大学出版社1987年版，第1页。

夫为主体的统治阶层关系密切，对赞宁与士大夫交游进行考察，是体现此种关系的主要方面，由此可见探讨赞宁与士大夫交游情况及形成的原因，具有一定的研究价值。

前已言及，赞宁一生大致可以分为两个时期，以太平兴国三年（978）随吴越王钱氏归宋为分界线，前期交游活动主要在吴越国，后期交游活动主要在北宋。

一 赞宁与士大夫交游考

（一）吴越国时期

1. 钱俶，字文德，钱塘人，大将胡进思废嗣君立之。太平兴国三年，纳土归宋，封许王。端拱元年薨，年六十，谥忠懿。

2. 钱仪，钱塘人。为慎、瑞、师等州观察使知越州，入朝为金州观察使。

3. 钱俨，字诚允，钱塘人，仪弟。俶袭国，为镇东军安抚使。归宋，历官慎、随、金等州观察使。俨博涉经史，为文敏速富瞻，当时国中词翰，多出其手。归京师，与朝廷文士游，唱咏不绝。咸平六年卒，年六十七。

4. 钱昱，字就之，钱塘人，钱弘佐长子。佐卒，昱幼，国人立佐弟倧。后从俶入朝，授白州刺史。好读书，喜吟咏，工尺牍，兼能书画琴棋。历任知州，无善政。咸平二年卒，五十七。

上述四位具体参见《宋史》卷四八〇《吴越钱氏》。

5. 钱偡，钱塘人，俨兄。曾为湖州刺史，有胆略。参见《吴兴备志》卷四等。

6. 钱亿，字延世，钱塘人，钱元瓘子。历事佐俶。建隆初，奏授奉国军节度使，乾德五年卒，年三十九。亿性峻拔，善属文。参见《咸淳临安志》卷六五、《宝庆四明志》卷一等。

钱氏公族与赞宁交游情况载于《文集序》，文云："长兴三年武肃王薨，文穆王某嗣位。大师声望日隆，文学益茂。时钱氏公族，有若忠懿王某、宣德节度偡、奉国节度亿、越州刺史仪、金州观察使俨、故工部侍郎昱，与大师以文义切磋。"① 赞宁与钱氏公族成员交往时间不一，有先有

---

① 本节所引《文集序》内容均出自王禹偁《小畜集》卷20，四部丛刊本，上海书店出版社1989年影印本，第7—9页。后面不再另外标出页码。

后，文献有限，难以确定时间。但是可以肯定，吴越钱氏公族在归宋后，一些成员还与赞宁有交游。

7. 慎知礼，信安人。年十八，为钱俶掌书记，后从之归宋，授鸿胪卿，历知兴元府，以母老乞归。退处十年，缙绅称其孝。咸平初年卒，年七十七。知礼安学，自幼至老，岁读五经，周而后止，每开卷必正衣冠危坐，未尝少懈。参见《宋史》卷二七七本传。

8. 崔仁骥，字子迁，钱塘人。少笃学有文采，事吴越王钱俶，为通儒院学士。促成钱俶决策纳土，累擢卫尉知抚州，卒。参见《十国春秋》卷八七。

9. 内侍杨恽，其他不详。

上述几位与赞宁交游情况载于《文集序》，文云："时浙中士大夫有若卫尉卿崔仁骥、工部侍郎慎知礼、内侍致仕杨恽与大师以诗什唱和。"

10. 龚霖，其他不详。

据宋人陆游《老学庵笔记》卷四云："今世所道俗语，多唐以来人诗……'但有路可上，更高人也行'，龚霖诗也。"[①] 龚霖与赞宁交游情况载于《文集序》，云："又得文格于光文大师汇征，授诗诀于前进士龚霖，由是大为流辈所服。"

11. 高英秀，吴越人，其他不详，但是从诗文水平看属于士大夫行列。

宋人胡仔《渔隐丛话》前集卷五五云："《西清诗话》云：高英秀者，吴越间人，与赞宁为诗友。口给好骂滑稽，每见眉目有异者，必噍短于后，人号'恶啄薄徒'。尝讥名人诗病云：李山甫《览汉史》云'王莽弄来曾半破，曹公将去便平沉'，定是破船诗；李群玉《咏鹧鸪》云'方穿诘曲崎岖路，又听钩辀格磔声'，定见梵语诗；罗隐云'云中鸡犬刘安过，月里笙歌炀帝归'，定见鬼诗；杜荀鹤云'今日偶题题似着，不知题后更谁题'，此卫子诗也，不然安有四蹄？赞宁笑谢而已。"[②] 宋阮阅《诗话总龟》后集卷三八、元陶宗仪《说郛》卷八一等。

（二）北宋初

1. 卢朱崖即卢多逊[③]，怀州河内人，亿子。周显德初举进士，官集贤

---

① 陆游：《老学庵笔记》，中华书局 1979 年版，第 53 页。
② 胡仔：《渔隐丛话》，人民文学出版社 1987 年版，第 375 页。
③ 朱崖指崖州，是卢多逊贬谪所在地，所以称卢朱崖。

校理。太宗时拜中书侍郎平章事，寻加兵部尚书。多逊博涉经史，文辞敏捷，好任数，有谋略，以交通秦王廷美，流崖州。雍熙三年卒于流所，年五十二。参见《宋史》卷二六四等。

2. 李穆，字猛雄，开封府阳武人。幼能属文，有至行。周显德初以进士为右拾遗。宋初，拜左拾遗，知制诰，词令雅正。后知开封府，豪右屏迹。为人质后忠恪，善篆隶，工画，笃信佛典，好谈名理。太平兴国八年擢参知政事。九年，卒，年五十七。参见《宋史》卷二六三本传。

上述两人与赞宁交游情况载于《文集序》，文云："故相卢朱崖深加礼重，参知政事李穆儒学之外，善谈名理，事大师尤为恭谨。"

3. 徐铉，字鼎臣，扬州广陵人。仕南唐，为翰林学士等至右仆射。随李煜归宋，淳化三年卒，年七十六。早以雄文奥学，克振令誉。文书议论，精小学等皆有名。参见《宋史》卷四四一。

徐铉《骑省集》卷二二《送赞宁道人归浙中》，诗云："故里夫差国，高名惠远师。君恩从野逸，归棹逐凌澌。旧访虽无念，牵怀亦有诗。因行过秦望，为致李斯碑。"① 此诗应作于赞宁回浙中撰写《宋传》时候，可见两人有诗歌唱和。

4. 王禹偁，字符之，巨野人。九岁能文，太平兴国八年进士，为右拾遗。遇事敢言，以直身行道为己任，文章敏赡，迁翰林学士。咸平四年卒，年四十八。参见《宋史》卷二九三。王禹偁极端反佛，但对赞宁心慕诚服，释法道《重开僧史略序》云："王（禹偁）之毁僧破佛，蜂虿枭獍，吠尧弹凤，天下皆知矣。独于通慧，友爱相师，赋诗述铭，以褒美之，何也？盖通慧学行才识，兼类相求，自相友爱耳。且世谛文章，未知其高下，其于学佛明心，博通大教，王必不及也。"② 王禹偁可谓赞宁在士大夫中的知己，《文集序》就是其所写，而且有三首赠诗写给赞宁，《小畜集》卷七有《赠赞宁大师》云："诏修僧史越江滨，万卷书中老一身。赴阙尚留支遁马，援毫应待仲尼麟。溟蒙雪影松窗晓，狼藉苔花竹院春。还许幽斋暂相访，却惭陶令满衣尘。"③ 此诗应是赞宁回杭州编撰《宋传》时所赠。

---

① 徐铉：《骑省集》卷22，四部丛刊本，上海书店出版社1989年影印本，第3页。
② 释法道：《重开僧史略序》，载《僧史略》卷首，《大正藏》第54册，第234页。
③ 王禹偁：《小畜集》卷7，四部丛刊本，上海书店出版社1989年影印本，第13页。

同卷还有《寄赞宁上人》（时上人进新修《高僧传》，有诏赴阙），诗云："支公兼有董狐才，史传修成乙夜开。天子远酬丹诏去，高僧不出白云来。眉毛久别应垂雪，心印休传本似灰。若念重瞳欲相见，未妨西上一浮杯。"①

《小畜集》卷一〇《宁公新拜首座因赠》云："著书新奏御（上诏承旨苏公、道士韩德纯与公集《三教圣贤事迹》各五十卷，故有首座之命），优诏及禅扉。首座名虽贵，家山老未归。磬声寒绕枕，塔影静侵衣。终忆西湖上，秋风白鸟飞。"② 上述赠诗都可见王禹偁表达了对赞宁的褒扬之情。

5. 李昉，字明远，无锡人。汉乾祐间进士，仕汉、周，归宋，三入翰林，太宗朝拜平章事。昉性和善，好接宾客。至道二年卒，年七十二，追封韩国公，谥文正，赠司徒。奉敕撰《太平御览》《文苑英华》《太平广记》等。参见《宋史》卷二六五本传。

6. 宋琪，字叔宝，幽州人。长于文学，尤通史术。后晋举进士中第，历任记室。太平兴国中自兵部员外郎四迁至尚书为相。旋以其素好诙谐，无大臣体，罢守本官。端拱中拜右仆射，至道二年卒，年八十，赠司空。参见《宋史》卷二六四本传。

7. 杨徽之，字仲猷，浦城人。周显德二年进士。宋初为朝散大夫，累官右拾遗。真宗官至翰林侍读学士。淳厚清介，尚名教。咸平二年卒，年八十。有文集二十卷。参见《宋史》卷二九六本传、《翰林侍读学士杨公行状》（《武夷新集》卷二一）等。

8. 魏丕，字齐物，相州人。颇涉学问。入宋，历黄、汝、郢复等州刺史。好诗歌，与士大夫交游，有时称。咸平二年卒，年八十一。参见《宋史》卷二七〇本传。

9. 朱昂，字举之。少好读书，人称小万卷。真宗时，累官工部侍郎致仕。景德四年卒，年八十三。昂淳厚有清节，淡于荣利。闲居以讽诵为乐，自称退叟。有文集三十卷。参见《宋史》卷四三九本传。

10. 李运、武允文、张好问等皆无传，事迹不详。

上述几人与赞宁交游情况载于《文集序》，文云："先是故相文贞

① 《小畜集》卷7，第15页。
② 王禹偁：《小畜集》卷10，四部丛刊本，上海书店出版社1989年影印本，第6页。

公悬车之明年，年七十一，思继白少傅九老之会，得旧相吏部尚书宋琪年七十九，左谏议大夫杨徽之年七十五，鄞州刺史判金吾街仗事魏丕年七十六，太常少卿致仕李运年八十，水部郎中直秘阁朱昂年七十一，庐州节度副使武允成年七十九，太子中允致仕张好问年八十五，大师时年七十八，凡九人焉。文贞公将燕于家园，形于绘事，以声诗流咏，播于无穷。会蜀寇作乱，朝廷出师，不果而罢。"①《宋史》卷二六五《李昉传》记载基本相同："（淳化）四年，昉以私门连遭忧戚，求解机务。……明年，昉年七十，以特进、司空致事。"② 那么，"五年之明年"即至道元年。此次结社活动虽未成功，但是赞宁入选其中，说明他在士大夫阶层的影响。

二　赞宁与士大夫交游情况论析

从赞宁与士大夫交游人员考中，我们可以得出结论：赞宁与士大夫们交游广泛。其交游情况主要在以下几个方面。

（一）请教诗学及诗歌唱和

前面材料言及赞宁与士大夫诗歌唱和及向龚霖学习诗诀，表明了赞宁在诗歌方面颇有造诣。由于文献散佚，赞宁诗歌所存不多，但是颇具特色。如：元人方回《瀛奎律髓》卷四七"释梵类"载："《居天柱山》（僧赞宁）四野豁家庭，柴门夜不扃。水边成半偈，月下了残经。虽逐诸尘转，终归一梦醒。未知斯旨者，万后尽劳形。'方回评：僧家一偈四句谓之伽陁长篇；六句而上，谓之祇夜。此云半偈，乃是吟成一联诗也。工而妙。"③ 从方回评语可以看出赞宁的诗作水平比较高。

（二）文义切磋及交流学识

赞宁与吴越钱氏文义切磋，吴越国历代国王皆爱好文学，加之两浙文人辈出，影响所及，钱氏王族有不少爱好诗文并且有一定诗文水平的人。赞宁虽是一位僧人，但是通过文义切磋，加深了与吴越王氏的关系。赞宁的学识对吴越钱氏成员创作有一定影响，《宋史》卷四八〇载："（钱）昱好学多聚书，喜吟咏，多与中朝卿大夫唱酬。尝与沙门赞宁谈竹事，迭录

---

① 王禹偁：《小畜集》卷20，四部丛刊本，上海书店出版社1989年影印本，第8页。
② 脱脱：《宋史》，中华书局1977年版，第9137—9138页。
③ 方回：《瀛奎律髓》，李庆甲校，上海古籍出版社1986年版，第1726页。

所记，昱得百余条，因集为《竹谱》三卷。"① 可以说，钱昱的《竹谱》成书，得益于与赞宁的学问交谈。

（三）议论儒、释

儒学与佛学是两种不同的学问，儒学是王朝统治思想，佛学是士大夫的精神补充。佛学在以士大夫为主的统治社会，有共存也有矛盾，历史上产生的"三武一宗"毁佛事件，让僧人们深刻反思，如何在中央集权的封建王朝下生存，释道安早就提出"不依国主，则法事难立"②，要依国主也就要获得士大夫主流阶层的认可，所以历史上许多高僧用学问来与士大夫进行沟通，获得士大夫们的尊敬。同时，士大夫们在官场不得志时，往往需要佛学来获得思想安慰。即使一些在官场上得志者，也由于各种原因，信仰佛教。儒学与佛学有着一定的相通处，所以成为高僧和士大夫议论的主题。虽然有的帝王会组织"三教论衡"，但那是帝王行为。然而士大夫在闲情之余与高僧议论，儒、释之学就成了他们的共同话题。赞宁精通儒、释，成了与士大夫交流的基础。宋人吴处厚《青箱杂记》卷六云："近世释子，多务吟咏。唯国初赞宁独以著书立言、尊崇儒术为佛事。故所著《驳董仲舒繁露》二篇、《难王充论衡》三篇、《证蔡邕独断》四篇、《斥颜师古正俗》七篇、《非史通》六篇、《答杂斥诸史》五篇、《折海潮论兼明录》二篇、《抑春秋无贤臣论》一篇，极为王禹偁所激赏。故王公与赞宁书曰：'累日前蒙惠顾，谡才辱借《通论》，日殆三复，未详指归，徒观其涤《繁露》之瑕纇，《论衡》之玷眼，瞭《独断》之瞽，针砭《正俗》之疹，折子玄之邪说，泯米颖之巧言，逐光庭若摧枯，排孙郤似图蔓，使圣人之道，无伤于明，夷儒家者流不至于迷复，然则师胡为而来哉！得非天祚素王，而假手于我师者欤！'"③ 可见赞宁儒学著作颇多，有独特见解。而王禹偁是个儒学大师，虽然他有强烈的反佛言论，但是对赞宁却很敬重，表明赞宁作为一个僧人，对儒学造诣颇深。

三　赞宁与士大夫交游广泛原因探析

（一）三教合一趋势下发展的必然结果

儒、释、道三教合一的发展，与统治者的提倡是分不开的。儒家思想

---

① 脱脱：《宋史》，中华书局1977年版，第13915页。

② 释慧皎：《高僧传》，汤用彤点校，中华书局1992年版，第178页。

③ 吴处厚：《青箱杂记》，中华书局1985年版，第61—62页。

是政府统治主导思想，而释、道在思想文化上对于治世能起到辅助作用，是儒家思想的有益补充。只要在释、道不危及政府统治地位的情况下，大多采取三教兼容的政策。随着社会政治、经济的发展变化，统治者认识到，为了更好地加强统治，必须三教合一。僧侣也认识到，为了更好地发展佛教，必须顺服在王朝的政策之下。因为彼此需求的一致性，佛教高僧和士大夫们有了共同追求，佛教界高僧与士大夫们交游密切。赞宁在这种形势下，还参与了此方面修书活动。《文集序》云："参知政事苏易简奉诏撰《三教圣贤事迹》，奏大师与太一宫道士韩德纯分领其事。大师著《鹫岭圣贤录》，又集《圣贤事迹》，凡一百卷。制署左街讲经首座。"此次编撰活动，其实就是三教合一的体现。在三教合一的趋势下，有学识僧人与士大夫们的交流必然十分密切。

（二）赞宁博学多识

《文集序》云："释子谓佛书为内典，谓儒书为外学。工诗则众，工文则鲜。并是四者，其惟大师。"① 可见赞宁佛学、儒学、诗、文都有所建树。不仅如此，赞宁的博闻强记也值得称道，宋人释文莹《湘山野录》卷下云："僧录赞宁有大学，洞古博物，著书数百卷。王元之禹偁、徐骑省铉疑则就而质焉，二公皆拜之。柳仲涂开因曰：'余顷守维扬，郡堂后菜圃才阴雨则青焰夕起，触近则散，何邪？'宁曰：'此磷（力振切）火也。兵战血或牛马血着土则凝结，为此气，虽千载不散。'柳遽拜之曰：'掘之皆断枪折镞，乃古战地也。'因赠以诗，中有'空门今日见张华'之句。"② 同卷又有云："江南徐知谔为润州节度使温之少子也，美姿度，喜畜奇玩，蛮商得一凤头，乃飞禽之枯骨也。彩翠夺目，朱冠绀毛，金嘴如生，正类大雄鸡，广五寸，其脑平正，可为枕，谔偿钱五十万。又得画牛一轴，昼则啮草栏外，夜则归卧栏中。谔献后主煜，煜持贡阙下。太宗张后苑以示群臣，俱无知者。惟僧录赞宁曰：'南倭（乌和反）海水，或减则滩碛微露，倭人拾方诸蚌胎中有余泪数滴者，得之和色着物，则昼隐而夜显。沃焦山时或风挠飘击，忽有石落海岸，得之滴水磨色染物，则昼显而夜晦。'诸学士皆以为无稽，宁曰：'见张骞《海外异记》'。后杜镐

---

① 王禹偁：《小畜集》卷20，四部丛刊本，上海书店出版社1989年影印本，第7页。
② 释文莹：《湘山野录》，中华书局1984年版，第46页。

检《三馆书目》，果见于六朝旧本书中载之。"① 学士的不相信，结果得到了否定，赞宁学问不是一般士大夫所能比拟，所以当时的学问家徐铉、王禹偁都要向他请教，表明赞宁通晓许多士大夫不知道的知识。连大文学家欧阳修对赞宁都有所赞誉，欧阳修《六一诗话》载："吴僧赞宁，国初为僧录。颇读儒书，博览强记，亦自能撰述，而辞辩纵横，人莫能屈。时有安鸿渐者，文辞隽敏，尤好嘲咏，尝街行遇赞宁与数僧相随，鸿渐指而嘲曰：'郑都官不爱之徒，时时作队。'赞宁应声答曰：'秦始皇未坑之辈，往往成群。'时皆善其捷对，鸿渐所道，乃郑谷诗云：'爱僧不爱紫衣僧也'。"② 欧阳修对赞宁著作和论辩能力给予了肯定。

赞宁的博学多识，无疑提升了他在士大夫阶层中的地位，获得士大夫们的敬重，由此与士大夫的交游就相对容易。

（三）受到帝王礼遇，僧界地位高

历代僧官大多以律学沙门担任，主要由于律师是佛教戒律的宣传者、执行者、维护者，在社会中能起到道德模范的作用。但是，真正能参与统治者政治大事中的高僧，还需要很强的个人活动能力。因为统治者需要既是律学高僧又是与他们关系密切的人选。赞宁正是此种人选，既是律学高僧，又与最高统治者保持密切关系。

在吴越国时期，《文集序》云："时钱塘名僧有若契凝者，通名数一支，谓之论虎；常从义者，文章俊捷，谓之文虎；大师多毗尼著述，谓之律虎，故时称'三虎'焉。置本国监坛，又为两浙僧统，历数十年，像法修明，缁徒整戢。"《释门正统》卷八云："以虎子称，署本国监坛，两浙僧统，赐'明义宗文'号。"③ 可见，赞宁受到吴越国钱氏礼遇，任最高僧职达数十年之久。

在北宋初，《文集序》云："太平兴国三年，忠懿王携版图归国，大师奉真身舍利塔入朝。太宗素闻其名，召对滋福殿，延问弥日，别赐紫方袍，寻改师号曰通惠。"《佛祖统纪》卷四三云："三年三月，……吴越王俶奉版图归朝，令僧统赞宁奉释迦舍利塔入见于滋福殿。上素闻其名，一日七宣，赐号通慧大师（宁在国为两浙僧统。号'明义宗文大师'），除

---

① 释文莹：《湘山野录》，中华书局1984年版，第57页。
② 欧阳修：《六一诗话》，人民文学出版社1962年版，第7页。
③ 释宗鉴：《释门正统》，《续藏经》第75册，第353页。

翰林与学士陶谷同列。或诮之曰：'青琐朱楹，安容此物。'及与之语，师援据经史，衮衮不已，诮者为之畏服。学士王禹偁、徐铉，每有疑则就质之，皆为下拜，事以师礼。滋福殿者，安佛像经藏，立刹声钟，即内道场也（《国朝会要》）。"① 同样，赞宁随吴越王钱氏归宋，代表两浙佛教愿意接受北宋政府统辖，所以赞宁受到宋太宗的厚赐，并以学问在北宋士大夫中一鸣惊人。赞宁后来还登上了北宋最高僧职左街僧录。

由此可见，赞宁受到了帝王的礼遇，僧界地位高，自然在士大夫们中占有一定的地位。同样，士大夫也乐于和那些佛教领袖与内外学兼通的高僧交游，此种风气自魏晋南北朝时期就已经形成，名士与高僧玄谈交游，既可以互相抬高声望，又可以充实生活，这种风气一直得以延续，所以就赞宁博学多识和佛教地位来讲，士大夫也乐于与他交游。

综上所述，赞宁是有学识的高僧，与同时代的士大夫们有广泛的交游，交游内容涉及许多方面，既是三教合一趋势下发展的必然结果，也是自身博学多识、僧界地位高的彰显。赞宁与士大夫们的交游活动是高僧与士大夫相互选择的结果，既代表了高僧善于学习的一面，同时也是佛学与儒学互动的一种典型体现。

第三节　赞宁著作考述

释赞宁的文集总数，《文集序》云："大师以述作颇多，叙引未立，猥蒙见托，不克固辞，总其篇题，具如别录，凡内典集一百五十二卷，外学集四十九卷。览其文，知其道矣"② 由此可知，《通惠大师文集》分为内典集和外典集两部分。又据《文集序》开篇云："释子谓佛书为内典，谓儒书为外学。工诗则众，文则鲜。并是四者，其惟大师。"③ 我们知道内典集是指佛教著作，外学集是指儒学著作。除两者之外，还有其他著作，未收入文集。对于著作总数情况，后人记载不一，如：

（一）《释门正统》卷八云："所著《大宋高僧传》三十卷、《僧史略》三卷，入藏内典集一百五十二卷，外学集四十九卷，《笋谱》十卷，

---

① 释志磐：《佛祖统纪》，《大正藏》第 49 册，第 397 页。
② 王禹偁：《小畜集》卷 20，四部丛刊本，上海书店出版社 1989 年影印本，第 9 页。
③ 《小畜集》卷 20，第 7 页。

《物外集》皆别行。"①

（二）《重开僧史略序》云："王又述宁之墓志。则有心慕诚服之意。叙宁有文集一百七十卷。见行于世。"② 此说可能是内典集和外典集卷数相加所得。

（三）《佛祖历代通载》卷一八云："诏修《大宋高僧传》三十卷及诏撰《三教圣贤事迹》一百卷……又著内典集一百五十卷，外学集四十九卷。"③《僧史略序》《武林西湖高僧事略》《武林梵志》卷一〇基本相同。

（四）陈垣先生在《中国佛教史籍概论》云："《十国春秋》八九《赞宁传》，即本于此，然谓《高僧传》、内典集外，又著《鹫岭圣贤录》一百卷，则误读《小畜集》之文也。《高僧传》《鹫岭圣贤录》即内典集之一种，内典集不过诸书之总名，序云：'总其篇题，具如别录'，则各书之子目也。"④ 首先需指出，笔者查阅《十国春秋》八九《赞宁传》，没有陈垣先生所说之记载，此传仅是："纂《高僧传》三十卷，内典集一百五十卷，外学集四十九卷。"⑤ 没有述及"著《鹫岭圣贤录》一百卷"之事，可能是陈先生误记。其次，陈垣先生说"《高僧传》《鹫岭圣贤录》即内典集之一种，内典集不过诸书之总名"，是正确之理。由此，我们可以指出（一）、（三）误读了《小畜集》，不仅如此，现在许多学者述及赞宁著作也延续此种误读。

综合看来，笔者认为，应根据《文集序》所云把赞宁著作分为三部分：其一，内典集一百五十二卷，包括所有佛教著作；其二，外学集四十九卷，包括所有儒学著作；其三，两者之外的其他著作，姑称之杂作，包括诗、文等。下面据此分述可知著作情况。

（一）内典集一百五十二卷即佛教著作，所知情况如下：

1. 《宋高僧传》（简称《宋传》）三十卷，存。

《进高僧传表批答》云："其所进《高僧传》，已令僧录司编入《大藏》。"⑥ 据此，此书成书之后就已经入藏。而《宋史·艺文志》不著录，

---

① 释宗鉴：《释门正统》，《卍续藏经》第 75 册，第 353 页。
② 此序为南宋释法道撰，载释赞宁《大宋僧史略》卷首，《大正藏》第 54 册，第 234 页。
③ 释念常：《佛祖历代通载》，《大正藏》第 49 册，第 659 页。
④ 陈垣：《中国佛教史籍概论》，上海书店出版社 2005 年版，第 30 页。
⑤ 吴任臣：《十国春秋》，中华书局 1983 年版，第 1288 页。
⑥ 释赞宁：《宋高僧传》卷首，范祥雍校注，中华书局 1987 年版，第 1 页。

同时宋代晁公武《郡斋读书志》、陈振孙《直斋书录解题》、元代马端临《文献通考》等重要书目皆未著录，说明此书当时在社会上流传不广。但是在僧人中颇有传阅，如宋人释惠洪《林间录》卷上云："赞宁作《大宋高僧传》用十科为品流，以义学冠之已可笑。"①

　　清初，《四库全书》提要云："宋释赞宁撰。赞宁有《笋谱》，已著录。是书乃太平兴国七年奉太宗敕旨编撰，至端拱元年十月书成，遣天寿寺僧显忠等于乾明节奉表上进。有敕奖谕，赐绢三十匹，仍令僧录司编入《大藏》。而《宋史·艺文志》不著录，盖史志于外教之书粗存梗概，不必求全，于例当然，亦于理当然也。《高僧传》之名起于梁释惠敏，分译经、义解两门。释慧皎复加推扩，分立十科。至唐释道宣《续高僧传》搜辑弥博，于是分译经、义解、习禅、明律、护法、感通、遗身、读诵、兴福、杂科十门。所载迄唐贞观而止。赞宁此书，盖又以续道宣之后，故所录始于唐高宗时，门目亦一仍其旧。凡正传五百三十三人，附见一百三十人。传后附以论断，于传授源流，最为赅备。中间如武后时人，皆系之周朝，殊乖史法。又所载既托始于唐，而《杂科篇》中，乃有刘宋、元魏二人，亦为未明限断。然其于诔、铭、记、志，撮采不遗，实称详博。文格亦颇雅赡，考释门之典故者，固于兹有取焉。"② 对于此《提要》，陈垣先生指出了四点之误，现简要摘录，以资参考：（1）《提要》谓："《高僧传》之名起于梁释惠敏，分译经、义解两门。释慧皎复加推扩，分立十科。"此谬说也。（2）《提要》谓："唐释道宣《续高僧传》搜辑弥博，所载迄唐贞观而止。"并列举十门之名，似馆臣曾见皎、宣之书，何以不著于录，不知馆臣实未见皎、宣二传也。（3）《提要》谓："赞宁此书，于武后时人，皆系之周朝，殊乖史法。"不知此最合史法也。（4）《提要》谓："所载既托始于唐，而《杂科篇》中，乃有刘宋、元魏二人，亦为未明限断。"不知本书续道宣书而作，固非断代之书也。前传有阙，后书补之，奚为不可，安得以"未明断限"讥之乎！③

　　2.《大宋僧史略》三卷，存。

　　赞宁《僧史略并序》云："约成三卷，号《僧史略》焉。"《崇文总

---

① 释惠洪：《林间录》，《卍续藏经》第87册，第246页。
② 永瑢：《四库全书总目》，中华书局1997年版，第1925—1926页。
③ 陈垣：《中国佛教史籍概论》，上海书店出版社2005年版，第34—36页。

目》卷十载："《僧史略》三卷。"《通志》卷六七载："《僧史略》三卷，宋朝僧赞宁撰。"《宋史·艺文志》载："僧赞宁《僧史略》三卷。"然《湘山野录》卷下云："僧录赞宁有大学，洞古博物，著书数百卷……太宗欲知古高僧事，撰《僧史略》十卷进呈"①，"十卷"，误。

《大宋僧史略》："所立仅六十门，止删取集传，并录所闻，以明佛法东传以来百事之始。"② 主要内容有：卷上：序、佛降生年代、僧入震旦、经像东传、创造伽蓝（浴佛行像附）、译经、译律、译论、东夏出家、服章法式、立坛得戒、尼得戒由、受斋忏法、礼仪沿革、注经、僧讲、尼讲、造疏科经、解律、解论、都讲、传禅观法（附别立禅居）、此土僧游西域、传密藏（附外学）。卷中：道俗立制、行香唱导、赞呗之由、僧寺纲纠、立僧正（附尼正）、僧统、沙门都统、左右街僧录、僧主副员、讲经论首座、国师、杂任职员、僧主秩俸（附尼）、管属僧尼（附祠部牒）、僧道班立、内道场（附生日道场）、僧籍弛张。卷下：诞辰谈论（附内斋）、赐僧紫衣、赐师号（附德号）、内供奉并引驾、封授官秩、方等戒坛、结社法集、赐夏腊、对王者称谓、临坛法位、度僧规利、赐谥号、菩萨僧、得道证果（附尼）、大秦末尼、架头床子、城阇天王、上元放灯、总论。后人附录《绍兴朝旨改正僧道班文字一集》。

此书撰写时间，《僧史略并序》云："夫僧本无史，觉乎弘明二集，可非记言耶？高名僧传，可非记事耶？言事既全，俱为载笔。原彼东汉，至于我朝，仅一千年，教法污隆，缁徒出没，富哉事迹，繁矣言诠，蕴结藏中，从何攸济。（赞宁）以太平兴国初，迭奉诏旨，《高僧传》外别修《僧史》。及进育王塔，乘驲到阙，敕居东寺。披览多暇，遂树立门题，搜求事类。始乎佛生教法流衍，至于三宝住持诸务事始，一皆隐括，约成三卷，号《僧史略》焉。盖取裴子野《宋略》为目，所恨删采不周，表明多昧，不可鸿硕寓目，预惧缺然者尔。"③

据《宋传》卷二三《遗身论》云："我圣上践祚之四载，两浙进阿育王盛释迦佛舍利塔，初于滋福殿供养，后迎入内道场，屡现奇瑞。"④ 又《释氏稽古略》卷四云："戊寅太平兴国三年……明年，诏宁乘驿进明州

---

① 释文莹：《湘山野录》，中华书局1984年版，第46页。
② 释赞宁：《大宋僧史略》卷首，《大正藏》第54册，第234页。
③ 《大宋僧史略》卷首，第234页。
④ 释赞宁：《宋高僧传》，范祥雍校注，中华书局1987年版，第605页。

阿育王山释迦文佛真身舍利，入禁中供养，得舍利一颗，因之以开宝寺西北阙地，造浮图十一级，下作天宫以葬之（《皇朝事苑》）。"① 又《佛法金汤编》卷一一云："四年，诏赞宁乘驿往明州阿育山王迎取真身舍利塔，入禁中供养。复得舍利一颗，造塔十一级于开宝寺。帝手自安奉。"② 由此序中"进育王塔""乘驲到阙"等基本可以确定太平兴国四年（979）为《僧史略》动手之年。由此序，我们知道，赞宁早就接到了撰写《高僧传》的诏旨，只是迟迟未开展，或由于什么原因耽搁了。

此书成书时间，苏晋仁先生推测是太平兴国七年（982），原因如下：从书中有关宋代的事迹来看，最迟记载到太平兴国七年（见"此土僧游西域""临坛法位"二条）为止。以后，有关佛教的重大事迹，如太平兴国八年的"诏改译经院为传法院"，雍熙二年（985）的"诏天息灾、法天、施护并为朝散大夫、试鸿胪少卿"（均见宋会要道释二"传法院"），雍熙三年的度僧（见佛祖统纪卷四十三）。而本书的"此土僧游西域""封授官秩"和"临坛法位"三条中都没有记录进去。可见本书记载到太平兴国七年为止，而完成当在次年回杭州之前。③ 此书咸平二年（999）得到重新整理，《大宋僧史略》卷上、卷中、卷下之后都有："咸平二年重更修理。"④ 所以本书有记载宋太宗淳化三年（992），虞部员外郎李宗讷奏国忌行香请宰臣已下行香。据《大中祥符法宝录》，《僧史略》在大中祥符四年（1011）入大藏经典内，崇宁四年（1105）再度入藏。绍兴十四年（1144）由释法道加以重新刊刻。日本学者牧田谛亮云：此时出版的版本，现存于名古屋真福寺宝生院。此外尚有该寺保存的镰仓期抄本（残缺不全），和刻本有五山出版（室町期）庆安四年（1647）、延宝四年（1676）、延宝八年（1680）、明治十六年（1883）福田行诚校刊的各种版本。⑤

聂士全在《赞宁〈大宋僧史略〉述评》中云："《僧史略》虽名僧史，其实乃是对佛法东传以来诸种佛事之始及其沿革的考索及记载，因其

---

① 释觉岸：《释氏稽古略》，《大正藏》第 49 册，第 860 页。
② 释心泰：《佛法金汤编》，《卍续藏经》第 87 册，第 417 页。
③ 苏晋仁：《佛教文化与历史》，中央民族大学出版社 1998 年版，第 174 页。
④ 释赞宁：《大宋僧史略》，《大正藏》第 54 册，第 235、241、248 页。
⑤ 牧田谛亮：《赞宁与其时代》，载张曼殊《佛教人物史话》，大乘文化出版社"中华民国"六十七年版，第 369 页。

丰厚的史学价值而在当今具有'中国佛教史必携'之美称。"① 但是牧田谛亮和聂士全等以为《僧史略》成书于《宋传》之后,笔者认为《僧史略》成书时间在《宋传》之前,参见附录三。至于《宋传》成书时间,参见第二章第一节。

3.《鹫岭圣贤录》为五十卷,《鹫岭圣贤事迹》五十卷,佚。

《文集序》云:"参知政事苏易简奉诏撰《三教圣贤事迹》,奏大师与太一宫道士韩德纯分领其事。大师著《鹫岭圣贤录》,又集《圣贤事迹》,凡一百卷。制署左街讲经首座。"②

《佛祖统纪》卷四三云:"淳化元年,诏参政苏易简撰《三教圣贤录》。乞通慧赞宁、太一宫道士韩德纯分领其事。宁撰《鹫岭圣贤录》五十卷以进,敕充左街讲经首座。"③

《释氏稽古略》卷四云:"淳化元年,奉旨著《鹫岭圣贤录》一百卷。"④

《小畜集》卷一〇《宁公新拜首座因赠》云:"著书新奏御(上诏承旨苏公、道士韩德纯与公集《三教圣贤》、《事迹》各五十卷,故有首座之命),优诏及禅扉。首座名虽贵,家山老未归。磬声寒绕枕,塔影静侵衣。终忆西湖上,秋风白鸟飞。"⑤

按:从诗中注解可知,赞宁著《鹫岭圣贤录》为五十卷,后来自己集《事迹》五十卷,总计一百卷。

宋人释契嵩《传法正宗论》卷下第四篇云:"初宣律师以达摩预之习禅高僧,而降之已甚,复不列其承法师宗者,蒙尝患其不公。而吾宗赞宁僧录,继宣为传,其评三教乃曰:'心教义加',故其论习禅科,尤尊乎达摩之宗,曰:'如此修证是最上乘禅也。'又曰:'禅之为物也,其大矣哉。诸佛得之升等妙,率由速疾之门,无过此也。'及考宁所撰《鹫峰圣贤录》者,虽论传法宗祖,盖亦傍乎《宝林》《付法藏》二传矣,非有异闻也,然其所断浮泛,是非不明,终不能深推大经大论,而验实佛意,使

---

① 聂士全:《赞宁〈大宋僧史略〉述评》,载《戒幢佛学》第 1 卷,岳麓书社 2002 年版,第 415 页。

② 王禹偁:《小畜集》卷 20,四部丛刊本,上海书店出版社 1989 年影印本,第 8 页。

③ 释志磬:《佛祖统纪》,《大正藏》第 49 册,第 400 页。

④ 释觉岸:《释氏稽古略》,《大正藏》第 49 册,第 861 页。

⑤ 王禹偁:《小畜集》卷 10,四部丛刊本,上海书店出版社 1989 年影印本,第 6 页。

后世学者益以相疑，是亦二古之短也。"① 可见《鹫岭圣贤录》乃是有关传法宗派的著述。

4. 《律钞音义指归》三卷，佚。

宋人惟颙编《律宗新学名句》卷下载："杭州赞宁律师（《音义指归》三卷）。"② 高丽沙门义天录《新编诸宗教藏总录》卷二载："《律钞音义指归》三卷，赞宁述。"③

5. 《覆釜形仪》，佚。

赞宁《大宋僧史略》卷上"立坛得戒"条云："唐初灵感寺南山宣律师，按法立坛，感长眉僧（即宾头卢身也）随喜赞叹，立坛应法勿过此焉。宣撰《戒坛经》一卷，今行于世。余尝慨南山不明坛第四层覆釜形仪制，故著《覆釜形仪》。乐者寻之，以辅博知也。"④

6. 《宝塔传》和《护塔灵鳗菩萨传》各一卷，存。

《宝塔传》末云："且以神功之不朽，岁记深长，虽补前文，难述未来之瑞应；更祈后哲，好编无尽之徽猷。赞宁想乾口口笔之余，虑多遗坠，仰炎宋统天之口，思欲播扬，与劫齐休，惟高不动者也。时开宝五纪，岁在壬申正朔撰。"《阿育王山志》卷一三，乾隆二十二年刊本。⑤《全宋文》卷四〇"释赞宁"第9条全文收录。⑥

《护塔灵鳗菩萨传》末云："赞宁辄搜既往，显神化之无方；安识将来，在圣朝之独久。后之征验，引而伸之。炎宋开宝五年，岁在实沉周朔旦，左街僧统赞宁述。"《阿育王山志》卷五。又见《阿育王山志略》卷上。⑦《全宋文》卷四〇"释赞宁"第10条全文收录。

据牧田谛亮云："日本《宋本书影》中所收存，内野皎亭氏所藏的宋刊本……在崇宁二年（1103）有佛国禅师惟白的序。他在序内说堂塔由宝鉴禅师达公行祖予以重刻，其中记有：'《宝塔》、《灵鳗》二传，皆国朝开宝中僧统赞宁之所述也，采撷瑞应搜扬隐显，……'在赞宁的

---

① 释契嵩：《传法正宗论》，《大正藏》第51册，第783页。

② 释惟颙：《律宗新学名句》，《卍续藏经》第59册，第700页。

③ 释义天录：《新编诸宗教藏总录》，《大正藏》第55册，第2184页。

④ 释赞宁：《大宋僧史略》，《大正藏》第54册，第238页。

⑤ 曾枣庄：《全宋文》，上海辞书出版社、安徽教育出版社2006年版，第26页。

⑥ 《全宋文》收录"释赞宁"总共13条，没有标出具体条数，笔者为了对《全宋文》收录情况进行分析，按顺序以条数点明。

⑦ 曾枣庄：《全宋文》，上海辞书出版社、安徽教育出版社2006年版，第29页。

自序中：'且以神功之不朽岁纪惟长，虽补前文，难述未来之瑞应，更期后哲好编无尽之徽猷，赞宁想乾绝笔之余，虑多遗坠。仰炎宋统天之势，思欲播扬与劫齐休，惟高不动者也，时开宝五纪岁在壬申正朔日。'……明万历四十五年（1617）憨山德清序刊本的《明州阿育王山志》和《渊灵庙禧两记》中都有收载（卷五）。"① 所见两版本相比较，略有差异。

7.《鳗井记》，佚。

宋人潜说友《咸淳临安志》卷三七"灵鳗井"载："在凤凰山南塔寺，今额曰梵天寺。先是四明阿育王山有灵鳗井，传云：护塔神也。后钱氏迎育王舍利归国，井中鳗不见。钱氏乃于寺廊南凿石为井，而鳗常现。僧录赞宁有《鳗井记》刻塔石上，今不存。"②

《十国春秋》卷八一云："乾德四年……是岁，王迎阿育王舍利归南塔寺奉之。先是，明州阿育山有灵鳗井，至是凿井南廊，鳗忽见焉（僧赞宁有记）。"③

8.《天台智者大师说序》，存。

《注十疑论并序》中赞宁《天台智者大师说序》云："序曰：夫谈大人境界者，卒不可贵信，盖难信之法也。譬如观君王之尊贵，叹曰：'我必不能亲近欤！'一旦因依，致之于左右，此他力之验也。惟智者大师能焉。自登忍力，作狮子吼，吼声普闻，可畏难解。喻如卿导之言不体，异邦之路奚通？是故吴山澄彧上人挥弥天之笔，章句出焉，令披文见意，不俟终日也。领彼迷儿，归于父舍。末有道赞人者，专修净业，诱掖众多。令愚称赞于此门，约我往生于彼土。序冠论首，以先启行。时大宋太平兴国八年初建鹑尾月序。"④ 《全宋文》卷四〇"释赞宁"第 3 条收录。

澄彧乃释义寂弟子，《宋高僧传》卷七《释义寂传》云："由是堂室间可见者，曰澄彧，曰宝翔，曰义通。"⑤

---

① 牧田谛亮：《赞宁与其时代》，载张曼殊《佛教人物史话》，大乘文化出版社 1978 年版，第 71—372 页。

② 潜说友：《咸淳临安志》，《四库全书》第 490 册，上海古籍出版社 1987 年影印文渊阁本，第 402 页。

③ 吴任臣：《十国春秋》，中华书局 1983 年版，第 1163 页。

④ 《注十疑论》，《卍续藏经》第 61 册，第 153 页。

⑤ 释赞宁：《宋高僧传》，范祥雍校注，中华书局 1987 年版，第 164 页。

（二）外学集四十九卷即儒学著作，所知情况如下：

1. 宋人吴处厚《青箱杂记》卷六云："近世释子，多务吟咏。唯国初赞宁独以著书立言、尊崇儒术为佛事。故所著《驳董仲舒繁露》二篇、《难王充论衡》三篇、《证蔡邕独断》四篇、《斥颜师古正俗》七篇、《非史通》六篇、《答杂斥诸史》五篇、《折海潮论兼明录》二篇、《抑春秋无贤臣论》一篇，极为王禹偁所激赏。故王公与赞宁书曰：'累日前蒙惠顾，谬才辱借《通论》，日殆三复，未详指归，徒观其涤《繁露》之瑕瓗，《论衡》之玷眼，瞭《独断》之瞽，针砭《正俗》之疹，折子玄之邪说，泯米颖之巧言，逐光庭若摧枯，排孙郃似图蔓，使圣人之道，无伤于明，夷儒家者流不至于迷复，然则师胡为而来哉！得非天祚素王，而假手于我师者欤！'"① 上述所提及著述皆遗佚。

上述所述之文，可能合称《通论》。《十国春秋》卷八九载："赞宁又著《通论》，有驳董仲舒、难王充、斥颜师古、证蔡邕、非史通等说。"②

2. 《论语陈说》一卷，佚。

宋人郑樵《通志》卷六三《艺文略》载："《论语陈说》僧赞宁。"

（三）上述两者之外的其他著作——杂作，所知情况如下：

1. 《笋谱》一卷，存。

宋人陈振孙《直斋书录解题》一〇载："《笋谱》一卷，僧赞宁撰（案晁公武《读书志》作僧惠崇撰）。"赵希弁《郡斋读书后志》卷二载："《笋谱》三卷，右皇朝僧惠崇撰。"《通志》卷六六载："《笋谱》一卷，宋朝僧赞宁撰。"《宋史·艺文志》载："僧赞宁《笋谱》一卷。"马端临《文献通考》卷二一八载："《笋谱》二卷，晁氏曰：'皇朝僧惠崇撰，陈氏曰：僧赞宁撰。'"

四库馆臣《笋谱提要》云："《笋谱》一卷，不著撰人名氏。晁公武《读书志》作僧惠崇撰。陈振孙《书录解题》作僧赞宁撰。案惠崇为宋初九僧之一，工于吟咏，有《句图》一卷，又工于画，黄庭坚集有题其所作《芦雁图》诗，然不闻曾作是书。考《宋史艺文志》亦作赞宁，则振孙说是也。赞宁，德清高氏子……所著《物类相感志》，岁久散佚，世所传者皆赝本。唯此书尤其原帙。书分五类，曰：一之名，二之出，三之

---

① 吴处厚：《青箱杂记》，中华书局1985年版，第61—62页。

② 吴任臣：《十国春秋》，中华书局1983年版，第1288页。

食，四之事，五之说，其标题盖仿陆羽《茶经》，援据奥博，所引古书多今世所不传，深有资于考证。三之食以前皆有注，似所自作。然'笋汁煮羹'一条注，乃驳正其说，以为羹不如蒸，又似后人之所附益，不可考矣。王得臣《麈史》曰：'僧赞宁为《笋谱》甚详，掎摭古人诗咏，自梁元帝至唐杨师道，皆诗中言及笋者。惟孟蜀时学士徐光溥等二人绝句，（案：此数句，似有脱文，今姑仍其旧）亦可称勤笃，然未尽也。如退之《和侯协律》咏笋二十六韵不收，何耶？岂宁忿其排释氏而私怀去取耶？抑《文公集》当时未出乎？不可知也'云云。今检谱中果佚是作，然以一人之耳目，而采摭历代之诗歌，一二未周，势所必有，不足为是书病也。"①

2. 《物类相感志》十卷，存。

《重开僧史略序》云："唯宁师内外博通，真俗双究。观师所集《物类相感》，志至于微术小伎，亦尽取之，盖欲学佛遍知一切法也。"②

赵希弁《郡斋读书后志》卷二载："《物类相感志》十卷。右皇朝僧赞宁撰，采经籍传记物类相感者志之，分天、地、人、物四门。赞宁，吴人，以博物称于世，柳如京、徐骑省与之游，或就质疑事，杨文公、欧阳文忠公，亦皆知其名。"《通志》卷六八也言十卷。《宋史·艺文志》载："僧赞宁《物类相感志》十卷。"后又载："释赞宁《物类相感志》五卷。"

四库馆臣《物类相感志提要》云："《物类相感志》十八卷。旧本题东坡先生撰，然苏轼不闻有此书。又题僧赞宁编次。按晁公武《读书志》及郑樵《通志艺文略》，皆载《物类相感志》十卷，僧赞宁撰。是书分十八卷，既不相符。又赞宁为宋初人，轼为熙宁、元祐间人，岂有轼著此书而赞宁编次之理？其为不通，坊贾伪撰售欺审矣。且书以物类相感为名，自应载琥珀拾芥、磁石引针之属，而分天、地、人、鬼、鸟、兽、草、木、竹、虫、鱼、宝器十二门隶事，全似类书。名实乖舛，尤征其妄也。"③《四库全书》未录此书，列入存目。中国国家图书馆藏有释赞宁《东坡先生物类相感志》十八卷。

---

① 永瑢：《四库全书总目》，中华书局 1997 年版，第 1543 页。
② 释赞宁：《大宋僧史略》卷首，《大正藏》第 54 册，第 234 页。
③ 永瑢：《四库全书总目》，中华书局 1997 年版，第 1725 页。

3.《感应类从志》，部分存。

元人陶宗仪《说郛》卷一百九下载：《感应类从志》吴僧赞宁。共计18 条事迹，虽题为感应类，其实都是古人流传的一些迷信知识。如第一条，"芦灰投地，苍云自灭"云："《史记》有苍云围轸，轸楚之分野，是不善之征。楚太史唐勒乃夜以葭灰遗于地，乃更灭拂之，其苍云为之半灭。"①

《四库全书总目》卷一三〇"子部四十·杂家存目七"云："《感应类从志》一卷（浙江巡抚采进本）旧题晋张华撰。隋、唐以来经籍、艺文诸志皆所不载，诸家书目亦不著录。书中语多俚陋，且皆妖妄魇制之法，其为依托无疑也。"②

4.《传载略》，部分存。

《宋史·艺文志》载：僧赞宁《传载》八卷。

陶宗仪《说郛》卷三二上载：《传载略》僧赞宁。此中只存 10 条事迹，如第一条："越中禹志者，即高松，数十株参天，远望无不见，故乡人谓之禹志也。禹巡狩至会稽，殂落，葬于此陵，今与山为一体，皆变为石矣。故汉书云：禹葬会稽，不改其列。注云：不改松柏百物之列也。祠后窆石存焉，即古之县封碑之滥觞也。今疑为禹志，即禹帝陵耳。且三王之世无山陵名，至秦为山，汉为陵，后兼二为名。若然者，古之志，即今之陵也。"③ 主要以吴越典故、事迹为主，当是遗佚不少。闻人军先生在《宋初博物名僧赞宁事迹著作考评》一文中进行了点校。

5.《要言》二卷，部分存。

《宋史·艺文志》载："又《要言》二卷。"

闻人军先生在《宋初博物名僧赞宁事迹著作考评》一文从宋人江少虞《宋朝事实类苑》中辑录 8 条并进行了点校，指出："《要言》是赞宁的博物代表作，学术价值高于《物类相感志》。他每举一事，必说古论今，引证博引。由此可见赞宁博物洽闻，通达古今。"④

①　陶宗仪：《说郛三种》，上海古籍出版社 1988 年版，第 5054 页。
②　永瑢：《四库全书总目》，中华书局 1997 年版，第 1725 页。
③　陶宗仪：《说郛三种》，上海古籍出版社 1988 年版，第 1482 页。
④　闻人军：《宋初博物名僧赞宁事迹著作考评》，载徐规《宋史研究集刊》，浙江古籍出版社 1986 年版，第 241 页。

6.《紫微山重修志愿寺碑铭并序》，存。

《紫微山重修志愿寺碑铭并序》云：钱塘属邑，盐官为最。有浙之朝阳，为吴之右臂。白飞江练，青点海门……景祐四年正月，东京左街僧录、知教门事、应史馆编修、通慧大师赞宁撰。道光《海宁备志》卷一二、道光二十七年刻本。又见《淳祐临安志辑佚》卷四，康熙《海宁县志》卷一三，乾隆《海宁州志》卷六，民国《海宁州志稿》卷一九。①《全宋文》卷四〇"释赞宁"第 13 条收录全文。也见《浙江通志》卷二二"海宁县"。

按：此文景祐四年（1037）正月赞宁撰是绝对不可能的，因为他在咸平四年（1001）已卒。根据此文官衔署名东京左街僧录来看，应撰于咸平年间，最早咸平二年（999），《佛祖统纪》卷四四载："咸平二年……敕史馆编修赞宁迁左街僧录。"②最晚于咸平四年卒前。

7.《惠力寺结大界相序》，存。

《惠力寺结大界相序》云：端拱元年暮春上旬，东京左街僧录、知教门事、应史馆编修、通慧大师赞宁撰。《淳祐临安志辑逸》卷四，武林掌故丛编本。③《全宋文》卷四〇"释赞宁"第 7 条收录全文。

按：此文官衔署名大有问题，如果是端拱元年撰，正确署名应参考《进高僧传表》："端拱元年十月日，左街天寿寺通慧大师赐紫臣僧赞宁上表。"④那么，出现这种署名可能是结集时整理所修改。

8.《王得一行状》，部分存。

宋人李焘《续资治通鉴长编》卷三四载：贬逊而罢准。（注：僧赞宁作《王得一行状》云："堂吏苏允淑者，受朝旨沙汰年高选人，七十以上当授散官。有唐州团练判官掌宣与允淑有憾，宣年始三十五，被允淑夹带高年辈中奏名，授宣为唐州司马。宣与僧法灯素友善，以此事为诉。法灯夙承公厚眷，一日，言此不平于公，公令法灯引至，具得见黜之由。公奏闻，太宗令中使寻访，召而赐对，仍令上殿，俯迩天颜，问其被抑之故，面转著作郎，复赐钱百万，宣谕为压惊之贶，授大理法直官。送允淑御史台，鞫问所因，允淑路由本地，给其押者，言略入见家人辈，押者令入，

---

① 曾枣庄：《全宋文》，上海辞书出版社、安徽教育出版社 2006 年版，第 31—34 页。
② 释志磐：《佛祖统纪》，《大正藏》第 49 册，第 402 页。
③ 曾枣庄：《全宋文》，上海辞书出版社、安徽教育出版社 2006 年版，第 21—22 页。
④ 释赞宁：《宋高僧传》卷首，范祥雍校注，中华书局 1987 年版。

允淑得便遂自刎，卒。太宗疑及参政寇准，出准为青州守，其信用皆如此类。"按：准罢政乃缘狂人山呼，与得一行状不同当考）《全宋文》卷四〇"释赞宁"第 11 条收录此文。

9.《乞化疏文状》，存。

宋人洪迈《容斋四笔》卷十"十四则"载："钱忠懿判语 王顺伯家有钱忠懿一判语，其状云：'臣赞宁。右臣伏奉宣旨撰文疏，今进呈，乞给下，取设斋日五更前上塔，臣自宣却欲重建，乞于仁政殿前夜间化却，不然便向塔前化，并取圣旨。'判曰：'便要吾人宣读后，于真身塔前焚化，二十七日。'而在前花押。予谓钱氏固尝三改元，但或言其称帝，则否也。此状内'进呈'、'圣旨'等语，盖类西河之人拟子夏于夫子，故自贻僭帝之议，想它所施行皆然矣。"[1]也见《咸淳临安志》卷九二，《全宋文》卷四〇"释赞宁"第 2 条收录此文。

10.《永明寿禅师物外集序》，不存。

释居简《北磵集》卷五《重刻永明寿禅师物外集序》云："能使所居山大于天下鼎望禅苑，永明与达观卢公之于雪窦也，空寂蕴奥，公尤为先知，出人间世，为龙象，任祖宗九鼎之寄宜矣……兹又得此集，附益于毫芒。然则公非用力于骚雅者，亦不在多少间。独喜某人讲明旧话，重刻以寿古宿，为书于僧统宁公序后。"[2]

11.《筝谱》十卷，《物外集》，皆佚，存疑。

《释门正统》卷八云："《筝谱》十卷，《物外集》皆别行。"[3] 此两书未见于其他任何相关文献，不知何据，《筝谱》可能为《笋谱》之误。

12. 关于《全宋文》其他收录文来源分析。

（1）《全宋文》卷四〇"释赞宁"第 1 条为《进宋高僧传表》，见《宋传》卷首。

（2）《全宋文》卷四〇"释赞宁"第 4 条为《宋高僧传序》，见《宋传》卷首。

（3）《全宋文》卷四〇"释赞宁"第 5 条为《宋高僧传后序》，见《宋传》卷末。

---

① 洪迈：《容斋四笔》，孔凡礼校，中华书局 2005 年版，第 754 页。
② 释居简：《北磵集》，《四库全书》第 1183 册，上海古籍出版社 1987 年影印文渊阁本，第 59 页。
③ 释宗鉴：《释门正统》，《卍续藏经》第 75 册，第 353 页。

（4）《全宋文》卷四〇"释赞宁"第6条为《大宋僧史略序》，见《大宋僧史略》卷首。

（5）《全宋文》卷四〇"释赞宁"第8条为《灵隐释宝达传赞》，见《宋传》卷二一《唐杭州灵隐寺宝达传系通》。

（6）《全宋文》卷四〇"释赞宁"第12条为《结社法集文》，见《大宋僧史略》卷中。

13. 存诗。

（1）《夜吟》独坐闲吟野思清，秋庭萧索暮烟轻。孤灯欲地月未上，万籁寂然蛩一声。

（2）《居天柱山》四野豁家庭，柴门夜不扃。水边成半偈，月下了残经。虽逐诸尘转，终归一念醒。未知斯旨者，万役尽劳形。

（3）《秋日寄人》白鸟行从山嘴没，青鸥群向水湄分。松斋独坐谁为侣，数片斜飞栏外行。

按：上述三首见宋人陈起《圣宋高僧诗选后集》卷上。①

元人方回《瀛奎律髓》卷四七"释梵类"云："'《居天柱山》（僧赞宁）四野豁家庭，柴门夜不扃。水边成半偈，月下了残经。虽逐诸尘转，终归一梦醒。未知斯旨者，万后尽劳形。'方回评：僧家一偈四句谓之伽陀长篇，六句而上谓之祇夜，此云半偈，乃是吟成一联诗也，工而妙。"②与前面对比可知，个别字句有异。

（4）《水月禅院》（二首）参差峰岫昼云昏，入望交萝浊浪奔。震泽涌山来北岸，华阳连洞到东门。日生树挂红霞脚，风起波摇白石根。门有上方僧住处，橘花林下采兰荪。

积翠湖心迤逦长，洞台萧寺两交光。鸟行黑点波涛白，枫叶红连橘柚黄。人我绝时隈树石，是非来处接帆樯。如何遂得追游性，摆却营营不急忙。

按：宋人范成大《吴郡志》卷三三③、清人郑方坤《五代诗话》卷八也收录。

（5）《浙江潮候》午未未未申，申卯卯辰辰。巳巳巳午午，朔望一般轮。

---

① 《续修四库全书》编纂委员会：《续修四库全书》集部第1621册，上海古籍出版社2002年版，第16页。

② 方回：《瀛奎律髓》，李庆甲校，上海古籍出版社1986年版，第1726页。

③ 范成大：《吴郡志》，中华书局1985年版，第316页。

　　按：陶宗仪《辍耕录》卷一二"浙江潮候"载："浙江一名钱塘江，一名罗刹江。所谓罗刹者，江心有石，即秦望山脚，横截波涛中，商旅船到此，多值风涛所困而倾覆，遂呼云。此事见吴越时僧赞宁《传载》中。其昼夜二潮甚信，上人以诗括之曰：'午未未未申，申夘卯辰辰。巳巳巳巳午午，朔望一般轮。'此昼候也。初一日午未，初二日未初，十五日如初一，夜候则六时对冲，子午丑未之类。"①

　　（6）《落花蝶》醉蜂狂香正浓，晚来阶下坠衰红。开时费尽阳和力，落处难禁一阵风。（见《永乐大典》卷五八三九）

　　（7）《悟空塔》浮图萧瑟入虚空，一聚全身冈象中。传马祖心开佛印，识龙潜主示神通。毫光委坠江楼月，道气馨香海岸风。此地化缘才始尽，更于何处动魔宫。（陈尚君《全唐诗续拾》引《海昌胜迹志》卷一）

　　按：上述七首诗歌《全宋诗》都有收录，另外还有四散句，就不列出。②

　　（8）《义寂赞偈》出忏炉烟缘篆字，训徒言语隔溪声。山遮水绕应难见，长把高名顶上擎。

　　按：释元悟编《螺溪振祖集》云："左街僧录应史馆编修通慧大师（赞宁）伏承，净光大师亲礼令令咸旋附一偈上。"③净光大师乃释义寂，此诗《全宋诗》未收入，据补。

　　综上所述，我们对释赞宁著作存佚情况有了清晰的了解，他的著作遗佚情况还是比较严重的。作为一个佛教史学家，他的佛教著作留存偏多，这符合他在当时佛教界的地位和影响；作为一个博物家，他的杂作留存极繁杂；作为一个出家文人，虽受到儒学大家王禹偁激赏，但传统的诗文留存最少。

第四节　赞宁与《宋传》

　　中国佛教史上的三大名高僧总传——《梁传》《唐传》《宋传》的撰

---

　　① 陶宗仪：《辍耕录》，载《宋元笔记小说大观》（六），上海古籍出版社2001年版，第6291页。
　　② 北京大学古文献研究所：《全宋诗》第1册，北京大学出版社1991年版，第150—151页。
　　③ 释元悟：《螺溪振祖集》，《卍续藏经》第100册，第1029页。

者释慧皎、释道宣、释赞宁，三位撰者结合起来看，《释慧皎传》在《唐传》卷六"义解篇"，《释道宣传》在《宋传》卷一四"明律篇"，《释赞宁传》在《新续高僧传四集》卷六〇"杂识篇"，这在某种程度上可以说明，除道宣外，其余两位在为他们编传的撰者来看，他们"尤最者"① 不在律学方面。但是，我们发现他们都是精研律学的高僧。这是三位撰者相同的地方。至于中国佛教史学中的大著作多由律学沙门撰写，台湾学者曹仕邦有专文探讨。② 相关原因，纪赟博士在其博士论文《高僧传研究》中主要论述了两点：其一，首先可能是律学沙门对于佛教各派较少门户之见，故学识博雅，惯于兼通，此点对于史学最为重要。其二，可能是历代王朝统治者设立僧官也大多以律学沙门充任，这样律学沙门就最大限度地参与到了政治生活中。③ 笔者认为，三位撰者都是内外兼修的通家才使他们缺少门户之见，这样对史学才会有一个宏观的视角，这点是三位撰者身份相同之处。释慧皎，"学通内外，博训经律"④；释道宣，《宋传》本传言："九岁能赋"⑤，敦煌文献《伯3579号》背面有《南山宣律师和尚赞》云："九岁能赋，儒、道专精"；释赞宁，"释子谓佛书为内典，谓儒书为外学。工诗则众，工文则鲜。并是四者，其惟大师"⑥。这样他们才能更容易发现佛教史上存在的一些问题以及现存一些佛教史著作的缺陷，由此，他们才立志创作高僧传，即从佛教发展的角度，针对佛教史上的事件进行总结，以便更好地使佛教传承下去。这种责任心就像封建史学家通过史学著作总结历史兴亡经验，以便给统治者提供借鉴。这种动机在他们著作序中有所体现。如《梁传序》云："然或褒赞之下，过相揄扬；或叙事之中，空列辞费。求之实理，无的可称。或复嫌以繁广，删减其事，而抗迹之奇，多所遗削，谓出家之士，处国宾王，不应励然自远，高蹈独绝。寻辞荣弃爱，本以异俗为贤。若此而不论，竟何所纪？"⑦ 释慧皎对前代著作存有不满。《唐传序》云："昔梁沙门金陵释宝唱撰《名僧传》，

---

① 释道宣《唐传序》云："今就其尤最者，随篇拟伦。"释道宣：《续高僧传》，载《高僧传合集》，上海古籍出版社1991年版，第105页。

② 曹仕邦：《中国佛教史传与目录源出律学沙门之探讨》，《新亚学报》第6卷第1期。

③ 纪赟：《高僧传研究》，博士学位论文，复旦大学，2006年，第29—30页。

④ 释道宣：《续高僧传》，载《高僧传合集》，上海古籍出版社1991年版，第151页。

⑤ 释赞宁：《宋高僧传》，范祥雍校注，中华书局1987年版，第327页。

⑥ 王禹偁：《小畜集》卷20，四部丛刊本，上海书店出版社1989年影印本，第7页。

⑦ 释慧皎：《高僧传》，汤用彤点校，中华书局1992年版，第524页。

会稽释惠皎撰《高僧传》，创发异部，品藻恒流，详核可观，华质有据。而缉哀吴越，叙略魏燕。良以博观未周，故得随闻成采。加以有梁之盛，明德云繁，薄传五三，数非通敏。斯则同世相侮，事积由来。中原隐括，未传简录。时无雅赡，谁为谱之。致使历代高风，飒焉终古。"① 释道宣指出，前代高僧传不足，续修高僧传势在必行。《宋传序》云："慧皎刊修，用实行潜光之目；道宣缉缀，续高而不名之风，令六百载行道之人弗坠于地者矣。爰自贞观命章之后，西明绝笔已还，此作蔑闻，斯文将缺。"② 释赞宁意识到了高僧传记到了必须续写撰修的时候。

历代僧官大多以律学沙门担任，主要由于律师是佛教戒律的宣传者、执行者、维护者，在社会中能起到道德模范的作用，且对僧侣行为的管理也比较心中有底。但是，真正能参与到统治者政治大事中的高僧，还需要很强的个人活动能力。因为统治者需要既是有学识的高僧，又是与他们关系密切的人选。这一点，是三位撰者身份不同之处。就三位撰者在封建统治者中的地位，我们可以看出他们之间的差异。对释慧皎来说，与上层统治者稍有联系的是梁元帝萧绎，其《金楼子》卷二《聚书篇》云："又就会稽宏普惠皎道人搜聚之。"③ 慧皎当时可能是一个比较有名而且知识渊博的藏书家，爱书的梁元帝才会找上他。也就是说，释慧皎和最高统治者成员关系不密切，所以慧皎即使精通律学，也没有得到当时最高统治者的看重，这也许就是他与当时名僧的区别，他自己是一位高僧，也可能由此原因，慧皎才有"自前代所撰，多曰名僧。然名者，本实之宾也。若实行潜光，则高而不名；寡德适时，则名而不高"④ 的感慨，所以才会有"高僧传"取代"名僧传"之书名。释道宣则比释慧皎在当时社会名声高，其一，其家世乃官门，"考讳申府君，陈吏部尚书"，在讲究门第的时代，这是一个获得声誉的阶梯。其次，充任皇家寺院的三纲之一，《道宣传》云："及西明寺初就，诏宣充上座。三藏奘师至止，诏与翻译。又送真身往扶风无忧王寺。遇敕令僧拜等，上启朝宰，护法又如此者。"⑤ 道宣可以说既是高僧又是名僧，参与了当时一些重要佛教事件，但还没有

①　释道宣：《续高僧传》，载《高僧传合集》，上海古籍出版社 1991 年版，第 105 页。
②　释赞宁：《宋高僧传》卷首，范祥雍校注，中华书局 1987 年版。
③　萧绎：《金楼子》，中华书局 1985 年版，第 34 页。
④　释慧皎：《高僧传》，汤用彤点校，中华书局 1992 年版，第 525 页。
⑤　释赞宁：《宋高僧传》，范祥雍校注，中华书局 1987 年版，第 327—329 页。

进入王朝僧官系统。所以释慧皎和释道宣在撰写高僧传时完全是个人行为，没有政府行为参与其间，他们的编撰是私修。

释赞宁，没有显赫出身，《文集序》云："祖玠，考审，皆隐德不仕。母周氏。"① 但是他早早成名，并且成为两浙僧统，原因何在？这就是赞宁与前两位撰者身份的相异之处，其一，其出身时的机缘，释文莹《湘山野录》卷下云："司天监王处讷推其命孤薄不佳，三命星禽暑禄壬遁，俱无寿贵之处。谓宁曰：'师生时所异者，正得天贵星临，门必有裂土，侯王在户否？'宁曰：'母氏长谓某曰：汝生时卧草，钱文穆王元瓘往临安县拜茔，至门雨作，避于茆檐甚久，殆浣浴褓籍毕，徘徊方去。'"② 此种因缘，必然为信奉佛教的吴越钱氏所看重。其二，赞宁在文学方面与钱氏有共同语言。《文集序》云："大师声望日隆，文学益茂。时钱氏公族，有若忠懿王某、宣德节度俶、奉国节度亿、越州刺史仪、金州观察使俨、故工部侍郎昱，与大师以文义切磋。"③ 其三，赞宁的学律经历，在律学上颇有名望，前面已言"学四分律，通南山律"。其四，赞宁个人突出的活动能力。总括以上原因，赞宁自然而然成为两浙佛教界最高代表。太平兴国三年（978），赞宁随吴越王钱氏归宋，就是作为两浙佛教界代表奉真身舍利塔入朝，表明佛教愿意接受北宋王朝的统辖，所以受到太宗的器重，并且由于博学，"除翰林"，进入了帝王侍从之列，这些都表明赞宁已经成为北宋政府的一员，而赞宁具有编撰《宋传》的条件和能力，由此北宋政府把编撰《宋传》的任务交付于赞宁，所以赞宁编撰《宋传》是官修。因此赞宁在编撰《宋传》为统治阶级服务意识特别强烈，就拿佛教与帝王的关系来说，虽然释慧皎在《梁传》中记载释道安"谓徒众曰：'今遭凶年，不依国主，则法事难立'"④，但是这里有一个前提，就是凶年，说明释道安还不是主动依靠国主，而是在特殊情况下的行为。还有从释慧皎对于高僧与名僧的区别来看，他是不赞成主动依靠国主的。释道宣虽然在《唐传》中有不少高僧受帝王器重的记载，但是没有赤裸裸地宣扬佛教对国主的依靠。然而，释赞宁不仅在《宋传序》中有对当今帝王的歌颂，更直接地在《宗密传论》中表达了他的看法："或有诮密不宜

① 王禹偁：《小畜集》卷20，四部丛刊，上海书店出版社1989年影印本，第7页。

② 释文莹：《湘山野录》，中华书局1984年版，第46页。

③ 王禹偁：《小畜集》卷20，四部丛刊，上海书店出版社1989年影印本，第7—8页。

④ 释慧皎：《高僧传》，汤用彤点校，中华书局1992年版，第178页。

接公卿而屡谒君王者，则吾对曰：'教法委在王臣，苟与王臣不接，还能兴显宗教以不？佛言力轮，王臣是欤？今之人情，见近王臣者则非之。曾不知近王臣人之心苟合利名，则谢君之诮也。或止为宗教亲近，岂不为大乎？宁免小嫌，嫌之者亦嫉之耳。若了如是义，无可无不可。吁哉！'"①在这里，赞宁为僧侣谒君王找说辞。又在《义宣传论》云："或曰：'今沙门姓既为释，名复不讳，言我不随俗谛，云何对君主称臣？莫西域有否？'通曰：'姓名不对王者，臣妾表疏合然。昔齐帝问王俭，遂令对见称名。自汉至唐肃宗朝，始见称臣，由此沿而不革。良以沙门德薄，日就衰微，一往无复矣。又以法委国王，诚难改作。王谓为是，楷定莫移。故佛言虽非我制，诸方为清净者不得不行也。"②陈垣先生评论此处说："言为心声，赞宁所言若此，故其书颇主张随俗浮沉，与时俯仰，不叙不事王侯高尚其事之美，致使西山之节，郁而不彰。"③事实上是历史上的"三武一宗"法难等反佛行为，使赞宁等高僧认识到接近国主是为了佛教的生存发展，所以我们就能理解为什么赞宁有如此之言，欧阳修《归田录》卷一载："太祖（按：应为太宗）皇帝初幸相国寺，至佛像前烧香，问当拜与不拜，僧录赞宁奏曰：'不拜！'问其何故，对曰：'见在佛不拜过去佛。'赞宁者颇知书，有口辩，其语虽类俳优，然适会上意，故微笑而领之，遂以为定制，至今行幸焚香，皆不拜也。议者以为得体。"④除了赞宁竭力维护封建帝王的权威外，这种论辩能力其实也是赞宁个人能力的体现。

综上所述，我们可以得出：《梁传》《唐传》基本上是私修；而《宋传》则属于官修，这一点也可以在赞宁的《进高僧传表》得到验证。所以，三位撰者与封建统治者之间的关系密切程度影响到了三部僧传的编撰。

赞宁维护王臣的意识符合儒家意识，由此使他更容易和士大夫相处，更善于在朝廷中供职，这很明显地体现了他的封建正统史观。他在《宋传》卷二一《唐凤翔府宁师传》系通云："宁师非妄者，果梁革唐命，二

① 释赞宁：《宋高僧传》，范祥雍校注，中华书局1987年版，第128页。
② 《宋高僧传》，第364页。
③ 陈垣：《中国佛教史籍概论》，上海书店出版社2005年版，第33页。
④ 欧阳修：《归田录》，李伟国校，中华书局1997年版，第1页。

李、王、杨皆与天子抗衡。诸殿远望者，得非余割据群雄偏霸者乎？"① 以中原王朝为正统，十国之君主是割据称雄者。他的这一观点早在著作《大宋僧史略》中进行了阐释，卷中"沙门都统"条："自尔朱梁、后唐、晋、汉、周，泊今大宋，皆用录而无统矣。偏霸诸道或有私署，如吴越以令因为僧统，后则继有避僭差也，寻降称僧正，其僭伪诸国皆自号僧录焉。"② 完全以五代后梁、后唐、后晋、后汉、后周、大宋来称呼所属时代，这种用法在《宋传》中得到了明显的贯彻，十国高僧按卒年分属不同的朝代。对于地方割据政权，有不时露出正统史观，如卷二二《后唐韶州灵树院如敏传》云："释如敏，闽人也。始见安禅师，遂盛化岭外，诚多异迹。其为人也，宽绰纯笃，无故寡言，深悯迷愚，率行激劝。刘氏偏霸番禺，每迎召敏入请问，多逆知其来，验同合契。广主奕世奉以周旋，时时礼见，有疑不决，直往询访。敏亦无嫌忌，启发口占，然皆准的，时谓之为乞愿，乃私署为知圣大师。"③ 由对刘氏政权和私署的称呼，可见赞宁尊奉封建正统史观，有意迎合了统治阶级的需求，也使自己能在其中站稳脚跟。

总之，赞宁是内外兼修的通家，因此他对佛教史学有一个宏观的视角。而他精研律学以及他个人的各种因缘，使他与封建最高统治者关系密切，由此成为政府僧官成员，这些身份角色，使他在撰写《宋传》时，为统治阶级服务意识特别强烈。即从释慧皎、释道宣撰写高僧传时以个体意识（私修性质）为主变为释赞宁以统治意识（官修性质）为主导的不同，所以也就导致了《宋传》与《梁传》《唐传》的某些差异。

第五节 吴越地域对《宋传》的影响

赞宁出生于德清，出家学习于天台山，任两浙僧统于杭州，就是说赞宁在太平兴国三年（978）即其六十岁之前，主要生活在吴越国。吴越国是五代十国之中十国之一。朱温灭唐至北宋王朝建立，北方中原地区先后建立了后梁、后唐、后晋、后汉、后周五朝；南方则先后有吴、南唐、吴

---

① 释赞宁：《宋高僧传》，范祥雍校注，中华书局1987年版，第556页。
② 释赞宁：《大宋僧史略》，《大正藏》第54册，第243页。
③ 释赞宁：《宋高僧传》，范祥雍校注，中华书局1987年版，第561页。

越、闽、南汉、楚、荆南、前蜀、后蜀、北汉十个国家。吴越国由钱镠建立，据《旧五代史·钱镠传》载，唐景福二年（893），钱镠担任镇海节度使、润州刺史。乾宁三年（896），起兵打败董昌后，钱镠兼领镇东。从此，两浙基本被钱镠控制。开平元年（907），后梁封钱镠为吴越王。钱镠卒后，钱元瓘即位。相继为钱弘佐、钱弘倧、钱俶。钱俶在太平兴国三年纳土归宋，保全宗族，也使老百姓免于战火之灾。吴越国所统治地域，《续资治通鉴长编》（简称《长编》）卷一九载："（钱）俶独与（崔）仁冀决策，遂上表献所管十三州一军。"① 大致指：杭、越、苏、湖、温、台、明、处、衢、婺、睦、秀、福州。这些地区，通称吴越地域。

　　美国学者露丝·本尼迪克特在《文化模式》一书中说："个体生活历史首先是适应由他的社区代代相传下来的生活模式和标准。从他出生之时起，他生于其中的风俗就在塑造着他的经验与行为。到他能说话时，他就成了自己文化的小小的创造物，而当他长大成人并能参与这种文化的活动时，其文化的习惯就是他的习惯，其文化的信仰就是他的信仰，其文化的不可能性就是他的不可能性。"② 可见，一个人的地域环境、文化环境对个人的文化习俗和信仰的影响是十分重要的。赞宁生活于吴越地域，那么吴越地域环境必然对他的佛教生涯和撰写《宋传》产生重要影响，主要体现在以下几个方面。

　　其一，吴越地域属于江南，江南尚鬼好祀的民俗使佛教在民众中得到了广泛传播。《隋书》卷三一《地理志》云："江南之俗，火耕水耨，食鱼与稻，以渔猎为业，虽无蓄积之资，然而亦无饥馁。其俗信鬼神，好淫祀。"③ 由于佛教和民俗具有相似性，所以佛教能够在吴越地域广泛存在。

　　其二，六朝以降，经统治者大力推崇，佛教在江左已有长足发展。在形式上，江南佛教在南朝时达到了中国佛教史上的最高峰。帝王崇佛一浪高过一浪，上行下效，信佛的世族和百姓数量大大增加，④ 历史上的四次灭佛法难，南方只经历了一次，北方都经历了，而且南方所受到的损害远远小于北方。由此佛教在南方民众的影响力深于北方，赞宁在如此佛教氛

① 李焘：《续资治通鉴长编》，中华书局2004年版，第427页。
② 露丝·本尼迪克特：《文化模式》，何锡章等译，华夏出版社1987年版，第2页。
③ 魏征：《隋书》，中华书局1973年版，第886页。
④ 严耀中：《中国东南佛教史》，上海人民出版社2005年版，第82—89页。

围中走出来，必然对他编撰《宋传》产生影响。

其三，吴越在钱氏统治下，社会比较安定，经济得到发展，帝王信崇佛教。《资治通鉴》卷二七〇载："（贞明五年）八月，吴徐温遣使以吴王书归无锡之俘于吴越，吴越王镠亦遣使请和于吴，自是吴国休兵息民，三十余州民乐业者二十余年。"[①]安定的环境和经济发展为佛教发展提供了有利条件，严耀中先生在《中国东南佛教史》中云："作为消费性的事业，宗教有赖于经济的发展而繁荣，地区经济发展的不平衡也会对宗教的繁荣产生不同的影响……人们在温饱之余对精神关怀的需要，并不亚于其在困苦挣扎之时。"[②]吴越臣民相对于生活在北方征战连连的中原区域的人们来说，简直是有天壤之别。帝王的崇信往往有推波助澜的作用，周显德二年（955），《资治通鉴》卷二九二载："五月，敕天下寺院非敕额者悉废之，禁私度僧尼，凡欲出家者，必俟祖父母、父母、伯叔之命。惟两京、大名府、京兆府、青州听设戒坛。禁僧俗舍身、断手足、炼指、挂灯带钳之类，幻惑流俗者。令两京及诸州每岁造僧帐，有死亡、归俗皆随时开落。是岁天下寺院存者二千六百九十四，废者三万三百三十六，见僧四万二千四百四十四，尼一万八千七百五十六余。"[③]北方周世宗进行大规模的限制佛教发展、甚至毁佛，而吴越国主，却大力弘扬佛教。《佛祖统纪》卷一〇载："（显德七年），忠懿天性诚厚，夙知敬佛，慕阿育王造八万四千塔，金铜精钢冶铸甚工，中藏《宝箧印心咒经》，亦及八万四千数，布散部内以为填宝镇，镇钱唐诸邑。"[④]

其四，吴越地域处于中国东南海岸地带，濒临大海，与朝鲜、日本等佛教国来往密切。陈寅恪先生指出：盖滨海之地应早有海上交通，受外来之影响。又云："两种不同民族之接触，其关于武事之方面者，则多在交通险阻之点，即山岭险要之地。其关于文化方面者，则多在交通便利之点，即海滨港湾之地……海滨为不同文化接触最先之地，中外古今史中其例颇多。"[⑤]陈先生强调滨海交通便利对文化交流的重要性，虽然他是以

---

① 司马光：《资治通鉴》，中华书局1997年版，第2242页。
② 严耀中：《中国东南佛教史》，上海人民出版社2005年版，第12页。
③ 司马光：《资治通鉴》，中华书局1997年版，第2412页。
④ 释志磐：《佛祖统纪》，《大正藏》第49册，第206页。
⑤ 陈寅恪：《天师道与滨海地域之关系》，载《金明馆丛稿初编》，三联书店2001年版，第1、45页。

道教为例，但是对佛教也起着同等作用。五代以前，佛教通过吴越地域传入朝鲜、日本，有中国僧人渡海传教，如鉴真，有朝鲜、日本僧人到中国求法，中国佛教所拥有的经典、教义基本上都传至那些地区。会昌年间，唐武宗毁佛，中国佛教发展受到重大打击，佛教典籍遗失情况极其严重——特别是《华严经》《法华经》等经，以致影响到中国相关宗派的发展。而吴越地域的天台山是天台宗的发源地和当时的佛教中心，在天台宗义寂和当国者的推动下，《佛祖统纪》卷二三载："吴越王钱俶遣使往高丽日本，求遗逸教乘论疏。"① 正是吴越国具有此等地域优势，才使流传到外面但本国已经遗失的一些佛教经典得到了恢复。也正是如此，吴越人相对具有开放意识。赞宁也是如此，他不仅通晓本国知识，与外国相关知识也不例外。宋人释文莹《湘山野录》卷下载："僧录赞宁有大学，洞古博物，著书数百卷。王元之禹偁、徐骑省铉疑则就而质焉，二公皆拜之。柳仲涂开因曰：'余顷守维扬，郡堂后菜圃才阴雨则青焰夕起，触近则散，何邪？'宁曰：'此磷（力振切）火也。兵战血或牛马血着土，则凝结为此气，虽千载不散。'柳遽拜之，曰：'掘之皆断枪折镞，乃古战地也。'因赠以诗，中有'空门今日见张华'之句。"② 同卷又有："江南徐知谔为润州节度使温之少子也。美姿度，喜畜奇玩，蛮商得一凤头，乃飞禽之枯骨也，彩翠夺目，朱冠绀毛，金嘴如生，正类大雄鸡，广五寸，其脑平正，可为枕，谔偿钱五十万。又得画牛一轴，昼则啮草栏外，夜则归卧栏中。谔献后主煜，煜持贡阙下。太宗张后苑以示群臣，俱无知者。惟僧录赞宁曰：'南倭（乌和反）海水或减，则滩碛微露，倭人拾方诸蚌，胎中有余泪数滴者，得之和色着物，则昼隐而夜显。沃焦山时或风挠飘击，忽有石落海岸，得之滴水磨色染物，则昼显而夜晦。'诸学士皆以为无稽，宁曰：'见张骞《海外异记》'。后杜镐检《三馆书目》，果见于六朝旧本书中载之。"③ 可见赞宁古今中外皆通，所以他在士大夫面前，学识能技高一筹。

上述吴越国地域文化环境特点，对赞宁来说，一方面使他能很早接触佛教，走向佛教；另一方面使他能广泛了解佛教，摄取佛教各方面知识，

---

① 释志磐：《佛祖统纪》，《大正藏》第 49 册，第 249 页。
② 释文莹：《湘山野录》，中华书局 1984 年版，第 46 页。
③ 同上书，第 57 页。

为撰写《宋传》准备了条件。《文集序》云："八年，诏修《大宋高僧传》，听归杭州旧寺。"① 这也就是为什么赞宁在归宋后奉敕撰修《高僧传》不在北宋京城开封进行而请求到吴越杭州完成，从当时情况看，吴越杭州所保留的佛教典籍远远多于开封。

前已言明，吴越国所统治地域大致指：杭、越、苏、湖、温、台、明、处、衢、婺、睦、秀、福州。这些地区，通称吴越地域。本表就以《宋传》中高僧籍贯和驻锡地在吴越地域者统计，福州开始属于闽国，后来归属吴越国。

吴越地域传主人数统计表：

（1. 籍贯、驻锡地以州为单位。2. 顺序安排先左边直排，再右边直排。3. 有些附见是师门，驻锡地是一致的。4. "号"是传主在文本各篇中所处次序。）

卷/号	朝代	高僧	籍贯	驻锡地	住寺	卷/号	朝代	高僧	籍贯	驻锡地	住寺
译经						感通					
无						卷18					
义解						6	唐	释僧伽	何国	泗州	普光王寺
卷4						9		释道鉴	吴郡	齐州	灵岩寺
18	唐	释印宗	吴郡	会稽	妙喜寺	12		释后僧会	康居	会稽	永欣寺
卷5						卷19					
9	唐	释礼宗	会稽	越州	不详	3	唐	释惠符	越州	庐江	天柱寺
10		释法诜	不详	钱塘	天竺寺	6		释如一	不详	福州	钟山
12		释澄观	越州山阴	代州	五台山清凉寺	10		释封干师	不详	台州	天台国清寺
卷6						附见		木澄师	不详	台州	
3	唐	释法海	丹阳	吴兴	不详	附见		寒山子	不详	台州	
5		释智威	缙云	处州	法华寺	附见		拾得	不详	台州	
附见		慧威	东阳	处州	不详	17					

① 王禹偁：《小畜集》卷20，四部丛刊本，上海书店出版社1989年影印本，第8页。

续表

卷/号	朝代	高僧	籍贯	驻锡地	住寺	卷/号	朝代	高僧	籍贯	驻锡地	住寺
6		释湛然	晋陵	台州	国清寺	附见		怀一	不详	福州	楞伽寺
7		释元浩	吴门	苏州	开元寺	18		释怀道	不详	福州	爱同寺
8		释智藏	庐陵	越州	杭乌山	附见		智恒	不详	福州	法华院
卷7						卷20					
2	唐	释希圆	姑苏	越州	应天山寺	4					
8	后唐	释虚受	嘉禾禦儿	会稽	大善寺	附见		法炯	不详	闽城	不详
9		释可周	晋陵	杭州	龙兴寺	6		释玄宗	永嘉	寿州	紫金山
10		释贞海	吴郡	东京	相国寺	10		释神暄	建阳	婺州	金华山
16	汉	释宗季	临安	杭州	龙兴寺	15		释鉴空	吴郡	洛阳	香山寺
18	宋	释皓端	嘉禾	秀州	灵光寺	16		释道行	会稽	广州	罗浮山
22		释晤恩	姑苏	杭州	慈光院	19		释义师	不详	吴郡	不详
23		释义寂	温州	天台山	螺溪道场	21		释清观	临海	天台	国清寺
习禅						附见		物外		台州	天台
卷8						22		释希运	闽人	洪州	黄檗山
8	唐	释道亮	越州	越州	云门寺	卷21					
10		释玄觉	永嘉	温州	龙兴寺	3		释道义	衢州	五台	清凉寺
12						7		释慧闻	信安	衢州	灵石寺
附见				会稽	云门	9		释宝达	不详	杭州	灵隐寺
卷9						13		释本净	不详	福州	保福寺
4	唐					16		释契此	四明	明州	奉化县
附见		法諲	钱塘	钱塘	灵智寺	卷22					
6		释慧忠	越州诸暨	均州	武当山	1	后唐	释如敏	闽人	韶州	灵树院
11		释法钦	吴郡	杭州	径山	2		释全宰	钱塘	台州	天台山
卷10						4	晋	释行遵	福州	阆州	光国院
8		释遗则	金陵	天台	佛窟	8		释师简	丹丘	杭州	佛光院

续表

卷/号	朝代	高僧	籍贯	驻锡地	住寺	卷/号	朝代	高僧	籍贯	驻锡地	住寺
9		释灵默	毗陵	婺州	五泄山	9	宋	释罗汉	不详	明州	乾符寺
附见		志闲	不详	江左	不详	10		释宗合	闽越	潭州	延寿院
13		释怀海	闽人	新吴	百丈山	13					
卷11						附见		鑛师	不详	福州	楞伽寺
1	唐	释自在	吴兴	洛京	伏牛山	遗身					
8		释明觉	建阳	天目	千顷院	卷23					
9		释圆修	福州闽人	杭州	秦望山	5	唐	释鸿休	不详	福州	黄檗山建福寺
16		释法常	襄阳	明州	大梅山	附见		景先	不详	福州	不详
17		释崇演	东平	扬州	慧照寺	7		释元慧	温州	吴嘉兴	法空王寺
18		释齐安	海门	杭州	镇国海昌院	9		释行明	吴郡长洲	南岳	兰若
20		释灵祐	福州	襄阳	大沩山	11		释道育	新罗	天台山	平田寺
21		释玄策	会稽	黄州	九井山	16	周	释惠明	钱塘	钱塘	报恩寺
卷12						19	宋	释师蕴	金华	天台山	般若寺
1	唐	释寰中	河东蒲阪	杭州	大慈山	20		释绍岩	雍州	杭州	真身宝塔寺
5		释藏奂	苏州	明州	栖心寺	21		释文辇	永嘉	台州	天台山
7						22		释怀德	江南	临淮	普照王寺
附见		鉴宗	湖州	杭州	径山院	读诵					
8		释良价	会稽	洪州	洞山	卷24					
9		释藏廙	衢州	苏州		2	隋	释法智	不详	台州	天台山
10		释大安	闽城	福州	怡山院	8	唐	释法朗	姑苏	上都	青龙寺
11						15		释怀玉	丹丘	台州	涌泉寺
附见		洪諲	吴兴	余杭	径山院	20		释大光	安吉	湖州	法华寺
14		释义存	泉州南安	福州	雪峰广福院	卷25					
16		释恒通	邢州	明州	雪窦院	3	唐	释少康	缙云	睦州	乌龙山
18		释慧恭	福州	天台	紫凝山	13		释遂端	不详	明州	德润寺

续表

卷/号	朝代	高僧	籍贯	驻锡地	住寺	卷/号	朝代	高僧	籍贯	驻锡地	住寺
19		释文喜	嘉	杭州	龙泉院	14		释神智	婺州	越州	保寿院
20		释惟靖	吴门	明州	伏龙山	16		释鸿楚	永嘉	温州	大云寺
卷13						17	后唐	释鸿莒	永嘉	温州	小松山
5	梁	释师备	闽人	福州	玄沙院	20	周	释行瑶	湖州	会稽郡	大善寺
7		释师彦	闽越	台州	瑞岩院	兴福					
10	后唐	释慧稜	杭州海盐	福州	长庆院	卷26					
11		释道怤	永嘉	杭州	龙册寺	6	唐	释玄览	钱塘	杭州	华严寺
12	晋	释全付	吴郡	会稽	清化寺	附见		慧昶	不详	杭州	不详
13						附见		守如	不详	闽中	爱同寺
附见		灵照	高丽	杭州	龙华寺	7		释玄朗	江左	东阳	清泰寺
14	周	释文益	余杭	金陵	清凉院	8		释慧明	兰陵	湖州	佛川寺
15						9		释子瑀	吴兴	湖州	大云寺
附见		道潜	蒲津	钱塘	慧日永明寺	10		释惟实	富阳	明州	香山院
16	宋	释缘德	钱塘	庐山	圆通院	14		释代病	台州	晋州	大梵寺
17		释德韶	缙云	台州	天台	卷27					
明律						3	唐	释贞干	云中	吴郡	嘉禾郡
卷14						4		释道遵	吴兴	苏州	支硎山
1	唐	释道宣	丹徒长城	京兆	西明寺	6		释寂然	不详	剡	沃洲山禅院
3		释文纲	会稽	京师	崇圣寺	7		释普岸	汉东	天台	福田寺
11		释玄俨	诸暨	越州	法华山寺	附见		全亮	不详	台州	天台
附见		融济	不详	越州	崇福寺	附见		唯约		台州	天台
12		释德秀	富阳	杭州	灵智寺	12		释文质	衢州	会稽	吕后山
16		释道光	不详	杭州	华严寺	13		释宗亮	奉化	明州	国宁寺
18		释守直	钱塘	天竺山	灵隐寺	14		释昙休	不详	越州	开元寺
20		释昙一	越	会稽	开元寺	卷28					

续表

卷/号	朝代	高僧	籍贯	驻锡地	住寺	卷/号	朝代	高僧	籍贯	驻锡地	住寺
卷15						3					
1	唐	释灵一	广陵	余杭	宜丰寺	附见	宋	彦求	缙云	杭州	龙华寺
2		释齐翰	吴兴	吴郡	虎丘寺	11	宋	释永安	温州	杭州	报恩寺
4		释大义	会稽	越州	称心寺	12		释延寿	钱塘	钱塘	永明寺
5		释义宣	晋陵	常州	兴宁寺	杂科					
6		释辩秀	不详	苏州	开元寺	卷29					
9		释志鸿	湖州长城	吴郡	双林寺	1	南宋	释智一	不详	钱塘	灵隐寺
11		释清江	会稽	襄州	辩觉寺	4	唐	释僧达	会稽	越州	妙喜寺
12		释灵澈	不详	会稽	云门寺	7					
13		释省躬	睦州	扬州	慧照寺	附见		真法师	金华	余姚	休光寺
14		释神皓	吴郡	吴郡	包山	8		释神迥	不详	越州	大禹寺
附见		维亮	不详	吴郡	不详	10		释道邃	不详	天台	国清寺
16		释真乘	德清	湖州	八圣道寺	13		释道悟	不详	温州	陶山
17		释道标	富阳	杭州	灵隐山	14					
卷16						附见		无侧	外国	会稽	云门寺
5	唐	释慧琳	新安	钱塘	永福寺	15		释慧皎	长城	湖州	杼山
8		释常达	海隅	吴郡	破山寺	21		释道齐	钱塘	杭州	天竺寺
9		释丹甫	不详	越州	开元寺	22		释慧涉	会稽	金陵	庄严寺
10		释法相	吴长水	嘉禾	灵光寺	25		释宁贲	亳州蒙城	越	吕后山道场
11		释文举	婺州	天台山	国清寺	卷30					
12		释允文	秀州	会稽	开元寺	1	唐	释好直	会稽	上都	大安国寺
13	梁	释慧则	吴郡	京兆	西明寺	2		释广修	东阳	天台	禅林寺
附见		元表	不详	越州	不详	附见		高闲	乌程	湖州	开元寺
14		释彦偁	吴郡	吴坡山	兴福寺	3					
15	后唐	释从礼	襄阳	天台山	福田寺	附见		全清	越人	会稽	不详

续表

卷/号	朝代	高僧	籍贯	驻锡地	住寺	卷/号	朝代	高僧	籍贯	驻锡地	住寺
16		释景霄	丹丘	杭州	真身宝塔寺	5		释全玼	余杭	南岳	不详
18	汉	释希觉	晋陵	钱塘	千佛寺	6		释慧沐	暨阳	越州	明心院
护法						8					
卷17						附见		宝安	姑苏	嘉禾	灵光寺
6	唐	释神悟	吴郡	润州	石圮山	10	梁	释无作	姑苏	四明	不详
9		释神邕	暨阳	越州	大历寺	11		释贯休	金华	成都	东禅院
11		释崇惠	杭州	京师	章信寺	附见		处默	不详	金华	不详
14		释楚南	闽人	杭州	千顷山	16	后唐	释晉光	永嘉	明州	国宁寺
17	后唐	释惟劲	福州长溪	南岳	般舟道场	18	汉	释行修	泉州	杭州	耳相院

由上表不分正传、附见传主统计与吴越相关者可知：

义解：小计 18 人。唐代 11 人；五代 4 人；宋 3 人。

（1）吴越籍贯在吴越驻锡者：13 人；（2）吴越籍贯在吴越之外驻锡者：2 人。（3）外地籍贯包括籍贯不详到吴越驻锡者：3 人（1 人不详）。

习禅：小计 40 人。唐代 30 人；五代 8 人；宋 2 人。

（1）吴越籍贯在吴越驻锡者：21 人；（2）吴越籍贯在吴越之外驻锡者：9 人。（3）外地籍贯包括籍贯不详到吴越驻锡者：10 人（2 人不详）。

明律：小计 33 人。唐代 27 人；五代 6 人。

（1）吴越籍贯在吴越驻锡者：18 人；（2）吴越籍贯在吴越之外驻锡者：5 人。（3）外地籍贯包括籍贯不详到吴越驻锡者：10 人（7 人不详）。

护法：小计 5 人。唐代 4 人；五代 1 人。

（1）吴越籍贯在吴越驻锡者：2 人；（2）吴越籍贯在吴越之外驻锡者：3 人。

感通：小计 33 人。唐代 26 人；五代 4 人；宋代 3 人。

（1）吴越籍贯在吴越驻锡者：6 人；（2）吴越籍贯在吴越之外驻锡者：10 人。（3）外地籍贯包括籍贯不详到吴越驻锡者：17 人（14 人不详）。

遗身：小计 10 人。唐代 5 人；五代 1 人；宋代 4 人。

（1）吴越籍贯在吴越驻锡者：4 人；（2）吴越籍贯在吴越之外驻锡者：2 人。（3）外地籍贯包括籍贯不详到吴越驻锡者：4 人（2 人不详）。

读诵：小计 10 人。隋 1 人；唐代 7 人；五代 2 人。

（1）吴越籍贯在吴越驻锡者：7 人；（2）吴越籍贯在吴越之外驻锡者：1 人。（3）外地籍贯包括籍贯不详到吴越驻锡者：2 人（2 人不详）。

兴福：小计 20 人。唐代 17 人；宋代 3 人。

（1）吴越籍贯在吴越驻锡者：10 人；（2）吴越籍贯在吴越之外驻锡者：1 人。（3）外地籍贯包括籍贯不详到吴越驻锡者：9 人（6 人不详）。

杂科：小计 23 人。南朝宋 1 人；唐代 17 人；五代 5 人。

（1）吴越籍贯在吴越驻锡者：11 人；（2）吴越籍贯在吴越之外驻锡者：4 人。（3）外地籍贯包括籍贯不详到吴越驻锡者：8 人（5 人不详）。

上述总计 192 人（正传 161 人，附见 31 人）。

按朝代统计：南朝宋 1 人；隋代 1 人；唐代 144 人（正传 120 人，附见 24 人）；五代 31 人（正传 26 人，附见 5 人）；宋代 15 人（正传 13 人，附见 2 人）。

按归类统计：（1）吴越籍贯在吴越驻锡者：92 人；（2）吴越籍贯在吴越之外驻锡者：37 人。（3）外地籍贯包括籍贯不详到吴越驻锡者：63 人（39 人不详）。

下面先厘清《宋传》传主总人数，虽赞宁《宋传序》云："其正传五百三十三人，附见一百三十人。"[①] 但是笔者经过统计，指出一人正传、附见重出，仅能算一人，另外感通篇卷首总目附传为收录"四人"，但是查阅全卷却是附传有"五人"，得出《宋传》总计收录正传 531 人，附传 125 人，相加为 656 人。参考本论文第三章第三节有详细统计。《宋传》总计包括：南朝宋 1 人；魏 3 人；南朝陈 1 人；隋代 4 人；唐代 526 人（正传 420 人，附见 106 人）；五代 86 人（正传 74 人，附见 12 人）；北宋 35 人（正传 28 人，附见 7 人）。这个统计数据有两点要说明：首先，此统计不是简单的根据目录数据相加，而是充分根据传主传文来统计。其次，卷一三《周庐山佛手岩行因传》附见《道潜》云："建隆二年辛酉九

---

① 释赞宁：《宋高僧传》，范祥雍校注，中华书局 1987 年版，卷首。

月十八日示疾而终。"① 释道潜应归入宋人。卷二二《大宋魏府卯斋院法圆传》附传有《李通玄》，传文云："复次唐开元中太原东北有李通玄者，言是唐之帝胄，不知何王院之子孙。"② 李通玄乃唐人。由于都是附见，所以分别归入各自朝代附见。

由此，我们可以根据两组数据来进行比较：

首先，从总计来看，与吴越密切相关者高僧有 192 人（正传 161 人，附见 31 人），分别是《宋传》总数 656 人（正传 531 人，附见 125 人）的近三分之一（正传超出三分之一，附见占四分之一）。

其次，从朝代来看，与吴越密切相关者唐代高僧 144 人（正传 120 人，附见 24 人），分别是《宋传》唐代总数 526 人（正传 420 人，附见 106 人）的四分之一以上（正传是七分之二，附见超出五分之一）。与吴越密切相关者五代高僧 31 人（正传 26 人，附见 5 人），分别是《宋传》五代总数 86 人（正传 74 人，附见 12 人）的三分之一强（正传超过三分之一，附见将近一半）。与吴越密切相关者北宋高僧 15 人（正传 13 人，附见 2 人），分别是《宋传》北宋总数 35 人（正传 28 人，附见 7 人）的七分之三（正传将近一半，附见超过四分之一）。

再次，从分科来看，先看下表：

地区 \ 科目 人数	译经	义解	习禅	明律	护法	感通	遗身	读诵	兴福	杂科
全国	43	93	132	68	19	112	24	50	56	57
与吴越地域相关者	0	18	40	33	5	33	10	10	20	23

从上述分科中可以看出，吴越地域所见高僧主要分布在义解、习禅、明律、感通、杂科、兴福中，比较突出的是习禅，说明高僧重视实践修行，同时吴越地域政局一直相对稳定，另外名山胜水多。其次是明律，将

---

① 释赞宁：《宋高僧传》，范祥雍校注，中华书局 1987 年版，第 316 页。
② 同上书，第 574 页。

近明律科一半。其他科在全国都有一定比重。正因为在吴越地域高僧众多，此地佛教发展才十分兴盛。

最后，吴越高僧籍贯者总计有 129 人，当然包括一些不详者。在吴越驻锡高僧 155 人。分别占《宋传》总数 656 人的近百分之二十和超过百分之二十。由于没有与吴越有关者译经高僧，如果除去译经篇数进行统计，比例还会上升。

上述数据至少可以说明以下几点：

其一，吴越地域佛教在唐代、五代和宋初占有重要的地位，在三个时代所占比重持续上升。五代时期是南方佛教的中心，宋初可以说是五代佛教的延续，因为大部分高僧都是历经五代而来的。这与唐五代政府大力推行佛教政策有关。除了少数帝王，统治阶层基本上都是实行崇佛政策。

其二，吴越地域佛教发展以本地所出高僧为主，说明一个地域佛教发展还是要立足本地佛教高僧，正所谓"生于斯，长于斯"之地，各种风俗习惯相同或相近。与此同时，由于吴越地域佛教氛围良好，具有佛教名山等优势。这是因为佛教在吴越地域有广泛的群众基础，南北朝时，南方佛教一浪高过一浪，正如杜牧所云：南朝四百八十寺，多少楼台烟雨中。外地籍贯包括籍贯不详到吴越驻锡者也不少。吴越籍贯在吴越之外驻锡者也大有人在，说明吴越高僧敢于走向外面去学习佛法，毕竟吴越地域不是政治、经济、文化中心，当然也有高僧志向不同等因素。

其三，由于吴越地域独特的临海地域特点，不少外国僧人在吴越地域学习佛法和弘法，一些活动带上了与海相关的因素。如卷一八《唐泗州普光王寺僧伽传》云："释僧伽者，葱岭北何国人也。自言俗姓何氏……初伽化行江表，止嘉禾灵光寺。彼泽国也，民家渔梁矰弋交午。伽苦敦喻，其诸杀业陷堕于人，宜疾别图生计。时有裂网折竿者多矣。"[1] 此劝阻渔民勿捕鱼。卷二三《晋天台山平田寺道育传》云："释道育，新罗国人也，本国姓氏未所详练……至晋天福三年戊戌岁十月十日，终于僧堂中。"[2] 道育是外国人，却把一生奉献于吴越地域。

总之，吴越地域成为佛教兴盛之地，必然拥有众多的佛教高僧生平事迹文献，这些是释赞宁这个吴越出生、成长起来的僧人和编撰者所熟悉

---

① 释赞宁：《宋高僧传》，范祥雍校注，中华书局 1987 年版，第 448—449 页。

② 同上书，第 593—594 页。

的，由于赞宁曾担任长达数十年的两浙僧统之职，受命撰写《宋传》，选择回到杭州编撰，从数据比较来看，赞宁对吴越地域佛教高僧的选录之多，不能不说没有倾向性。这也表明《宋传》与《梁传》一样受到作者地域的局限性，但宋代毕竟已是统一的王朝，所以传主情况更切合当时佛教流播的实际情况，一如上文所述。

第二章 《宋传》的成书时间与背景

日本学者池田大作在《社会与宗教》的中文版前言中指出："屹立于佛教史上的中国隋代天台大师智顗说过：'一切世间治生产业皆与实相不相违背。'（《法华玄义》）就是说，现实的社会政治、经济等与真实的佛法绝不矛盾。一般都认为，宗教是形而上的思想层次，与形而下的经济、产业等分属不同的世界。然而，佛法本来就不是脱离于时时进步、变化的社会和混乱的现实。反过来，应该说它是与政治、经济、生活和文化等不可分的，并给予这一切以生机蓬勃的活力，在价值创造上具有导向性的重要使命。"① 池田大作先生这番话语表明了佛教与社会生活的紧密联系，佛教根植于现实生活中，对社会生活各个方面产生很大影响。反过来，社会生活各个方面同样对佛教生存发展产生巨大影响。由此，《宋传》的成书，与宋初政治、经济、文化密切相关。国家初步统一，社会比较安定，儒、释、道三教合一趋势加强。赵宋王朝从前代灭亡吸取经验教训，实行"崇文抑武"的政策，同时认识到佛教教义有利于巩固封建统治，对佛教采取了保护和提倡的态度。在封建统治者加强对佛教控制的情况下，赞宁接受帝王诏旨，搜集大量文献材料，续接前"高僧传"，记录高僧弘法事迹，编撰成《宋传》。由于编撰者赞宁是由吴越国归宋，六十岁前生活在吴越，所以探讨背景离不开吴越国时期。对于《宋传》成书时间和背景的考察，是解读赞宁及《宋传》的必要途径之一。

第一节 《宋传》的成书时间

关于赞宁接受宋太宗诏旨开始撰写《宋传》的时间，相关文献存在

---

① 池田大作：《社会与宗教》中文版序言，载池田大作、威尔逊《社会与宗教》，四川人民出版社1991年版，第2页。

一些分歧：

赞宁《进高僧传表》云："臣僧赞宁等言，自太平兴国七年伏奉敕旨，俾修《高僧传》与新译经同入藏者。"①《赞宁传》同。

《佛法金汤编》卷一一云："（太平兴国）七年……十月敕赞宁编修《高僧传》。"②

然，《文集序》云："八年，诏修《大宋高僧传》，听归杭州旧寺。"③

《佛祖统纪》卷四三载："八年六月，诏翰林赞宁修《大宋高僧传》。宁乞归钱唐撰述，诏许之。"④

《释门正统》卷八载："八年，诏修《宋僧传》，听归。"⑤

究竟是太平兴国七年（982），还是八年（983），赞宁开始撰写《宋传》呢？笔者认为，七年是帝王下敕旨，但是可能什么原因耽搁了，没有马上付诸实施。八年也是下诏时间，但是八年开始着手编撰《宋传》，赞宁从太平兴国三年归宋后，北宋朝廷就有多次下诏旨要赞宁编撰《高僧传》，我们看《僧史略并序》，其云："赞宁以太平兴国初，迭奉诏旨，《高僧传》外别修《僧史》。"⑥所以应以八年赞宁回杭州，作为撰修《宋传》的开始时间。

《宋传》进书时间，为端拱元年（988）。

《进高僧传表》署名："端拱元年十月日，左街天寿寺通慧大师赐紫臣僧赞宁上表。"⑦

《大宋高僧传序》云："时端拱元年乾明节，臣僧赞宁等谨上。"⑧

《佛祖统纪》卷四三载："端拱元年，翰林通慧大师赞宁上表进《高僧传》三十卷。玺书褒美，令遍入大藏。敕住京师天寿寺。"⑨

《释氏稽古略》卷四载："端拱元年冬十月，遣弟子显忠、智轮诣阙

①　释赞宁：《宋高僧传》卷首，范祥雍校注，中华书局1987年版。
②　释心泰：《佛法金汤编》，《卍续藏经》第87册，第417页。
③　王禹偁：《小畜集》卷20，四部丛刊，上海书店出版社1989年影印本，第8页。
④　释志磐：《佛祖统纪》，《大正藏》第49册，第398页。
⑤　释宗鉴：《释门正统》，《卍续藏经》第75册，第353页。
⑥　释赞宁：《大宋僧史略》卷首，《大正藏》第54册，第234页。
⑦　释赞宁：《宋高僧传》卷首，范祥雍校注，中华书局1987年版。
⑧　《宋高僧传》卷首。
⑨　释志磐：《佛祖统纪》，《大正藏》第49册，第400页。

上表以进。玺书赐帛奖谕，敕入大藏流通。"①

虽然有确切记载，但还是有必要统计各篇最晚年代记载，分录如下：

译经：最晚之年代记载为卷三《唐释满月传》附见《唐释智慧轮传》云："不测其终。"② 此篇未收录宋人。

义解：最晚之年代记载为卷七《宋释义寂传》云："（雍熙）四年（987），十一月四日（卒）。"③

习禅：最晚之年代记载为卷一三《宋释德韶传》云："（卒）即开宝五年（972）壬申岁六月二十八日也。"④

明律：最晚之年代记载为卷一六《周释澄楚传》云："以周显德六年（959）十月十一日无疾而终。"⑤

护法：最晚之年代记载为卷一七《周释道丕传》云："以显德二年（955）乙卯……俄然而化。"⑥

感通：最晚之年代记载为卷二二《宋释法圆传》附见《李通玄传》有："宋乾德丁卯（967）岁，闽僧惠研重更条理。"⑦

遗身：最晚之年代记载为卷二三《宋释怀德传》云："乃太平兴国八年（983）四月八日也。"⑧

读诵：最晚之年代记载为卷二五《宋释真传传》云："以开宝四年（971）八月九日……归寂。"⑨

兴福：最晚之年代记载为卷二八《宋释律师传》云："太平兴国五年（980）三月，改葬……"⑩

杂科：最晚之年代记载为卷三〇《宋释宗渊传》云："太平兴国五年（980）十月，……坐终。"⑪

由于赞宁编撰《宋传》诸篇内部的次序基本上是以时间先后来进行

---

①　释觉岸：《释氏稽古略》，《大正藏》第49册，第860页。
②　释赞宁：《宋高僧传》，范祥雍校注，中华书局1987年版，第52页。
③　同上书，第163页。
④　同上书，第317页。
⑤　同上书，第404页。
⑥　同上书，第434页。
⑦　同上书，第575页。
⑧　同上书，第603页。
⑨　同上书，第646页。
⑩　同上书，第710页。
⑪　同上书，第756页。

安排，所以从上述所列可见，赞宁在《宋传》中最后时间记载为雍熙四年，这也符合在后一年即端拱元年上表进书的时间顺序。

张乃翥先生《龙门〈石道记〉碑与宋释赞宁》据碑文："年丁亥二月……首尾三载，厥功已成"，指出："自雍熙四年二月至端拱年间，'首尾三载'，赞宁致力于修复龙门石道工程。由此推测此书初稿之撰讫可能在雍熙四年二月以前。"① 如果推测成立，那么由于《宋传》卷七《宋义寂传》云："（雍熙）四年十一月四日卒。"② 即在雍熙四年二月之后，可知，赞宁于洛阳在《宋传》初稿基础上，进行了一些增补工作才形成了定稿。这样看来，从太平兴国八年至端拱元年，编撰《宋传》持续了六年左右。

赞宁后来对《宋传》进行了一些补充和整理，《宋传后序》云："赞宁自至道二年奉睿恩掌洛京教门事，事简心旷之日，遂得法照等行状，撰已易前来之阙如。寻因治定其本，虽大义无相乖，有不可者以修之，先者所谓加我数年，于《僧传》则可矣已。斯幸复治之，岂敢以桑榆之年为辞耶？时方彻简，咸平初承诏入职东京右街僧录，寻迁左街。乃一日顾其本，未及缮写，命弟子辈缄诸箧笥，俾将来君子，知我者以《僧传》，罪我者亦以《僧传》，故于卷后而书之云耳。"③ 由序中提及"迁左街"，赞宁写此后序时间为咸平二年（999），《佛祖统纪》卷四四载："咸平二年……敕史馆编修赞宁迁左街僧录。"④ 又《释氏稽古略》卷四载："戊戌真宗咸平元年……次年，进左街。"⑤《宋传》中法照有二人，一个来自卷二一"感通篇第六之四"《唐五台山竹林寺法照传》。一个来自卷二五"读诵篇第八之二"《唐陕府法照传》。两法照传文对比，前者是唐代宗时人，传记较长，有一千几百字，备叙他在大历年间的感通事迹，传后还有赞宁的评论；后者是唐穆宗时人，叙说他在长庆元年入逆旅避雨，因过中时，乞食不得，乃买彘肉，煮夹胡饼而食的故事。据理推测，《后序》所说的法照当是唐代宗时的法照。此两人均是唐人，并非赞宁书成之后卒亡而补入的，而是书成之时就已被算作正传，计入全书收录人物的总数之中

① 张乃翥：《龙门〈石道记〉碑与宋释赞宁》，《文物》1988 年第 4 期。
② 释赞宁：《宋高僧传》，范祥雍校注，中华书局 1987 年版，第 163 页。
③ 同上书，第 759 页。
④ 释志磐：《佛祖统纪》，《大正藏》第 49 册，第 402 页。
⑤ 释觉岸：《释氏稽古略》，《大正藏》第 49 册，第 861 页。

的。故赞宁在至道二年以后对《宋高僧传》所做的修改，仅是内容上的增益，并不牵涉体例和人数。① 那么流传《宋传》本即咸平二年定本。

第二节 《宋传》的成书背景

赞宁前六十年生活在吴越国，后二十三年主要在北宋初，所以探讨背景离不开吴越国时期。《宋传》成书于宋太宗雍熙年间，宋初的背景极为重要。北宋开国皇帝太祖赵匡胤及后继者太宗赵光义，虽都出身武夫，但都懂得马上可以得天下，却不可以马上治理天下的道理。赵匡胤总结唐末五代藩镇割据的经验教训，以"杯酒释兵权"把军事权力牢牢掌握在皇帝手中，而治理国家则重用文臣，实行"崇文抑武"的政策。由于五代分裂造成典籍遗佚，此时，北宋政府开始着手对文化典籍的整理，其中包括佛教文献。太祖和太宗对佛教既提倡又适当限制，佛教完全在统治者的控制之下，儒、释、道三教合一趋势加强。唐中期以来，经济重心逐渐南移，进入五代十国，北方经济发展缓慢，而南方得到开发和持续发展，佛教生存环境南北大大不同。僧传这种体裁，自魏晋南北朝产生以来，一直在继承中得到发展。在这些背景下②，对《宋传》的成书有着十分重要的影响。

一 吴越国与宋初文化宗教政策

《文集序》云："于本国历武肃、文穆、废王、忠懿凡四世③，于朝历梁两帝，后唐庄宗应顺、清泰，晋高祖、少帝，汉高祖、隐帝，周太祖、世宗、梁王，我太祖英武圣文神德皇帝、我太宗神功圣德文武皇帝、通今上凡十五朝，而能受洪范向用之福，处浮图具瞻之地，岂所谓必得其寿，必得其位者乎？"④ 其中对赞宁佛教生涯及编撰《宋传》产生主要影响的吴越国是文穆王钱元瓘、忠懿王钱俶，宋初太祖赵匡胤和太宗赵光义。下面分述之。

---

① 陈士强：《佛典精解》，上海古籍出版社1992年版，第341页。
② 《宋传》成书背景只论及《宋传》成书之前时期，即至宋太宗端拱元年（988）。
③ 吴越国王钱氏应为三世五国王，武肃王、文穆王、忠献王、忠逊王、忠懿王。
④ 王禹偁：《小畜集》卷20，四部丛刊本，上海书店出版社1989年影印本，第9页。

（一）吴越国文化与三教政策

赞宁太平兴国三年随吴越钱氏归宋，即六十岁前生活在吴越国，他编撰《宋传》离不开吴越国对他的影响。

首先，吴越钱氏都好文，由此影响，两浙文风鼎盛。从开国钱镠始就重文，《十国春秋》卷七八《武肃王世家》下云："稍暇，则命诸子孙讽诵诗赋，或以所制诗赐丞相、将吏，亦间能书写，画墨竹，然不以咕毕废正务。"① 由此，看钱元瓘，《旧五代史》卷一三三《世袭列传》云："元瓘有诗千篇，编其尤者三百篇，命曰《锦楼集》，浙中人士皆传之。"② 再看钱俶，《吴越备史补遗》云："王博览经史，手不释卷，平生好吟咏，在国中编三百余篇，目曰《政本》。国相元德昭、翰林学士陶穀皆撰序，后文僖公搜寻遗坠，总集为十卷，撰后序行于世。"③ 所以吴越钱氏子孙皆颇能文，此可参见相关专著，池泽滋子《吴越钱氏文人群体研究》④ 和李最欣《钱氏吴越国文献和文学考论》。⑤ 上行下效，吴越国臣民热衷习文，赞宁作为一个高僧，也参与其中，不仅与吴越钱氏进行文义切磋，还与浙中士大夫诗文唱和，《文集序》云："大师声望日隆，文学益茂。时钱氏公族有若忠懿王某、宣德节度俋、奉国节度亿、越州刺史仪、金州观察使俨、故工部侍郎昱，与大师以文义切磋。时浙中士大夫有若卫尉卿崔仁骥、工部侍郎慎知礼、内侍致仕杨恽，与大师以诗什唱和。又得文格于光文大师汇征授诗诀，于前进士龚霖，由是大为流辈所服。"⑥ 赞宁以文带动声望，为走向两浙僧统打下基础。

其次，吴越国与同时代北方限制佛教发展不同，而是大力提倡佛教。此点在后文吴越国主与佛教有专门论述。

再次，吴越国走三教并存、合一的道路。宋人邓牧《洞霄图志》卷六《天柱观记》载："敕钱镠省所奏进《重修建天柱观图》一面事，具悉我国家袭庆仙源，游神道域，普天之下，灵迹甚多。然自兵革荐兴，基址多毁。况兹幽邃，岂暇修营。卿考一境图经，知列圣崇奉，亲临胜概，重

① 吴任臣：《十国春秋》，中华书局 1983 年版，第 1114 页。

② 薛居正：《旧五代史》，中华书局 1976 年版，第 1773 页。

③ 范坰、林禹：《吴越备史》（附补遗等），中华书局 1991 年版，第 330 页。

④ 池泽滋子：《吴越钱氏文人群体研究》，上海人民出版社 2006 年版。

⑤ 李最欣：《钱氏吴越国文献和文学考论》，中国社会科学出版社 2007 年版。

⑥ 王禹偁：《小畜集》卷 20，四部丛刊本，上海书店出版社 1989 年影印本，第 8 页。

葺仙居，仍选精悫之流，虔备焚修之礼。冀承玄贶，来祐昌期。岂唯观好事之方，抑亦验爱君之节。"① 可见，道教在吴越国也得到尊崇。除此之外，忠懿王之母也信奉道教，《十国春秋》卷八三"恭懿夫人"云："夫人善鼓琴，性慈惠而节俭。颇尚黄老学，居常被道士服，惟布练而已。每闻王决重刑，必颦蹙，以仁恕为言。"② 受此影响，道教在吴越国上层还是大有市场。吴越国钱氏对于三教的态度，我们可以从忠懿王所撰序文了解，《佛祖历代通载》卷一八载："天下大元帅吴越国王钱俶，制《宗镜录序文》，文曰：'详夫域中之教三，正君臣，亲父子，厚人伦，儒，吾之师也。寂兮寥兮，视听无得。自微妙升虚无，以止乎乘风驭景，君得之则善建不拔，人得之则延贶无穷，道，儒之师也。四谛、十二因缘，三明、八解脱，时习不忘，日修以得。一登果地，永达真常，释，道之宗也。惟此三教并自心修，心镜录者，智觉禅师所撰也。总乎百卷，包尽微言，我佛金口所宣，盈乎海藏，盖亦提携后学。师之智慧辩才，演畅万法，明了一心，禅际河游，惠间云布，数而称大，莫能尽纪。聊为小序，以颂宣行云尔。'"③ 此序可以说是吴越国主对于三教的鲜明看法，也代表了当时统治阶层对三教发展趋势的把握。

（二）宋初文化宗教政策

960 年正月，后周殿前都点检赵匡胤在陈桥驿发动了兵变，率领军队回到开封，夺取了后周政权，建立了北宋。赵宋王朝在建立的几十年，或用武力，或和谈，基本上统一了大部分区域。在此过程中，宋王朝逐渐加强文治建设。

在历经"安史之乱""黄巢起义""五代纷争"之后，前代所留典籍遭到巨大的破坏，《宋史·艺文志》云："历代之书籍，莫厄于秦，莫富于隋、唐。隋嘉则殿书三十七万卷。而唐之藏书，开元最盛，为卷八万有奇。其间唐人所自为书，几三万卷，则旧书之传者。至是盖亦鲜矣。陵迟逮于五季，干戈相寻，海寓鼎沸，斯民不复见《诗》《书》《礼》《乐》之化。周显德中，始有经籍刻板，学者无笔札之劳，获睹古人全书。然乱离以来，编帙散佚，幸而存者，百无二三。宋初，有书万余卷。其后削平

---

① 邓牧：《洞霄图志》，中华书局 1985 年版，第 73 页。
② 吴任臣：《十国春秋》，中华书局 1983 年版，第 1189 页。
③ 释念常：《佛祖历代通载》，《大正藏》第 49 册，第 658 页。

诸国，收其图籍，及下诏遣使购求散亡，三馆之书，稍复增益。太宗始于左升龙门北建崇文院，而徙三馆之书以实之。又分三馆书万余卷别为书库，目曰'秘阁'。阁成，亲临幸观书，赐从臣及直馆宴。又命近习侍卫之臣纵观群书。"① 面对此种情况，宋初政府不遗余力地收集书籍，这与两位帝王爱文有关。先看宋太祖，宋人江少虞《事实类苑》卷一载："太祖少亲戎事，性好艺文。即位未几，召山人郭无为于崇政殿讲书，至今讲官所领阶衔犹曰'崇政殿说书'云。（出《傅简公佳话》）"② 再看宋太宗，同书卷二载："太宗锐意文史。太平兴国中诏李昉、扈蒙、徐铉、张洎等，门类群书为一千卷赐名《太平御览》。又诏昉等撰集野史小说为《太平广记》五百卷。类选前代文章为一千卷曰《文苑英华》。太宗阅御览，日三卷，有阙则暇日追补之。尝曰：'开卷有益，朕不以为劳也'。（《渑水燕谈》）"③ 宋初帝王意识到文的重要性，所以他们格外重视对书籍的搜集、整理和编撰。

　　宋初官方大规模修书带有其明显的政治目的。宋太祖是靠发动兵变夺取政权，担心后人仿效，采取了一些防范措施。一方面，通过"杯酒释兵权"，解除统军大将的兵权，对于军事讳莫如深，甚至严格限制兵书的流传，宋人蔡戡《定斋集》卷五《乞以兵法赐诸将札子》云："凡今之将，问之以孙、吴，则不知为何人；叩之《孙》《吴》二书，则不知为何书，如此者十人而九。"④ 另一方面，则大力提倡文治，推行崇文政策，网罗一大批故国旧臣和知识分子，为之编撰图书，以转移其视线，凿丧其志气，消磨其反骨，斩断其怀念故国的眷念之情，使其老死于书丛之中，吴任臣《十国春秋》卷二八"南唐十四"云："是时诸降王死，多出非命，其故臣或宣怨言。太祖俱录之馆中，俾修《太平御览》等书，丰其禀饩，诸臣多卒于其中。"⑤ 由此可见，宋初皇帝把编撰书籍作为巩固政权的一个积极手段。⑥

　　"文"是靠典籍来延续，所以在整理前代文化成就的基础上和印刷术

---

　　① 脱脱：《宋史》，中华书局 1977 年版，第 5032 页。

　　② 江少虞：《宋朝事实类苑》，上海古籍出版社 1981 年版，第 3 页。

　　③ 同上书，第 19 页。

　　④ 蔡戡：《定斋集》，《四库全书》第 1157 册，上海古籍出版社 1987 年影印文渊阁本，第 613 页。

　　⑤ 吴任臣：《十国春秋》，中华书局 1983 年版，第 407 页。

　　⑥ 引自曹之《中国古籍编修史》，武汉大学出版社 2006 年版，第 160 页。

普及的条件下，宋初二朝在不到三十年就编纂了大量典籍。宋太祖朝，史书有《旧五代史》一百五十卷、《唐会要》一百卷、《周世宗实录》《五代会要》三十卷等；礼书有《三礼图成》《开宝通礼》及《义纂》；律书《宋刑统》三十卷；历法《建隆应天历》；医书《开宝重定本草》、校正《伤寒论》。太宗朝，类书《文苑英华》一千卷、《太平御览》一千卷、《太平广记》五百卷；佛藏《开宝藏》；整理后的《道藏》。医书《太平圣惠方》一百卷等。受宋初大规模编撰书籍的影响，个人修书也产生了为数不少的著作，如《太平寰宇记》二百卷。①

　　宋王朝在稳定政局之后，实行儒、释、道三教并行发展，首先是尊崇孔子和恢复儒学。太祖建隆三年（962），"周世宗之二年，始营国子监，置学舍。上既受禅，即诏有司增葺祠宇，塑绘先圣、先贤、先儒之像，上自赞孔、颜，命宰臣两制以下分撰余赞，车驾一再临幸焉"。②"太宗以孔颖达《五经正义》刊板，诏孔维与觉等校定"③，他们提倡儒学，把儒学作为统治的思想基础，我们看真宗撰《崇儒术论》总结之前二帝做法，《长编》卷七九载："（大中祥符五年）辛酉，上以《崇儒术论》、《为君难为臣不易论》示王旦等。先是，龙图阁直学士陈彭年因奏对。上谓之曰：'儒术污隆，其应实大；国家崇替，何莫由斯。故秦衰则经籍道息，汉盛则学校兴行。其后命历迭改，而风教一揆。有唐文物最盛，朱梁而下，王风寖微，太祖、太宗丕变敝俗，崇尚斯文。朕获绍先业，谨遵圣训，礼乐交举，儒术化成。"④可以说，重儒术是宋朝皇帝一贯坚持的统治政策。由此宋王朝十分重视科举取士，扩大录取名额，如王禹偁在至道三年（997）上书言五事中，对科举所言乃第三事，云："三曰：艰难选举，使入官不滥。古者乡举里选，为官择人，士君子修行于家，行推于众，然后荐之于朝，故政和而民泰，历代虽有沿革未尝远去此道。隋、唐始有科试，得人之盛，与古为侔，然终太祖之世，科试未尝不难，每岁进士不过三十人，经学五十人，重以周祖之后，诸侯不得奏辟，士大夫罕有资荫，故有终身不获一第，没齿不获一官者。先帝毓德王藩，覩其如此，临御之后，不求备以取人，舍短从长，拔十得五。在位将逾二纪，登第亦

①　《中国文化史年表》，上海辞书出版社1990年版。

②　李焘：《续资治通鉴长编》，中华书局2004年版，第68页。

③　脱脱：《宋史》，中华书局1977年版，第12821页。

④　李焘：《续资治通鉴长编》，中华书局2004年版，第1798—1799页。

近万人，不无俊秀之才，亦有容易而得。臣愚以为数百年之艰难，故先帝济之以泛取；二十载之霈泽，陛下宜纠之以旧章。"① 上述说明，宋太宗认识到政权建立之初，急需大量的人才，所以扩大进士录取名额。但是王禹偁认为，如此做法虽然可以选拔到一些优秀人才，但是不乏滥竽充数者，在艰难时期是必要的，现在情况发生了变化，所以建议重新考虑录取政策，真正选拔到优秀人才。宋太宗还十分礼遇文臣，如端拱元年（988），"庚辰，车驾幸国子监谒文宣王，礼毕升辇，将出西门，顾见讲座，左右白博士李觉方聚徒讲书。上即召觉，令对御讲，觉曰：'陛下六飞在御。臣何敢辄升高坐？'上因降辇，命有司张帝，幕设别坐，诏觉讲《周易》之《泰卦》，从臣皆列坐。觉乃述天地感通、君臣相应之旨。上甚悦，特赐帛百匹。遂幸玉津园宴射。辛巳，上谓宰相曰：'昨听觉所讲，文义深奥，足为鉴戒，当与卿等共遵守之。'赵普顿首谢"。② 这种态度无疑对士大夫是一种激励。

总之，宋王朝统治者对儒学的重视，树立了其官方正统思想的权威地位。对文臣的礼遇，激发了士大夫求博学的动力和淑世精神。

道教是中国本土宗教，形成于东汉后期。虽然前代佛、道对社会带来一定的负面影响，但宋初统治者认识到，只要加以适当控制，佛、道对巩固统治不可缺少。北宋政权是通过兵变得来，要在民众中取得认可，就要为政权合理性制造舆论，这也是古代帝王所采取的常用手段，道教可以起到这样的作用。太祖在稳定江山的同时，就开始对道教既提倡又整顿。宋人李攸《宋朝事实》卷七"道释"载："建隆初，太祖遣使诣真源祠老子，于京城修建隆观，观在阊阖门外，周世宗建曰太清观，帝命重修，赐今名，自是斋修率就是观。自五代以来，道流庸杂，乾德五年右街道录何自守坐事流配，乃诏莱州道士刘若拙为左街道录，俾之肃正道流。开宝五年闰二月，诏曰：'冲妙之门，清净为本，逮于末俗，颇玷真风，或窃服冠裳，寓家宫观，所宜惩革，以副钦崇，两京诸州士庶称奇诡者，一切禁断。其道流先有家属同止者速遣出外，自今如愿入道者，须本师与本观知事同诣长吏陈牒请给公验，方许披度。'十月，又令若拙与功德使集京师

---

① 李焘：《续资治通鉴长编》，中华书局 2004 年版，第 898 页。
② 同上书，第 656—657 页。

道士试验其学业，至而不修饬者皆斥之。"① 此可以看出，太祖提倡在于祠老子，修复宫观。整顿在于：其一，选道录即道官；其二，禁断奇诡；其三，遣出"寄褐者"及已有家者；其四，禁止私度及提高入道门槛。②

宋太宗对道教持提倡态度。首先，太宗上位与道教有关。《长编》卷一七载："（开宝九年）……守真能晓之，所言祸福多验。守真遂为道士。上不豫，驿召守真至阙下。壬子，命内侍王继恩就建隆观设黄箓醮，令守真降神，神言'天上宫阙已成，玉锁开，晋王有仁心。'言讫不复降。上闻其言，即夜召晋王，属以后事。左右皆不得闻，但遥见烛影下晋王时或离席，若有所逊避之状，既而上引柱斧戳地，大声谓晋王曰：'好为之。'"③ 太宗在政治上比较推崇黄老之术，这与宋开国不久需要休养生息有关，尝曰："清净致治，黄老之深旨也。夫万物自有为以至无为，无为之道，朕当力行之。至于汲黯卧治淮阳，宓子贱弹琴治单父，此皆行黄老之道也。"④ 太宗还召见、礼遇道士，《长编》卷二五载："（雍熙元年）冬十月，上之即位也，召华山隐士陈抟入见，于是复至，上益加礼重，谓宰相宋琪等曰：'抟独善其身，不干势利，所谓方外之士也。在华山已四十余年，度其年当百岁，自言经五代乱离，幸天下承平，故来朝觐，与之语甚可听。'……甲申，赐抟号：'希夷先生'，令有司增葺所止台观。上屡与属和诗什，数月，遣还。"⑤ 从太宗和陈抟言语看，太宗认为，陈抟乃世外高人，陈抟也主动投合太宗口味，为太宗颂德。太宗朝曾编撰道藏，《长编》卷八六在追述时云："……旧藏三千七百三十七卷，太宗尝命散骑侍郎徐铉、知制诰王禹偁、太常少卿孔承恭校正写本，送大宫观，钦若增六百二十二卷。"⑥ 太宗死后，翰林学士承旨吏部侍郎宋白上议谥

① 李攸：《宋朝事实》，台湾文海出版社 1968 年版，第 281—282 页。

② 也可参见宋王栐《燕翼诒谋录》卷二："黄冠之教始于汉张陵，故皆有妻孥，虽居宫观，而嫁娶生子与俗人不异。奉其教而诵经，则曰道士；不奉其教，不诵经，惟假其冠服，则曰寄褐。皆游惰无所业者，亦有凶年，无所给食，假寄褐之名挈家以入者，大抵主首之亲故也。太祖皇帝深疾之，开宝五年闰二月戊午，诏曰：'末俗窃服冠裳，号为寄褐杂居宫观者，一切禁断，道士不得畜养妻孥，已有家者退出外居，止今后不许私度，须本师知观同诣长吏陈牒给公凭，违者捕系抵罪。'自是宫观不许停着妇女，亦无寄食者矣。而黄冠之兄弟、父子、孙侄，犹依凭以居，不肯去也，名曰亲属。"

③ 李焘：《续资治通鉴长编》，中华书局 2004 年版，第 378 页。

④ 佚名：《宋史全文》卷四，李之亮校，黑龙江人民出版社 2005 年版，第 147—148 页。

⑤ 李焘：《续资治通鉴长编》，中华书局 2004 年版，第 588 页。

⑥ 同上书，第 1975 页。

太宗，云："肆赦释老之教，崇奉为先。名山大川，灵踪圣境，仁祠仙宇，经之营之，致恭之诚广也。"① 这可以说是太宗对佛、道态度的最好总结。总之，太祖和太宗提倡道教，礼遇道士，这其实就是道教主动迎合最高统治者需要、符合统治者利益的结果，当然他们的继任者更加崇信道教，达到了一个新的高度。

佛教自东汉末传入中土，历经几个阶段：其一，两汉之间至西晋，经过佛教的方术化，主要对中土神仙方术的依附，灵魂不死、鬼神崇拜等宗教迷信思想的吸收，对佛教吸引许多信徒，借助中国原有的观念发展壮大自己。同时，僧人增多，许多高僧翻译佛教经典，弘传佛教教义，佛教影响逐步扩大。其二，两晋末至南北朝，经过佛教玄学化，玄学是当时的主导思想，佛教与玄学合流，使佛教在统治精英阶层——士大夫阶层得到广泛传播，当时出现许多门阀家族由信奉道教改奉佛教的现象，梁武帝的信佛，将佛教崇信推到了极点。其三，南朝末至唐中期，中国佛教在理论上开始创新，主要以八宗为代表，天台宗、三论宗、净土宗、慈恩宗、华严宗、律宗、密宗、禅宗，宗派的创立标志着佛教教义得到广泛传播，同时表明中国高僧对佛教教义的理解、吸收、改造得到突破，结合中国社会特点，获得了创新。禅宗是一个完全中国化的宗派。其四，唐中期至当今，历经多次法难，佛教开始儒学化，佛教已经全面融入中国社会，在政治上依附专制集团的政体，三教合一过程中也接受儒教观点。宋代佛教正是处于第四种形势之下，佛教虽为统治阶级提倡，但往往也受到抑制，所以佛教所走的路线就是紧密联系在统治阶级周围，为他们服务。至于帝王与佛教关系，下文有专门论述。

在三教合一的主流趋势下，儒、释、道之间互相学习和互相融通。就儒、释来说，其一，儒、释的主体，儒学士大夫与佛教大师交往密切。赞宁与士大夫关系密切就是一个典型代表。这在《行迹考》里已经进行了论述。士大夫当中有许多不出家受戒的佛门居士，他们精通佛理，以佛来作为修身养性的一种方式。其二，从学理上看，佛教，援儒入佛；儒门，吸收佛义；两者融会贯通。如永明延寿的著作《宗镜录》。同样，士大夫由于精通佛理，吸收佛教教义来改进儒家学说。就儒、道来说，道教向儒家靠拢，儒家也吸收道家思想。由于实践三教会通的杰出代表人物大多在

---

① 钱若水：《太宗皇帝实录》卷80，上海商务印书馆1936年版，第10页。

真宗以后，但真宗之前的三教发展无疑为之打下了良好的基础。

（三）吴越国主、宋初二帝与佛教

1. 吴越国主与佛教

吴越第一任国主钱镠早先信奉道教，《洞霄图志》卷五《闾丘玄同先生传》云："闾丘方远，字大方，舒州人，生州之天柱山下……钱武肃王师事之，号玄同先生。唐景福二年，为筑上清坛，榜草堂，每三元开受法箓。"① 同书卷六《天柱观记》云："……请上清道士闾丘方远与道众三十余人主张教迹。每年春秋四季为国焚修，镠特与创建殿堂兼移基址山势。"② 由此可看出钱镠在唐景福二年（893）即在其立国之前，以崇信道教为主。钱镠崇信佛教与高僧释洪諲和释德韶有关，《宋传》卷一二《释庆诸传》附见《释洪諲传》云：

> 初，諲有先见之明。武肃王家居石鉴山，及就戍应募为军，諲一见握手，屏左右而谓之曰："好自爱，他日贵极，当与佛法为主。"后累立战功，为杭牧，故奏署諲师号，见必拜跪，檀施丰厚，异于常数。终时执丧礼，念微时之言矣。③

同书卷一三《释德韶传》云："汉南国王钱氏尝理丹丘，韶有先见之明，谓曰：'他日为国王，当兴佛法。'其言信矣，遣使入山旁午，后署大禅师号。每有言时，无不符合。"④ 可能由于高僧的预言成为现实，钱镠深深为佛教所折服。既然如此，那么钱镠肯定是主张释、道并行。钱镠之子钱元瓘继位，基本上继承其父对于佛教的政策，礼遇高僧，其中以释道怤为代表，《宋传》卷一三《释道怤传》云："武肃王钱氏钦慕，命居天龙寺，私署顺德大师。次文穆王钱氏创龙册寺，请怤居之。吴越禅学，自此而兴。"⑤ 最后一任国主钱俶把佛教推向高峰。《十国春秋》卷八二《忠懿王世家》云："性谦和，未尝忤物。自奉颇薄，常服大帛之衣。崇

---

① 邓牧：《洞霄图志》，中华书局1985年版，第44页。
② 《洞霄图志》，第72页。
③ 释赞宁：《宋高僧传》，范祥雍校注，中华书局1987年版，第284页。
④ 同上书，第317页。
⑤ 同上书，第310页。

信释氏，前后造寺无算。入宋后，又以爱子为僧。"① 在后周毁佛不久，忠懿王却在吴越国广布佛教。《佛祖统纪》卷一〇载："忠懿天性诚厚，夙知敬佛，慕阿育王造八万四千塔，金铜精钢冶铸甚工，中藏《宝箧印心咒经》，亦及八万四千数，布散部内以为填宝镇，镇钱唐诸邑。"② 忠懿王礼遇高僧，如对释义寂"私署净光大师并紫衣袍"，对赞宁赐号"明义宗文"等。其三教合一思想，体现在为《宗镜录序》中，前文已有，不再重录。

吴越国主的崇佛行为，使吴越国成为当时的佛国之一，《两浙金石志》卷七《宋净土院释迦殿记》云："方钱氏之贵也，奉佛尤笃，其涂塈栋宇，极丹漆之华；雕饰龙象，穷土木之珍……临安又其（钱氏）故里，崇建梵宇，比它邑为尤多。凡一山之胜，一水之丽，必建立浮屠宫。故百里之境而佛刹百数，其间最盛者南宗径山是也。"③《咸淳临安志》卷七五云："今浮屠、老氏之宫遍天下，而在钱塘为尤众。二氏之教，莫盛于钱塘，而学浮屠者，为尤众。合京城内外，暨诸邑寺，以百计者九，而羽士之庐，不能什一。"④ 上述可见，吴越国对于释、道的崇信程度，而佛教居于道教之上。

2. 宋初二帝与佛教

宋太祖以兵变方式夺取后周政权，这种做法容易为手下大将仿效，所以他采取了"杯酒释兵权"方式，把兵权集中在自己手中，解除了军事上对其皇帝宝座的冲击；在民众中，此种做法不具合法性，"名不正，言不顺"，为了给登上宝座制造合理性，或许是太祖利用佛、道二教，或许是佛、道二教主动迎合太祖的需要，为了求得良好的生存环境，总之彼此相互需要，也为太祖对佛、道采取保护并提倡的政策打下了基础。有关道教，前面已经进行了论述。

佛教为太祖登上宝座的谶言，即佛谶实在太多，不仅存在于佛书，而且存在于士大夫所作笔记小说中，姑举几例。

《佛祖统纪》卷四二载："广顺元年，李守正叛河中，太祖亲征，往，

---

① 吴任臣：《十国春秋》，中华书局 1983 年版，第 1183 页。
② 释志磐：《佛祖统纪》，《大正藏》第 49 册，第 206 页。
③ 阮元：《两浙金石志》卷 7，浙江书局 1890 年版（线装本），第 3 页。
④ 潜说友：《咸淳临安志》，《四库全书》第 490 册，上海古籍出版社 1987 年影印文渊阁本，第 763 页。

麻衣道者语赵普曰：'李侍中安得久！城下有三天子气。'未几城陷，时世宗与本朝太祖俱侍行。"①

卷四三载："先是民间有得梁志公铜牌记：'有一真人起冀州，开口张弓在左边，子子孙孙保永年。'江南李主名其子曰弘冀，吴越钱王诸子，皆连弘字（弘倧、弘俶、弘亿），期应图谶。及上受禅，而宣祖之讳正当之（太祖皇考，上弘下殷，追谥宣祖。赵普《皇朝龙飞记》）。周世宗之废佛像也（世宗自持凿破镇州大悲像胸），疽发于胸而殂。时太祖、太宗目见之。尝访神僧麻衣和上曰：'今毁佛法，大非社稷之福。'麻衣曰：'岂不闻三武之祸乎？'又问：'天下何时定乎？'曰：'赤气已兆，辰申间当有真主出兴，佛法亦大兴矣（其后太祖受禅于庚申年正月甲辰，其应在于此也）'。"②

宋人李廌《师友谈记》载：东坡言：普安禅院，初在五代时，有一僧曰某者，卓庵道左，艺蔬丐钱，以奉佛事。一日，于庵中昼寝，梦一金色黄龙来食所艺莴苣数畦。僧寤，惊曰："是必有异人至此。"已而见一伟丈夫于所梦地取莴苣食之。僧视其貌，神色凛然，遂摄迎之，延于庵中，馈食甚勤。复又取数镮饯之，曰："富贵无相忘。"因以所梦告之，且曰："公他日得志，愿为老僧只于此地建一大寺，幸甚。"伟丈夫乃艺祖也。既即位，求其僧，尚存，遂命建寺，赐名曰普安，都人至今称为道者院。元祐八年，因送范河中过此院，闲言及之。③ 宋人朱弁《曲洧旧闻》卷一载："五代割据，干戈相侵，不胜其苦。有一僧虽佯狂，而言多奇中。尝谓人曰：'汝等望太平甚切，若要太平，须待定光佛出世始得。'至太祖一天下，皆以为定光佛后身者，盖用此僧之语也。"④

上述如此多的文献可以分两类，其一，通过神僧的佛谶，说明太祖取代后周是上天注定，是天意。严耀中先生在《魏晋南北朝时期的占卜谶言与佛教》中对谶言有如下论述："因为在政治动荡的年代，谶纬卜言是一把双刃剑，它既能帮助一些政治枭雄取得天下，也能被造反作乱者所利

---

① 释志磐：《佛祖统纪》，《大正藏》第49册，第392页。
② 《佛祖统纪》，第394页。
③ 李廌：《师友谈记》，孔凡礼校，中华书局2002年版，第32页。
④ 朱弁：《曲洧旧闻》，孔凡礼校，中华书局2002年版，第85—86页。

用，所以汉晋以降，谶纬卜言一边经常仍被使用，一边却屡屡遭到禁绝。"① 正因如此，太祖取得政权之际，需要大量的谶言来为其合法性披上外衣，而佛教和道教充当了这个角色。其二，佛教把太祖说成是定光佛的后身，刘长东先生《宋代佛教政策论稿》第一章中对"定光佛"信仰阐述甚明，至于原因，云："唐宋的定光佛信仰中又有救世的祈愿内容；而在五代之时，政权割据，干戈相侵，世人本已不胜其苦，加之其时又流行'若要太平，须待定光佛出世始得'的定光佛救世思想；故当赵宋一兴，政乂民宁，世人自易把为其带来太平的太祖，与救世的定光佛相联系，而视之为定光佛的化身。"② 由此，太祖既然是佛的后身，是来解救民众疾苦的，所以民众自然应该崇信太祖而不应该有所不满，这样就可以起到稳定民心的作用。

　　佛教在太祖当上皇帝不久，对北宋政权起到了重要作用，符合统治阶级的利益，太祖自然采取扶持政策，但是作为一个有所作为的皇帝，要开创北宋王朝的新局面，又要对佛教进行整顿，使佛教朝着统治阶级所希望的方向发展。周世宗毁佛，给佛教造成巨大的损失，太祖在位的第一年即建隆元年"勿复置，当废未毁者存之"。③ 这对在声势浩大的毁佛余生中的佛教来说，简直就是希望之光。后又就借武力平定李重进的机会，"诏于扬州城下战地造寺，赐额建隆，赐田四万顷，命僧道晖主之"。④ 这无疑是给佛教一个鲜明的宣告：我太祖与周世宗不同，我对佛教是友好的，你们要支持我。太祖还支持大批僧徒西行，《长编》卷七载："（乾德四年）三月，僧行勤等一百五十人请游西域，诏许之，仍赐钱三万遣行。"⑤ 这与唐代僧侣们西行靠个人力量是多么不同。更值得一提的是，开宝四年（971）三月，"敕高品张从信往益州雕《大藏经》板"，至太平兴国八年（983）完成，这是我国雕印全部藏经之始，不仅是我国佛教发展史上的一件大事，而且对日本、朝鲜等国雕印佛经产生了重大影响。⑥ 太祖还常读佛典，《佛祖统纪》卷四三载："（开宝八年）三月，上自洛阳回京师，

---

① 严耀中：《魏晋南北朝时期的占卜谶言与佛教》，载《佛教与三至十三世纪中国史》，宗教文化出版社 2007 年版，第 81 页。

② 刘长东：《宋代佛教政策论稿》，巴蜀书社 2005 年版，第 37 页。

③ 李焘：《续资治通鉴长编》，中华书局 2004 年版，第 17 页。

④ 释念常：《佛祖历代通载》卷 18，《大正藏》第 49 册，第 656 页。

⑤ 李焘：《续资治通鉴长编》，中华书局 2004 年版，第 168 页。

⑥ 姚瀛艇：《宋代文化史》，河南大学出版社 1999 年版，第 116 页。

手书《金刚经》，常自读诵。宰相赵普，因奏事，见之，上曰：'不欲甲胄之士知之，但言常读兵书可也。'"① 用读兵书为借口掩盖其读佛经之好，说明太祖对佛教情有独钟。太祖时期，也修建了不少寺院，不惜耗费巨大，王昶《金石萃编》卷一二五《重修龙兴寺东塔记》云，开宝年间，因重修同州龙兴寺舍利塔，"约其费用，将百万计"。② 为了维护佛教声誉，太祖还不惜处罚反佛士大夫，《长编》卷七载："乾德四年四月丁巳，河南府进士李霭，决杖，配沙门岛。霭不信释氏，尝著书数千言，号《灭邪集》，又辑佛书缀为衾绸，为僧所诉，河南尹表其事，故流窜焉。"③ 上述种种行迹表明太祖是一个崇佛的皇帝。但是崇佛并不是佞佛，对于佛教的负面影响，太祖还是有深刻的认识，因而对佛教不良现象进行了整顿。首先整治不良僧官，《长编》卷二载："（建隆二年）闰三月，诏开封府集众杖杀皇建院僧辉文，僧录琼隐等十七名决杖配流。"④ 上行下效，整顿好了上层，自然能够起到警示作用。其次，加强对佛教的管理，比如"令僧尼各不相统摄，当受戒者，各于本寺置坛"⑤、"禁民铸铁为佛像、浮屠及人物之无用者"⑥、下《限数度僧尼诏》等。宋人蔡绦《铁围山丛谈》卷五云：

　　艺祖始受命，久之阴计："释氏何神灵，而患苦天下？今我抑尝之，不然废其教矣。"日且暮则微行出，徐入大相国寺。将昏黑，俄至一小院户旁，则望见一髡大醉，吐秽于左右，方恶骂不可闻。艺祖阴怒，适从旁过，忽不觉为醉髡拦胸腹抱定，曰："莫发恶心。且夜矣，惧有人害汝，汝宜归内，可亟去也。"艺祖动心，默以手加额而礼焉，髡乃舍之去。艺祖得促步还，密召忠谨小珰："尔行往某所，觇此髡为在不，且以其所吐物状来。"及至，则已不见。小珰独爬取地上道吐狼藉，至御前视之，悉御香也。释氏教因不废。⑦

---

① 释志磐：《佛祖统纪》，《大正藏》第 49 册，第 396 页。
② 王昶：《金石萃编》，载《石刻史料新编》，新文丰出版公司 1982 年版，第 2297 页。
③ 李焘：《续资治通鉴长编》，中华书局 2004 年版，第 169 页。
④ 同上书，第 43 页。
⑤ 同上书，中华书局 2004 年版，第 279 页。
⑥ 同上书，第 278 页。
⑦ 蔡绦：《铁围山丛谈》，冯惠民等校，中华书局 1983 年版，第 82 页。

　　此则看似解释太祖不毁佛之原因，其实乃是佛教为了拉近与统治者关系所造舆论，太祖崇佛其实是为了稳定政权、巩固统治的需要，而抑佛是为了使佛教朝着统治者所希望的方向发展，真正对民众起到美好的精神麻醉剂作用。

　　太宗当上皇帝后，对佛教热忱要高于道教。太宗对佛教利弊有着清醒的认识，曾谓宰相赵普曰："浮屠氏之教有裨政治，达者自悟渊微，愚者妄生诬谤，朕于此道，微究宗旨。凡为君治人，即是修行之地，行一好事，天下获利，即释氏所谓利他者也。庶人无位，纵或修行自苦，不过独善一身。如梁武舍身为寺家奴，百官率钱收赎，又布发于地，令桑门践之，此真大惑，乃小乘偏见之甚，为后代笑。为君者抚育万类，皆如赤子，无偏无党，各得其所，岂非修行之道乎？虽方外之说，亦有可观者，卿等试读之，盖存其教，非溺于释氏也。"赵普曰："陛下以尧、舜之道治世，以如来之行修心，圣智高远，动悟真理，固非臣下所及。"① 可见太宗充分认识到佛教对于维护政权所能起到的作用。由此，太宗大力支持佛教事业。其一，太宗大建佛寺及供养舍利塔，端拱二年（989），上遣使取杭州释迦佛舍利塔置阙下，度开宝寺西北隅地，造浮图十一级以藏之，上下三百六十尺，所费亿万计，前后逾八年。癸亥，工毕，巨丽精巧，近代所无。知制诰田锡尝上疏谏，其言有切直者，则曰"众以为金碧荧煌，臣以为涂膏衅血"。上亦不怒。② 其二，礼遇外国来华高僧，建立译经院，进行译经。《长编》卷二三"太平兴国七年六月"载：

　　　　上即位之五年，又有北天竺克什密尔国僧天息灾、鄂等答国僧施护继至，法天闻天息灾等至，亦归京师。上素崇尚释教，即召见天息灾等，令阅乾德以来西域所献梵经。天息灾等皆晓华言，上遂有意翻译，因命内侍郑守钧就太平兴国寺建译经院。是月，院成，诏天息灾等各译一经以献，择梵学僧常谨、清沼等与法进同笔受缀文，光禄卿汤悦，兵部员外郎张洎参详润色之，内侍刘素为都监。……七月癸卯，（太宗）幸译经

① 李焘：《续资治通鉴长编》，中华书局 2004 年版，第 554 页。
② 同上书，第 686 页。

院，尽取禁中所藏梵夹，令天息灾等视藏录所未载者翻译之。①

其三，太宗还亲自御制序和文集，鼓吹佛教之益处。如撰写《新译三藏圣教序》云："大矣哉，我佛之教也。化道群迷，阐扬宗性。广博宏辩，英彦莫能究其旨。精微妙说，庸愚岂可度其源。"② 至道二年，太宗"御制《秘藏铨》二十卷、《缘识》五卷、《逍遥咏》十卷，命两街僧笺注，入释氏大藏颁行"③ 等。其四，关心佛教典籍编撰，命赞宁修《僧史略》和《宋高僧传》。总之，太宗在继承太祖崇佛基础上，表现出对佛事的极大热忱，顾吉辰先生认为，太宗大营佛事，是建立在"公帑有羡财，国瘭有余积"的基础上。④ 有财确实为支持佛教提供了物质基础，毕竟大崇佛教是一件高消费的事，太宗对于佛教政策还是从巩固统治的政治角度来考虑，所以一旦佛教发展过于庞大，偏离了朝廷的正常轨道，限制政策随之而来。针对"天下户口日藩，民去为僧者众，今祠部帐至三十余万"⑤ 的现状，太平兴国七年九月，他又对剃度有所规定："应先系帐沙弥长发未剃度者，并特于剃度，祠部给牒，今后不得为例，不得将不系帐人夹带充数，犯者当行绝配。"⑥

总之，宋初二帝对于佛教的政策都是崇佛但不佞佛，把佛教纳入赵宋政权的管理之下。二帝政策的确定原因很多，但是最重要的一条就是二帝认识到佛教有利于巩固统治，强调儒、释的互补，以佛教作为辅助治化的手段，因而在对待宗教的认识倾向上是站在儒、释、道合一的一边。一旦佛教有不良现象，就适当进行限制，使佛教朝着统治者希望的方向发展。这个政策之确定，为赵宋政权后继者奠定了基础。

二　吴越国与宋初经济发展

"由于作为消费性的事业，宗教有赖于经济的发展而繁荣，地区经济发展的不平衡也会对宗教的繁荣产生不同的影响。这一方面因为寺庙堂观

---

① 李焘：《续资治通鉴长编》，中华书局2004年版，第522—524页。
② 释念常：《佛祖历代通载》卷18，《大正藏》第49册，第659页。
③ 释志磐：《佛祖统纪》，《大正藏》第49册，第401页。
④ 顾吉辰：《宋代佛教史稿》，中州古籍出版社1993年版，第6页。
⑤ 脱脱等：《宋史》卷229，中华书局1977年版，第9933页。
⑥ 徐松：《宋会要道释》一之一四，中华书局1957年版，第7875页。

的建设，传教及法事活动的举行，都需要财物充裕的支持；另一方面，人们在温饱之余对精神关怀的需要，并不亚于其在困苦挣扎之时，所以宗教虽说都是为了拯救苦难，但也老往着安定繁荣的地方跑。这在江南佛教史上有过两次，一次是在魏晋南北朝，另一次则在五代两宋经济重心南移之间，后者涉及华严、唯识、净土诸宗在江南的兴盛。"① 诚如严耀中先生所言，经济重心的南移，佛教随之南移。

唐代"安史之乱"以后，北方长期处于藩镇割据的混战状态，民不聊生，生产遭到极大破坏，北方社会经济发展缓慢，作为全国经济中心的北方正走向衰落。唐人罗让《对才识兼茂明于体用策》言：

> 今国家内王畿外诸夏，水陆绵地，四面而远输，明该之大贵根本，实在于江淮矣。何者？陇右、黔中、山南已还，硗瘠啬薄，货殖所入，力不多也；岭南、闽蛮之中，风俗越异，珍好继至，无大赡也；河南、河北、河东已降，甲兵长积，农厚自任，又不及也。②

这指出了"甲兵长积"对中原地区的重大破坏力，南方重要性增强。而南方由于政局相对稳定，生产有保障，北方大量人口南移，开发迅速，经济地位明显提升。更有甚者，韩愈在《送陆歙州诗序》云："当今赋出于天下，江南居十九。"③ 由此可以看出，当时南方所占国家财政收入比率之大，那么江南在当时全国的经济地位重要性明显在上升。

五代十国时期是唐中叶以来藩镇割据局面的继续和发展。就北方而言，军阀所建立多是短命政权，靠起兵夺位，军阀混战连连，又北方契丹贵族侵入和掠夺，自然灾害频发等，大批人民死亡，流离失所，土地荒芜，对社会生产造成十分严重的破坏。唐中叶以来，寺院贵族势力增长，已经成为严重的社会问题之一，由于寺院拥有大量的土地和劳动力，使封建政权失去了大量的兵役和赋税来源，妨碍到封建政权的稳定。战争频繁，人民为了逃避兵役与赋税成为僧尼，本来就缺乏劳动力，僧尼却增多，严重影响了社会生产和国家稳定。一旦

---

① 严耀中：《中国东南佛教史》，上海人民出版社 2005 年版，"前言"第 3 页。
② 董浩：《全唐文》卷 525，中华书局 1983 年版，第 5335 页。
③ 《全唐文》，第 5612 页。

佛教发展越过政府可以承受的范围，毁佛行为、限制措施就会随之而来。整个社会经济条件的恶化，佛教成为罪魁祸首之一，所以佛教在北方发展受到比较严格的限制。政局不稳定，也不利于佛教发展，佛教南移是大势所趋。

与北方军阀混战不同，南方出现了较长期的相对和平的环境，各个割据政权大体相安，互不侵犯，但为了防止不被别国兼并，十分注意实行恢复生产的经济政策。北方许多人民不堪忍受战乱的迫害，不断逃往南方，给南方广大地区带来了生产劳动力和生产技术，所以五代南方经济没有遭到战争的迫害，而且在前代的生产基础上有了进一步发展。这里主要论述吴越国经济发展，吴越国稳定发展是建立在第一任国主钱镠之上的，李最欣先生总结了钱镠历史贡献的六个方面。第一，始终事大，不启干戈，使百姓免遭兵燹之患。第二，扩建城池，为杭州和吴越国其他城市的繁荣打下基础。第三，兴修水利，发展农桑，为后世江浙地区的兴旺发达奠定了基础。第四，开通海道，发展商业。第五，广建寺塔，尊崇三教。第六，礼贤下士，尊崇文艺。① 由上可知，第一方面说明吴越国保持了政局稳定；第二、第三、第四方面说明吴越国致力于发展经济；第五、第六方面说明吴越国文化宗教环境好。吴越国后面几任国主基本秉承祖先所制定的政策，就是后来进入北宋王朝也是采取的一种和平方式。虽然吴越国为了求和平，花费了巨大的财富，又横征暴敛，给人民带来负担，如《长编》卷一九载太宗言："钱氏据两浙，逾八十年，外厚贡献，内事奢僭，地狭民众，赋敛苛暴，鸡鱼卵菜，纤悉收取，斗升之逋，罪至鞭背。"② 所以，吴任臣《十国春秋》卷八二云："钱氏据有两浙，几及百年，武肃以来，善事中国，保障偏方，厥功巨矣。宋兴后，王益倾资修贡献，宋祖曰：'此吾帑中物，何用献为！'……而举朝文武阉寺多所馈遗，竭十三州之物力以供大国，务得中朝心，国以是而渐贫，民亦以是而得安。谚曰：'皮之不存，毛将安附？'呜呼，殆非所以论吴越矣。"③ 但是，总体来说，吴越乃至南方经济在稳定中向前发展，南方经济的发展为各个割据政权存在提供了物质基础，而以吴越国为代表的南方国主尊崇三教的行为，对佛

---

① 李最欣：《钱氏吴越国文献和文学考论》，中国社会科学出版社 2007 年版，第 175—176 页。

② 李焘：《续资治通鉴长编》，中华书局 2004 年版，第 428 页。

③ 吴任臣：《十国春秋》，中华书局 1983 年版，第 4159—4160 页。

教的崇信和提倡，使佛教在南方获得良好的生存环境。所以，南北佛教生存环境的极大反差，使不少北方高僧南移，由此佛教一些宗派在江南得到复兴。

北方经过后周世宗的改革措施，不仅强化了中央政权对地方的控制，而且解决了某些政治弊端，稳定了社会秩序，人民生活有了保障。同时重视农业生产的恢复和发展，为北方政权的强大奠定了物质基础。由于周世宗对佛教采取严格的限制行为，甚至在统治区域内进行毁佛，所以佛教受到极大的打击，生存环境比较恶劣。北宋夺取并建立政权以来，北方经济延续后周政策，虽有所发展，但是由于前代战争破坏，发展能力有限，宋人王曾《王文正笔录》云："国初方隅未一，京师储廪仰给，唯京西、京东数路而已。"① 这是未统一之前北方经济的写照，即使统一后的宋太宗时期，北方经济也是发展缓慢，《宋史》卷一七三《食货志》云："至道二年，太常博士直史馆陈靖上言：'先王之欲厚生民，莫先于积谷而务农，盐、铁、榷、酤，斯为末矣。按天下土田，除江淮、湖湘、两浙、陇蜀、河东诸路，地里琼远，虽加劝督，未遽获利。今京畿周环二十三州，幅员数千里，地之垦者十才二三。税之入者，又十无五六。"② 而南方自五代以来，人口大量南移，南宋袁褧《枫窗小牍》卷上云："国初，杭、粤、蜀、汉，未入版图，总户九十六万七千五百五十三，至开宝末，增至二百五十万八千六十五户。太宗拓定南北，户犹三百五十七万四千二百五十七，此后递增。"③ 可见宋初南方人口增长速度之快。人口增多，意味着劳动力增多，而宋初采取的一些废除苛捐杂税的政策，无疑刺激了南方经济发展，南方特有的水土自然环境为农业生产提供了便利，北宋文学家秦观有云："今天下之田称沃衍者，莫如吴越、闽、蜀，其一亩所出，视他州辄数倍。"④ 所以，到了仁宗时期，富弼云："朝廷用度，如军食、弊帛、茶盐、泉货、金铜、铅银以至羽毛、胶、漆尽出（指东南九道）九道，朝廷所以能安然理天下而不匮者，得此九道供亿使之然尔！此九道

---

① 王曾：《王文正笔录》，《四库全书》第 1036 册，上海古籍出版社 1987 年影印文渊阁本，第 268 页。

② 脱脱：《宋史》，中华书局 1977 年版，第 4159—4160 页。

③ 袁褧：《枫窗小牍》，中华书局 1985 年版，第 1—2 页。

④ 秦观：《淮海集》卷 15《财用》，《四库全书》第 1115 册，上海古籍出版社 1987 年影印文渊阁本，第 504 页。

者，朝廷所仰给也，固宜保守之。"① 由此可见，江南经济对北宋的重要性。② 既然如此，江南有良好的经济环境，又长期保持相对稳定，免遭兵祸之灾，历代国主又崇信佛教，佛教发展氛围良好，江南地区佛教典籍保持完好。如此诸多便利，可以说就是赞宁为什么选择回杭州编撰《宋传》而不在东京开封编撰的客观原因。

三 佛教高僧撰述僧史传统是佛教史学发展的必然结果

中国佛教史籍的体裁多样，有传记体、编年体、志乘体、经传体、灯录体、游记体、目录体、纲目体、笔记体、类书体、文集体等。③ 佛教体裁如此众多，说明中国佛教史学十分发达，而且与中国正统史学一样，主流是纪传体，灯录体虽然后来也较发达，但基本上是在《宋传》之后出现，此外"史"只是其中一个方面，所以纪传体更能体现佛教发展史。

僧传属于传记体，是记载历代僧人生平事迹的传记著作。汤用彤先生把僧传分为以下几类：有一人之传记，如《安法师传》见《世说·文学》篇注。有一类僧人之传记，如《高逸沙门传》一卷，竺法济撰。……此书《高僧传》言及。有一时一地僧人之传记，如郗超撰《东山僧传》，据《僧传·支遁传》。有尼传，如梁释宝唱《比丘尼传》四卷。有感应传，如干宝撰《搜神记》。有通撰僧传者。此不以时地性质为限。一则附之他书。如僧祐《出三藏记集》十五卷，本为目录，而后三卷附以僧传。一则叙历代诸僧，另立专书，所摄至广。④ 而现今诸多学者对于僧传的分类则更为简明，如周少川先生⑤、苏晋仁先生⑥、魏承思先生⑦都把僧传分为专传、类传和总传。现参照三位先生的观点，进行简要概述，专传指记某一高僧的传记，这类传记篇幅较短，而细致详尽，在记载深度方面具有优

---

① 李焘：《续资治通鉴长编》，中华书局 2004 年版，第 3034 页。
② 中国古代经济重心南移问题，本文认同郑学檬先生观点："将中国古代经济重心的起点确定为唐代安史之乱以后。终点确定在宋代。具体地说，经济重心南移至北宋后期已接近完成，至南宋则全面实现了。"参见郑学檬《中国古代经济重心南移和唐宋江南经济研究》，岳麓出版社 2004 年版，第 1—27 页。唐末五代宋初江南经济发展也正如郑先生所说是"部分质变"，也就是说，江南经济发展在唐末五代宋初上升明显，重要性日益凸显，接近"全部质变"。
③ 周少川：《中华典籍与传统文化》，广西师范大学出版社 1996 年版，第 66—69 页。
④ 汤用彤：《魏晋南北朝佛教史》第 15 章，中华书局 1983 年版，第 413—417 页。
⑤ 周少川：《中华典籍与传统文化》，广西师范大学出版社 1996 年版，第 66 页。
⑥ 苏晋仁：《佛教文化与历史》，中央民族大学出版社 1998 年版，第 66 页。
⑦ 魏承思：《中国佛教文化论稿》，上海人民出版社 1991 年版，第 159—161 页。

势。类传指记某一地、一寺或某一类型僧人的传记，虽然范围广狭各有不同，而在同类方面却叙述的比较广泛。总传指集多僧传记记于一书。前两类传记普遍存在局限性，不能将某些历史时期佛教界各种具有代表性人物错综复杂的活动情况全面地反映出来，总传可以弥补缺陷，它幅度宽广，时代绵长，人物众多，卷帙也较大。本文的叙述重点为总传。

苏晋仁先生对历代高僧总传进行了梳理，以现存有十一种，亡佚十二种标准来划分①，笔者根据苏先生梳理按朝代划分，以见总传在各个朝代的撰述情况。

（南朝宋）求那跋摩《高僧传要行抄》二卷，佚。

（南齐）释法进《江东名德传》三卷，佚。王巾《法师传》十卷，佚。

（梁）释宝唱《名僧传》并序录三十一卷今存节抄一卷；裴子野《众僧传》二十卷，佚。释慧皎《高僧传》十四卷，存。

（北齐）明可让《续名僧传》一卷，佚。

（隋）释法论《续名僧传》，佚。

（唐）释道宣《续高僧传》三十卷，存。

（宋）释赞宁《宋高僧传》三十卷，存。释慧洪《高僧传》十二卷，佚。

（元）释昙噩《新修科分六学僧传》三十卷，存。释玄通《高僧传》，佚。

（明）释如惺《明高僧传》八卷，存。释明河《补续高僧传》二十六卷，存。释德清《重编八十八祖道影传赞》四卷，存。释圆觉《续高僧传》，佚。

（清）徐昌治《高僧摘要》四卷，存。清世宗《三十二祖传赞》一卷，存。释通问《续高僧传》，佚。

（民国）喻谦《新续高僧传四集》六十六卷，存。

（不详）《高僧传略集》二卷（作者不详），佚。《诸师传》一卷（作者不详），佚。

由此可以看出，魏晋南北朝是僧人传记繁多的时代，《梁传序》云：

---

① 苏晋仁：《佛教文化与历史》，中央民族大学出版社 1998 年版，第 97—108 页。

自汉之梁，纪历弥远。世涉六代，年将五百。此土桑门，含章秀起，群英间出，迭有其人。众家记录，叙载各异。沙门法济，偏叙高逸一迹。沙门法安，但列志节一行。沙门僧宝，止命游方一科。沙门法进，乃通撰传论。而辞事阙略，并皆互有繁简，出没成异。考之行事，未见其归。宋临川康王义庆《宣验记》及《幽明录》、大原王琰《冥祥记》、彭城刘俊《益部寺记》、沙门昙宗《京师寺记》、太原王延秀《感应传》、朱君台《征应传》、陶渊明《搜神录》，并傍出诸僧，叙其风素。而皆是附见，亟多疏阙。齐竟陵文宣王《三宝记传》，或称佛史，或号僧录。既三宝共叙，辞旨相关，混滥难求，更为芜昧。琅玡王巾所撰《僧史》，意似该综，而文体未足。沙门僧祐撰《三藏记》，止有三十余僧，所无甚众。中书郎郄景兴《东山僧传》，治中张孝秀《庐山僧传》、中书陆明霞《沙门传》，各竞举一方，不通今古；务存一善，不及余行。逮乎即时，亦继有作者。然或褒赞之下，过相揄扬；或叙事之中，空列辞费。求之实理，无的可称。或复嫌以繁广，删减其事，而抗迹之奇，多所遗削，谓出家之士，处国宾王，不应励然自远，高蹈独绝。寻辞荣弃爱，本以异俗为贤。若此而不论，竟何所纪?①

由此我们可以看出释慧皎对当时众多有记录僧人的传记指摘，其一，指出某一类僧人之传记的缺陷，只突出部分僧人的某一事迹，而且记载不详。其二，感应传中僧人都是旁出，不是重点，僧人只作为附见收录。其三，虽有可称总传的著作，但是或文体未足或人数少。其四，某一时一地僧人之传记，不通古今，不及余行。总之那些僧传著作各有缺点。更有甚者，僧传中记载僧人有严重问题：（1）有的过分溢美；（2）有的叙事冗长，凭空虚构；（3）有的删减任意，入传标准有问题。由于对上述僧传的不满，释慧皎通过自己的努力，按照自己的理想标准，广泛搜集资料，才完成了大作《高僧传》。纪赟博士在《高僧传研究》中详细比较了《梁传》与《名僧传》，得出结论：《名僧传》是对《梁传》影响最大的两部书之一，这不仅体现在全书的结构上，也体现在内容和文字的承袭上。②

① 释慧皎：《高僧传》，汤用彤点校，中华书局1992年版，第523—524页。
② 纪赟：《高僧传研究》，博士学位论文，复旦大学，2006年，第171页。

也就是说，《梁传》是在继承前人著述基础上发展而来，那么《梁传》成为一个典范必然为后人相关著述所继承和发展。《梁传》有三大特点使其成为后代僧传的典范，其一，广泛搜集材料，甄别资料。《梁传序》云："尝以暇日，遍览群作。辄搜捡杂录数十余家，及晋、宋、齐、梁春秋书史，秦、赵、燕、凉荒朝伪历，地理杂篇，孤文片记。并博咨古老，广访先达，校其有无，取其同异。"① 此种网罗文献之史学精神，为后代僧传作者所继承。其二，十科体例及论赞，《梁传序》云："开其德业，大为十例：一曰译经，二曰义解，三曰神异，四曰习禅，五曰明律，六曰遗身，七曰诵经，八曰兴福，九曰经师，十曰唱导……及夫讨核源流，商推取舍，皆列诸赞论，备之后文。"② 也就是说以僧人某一方面德业为主轴收录，兼叙其他方面，不难看出释慧皎对其之前僧传进行借鉴和总结的痕迹。十科体例也为后世继承和发展，释道宣根据其时代佛教发展状况，对十科略有删改，把神异改为感通，增护法，经师、唱导则合为杂科。释赞宁则继承释道宣做法。其三，高僧之名确定，《梁传序》云："自前代所撰，多曰名僧。然名者，本实之宾也。若实行潜光，则高而不名。寡德适时，则名而不高。名而不高，本非所纪；高而不名，则备今录。故省名音，代以高字。"③ 此定名出现后，僧人总传基本通称"高僧传"。释道宣《唐传》是继慧皎《梁传》所作，释道宣《宋传》是继《唐传》所作。《唐》《宋》两僧传对《梁传》在此三方面皆有继承和发展，此种传承关系，可以说是佛教高僧撰述僧史传统的历史发展的必然结果。"（佛教史学）大体上都是从中国史著中模仿、发展出来的。更重要的是它们大多遵循传统史学所奉为圭臬的史识与史德。"④ 由于慧皎《梁传》很好地做到这点，所以成为僧人总传的好样板，那么，后世僧传都会受到或多或少的影响，这也是僧人传记体发展的必然趋势。赞宁受中国文化中修史传统的影响，又有为续《梁传》与《唐传》的时代使命，所以他编撰《宋传》适合其要求。

---

① 释慧皎：《高僧传》，汤用彤点校，中华书局1992年版，第524页。
② 同上书，第524—525页。
③ 同上书，第525页。
④ 严耀中：《试论佛教史学》，载《佛教与三至十三世纪中国史》，宗教文化出版社2007年版，第17页。

第三章 《宋传》的体例研究

《宋传》是一部影响很大的僧人总传，编撰者赞宁是在以往僧传撰者不同的历史背景下进行，又由于赞宁不同于以往撰者的身份和立场，所以赞宁对于《宋传》的编撰思想和编撰体例与以往僧传相比，既有承继相同之处，又有发展变化的不同之处。研究这些异同以及产生的原因，是探讨《宋传》的主要方面之一。

第一节 《宋传》的编撰思想

赞宁广泛搜集文献，对数量众多的僧人资料进行选择和取舍，按照一定的体例进行分类，是要以编撰思想为指导的，并且贯穿全书。研究《宋传》的编撰思想有助于我们把握《宋传》的灵魂所在。

一 承继佛教的宗教目的

佛教崇奉三宝：佛、法、僧。"僧"，指释迦牟尼建立的教团，泛指信奉、弘扬佛教义理的僧众。[①] 僧是佛教活动的主体，佛教是靠僧来弘扬发展的。"道藉僧弘"，所以对于高僧传记的编撰，其实就是一种承继佛教、弘扬佛教的表现。因为对于佛教高僧弘法事迹的宣扬，不仅可以激发僧人献身佛法的忘我精神，还可以吸引广大民众加入到信仰的行列。而对于少数不良僧人的记载，对其进行谴责，也可以对僧人起到警诫的作用。我们结合《梁传》《唐传》一起来分析，可以看出三传在这个目的的一致性。

释慧皎在《梁传序》中批评前代各种僧传对僧人记载的缺失，而当时僧传也是"逮乎即时，亦继有作者。然或褒赞之下，过相揄扬；或叙

---

① 方立天：《佛教哲学》，中国人民大学出版社 1997 年版，第 2 页。

事之中，空列辞费。求之实理，无的可称。或复嫌以繁广，删减其事，而抗迹之奇，多所遗削，谓出家之士，处国宾王，不应励然自远，高蹈独绝。寻辞荣弃爱，本以异俗为贤。若此而不论，竟何所纪？"① 这表明慧皎因为当时存在的包括前代各种僧传起不到为佛教发展树立僧人标准的作用，违背了僧人应遵循的准则，不利于佛教正常发展，所以他才要编撰《梁传》。其后云："其有繁辞虚赞，或德不及称者，一皆省略。故述六代贤异，止为十三卷，并序录合十四轴，号曰《高僧传》。"② 对于"德不及称者"的省略，"贤"者的采用，直接体现慧皎承继佛教发展的目的。这种理念更直接显现在他用"高僧"取代"名僧"的良苦用心。王曼颖云："以高为名，即使弗逮者耻；开例成广，足使有善者劝。"③ 指出了《梁传》可以起到使僧人反省自我、劝善的良性发展作用。释君白说得更清楚："顾惟道藉人弘，理由教显。而弘道释教，莫尚高僧。故渐染以来，昭明遗法，殊功异行，列代而兴。敦厉后生，理宜综缀。"④ 佛教的载体是僧人，而僧人的模范是高僧，高僧的言行，是佛教兴盛所必要的。由上述两位高僧读《梁传》的感想，我们可以明确地看出《梁传》以承继佛教为宗教目的、发扬佛教为己任的宗旨。

作为《梁传》继作的《唐传》，释道宣在《唐传序》云：

> 昔梁沙门金陵释宝唱撰《名僧传》、会稽释惠皎撰《高僧传》，创发异部，品藻恒流；详核可观，华质有据。而缉衰吴越，叙略魏燕。良以博观未周，故得随闻成采。加以有梁之盛，明德云繁；薄传五三，数非通敏，斯则同世相侮，事积由来。中原隐括，未传简录，时无雅赡，谁为谱之。致使历代高风，飒焉终古。……季世情絷，量重声华。至于鸠聚风猷，略无继绪。惟隋初沙门魏郡释灵裕，仪表缀述，有意弘方，撰《十德记》一卷，偏叙昭玄师保，未奥广嗣通宗。余则孤起支文，薄言行状，终亦未驰高，可为长太息矣。故沾预染毫之，莫不望崖而戾止，固其然乎。今余所撰，恐坠接前绪，故不获已

---

① 释慧皎：《高僧传》，汤用彤点校，中华书局 1992 年版，第 524 页。
② 同上书，第 525 页。
③ 同上书，第 552 页。
④ 同上书，第 553 页。

而陈之。①

　　道宣在对前代僧传优缺点评价之后，面对上百年没有续传的情况，主动承担了撰写续传的责任，这种责任就是要使高僧的风采得到流传，使佛教得到弘扬。这其实是因为佛教历经魏晋南北朝的发展，隋代、唐初的兴盛，僧人队伍扩大，良莠不齐，这个时候需要高僧来树立典型，而从道宣所述中，当时只有释灵裕的《十德记》一卷，不论从篇幅还是所述高僧数量，远远不能满足佛教发展的需要，所以说释道宣撰写《唐传》既是承继佛教发展的需要，也是道宣作为一个佛教史家主动承担撰写《唐传》的选择。

　　我们再看《宋传序》云："慧皎刊修，用实行潜光之目；道宣缉缀，续高而不名之风，令六百载行道之人弗坠于地者矣。爰自贞观命章之后，西明绝笔已还，此作蔑闻，斯文将缺。时有再至，肃杀过而繁华来；世无久虚，地天奏而圣明出。我应运统天睿文英武大圣至明广孝皇帝陛下，阳龙挺德，斗电均威。践大道也，牺黄输执御之劳；多天才也，周孔行弟子之职。讲信修睦，崇德报功，一统无遗，百王有愧，四海若窥于掌内，万机皆发于宸衷。然而玄牝留神，释天淡虑。长生授术，时开太一之坛；续法延期，僧度倍千之戒。浮图揭汉，梵夹翻华，将佛国之同风，与玉京而合制。慨兹释侣，代有其人，思景行之莫闻，实纪录之弥旷。"② 我们可以得出两点：其一，肯定了《梁传》《唐传》的巨大作用，但指出《唐传》之后，一直没有续传。其二，《宋传》是在帝王诏旨下所撰，是帝王崇佛的产物，同时体现了皇权要进一步控制佛教的意图。虽然在此赞宁没有直接言明为了承继佛教而撰，但是他在《宋传后序》给了答案，其云："泊乎皇朝有《宋高僧传》之作也，清风载扬，盛业不坠……俾将来君子，知我者以僧传，罪我者亦以僧传，故于卷后而书之云耳。"③ 从这番言语，不难看出赞宁对于其所作《宋传》的重视，并且把僧传看成后人作为评价他是非的一个标准。

　　中国传统历史学家编撰史书的主要目的之一就是要发挥历史的借鉴作

---

　　① 释道宣：《续高僧传》，载《高僧传合集》，上海古籍出版社1991年版，第105页。
　　② 释赞宁：《宋高僧传》，范祥雍校注，中华书局1987年版，卷首。
　　③ 同上书，第759页。

用来达到经世致用的功能。先秦史学，就非常重视史书的借鉴作用，《汉书·艺文志》云："古之王者，世有史官，君举必书，所以慎言行，昭法式也。"① "昭法式"就是为了后人借鉴。孔子作《春秋》，原因之一是"世衰道微，邪说暴行有作"，为了达到"乱臣贼子惧"② 的目的，他确立了以历史为借鉴来达到经世致用的思想，这种思想被传统历史学家所继承。如司马迁在《高祖功臣侯者年表》中记载了汉初诸侯骄奢淫逸、忘本失国的历史后，指出："居今之世，志古之道，所以自镜也。未必尽同。帝王者各殊礼而异务，要以成功为统纪，岂可混乎？观其所以废辱，亦当世得失之林也，何必旧闻？于是谨其终始，表其文，颇有所不尽本末；著其明，疑者阙之。后有君子，欲推而列之，得以览焉。"③ 南朝刘勰在《文心雕龙》卷四"史传"云："原夫载籍之作也，必贯乎百姓，被之千载，表征盛衰，殷鉴兴废，使一代之制，共日月而长存，王霸之迹，并天地而久大。……史之为任，乃弥纶一代，负海内之责，而赢是非之尤。"④ 这种思想在佛教史学家身上得到了继承，《梁传》《唐传》与《宋传》的编撰者在编撰时所持承继佛教的宗教目的，其实就是通过编撰佛教史书来总结佛教发展的利弊，起到借鉴作用，以使佛教更好的良性发展。三部僧传编撰者在这个思想上的一致性，可以看出佛教史家在为佛教生存发展的用心良苦和贡献。

二　坚持据事实录精神的理念

在慧皎《梁传》撰写之前，《史记》《汉书》等史学巨著已经问世，这些巨著所坚持的实录精神深深影响其后的史学家。《汉书》卷六二《司马迁传》云："自刘向，扬雄博览群书，皆称迁有良史之材，服其善序事理，辨而不华，质而不俚，其文直，其事核，不虚美，不隐恶，故谓之实录。"⑤ "事核是就史家对历史上的人事了解和掌握的真实性、可靠性而言，文直则是史家对史实记述的准确性而言。只有对史事作全面深入的考

①　班固：《汉书》，中华书局 1964 年版，第 1715 页。

②　金良年：《孟子译注》，上海古籍出版社 2004 年版，第 140 页。

③　司马迁：《史记》，中华书局 1982 年版，第 878 页。

④　祖保泉：《文心雕龙解说》，安徽教育出版社 1997 年版，第 307—308 页。

⑤　班固：《汉书》，中华书局 1964 年版，第 2738 页。

核以得其真并加以如实地记述以传其真，才能成为'实录'。"① 由此，文直事核，美恶据实成为是否坚持据事实录的准则。由于"佛教史学脱胎于传统史学，故亦接受了后者'直书其事，不掩其瑕'史风的影响"②，所以《梁传》《唐传》《宋传》也不例外。

针对之前的僧传众多，良莠不齐，"无的可称"的现状，慧皎云："尝以暇日，遇览群作。辄搜捡杂录数十余家，及晋、宋、齐、梁春秋书史，秦、赵、燕、凉荒朝伪历，地理杂篇，孤文片记。并博咨古老，广访先达，校其有无，取其同异。"③ 也就是说慧皎为了纠正前人任意删减传主的事迹，使传记名不副实的做法，他博览群籍、实地考察，尽一切可能搜集材料，然后记录事情的真实情况。

道宣在《唐传序》中云："今余所撰，恐坠接前绪，故不获已而陈之。或博咨先达，或取讯行人，或即目舒之，或讨仇集传，南北国史附见徽音，郊郭碑碣旌其懿德，皆撮其志行，举其器略。言约繁简，事通野素。足使绍胤前良，允师后听。"④ 在搜集材料方面，道宣也是广收博采，为的就是据事实录，能续接前人，无愧后人。

赞宁在《宋传序》云："或案谍铭，或征志记，或问轺轩之使者，或询耆旧之先民，研磨将经论略同，仇校与史书悬合。"⑤ 可以说赞宁编撰《宋传》也是按照正史史书标准来进行，据事实录，这在传文中也有所言及，在卷一六《唐钟陵龙兴寺清澈传》传末云："系曰：'彻公言行，无乃太简乎？'通曰：'繁略有据，名实录也。昔太史公可弗欲广三五之世事耶？盖唐虞之前，史氏淳略，后世何述焉？今不遂富赡，职由此也。又与弗来赴告不书同也。诸有繁略不均，必祛诮让焉。"⑥ 由此我们明白赞宁十分坚持实录精神的理念。在《进高僧传表》中，赞宁还云："或有可观实录，聊摹于陈寿；如苞深失，庆经宜罪于马迁。"⑦ 据此可知，对于实录精神的来源，赞宁深受陈寿《三国志》和司马迁《史记》影响。

---

① 易宁、易平：《〈史记〉实录新探》，《史学史研究》1995 年第 4 期。
② 严耀中：《试论佛教史学》，载《佛教与三至十三世纪中国史》，宗教文化出版社2007 年版，第26 页。
③ 释慧皎：《高僧传》，汤用彤点校，中华书局1992 年版，第524 页。
④ 释道宣：《续高僧传》，载《高僧传合集》，上海古籍出版社1991 年版，第105 页。
⑤ 释赞宁：《宋高僧传》，范祥雍校注，中华书局1987 年版，卷首。
⑥ 《宋高僧传》，第389 页。
⑦ 《宋高僧传》，卷首。

　　综上所述，《梁传》《唐传》《宋传》在编撰时，都坚持了据事实录的理念，但是由于僧传"带有宗教的特点，其宗教的神秘色彩总会或多或少地表露出来。世俗理性认为不可能的事，或者司马迁认为'其文不雅驯，缙绅先生难言之'的事情，佛教史家却郑重其事地作为实录"①。这就解释了为什么僧传中记载了很多传主神异感通事迹的故事。

三　主张接近国主的思想②

　　在印度，佛教是持出世主义传统，僧侣对世俗政治采取远离态度，这和佛教追求解脱的教义有关。在佛典中，释迦牟尼在世时，没有参与政治，而他的信徒同样如此。但是，佛教的产生和发展离不开社会存在，所以佛教必然与政权有着千丝万缕的联系。首先，从产生背景来看，印度当时实行严格的种姓等级制度，掌管宗教知识阶层的婆罗门是第一种姓，他们拥有种种特权。而君主武士们为主的刹帝利，虽掌握政权，只能位居第二等。其次为以平民大众为主的吠舍种姓。最后是奴隶为主的最低等的首陀罗种姓。后三种种姓都有反对现行制度并表达不满的愿望，而佛教所提倡的"众生平等"观念符合当时后三种姓的愿望，所以得到了广泛的支持。从释迦牟尼的传教生涯来看，国主和富裕阶层的支持为当时佛教壮大发展提供了条件。佛教广泛吸收统治阶层成员出家为僧，也为佛教和政权的联系加强了纽带。但是从印度佛教发展来看，由于印度特有的历史条件和政治传统，极少有佛教僧侣参与政治中去，可以说佛教对政权的态度是以"离"为主。

　　印度佛教传入中国，就成了中国佛教。中国佛教最初以接受印度佛教观念为主，但是又受到中国的社会条件和政治制度的制约。自秦始皇统一中国，政治上建立中央专制集权的体制，经济上形成了与家族本位相适应的小农经济。佛教属于意识形态领域，必然受到政治经济环境的制约影响。明确这点，是我们了解三传撰者在对于接近国主思想不同原因的前提之一。

　　释慧皎生活在魏晋南北朝时期的南方，南朝自东晋南渡以来，皇权旁

---

　　①　严耀中：《试论佛教史学》，载《佛教与三至十三世纪中国史》，宗教文化出版社2007年版，第26页。
　　②　主张接近国主的思想是一种概述性说法，涉及沙门与世俗政权的等各个方面。

落，门阀主政。政治权威的动摇带来了思想解放。① 一些佛教高僧由于学问广博，而佛学和玄学具有相似性，通过玄学这个媒介，他们用"格义"② 等方法，在统治者上层广泛宣传佛学。高僧玄学化，名士佛学化，成为当时的潮流，佛教取得了当时统治阶级主体——门阀世族的大力支持。许多大族由信道教变为信佛教，或者两者兼信。门阀掌握了当时的政治、经济、文化各方面的特权，而在"沙门敬不敬王室"的态度其实就是世族与皇权的一个较量，最后佛教在世族的支持下，取得了不须敬王室的巨大胜利。轰轰烈烈的几次论争，佛教所取得的胜利，带给佛教界僧尼的影响之一就是沙门对国主的态度持"离"为主。其中以释慧远为代表，其名作《沙门不敬王者论》，表明了沙门不敬王者的原因，慧皎在《释慧远传》中对慧远所作功绩进行了赞扬，"自是沙门得全方外之迹矣"，而慧远确实实践了他的主张，"自远卜居庐三十余年，影不出山，迹不入俗。每送客游离，常以虎溪为界焉"③。虽然释道安指出"不依国主，则法事难立"，但是大家需要注意一个前提，就是"今遭凶年"④，这点笔者在前面也指出过。既然佛教在南朝时期具有独立于政权之外的特权，而且许多主流高僧持沙门不敬王者的态度，那么释慧皎作为一个佛教史学家，自然对"谓出家之士，处国宾王，不应励然自远，高蹈独绝。寻辞荣弃爱，本以异俗为贤"⑤ 的名僧行为表示不满，这也是慧皎把高僧与名僧区别开来的原因和标准之一。虽然《梁传》中不乏记载许多高僧接近国主的行为，但是我们可以认为，其实在那些僧人身上高僧和名僧统一起来了，而慧皎偏重于高僧方面的论述。更有甚者，为了突出高僧形象，对某些名僧行为进行改造或只载优点，如支道林，慧皎在其传中，极尽赞美之辞，展现其高僧形象，"遁淹留京师，涉将三载，乃还东山。上书告辞曰：'遁顿首言，敢以不才，希风世表。未能鞭后，用愆灵化。盖沙门之义，法出佛圣，雕纯反朴，绝欲归宗。游虚玄之肆，守内圣之则，佩五戒之贞，毗外王之化'"⑥。然在如《世说新语·轻诋》第二十一条却载：

---

① 严耀中：《中国东南佛教史》，上海人民出版社2005年版，第67页。

② 陈寅恪《支愍度学说考》有详细阐释，载《金明馆丛稿初编》，三联书店2001年版，第167—173页。

③ 释慧皎：《高僧传》，汤用彤点校，中华书局1992年版，第221页。

④ 同上书，第178页。

⑤ 《高僧传》，第524页。

⑥ 同上书，第161页。

"王中郎与林公绝不相得。王谓林公诡辩，林公道王云：'着腻颜帢，嚼布单衣，挟《左传》，逐郑康成车后，问是何物尘垢囊。"余嘉锡《笺注》此条云："若支遁者，希闻至道，徒资利口，嗔痴太重，我相未除，曾不得为善知识，恶足称高逸沙门乎？"① 支道林表现出其名僧的一面，其人贪财赂、蓄金银、性嗔恚、我慢贡高、喜造口业、争名利。② 慧皎如此做，无非是为了树立高僧的美好形象，使其成为后世僧人的榜样。

由上述分析，我们可知释慧皎在政治和社会环境影响下，在撰写《梁传》时，是主张沙门不敬王者的思想，但是在撰写时，又不知不觉地，提到了高僧接近君王的事实，说明佛教发展确实与君王的态度分不开，只不过，当时佛教在世族支持下，能够对皇权保持一种超脱态度。

在释道宣之前，由于佛、道之争，或佛教经济势力过于庞大等各种因素影响，发生了北魏太武帝和北周武帝灭佛事件，这些事件表明，在一个皇权日益集中的政权里，一旦佛教超出政权控制范围，那么对佛教的硬性限制措施随之而来。隋代帝王由于自身与佛教的特殊渊源，所以采取崇佛政策，以致当时"京师及并州、相州、洛州等诸大都邑之处，并官写一切经，置于寺内，而又别写藏于秘阁。天下之人，从风而靡，竞相景慕，民间佛经多于六经数十百倍"③。汤用彤先生认为，隋代佛史上之最大事件有二：一关中兴佛法，二舍利塔之建立。④ 隋代虽短，但佛教的兴盛为唐初佛教繁荣打下了基础。释道宣撰写《唐传》⑤，受在唐初二帝（唐高祖、唐太宗）时期的政治环境影响。唐初二帝都有崇佛行为，释法琳对高祖崇佛有载云："义旗初指，经彼华阴。望祀灵坛，以求多祉。其地乃万国朝宗之路，六合交会之区。可以瞻仰仪形，栖迟禅诵。乃于神祠之右，式建伽蓝，造灵仙寺一所，碑文李庶子百药制……又造像书经，备修褆福。京师造会昌寺、胜业寺、慈悲寺、证果尼寺、集仙尼寺。又舍旧第，为兴圣尼寺。并州造义兴寺。……武德元年，于朱雀门南通衢之上，普建道场设无遮大会……又为太祖元皇帝、元贞太后，造栴檀等身像三

---

① 刘义庆：《世说新语》，余嘉锡笺疏，上海古籍出版社 1996 年版，第 842 页。

② 纪赟：《高僧传研究》，博士学位论文，复旦大学，2006 年，第 44 页。

③ 魏征：《隋书》，《经籍志四》，中华书局 1973 年版，第 1099 页。

④ 汤用彤：《隋唐佛教史稿》，中华书局 1982 年版，第 7 页。

⑤ 《唐传序》："始讫梁之初运，终唐贞观十有九年。"所以考察《唐传》政治环境至唐太宗为止。因为这是道宣撰写初稿本。至于传中还有不少高宗朝高僧，乃是《后集续高僧传》十卷补入所致。参见苏晋仁《佛教文化与历史》，中央民族大学出版社 1998 年版，第 148—149 页。

躯。相好奇特，庄严希有，于慈悲寺供养。武德元年仲春之月，于时韶景扬晖，青祇献祉。……命沙门、道士各六十九人，于太极殿七日行道，散席之日设千僧斋。"① 太宗也崇信佛教，礼遇高僧。如《唐传》卷一五《唐京师普光寺释法常传》云："贞观之译，证义所资。下敕征召，恒知翻任。后造普光，宏壮华敞，又召居之。衣服供给，四时随改。又下敕令为皇储，受菩萨戒。礼敬之极，众所倾心。贞观九年，又奉敕召，入为皇后戒师。"② 但是二帝同时也有限制佛教的诏旨。高祖曾下诏要沙汰僧尼、道士，云："朕膺期驭宇，兴隆教法。志思利益，情在护持。欲使玉石区分，熏莸有辨，长存妙道，永固福田，正本澄源，宜从沙汰。"③ 虽然后来由于太宗上位，此诏不行，但说明高祖有意整顿限制佛道之心。太宗明确说："朕今所好者，惟在尧、舜之道，周、孔之教。"④ 特别对于道先僧后有了明确定论，贞观十一年，下《令道士在僧前诏》云："自今以后，斋供行立。至于称谓，道士女官，可在僧尼之前。庶敦反本之俗，畅于九有。尊祖之风，贻诸万叶。"⑤ 汤用彤先生认为，太宗一生并未奖掖佛法，仅于晚年或稍有改变，并进行了详细论述。⑥ 由于政府统治的需要，所以用行政命令推行。由此可以看出佛教又一次遇到来自政权的挑战。

从《释道宣传》看来，道宣虽然充西明寺上座，又参与玄奘翻译，甚至送真身往扶风无忧王寺⑦，但是道宣受到皇室的待遇是远远不够的，因为他没有进入王朝僧官系统，正因为如此，道宣在编撰《唐传》时还能保持对国主持"离"为主的态度。高宗朝，龙朔二年（662），下《沙门等致拜君亲敕》云："君亲之义，在三之训为重。爱敬之道，凡百之行攸先。然释老二门，虽理绝常境。恭孝之躅，事叶儒津。遂于尊极之地，不行跪拜之礼。因循自久，迄乎兹辰。宋朝暂革此风，少选还遵旧贯。朕禀天经以扬孝，资地义而宣礼。奖以名教，被兹真俗。而濑乡之基，克成天构。连河之化，付以国王。裁制之由，谅归斯矣。今欲令道士，女官僧尼，于君、皇后及皇太子，其父母所致拜。或恐爽其恒情，宜付有司，详

① 释法琳：《辩正论》卷4，《大正藏》第52册，第511页。
② 释道宣：《续高僧传》，载《高僧传合集》，上海古籍出版社1991年版，第220页。
③ 刘昫：《旧唐书》卷1，中华书局1975年版，第17页。
④ 吴兢：《贞观政要集校》卷6，谢保成集校，中华书局2003年版，第331页。
⑤ 释道宣：《广弘明集》卷25，《大正藏》第52册，第283页。《法琳别传》卷中。
⑥ 汤用彤：《隋唐佛教史稿》，中华书局1982年版，第15—18页。
⑦ 释赞宁：《宋高僧传》，范祥雍校注，中华书局1987年版，第328页。

议奏闻。"① 此敕旨一出，我们看道宣的行为，《佛祖历代通载》卷一二载："《屈僧拜俗诏》：帝初崇三宝，后复骄慢。四月十五日，下诏令沙门致敬君亲，恐爽恒请，至十六日，敕付有司详议。是月二十一日，大庄严寺威秀等上《不拜表》。至二十五日，沙门道宣等上雍州牧沛王伦《不拜表》。二十七日，宣等又上荣国夫人杨氏《不拜俗启》及上《叙佛教隆替事状》。……僧道宣寻白朝宰群公。……至五月十五日，大集文武百僚于中台，将议其事。京邑沙门道宣等三百余人竞陈状启，纷诤不定。"② 由此可以看出唐初以道宣为代表的主流高僧为坚持不拜君亲而努力，维护佛教的相对独立性。在佛教徒和朝中亲佛教势力的反对下，高宗下诏云："诏朕商榷群议，沉研幽赜，然箕颍之风，高尚其事，遐想前代，固亦有之。今于君处无须致拜，其父母所慈育弥深，祇伏斯旷，更将安设？自今以后即宜跪拜，主者施行。"③ 由要求必须致拜君王、父母变成只需致拜父母，佛教的独立性在丧失，但在君王面前还能有所抗争。

　　通过上述分析，我们可以认为道宣在编撰《唐传》时期，虽然王朝政权加强了对佛教的控制，但是佛教势力还是很大，在国主面前还能不须致拜。道宣在其中起到很大的作用，说明道宣对于国主的态度还是以"离"为主，所以道宣在《唐传》中，没有过分强调佛教对国主的依赖性。

　　唐玄宗时期，在强大的皇权之下，佛教失去了其对皇权的抗争性，玄宗剥夺了僧尼不拜君亲的特权，开元二十一年（733），《僧尼拜父母敕》规定："道教、释教，其归一体，都忘彼我，不自贵高。近者道士、女冠称臣子之礼，僧尼企踵，勤诚请之义。以为佛初灭度，付嘱国王，猥当负荷，愿在宣布，盖欲崇其教，而先于朕也。自今以后，僧尼一依道士女冠例，兼拜其父母。宜增修戒行，无违僧律，兴行至道，俾在于此。"④ 可见佛教僧人为了佛教生存自甘丧失特权，称臣于国主。与此同时，僧尼不受世俗法律约束的特权也被废除，开元十九年（731），下《诫励僧尼敕》云："自今以后，僧尼除讲律之外，一切禁断六时礼忏，须依律仪，午夜

---

① 释道宣：《广弘明集》卷25，《大正藏》第52册，第284页。
② 释念常：《佛祖历代通载》，《大正藏》第49册，第580页。
③ 《佛祖历代通载》，第581页。
④ 宋敏求：《唐大诏令集》卷113，中华书局2008年版，第589页。

不行，宜守俗制。如有犯者，先断还俗，仍依法科罪。"① 总之，从唐中期开始，随着皇权的加强，僧尼的特权正在逐步消失。为了获得生存和发展的机会，佛教必须顺应皇权政治的需要，佛教完全纳入了专制集权的监管之下，一旦佛教势力超过政府的允许范围，那么毁佛事件就随之而来。唐武宗、北周世宗毁佛事件又给佛教僧侣上了一课，在这种形势下，僧人越来越认识到只有接近国主，满足国主的需求，佛教才能有效地持续下去。

　　释赞宁正是处于佛教发展的上述大形势下，主张接近国主以求得佛教发展。《宋传》卷六《宗密传系》云："或有诮密不宜接公卿而屡谒君王者，则吾对曰：'教法委在王臣，苟与王臣不接，还能兴显宗教以不？佛言力轮，王臣是欤？今之人情，见近王臣者则非之。曾不知近王臣人之心苟合利名，则谢君之诮也。或止为宗教亲近，岂不为大乎？宁免小嫌，嫌之者亦嫉之耳。若了如是义，无可无不可。吁哉！'"② 这里首先强调王臣对佛教的决定作用，然后对反对"近王臣"的看法进行了辩驳，指出只要是为了佛教发展，宁失小为大。赞宁提出此种说法顺应了佛教发展的需要。其实还与赞宁个人经历有关，赞宁家庭出身一般，可以说他能进入政府僧官系统，担任高级僧官，除了个人勤奋努力、博学多识外，主要还是他紧紧依靠最高统治者，和他们保持紧密联系，所以赞宁真真切切感受到国主和王臣对于自我和佛教发展所带来的作用。与此同时，赞宁所编撰的《宋传》是在政府的授意下而作，为了使僧传符合统治阶级的意志，他们选中赞宁，正是因为赞宁的主张接近国主的思想。《进高僧传表》云："猗欤我佛，号大遍知，知教法之无依，委帝王之有力。……副陛下遗贤必取之心，助陛下坠典咸修之美。"③ 而《批答》云："其所进《高僧传》，已令僧录司编入大藏。今赐绢三十匹，至可领也。故兹奖谕，想宜知悉。冬寒，想比清休否？遣书指不多及。十八日敕。"④ 由此我们知道，赞宁所编撰《宋传》符合最高统治者的旨意，所以有所奖谕。

　　综观之，三位编撰者在其著作中所持接近国主思想是中国佛教生存

---

① 《唐大诏令集》，第590页。
② 释赞宁：《宋高僧传》，范祥雍校注，中华书局1987年版，第128页。
③ 《宋高僧传》卷首，第1—2页。
④ 同上书，第2页。

发展状态的反映，正如陈垣先生总结的那样："慧皎著书，提倡高蹈，故特改'名僧'为'高僧'。道宣戒律精严，对沙门不拜王者一事，争之甚力，皆僧人之具有节概者，有专书名《沙门不应拜俗等事》。赞宁则本为吴越国僧统，入宋后，又赐紫衣，充僧录，素主张与国王大臣接近；本书又为奉诏而作，故不能与前书媲美。"① 这其实是时代发展的必然结果，赞宁其实是不得已而为之，了解此点是我们解读三传的一把钥匙。

四　会通儒、释、道的思想

佛教传入中国，佛教思想完全是一种异域思想，必然与中国本土儒、道思想存在冲突、融合，由于受中国政治、经济、文化环境等影响，佛教只有走会通之路才能生存下去，三传撰者在编撰时儒、释、道思想的会通程度随着佛教发展在不断加强，成为他们编撰僧传的一个指导思想。"从三教并立到三教合一，则有一个过程"②，三部高僧传所记载的时代大致与这个过程相一致。

（一）《梁传》时期：会通三教思想的起步期

佛教初传中国，主要在统治阶级上层传播，要获得他们的信任，佛教传播者采取了依附他们所认同的思想的方法，首先是依附黄老、神仙思想。黄老、神仙思想是中国传统文化的一部分，是由自然崇拜和祖先崇拜发展而来，后来逐渐演变成一种社会观念，并且在当时生产力低下的情况下，得到了广泛流传，不仅有民众基础而且也得到官方认可。从远古开始，最高统治者就迷信神仙方士，推崇鬼神祠祀，希望永保统治延续。《牟子理惑论》第二十章云："昔孝明皇帝梦见神人，身有日光，飞在殿前。欣然悦之。明日博问群臣，此为何神？有通人傅毅曰：臣闻天竺有得道者，号曰'佛'，飞行虚空，身有日光，殆将其神也。"③ 任继愈先生认为，修炼成神，白日飞升，这本是汉代神仙方士道术的传统迷信说法。④ 后面又有结论：汉代人所理解的佛教理论和当时社会上流传的黄老之学没

---

① 陈垣：《中国佛教史籍概论》，上海书店 2005 年版，第 32 页。

② 严耀中：《论三教到三教合一》，载《佛教与三至十三世纪中国史》，宗教文化出版社 2007 年版，第 28 页。

③ 释僧祐：《弘明集》卷 1《牟子理惑论》，《大正藏》第 52 册，第 4—5 页。

④ 任继愈：《汉唐佛教思想论集》，人民出版社 1998 年版，第 14—15 页。

有什么差别。① 此说明，佛教初传时期，已比较成功地与中国统治者信奉的思想会通起来。高僧注重学习神仙方术就是为了便于传播佛教，《梁传》卷一《安清传》云："外国典籍及七曜五行医方异术，乃至鸟兽之声，无不综达。"② 其次依附道教思想。道教毕竟是中国本土宗教，是在传统文化思想基础上发展而来③，在统治阶级和民众之间有一定的影响力，道教的思想观念在一定程度上得到了流传，由于佛、道某些观念具有相似性，所以佛教尽量往道教思想靠拢，甚至偷梁换柱。《牟子理惑论》云："问曰：'何谓之为道？道何类也？'牟子曰：'道之言，导也。导人致于无为，牵之无前，引之无后，举之无上，抑之无下，视之无形，听之无声。四表为大，蜿蜒其外，毫厘为细，间关其内，故谓之道。"④ "无为"乃老子最先提出，老子云："道无常为而无不为；侯王若能守之，万物将自化。"⑤ 虽然两"无为"不是一回事，但是字面上的相似有利于佛教传播。汤用彤先生说："佛与道之关系，牟子中未畅言，然于佛则曰'恍惚'，曰'能大能小'，于道则曰'无形无声'，……则佛之与道，固无二致。特举能则曰之佛，言所则号称道。实则佛之能弘，与道为所弘，固亦不可相离。"⑥ 再次，依附儒学、玄学思想。儒学思想占社会统治思想时，用格义，比附儒典，《梁传》卷四《竺法雅传》云："法雅，河间人，凝正有器度，少善外学，长通佛义，衣冠士子，咸附咨禀，时依门徒，并世典有功，未善佛理。雅乃与康法朗等，以经中事数，拟配外书，为生解之例，谓之格义。乃毗浮、相昙等，亦辩格义，以训门徒，雅风采洒落，善于枢机。外典佛经，递互讲说。"⑦ 魏晋南北朝，当玄学思想登上社会主导思想舞台时，佛教顺应时代发展，利用相似点很快与玄学进行了依附，玄学实际上是儒家的老庄化，就"三玄"（《老子》《庄子》《周易》）来讲，其中《周易》是儒家经典。道安云："以斯邦人庄老教行，

---

① 任继愈：《汉唐佛教思想论集》，人民出版社1998年版，第16页。
② 释慧皎：《高僧传》，汤用彤点校，中华书局1992年版，第4页。
③ 卿希泰、唐大潮的《道教史》第一章指出道教产生的六个思想渊源：道教思想、儒家思想、易学和阴阳五行思想、墨家思想、神仙思想和神仙方术、古代宗教思想和巫术（江苏人民出版社2006年版，第12—26页）。
④ 释僧祐：《弘明集》卷1《牟子理惑论》，《大正藏》第52册，第2页。
⑤ 黄朴民：《道德经讲解》卷上三十七章，岳麓书社2005年版，第79页。
⑥ 汤用彤：《魏晋南北朝佛教史》第8章，中华书局1983年版，第102页。
⑦ 释慧皎：《高僧传》，汤用彤点校，中华书局1992年版，第152—153页。

与方等经兼忘相似，故易风行也。"① 由于相似性，佛教高僧常用的方法
是引玄释佛。《梁传》卷六《释慧远传》云："慧远……年二十四，便就
讲说。尝有客听讲，难实相义，往复移时，弥增疑昧。远乃引《庄子》
义为连类，于是惑者晓然。是后安公特听慧远不废俗书。"② 由上述可以
看出，佛教对中国固有本土思想的依附，其实也是各种思想初步接触、互
相了解学习的过程。后来佛教逐渐发展壮大，从依附中分离出来，形成了
强大的宗教实体。佛教的进一步传播和发展，对中国本土的道教和儒家思
想构成威胁，引起了固守传统道德思想和文化观念的人们的不满，由此引
发了论争。如时人萧梁释僧祐撰《弘明集》中论及，佛、道之间有夷夏
之争，儒、佛之间有因果报应之争和形神之争以及沙门应不应该敬王
者。③ 这些论争很激烈，当时引起很大反响，士大夫、高僧、道士都卷入
其中，但是正因为这些论争，三教之间的会通才有起步，我们知道，"知
己知彼"，才能打败对手，所以理论上的互相攻击，往往要先了解对手，
才具有攻击力，然而恰恰如此，正是三教互相学习的机会。释慧皎《梁
传》所记"终于梁天监十八年（519）"④，成书的年代下限是中大通五年
（533）⑤，也就是说在释慧皎之前，三教思想还是处于互相学习、论争的
阶段，虽有少数文人如东晋孙绰《喻道论》中提出"周孔即佛，佛即周
孔，盖外内名之耳"⑥、儒家学者颜之推强调"内外两教，本为一体，渐
积为异，深浅不同"⑦ 等一些直接会通思想，但主要是儒释、儒道、释道
的两教之间，还是处于起始阶段，所以笔者把这个过程认为是会通三教思
想的起步期，这个起步期从所引《梁传》例子中可以得到不少反映。

（二）《唐传》时期：会通三教思想的发展期

梁武帝本人的特殊经历促成了三教思想的第一次有意识调和会通。他
在诗歌作品《述三教诗》云："少时学周孔，弱冠穷六经。孝义连方册，
仁恕满丹青。践言贵去伐，为善在好生。中复观道书，有名与无名。妙术
镂金版，真言隐上清。密行遗阴德，显证在长龄。晚年开释卷，犹月映众

① 释道安：《鼻奈耶序》，《大正藏》第 24 册，第 851 页。
② 释慧皎：《高僧传》，汤用彤点校，中华书局 1992 年版，第 212 页。
③ 刘立夫：《弘明集研究》，中国社会科学出版社 2004 年版，参看目录。
④ 释慧皎：《高僧传》，汤用彤点校，中华书局 1992 年版，第 524 页。
⑤ 纪赟：《高僧传研究》，博士学位论文，复旦大学，2006 年，第 28 页。
⑥ 孙绰：《喻道论》，载释僧祐《弘明集》卷 3，《大正藏》第 52 册，第 17 页。
⑦ 颜之推：《颜氏家训》，刘彦捷等注评，学苑出版社 2000 年版，第 164 页。

星。苦集始觉知，因果方昭明。不毁惟平等，至理归无生。分别根难一，执着性易惊。穷源无二圣，测善非三英。大椿径亿尺，小草裁云萌。大云降大雨，随分各受荣。心相起异解，报应有殊形。差别岂作意，深浅固物情。"① 可见梁武帝少年学儒学、中年观道学、晚年修佛学，集儒、释、道三教于一身。《舍事李老道法诏》云："弟子经迟迷荒，耽事老子。历叶相承，染此邪法。"② 武帝出身道教世家，由此对道教熟悉；交游名僧及信佛之文人以及亲自精研佛理，由此对佛教有深刻认识；由一个传统士人到最高统治者，他重视儒学以及对儒学思想在维护统治方面的作用自然清楚。正是由于梁武帝对三教思想都有深入了解，他清楚三教思想的同与异，所以才能提出"穷源无二圣，测善非三英"，即谓儒、释、道三教殊途同归、流别源同。接着又云："老子、周公、孔子等，虽是如来弟子，止是世间之善，不能革凡成圣。"③ 很明显，他把佛教置于儒、道之上。虽儒、道也是人间为善，不能使人解脱，但也值得提倡，所以，"梁武帝在宗教信仰领域把佛教置于最高地位，同时又认为三教同源、三教一致，在现实政治生活中实行三教并用的政策"④。梁武帝以皇帝之尊对三教合一的提倡，自有非同小可的意义，……而且从此三教合一正式成了国家统治政策的一个组成部分，被后来大部分朝代所沿袭。⑤ 因此可以说，梁武帝的"三教同源说"是三教思想会通发展的一个新阶段。虽然梁武帝过分崇佛，把佛教地位进行了抬高，但这无疑是一个巨大的突破。

儒、释、道经过发展，至隋唐初基本形成三教鼎立的局面。封建统治者为了维护统治的需要，调整了思想文化上的政策，主动实行三教并用政策，在以儒家为统治思想的同时，努力调和三教关系。隋文帝登上帝位之后，虽信奉佛、道，但在治国上依然强调儒家思想，他赞同苏威所说："唯读《孝经》一卷，足以立身治国。"⑥ 在三教问题上，隋文帝认为："法无内外，万善同归；教有深浅，殊途共致"⑦，主张三教合一。隋代还

---

① 释道宣：《广弘明集》卷30，《大正藏》第52册，第352页。
② 释道宣：《广弘明集》卷4，《大正藏》第52册，第112页。
③ 同上书，第112页。
④ 任继愈：《中国佛教史》第3卷，中国社会科学出版社1988年版，第25页。
⑤ 严耀中：《中国东南佛教史》，上海人民出版社2005年版，第371页。
⑥ 司马光：《资治通鉴》，中华书局1997年版，第1386页。
⑦ 费长房：《历代三宝记》卷12《众经法式》，《大正藏》第49册，第107页。

有李士谦论三教云："佛，日也；道，月也；儒，五星也"①，实际上是把佛教地位抬高了。虽然隋代三教思想会通时有提出，但由于隋代二帝过于佞佛，在处理三教关系上偏重佛教，儒家正统地位未得到巩固。唐初统治者充分认识到儒学对帝国的重要性，太宗指出："朕今所好者，惟在尧、舜之道，周孔之教。以为如鸟有翼，如鱼依水，失之必死，不可暂无耳。"②把儒学看成国家不能没有的治国之本。对于佛、道，唐初统治者采取既提倡又适当限制的政策，此前面已进行了论述。在三教关系上，虽也强调三教调和，唐高祖认为"三教虽异，善归一揆"③，太宗认为"三教慈心，均异同于平等"④，但是为了达到政治目的，往往通过行政手段，确立佛教为中心，道先佛后。唐初，儒、释之间，"沙门敬王者"和"因果报应"之争，佛、道之间的"夷夏之争""老子化胡说之争"和佛、道先后之争，这些争论仍十分激烈，表明儒、释、道还没有完全真正进入会通时期，还在处于发展阶段，即释道宣《唐传》所记"终贞观十有九年（645）"⑤之前。

（三）《宋传》时期：会通三教思想的成熟期

三教议论也称三教论衡、三教讲论，是在帝王主导下的儒、释、道三教代表人物进行的辩论三教或进行讲论的政治宗教活动。如《唐传》卷二四《东魏洛都融觉寺释昙无最传》云："元魏正光元（520）年，明帝加朝服大赦，请释李两宗上殿，斋讫，侍中刘腾宣敕，请诸法师等，与道士论义。"⑥同卷《周京师大中兴寺释道安传》云："至天和四年（569）岁在己丑三月十五日，敕召有德众僧名儒道士文武百官二千余人于正殿，帝升御座，亲量三教优劣废立，众议纷纭。"⑦《周书》卷五载："建德二年（573）十二月癸巳，集群臣及沙门、道士等，帝升高座，辨释三教先后，以儒教为先，道教次之，佛教为后。"⑧上述可以看出：其一，三教论衡是帝王试图调和三教关系的结

---

① 魏征等：《隋书》卷77，中华书局1973年版，第1754页。

② 吴兢：《贞观政要集校》卷6，谢保成集校，中华书局2003年版，第331页。

③ 王钦若：《册府元龟》卷50《帝王部崇儒术》，中华书局1982年版，第558页。

④ 王钦若：《册府元龟》卷51《帝王部崇释氏》，中华书局1982年版，第574页。

⑤ 释道宣：《续高僧传》，载《高僧传合集》，上海古籍出版社1991年版，第105页。

⑥ 同上书，第303页。

⑦ 同上书，第306页。

⑧ 令狐德棻：《周书》，中华书局1971年版，第83页。

果。其二，三教之间议论激烈，因为关系到三教各自的政治地位。其三，三教议论是以一种和平的方式进行，这样往往能够起到三教之间互相交流和加深理解的作用。进入唐代，三教议论频繁，但已成为儒、释、道三教代表人物为皇帝节庆日的祝贺节目之一。如《旧唐书》卷二二载："载初元年（689）冬正月庚辰朔日，南至复亲飨明堂，大赦改元，用周正翼日，布政于群。后其年二月，则天又御明堂，大开三教，内史邢文伟讲《孝经》，命侍臣及僧道士等以次论议，日昃乃罢。"① 《大宋僧史略》卷下"诞辰谈论"云："唐高宗召贾公彦于御前，与道士沙门讲说经义。德宗诞日御麟德殿，命许孟容等，登座与释老之徒讲论。贞元十二年四月诞日，御麟德殿，诏给事中徐岱、兵部郎中赵需及许孟容韦渠牟，与道士葛参成、沙门谈筵等二十人，讲论三教。"② 三教讲论已形成制度，陈寅恪先生指出："南北朝时，即有儒释道三教之目（北周卫元嵩《齐三教论》七卷，见《旧唐书》四七《经籍志下》）。至李唐之世，遂成固定之制度。如国家有庆典，则召三教之学士，讲论于殿庭，是其一例。故自晋至今，言中国之思想，可以儒释道三教代表之。此虽通俗之谈，然稽之旧史之事实，验以今世之人情，则是三教之说，要为不易之论。"③ 由此我们知道三教之谈要把古今结合起来，这就需要所谈主体博学多识。同时发现三教之间的论辩性有所下降，变成以讲论为主。但是不管怎样，三教议论这种方式是统治阶层为了消除三教之纠纷和进行调和的一种手段，所以"中唐以后，天子生日举行有关三教的传统性活动——三教议论"，致使"中唐产生了三教一致的思想"④。通过三教议论，三教之间的精英们对三教思想的一致性逐渐获得会通认识，使三教在某种程度上达到某种平衡，有利于朝廷对三教进行体制内宏观管理。

虽然有三教议论存在，可以协调三教之间矛盾，但是当佛教势力超出最高统治者所允许的范围时，他们还是会选择毁佛行为，在释赞宁之前的唐武宗和北周武帝毁佛事件，无疑又一次打击了佛教，给佛教生存

---

① 刘昫：《旧唐书》，中华书局1975年版，第864页。
② 释赞宁：《大宋僧史略》，《大正藏》第54册，第248页。
③ 陈寅恪：《冯友兰中国哲学史下册审查报告》，载《金明馆丛稿二编》，三联书店2001年版，第283页。
④ 镰田茂雄：《简明中国佛教史》，上海译文出版社1986年版，第195—196页。

发展予以警示。虽然毁佛事件主要是从经济方面限制佛教发展，但实质上是朝廷要把佛教经济纳入政府体制内进行管理，这可以说是外部压力对佛教的冲击，使佛教主动进入三教思想会通范围之内。佛教在强大的政权面前反应是软弱无力的，也唯有如此，佛教才能够在中国生存下去。如何更好地生存下去，这是当时有责任的高僧所思考的问题。经过历史经验的总结和借鉴，历代统治者也认识到佛教在维护统治方面所起的作用。由此，五代吴越国国主钱俶所制《宗镜录序文》，文云："详夫域中之教三，正君臣，亲父子，厚人伦，儒，吾之师也。寂兮寥兮，视听无得。自微妙升虚无，以止乎乘风驭景，君得之则善建不拔，人得之则延龀无穷，道，儒之师也。四谛、十二因缘，三明、八解脱，时习不忘，日修以得。一登果地，永达真常，释，道之宗也。唯此三教并自心修，心镜录者，智觉禅师所撰也。"① 此序文代表帝王对三教思想的认识，标志着三教思想会通已经成熟，因为三教会通思想在官方已经形成了清楚认识，即"儒家讲治国平天下，建立封建纲常，其内容既有社会政治理论，也包括伦理道德学说，被中国历代封建统治者奉为统治思想；道家、道教中有关统治方术、谋略的内容，又讲节欲及养性、修炼成仙，既可以满足统治者追求不死的幻想，又可以愚化民众；佛教以因果报应论来解释、掩饰社会上的贫富等级差别，又以升天、解脱成佛教义给人以幻想寄托。三教从不同角度，用不同方法维护与巩固封建统治秩序"② 。也就是说，唐宋起始，封建统治者对三教持以儒为中心，释、道为辅的会通态度。

赞宁自己精通内外学，对儒学有精到见解，《宋传》卷一七《唐释惟俨传》系曰："尝览李文公《复性》二篇，明佛理不引佛书，援证而征，取易礼而止。可谓外柔顺而内刚逆也，故曰得象而忘言矣。经云治世语言皆成正法者，李公有焉。俨公一笑，声彻遐乡，虽未劳目连远寻，而《易》例有诸，隆墀永叹，远壑必盈，道感如然不知其然也。"③ 他提倡僧人兼修外学，《大宋僧史略》卷上"外学"："……唯通外学耳。况乎儒道二教，义理玄邈。释子既精本业，何好钻极，以广见闻，勿滞于一方

---

① 释念常：《佛祖历代通载》卷18，《大正藏》第49册，第658页。
② 任继愈：《中国佛教史》第3卷，中国社会科学出版社1988年版，第28页。
③ 释赞宁：《宋高僧传》，范祥雍校注，中华书局1987年版，第425页。

也。"① 同书在卷下"总论"云："三教是一家之物，万乘是一家之君。……三教既和，故法得久住也。……帝王不容，法从何立？况道流守宝，不为天下先，沙门何妨饶礼以和之。当合佛言，一切恭信。信于老君，先圣也。信于孔子，先师也。非此二圣，曷能显扬释教。"② 可见赞宁是鼓吹三教会通合一，亲近国主以发展佛教。由于赞宁身处一个特殊时代，他所编撰《宋传》不可避免地贯穿着会通三教的思想。

第二节　《宋传》的编撰体例

史学家刘知几说："史之有例，犹国之有法。国无法，则上下靡定；史无例，则是非莫准。"③ 僧传作为佛教史学的一部分，同样具有一定的编撰体例。佛教史学的"义例上虽有创新，但大体都是从中国史著中模仿、发展出来的"④，纵向考察几部相关总传来说，我们可以看出编撰者在体例的继承与创新上的独具匠心。

一　释宝唱《名僧传》编撰体例

释宝唱《名僧传》三十卷，原书今不存，今存日本文历二年（1235）沙门释宗性读《名僧传》所作笔记《名僧传抄》，此抄包括《名僧传目录》，通过目录我们可以知道三十卷传记的编撰体例，列表如下：

总类	次类目	卷数
法师	外国法师	卷一至卷三
	神通弘教外国法师	卷四
	高行中国法师	卷五至卷七
	隐道中国法师	卷八至卷十
	中国法师	卷十一至卷十七

---

① 释赞宁：《大宋僧史略》，《大正藏》第 54 册，第 241 页。
② 《大宋僧史略》，第 255 页。
③ 刘知几：《史通通释》卷四，浦起龙释，上海书店影印本 1988 年版，第 57 页。
④ 严耀中：《试论佛教史学》，载《佛教与三至十三世纪中国史》，宗教文化出版社 2007 年版，第 17 页。

续表

总类	次类目	卷数
律师	律师	卷十八
禅师外国禅师	卷十九	
	中国禅师	卷二十
神力	神力	卷二十一
	兼学苦节	卷二十二
	感通苦节	卷二十三
	遗身苦节	卷二十四
苦节	宗素苦节	卷二十五
	寻法出经苦节	卷二十六
	造经像苦节	卷二十七
	造塔寺苦节	卷二十八
导师	导师	卷二十九
经师	经师	卷三十

　　由上表我们可知：其一，从总类七科来看，其分类标准却有二：僧人身份和僧人修行。其二，从十八次类目来看，分类标准更是不一。从传记具体小题来看，先以国别进行划分，外国在前，中国在后。当外国多时，另置一卷；当外国少时，与中国合为一卷。为了突出某类品行僧人，撰者另置一项，目的是为了把一般和特殊区别看待，初衷是好，但是具体操作又有不同。就法师来看，外国法师是先一般后特殊；中国法师是先特殊后一般。神通与神力相似，高行与隐逸类同，却被划为两个部分。苦节划分最细，但是也存在分类标准问题，"苦节七类中的其他六类是通过六种苦节的行为，达到祈求的目的，而感通则是通过某些行为所达到的境界——感而遂通，不应列为苦节的行为之一"①。虽然《唐传》卷一《释宝唱传》中释道宣摘录了《名僧传序》，但是未言及释宝唱为何如此分类之原因。总之，释宝唱在《名僧传》的编撰体例上比较混乱。

　　此外，苏晋仁先生据《名僧传抄》和《高僧传序》中："及夫讨核源

---

　　① 苏晋仁：《佛教文化与历史》，中央民族大学出版社 1998 年版，第 112 页。

流，商榷取舍，皆列诸赞论，备之后文。而论所著辞，微异恒体，始标大意，类犹前序。末辩时人，事同后议。若间施前后，如谓繁杂。故总布一科之末，通称为论。"认为《名僧传》每类之前有一篇序言。[①] 根据"若间施前后，如谓繁杂"，笔者认为《名僧传》或许可能是有前序和后议的。

尽管问题不少，但是释宝唱《名僧传》的出现，标志着僧人总传体例开始成熟，为后代僧人总传继承和创新奠定了基础。

二 《梁传》《唐传》与《宋传》编撰体例

我们先看三传编撰体例分科列表：

	梁传	唐传	宋传
	十科	十科	十科
一	译经卷（1—3）	译经卷（1—4）	译经卷（1—3）
二	义解卷（4—8）	义解卷（5—15）	义解卷（4—7）
三	神异卷（9—10）	习禅卷（16—21）	习禅卷（8—13）
四	习禅卷（11）	明律卷（22—23）	明律卷（14—16）
五	明律	护法卷（24—25）	护法卷（17）
六	亡身卷（12）	感通卷（26—28）	感通卷（18—22）
七	诵经	遗身卷（29）	遗身卷（23）
八	兴福	读诵	读诵卷（24—25）
九	经师卷（13）	兴福卷（30）	兴福卷（26—28）
十	唱导	杂科卷（31）	杂科卷（29—30）
	序录卷（14）		

（一）《梁传》编撰体例

释慧皎在《梁传序》中云："开其德业，大为十例：一曰译经，二曰义解，三曰神异，四曰习禅，五曰明律，六曰遗身，七曰诵经，八曰兴福，九曰经师，十曰唱导。"[②] 释慧皎首先对十科的标准进行定位，即以

① 苏晋仁：《佛教文化与历史》，中央民族大学出版社1998年版，第111页。
② 释慧皎：《高僧传》，汤用彤点校，中华书局1992年版，第524页。

"德业"为准，确立了一个大的分类标准。其次，分别解释了十科中每科收录的原因和原则，其实就是确立次分类并予以具体阐释。译经云："然法流东土，盖由传译之勋。或逾越沙险，或泛漾洪波。皆忘形殉道，委命弘法。震旦开明，一焉是赖。兹德可崇，故列之篇首。"义解云："至若慧解开神，则道兼万亿。"感通云："通感适化，则强暴以绥。"习禅云："靖念安禅，则功德森茂。"明律云："弘赞毗尼，则禁行清洁。"亡身云："忘形遗体，则矜吝革心。"诵经云："歌颂法言，则幽显含庆。"兴福云："树兴福善，则遗像可传。"经师、唱导云："其转读宣唱，虽源出非远，然而应机悟俗，实有偏功。故齐、宋杂记，咸条列秀者。今之所取，必其制用超绝，及有一分通感，乃编之传末。如或异者，非所存焉。"① 再次，就赞论置前或置后予以明确，即放在每科之末。云："及夫讨核源流，商榷取舍，皆列诸赞论，备之后文。而论所著辞，微异恒体，始标大意，类犹前序。末辩时人，事同后议。若间施前后，如谓繁杂。故总布一科之末，通称为论。"② 最后，说明十科并不是孤立的，而是互相联系的。云："凡十科所叙。皆散在众记。今止删聚一处。故述而无作。俾夫披览于一本之内可兼诸要。"③

与释宝唱《名僧传》编撰体例相比较，我们可知《梁传》无疑是在继承《名僧传》的基础上有所创新。继承在于，《梁传》吸收了《名僧传》所采用的分类方法以及某些次分类上的依据标准。创新在于，首先，从分科标准来讲，《名僧传》大分科和次分类标准不一，《梁传》标准比较严格。其次，《梁传》的论赞统一置后，避免了混乱。再次，《梁传》结合时代特点，重点突出译经和义解，同时各科互有联系，全书成为一个有机整体。所以唐释智升撰写《梁传》解题评价云："谨详览此传，义例甄著，文词婉约，实可以传之不朽，永为龟镜矣。"④

（二）《唐传》编撰体例

释道宣在《唐传序》云："大为十例，一曰译经，二曰解义，三曰习禅，四曰明律，五曰护法，六曰感通，七曰遗身，八曰读诵，九曰兴福，

---

① 《高僧传》，第524—525页。
② 同上书，第525页。
③ 同上。
④ 释智升：《开元释教录》卷6，《大正藏》第55册，第539页。

十曰杂科。凡此十条，世罕兼美。今就其尤最者，随篇拟伦。"① 释道宣也是以十科体例来安排文章，其标准是根据僧人"尤最者"，其实也就是僧人的德业最突出的地方，这是继承《梁传》之一。另外，就是"论"的继承，云："若夫搜擢源沠，剖析宪章，组织词令，琢磨行业，则备于后论。"② 同样，释道宣把"论"放在最后。

但是《唐传》编撰体例在《梁传》基础上又有所创新，通过比较，可以得出以下结论。

其一，科目及排位上的变化。1. 将《梁传》中神异改为感通，从第三位到第六位，《感通论》云："故圣人之为利也，权巧众途，示威雄以摄生。为敦初信，现光明而授物，情在悟宗。规模之道既弘，吸引之功无坠。……然则教敷下，匪此难弘。先以威权动之，后以言声导之。转发信然，所以开萌渐也。……斯德众矣，其徒繁矣。"③ 强调感通对于引导民众信奉佛教的巨大诱导作用。2. 亡身改为遗身，第六位移到第七位，《遗身论》云："舍生而存大义，用开怀道。全身碎身之相，权行实行之方，显妙化之知机，通大圣之宏略也。"④ 强调高僧舍身为佛法的无畏精神。3. 诵经改为读诵，《读诵论》云："然后要约法句，诵镇心神。广说缘本，用疏迷结，遂能条贯本支，释疑滞以通化，统略玄旨，附事用以征治。是故经云：'受持读诵，书写解说，如法修行'，斯诚诚也。"⑤ 强调读诵能比简单诵经更能加深对佛经的思考和领悟。4. 经师、唱导合为杂科，《杂科论》云："然则利物之广，在务为高。忍界所尊，惟声通解。且自声之为传，其流杂焉。即世常行，罕归探索，今为未悟，试扬擢而论之。爰始经师为德，本实以声糅文，将使听者，神开因声，以从回向，顷世皆捐其旨。"⑥ 因为经师和唱导已经失去了本来的突出特点，所以列入杂科更能准确归类，正如赞宁在《宋传》卷三〇《杂科论》中云："昔《梁传》中立篇第十曰《唱导》也。盖取诸经中'此诸菩萨皆唱导之首'之义也。唱者，固必有和乎？导者，固必有达者。终南释氏观览此题，得

① 释道宣：《续高僧传》，载《高僧传合集》，上海古籍出版社1991年版，第105页。
② 《续高僧传》，第105页。
③ 同上书，第352页。
④ 同上书，第360页。
⑤ 同上书，第365页。
⑥ 同上书，第380页。

在乎歌赞表宣，失在乎兼才别德也。……于是建立《杂篇》，包藏众德，何止声表？无所不容。"①指出唱导的狭隘之处和杂科的包容性。5. 增加了护法，解释云："护法一科，纲维于正网，必附诸传述。知何绩而非功，取其拔滞宏规，固可标于等级。"②因为历史证明，随着佛教的发展壮大，一直存在与佛教有斗争的儒、道，封建帝王也会由于政治原因、经济原因、社会原因、甚至个人爱好原因等对佛教进行限制甚至毁佛，所以道宣另立护法其实也是为了宣扬护法高僧为了佛教生存发展所做的贡献，激励更多僧人投入到护法行列，道宣本人就是一个护法者。

其二，继承《梁传》的"论"，去掉了"赞"。虽然道宣没有言明原因，但是笔者认为，"赞"和"论"其实有重复之处，舍"赞"留"论"，既可以精简体例又可以保持原来的议论功能。

总之，道宣根据佛教历史发展的时代特点，对《梁传》编撰体例在继承基础上进行创新，使僧传体例已经成熟。

(三)《宋传》编撰体例

释赞宁《宋传序》云："所以成十科者，易同拾取。"其后列出十科，并有解说性的小注，如下：

译经篇第一（变梵成华，通凡入圣。法轮斯转，诸佛所师）
义解篇第二（寻文见义，得意妄言。三慧克全，二依当转）
习禅篇第三（修至无念，善恶都亡。亡其所亡，常住安乐）
明律篇第四（严而少恩，正而急护。婴守三业，同彼金汤）
护法篇第五（家有良吏，守藏何虞。法有名师，外御其侮）
感通篇第六（逆于常理，感而遂通。化于世间，观之难测）
遗身篇第七（难舍易捐，施中第一。以秽漏体，回金刚身）
读诵篇第八（十种法师，此为高大。染枸橼花，果时飘赤）
兴福篇第九（为己为他，福生罪灭。有为之善，其利博哉）
杂科声德十（统摄诸科，同归高尚。唱导之匠，光显佛乘）③

---

① 释赞宁：《宋高僧传》，范祥雍校注，中华书局 1987 年版，第 756—757 页。
② 释道宣：《续高僧传》，载《高僧传合集》，上海古籍出版社 1991 年版，第 319 页。
③ 释赞宁：《宋高僧传》卷首，范祥雍校注，中华书局 1987 年版，第 2—3 页。

我们发现《宋传》十科与《唐传》十科相同，这是赞宁的继承之一，所不同的是他对十科用解说性小注分别进行了精练的概括，弥补了道宣对此项的缺失，实际上是对慧皎十科进行解释方式的继承，而且赞宁的解说比慧皎的解释又有所发展，有利于读者更容易直接了解新时代下编撰者对十科的认识和把握。

每科之末，同样有"论"，提纲挈领，叙说一科源流和大旨，这是赞宁对《梁传》和《宋传》的继承。

赞宁在编撰体例上创新就是"系""通"的广泛使用。陈垣先生言："此书则每人传末亦时有论述，或申作者之旨意焉，名之曰系，其有答问，则谓之通。系者法《张衡赋》，通则法《白虎通》，此与《续传》不同者也。"① 从《宋传》来看，"系"可以单独使用来论述问题，"通"则需要"系"来引出问题，然后用"通"来进行回答，当还有问题时，则用"或"引出。笔者经过统计，《宋传》中总共有99位高僧传记下有"系""通"，其中编撰者评述问题涉及多方面，但是使用"系""通"无疑可以灵活地对所撰写高僧传记中遇到的一些需要重点强调或者值得注意的问题进行评述，更好地发挥编撰者对于《宋传》的主观能动性，可以起到画龙点睛的作用。然而，"系""通"一定程度上可能受到《唐传》的启发，《唐传》卷二六《释圆通传》载：

识者评云：前者举镬驱僧，假为神怪，令通独进，示现有缘耳。言大和上者，将不是宾头卢耶？入《大乘论》：尊者宾头卢罗睺罗等十六诸大声闻，散在诸山渚中。又于余经亦说，九十九亿大阿罗汉，皆于佛前取筹住寿于世，并在三方诸山海中，守护正法。今石窟寺僧，每闻异钟呗响，洞发山林，故知神宫仙寺不无其实。余往相部寻鼓山焉，在故邺之西北也，望见横石，状若鼓形。俗谚云，石鼓若鸣，则方隅不静。隋末屡闻其声，四海沸腾，斯固非妄。左思《魏都》云："神钲迢递于高峦，灵响时警于四表"是也。自神武迁邺之后，因山上下并建伽蓝，或樵采陵夷，工匠穷凿，神人厌其谊扰，捐舍者多，故近代登临罕逢灵迹。而传说竹林，往往殊异，良由业有精

---

① 陈垣：《中国佛教史籍概论》，上海书店2005年版，第30页。

浮，故感见多矣。①

这其实就是高僧传记后面的史论，虽然《唐传》中并未形成编撰体例一部分，但它是作者以史家的笔调对正文进行阐释、论证，起到深化主题的作用。赞宁由于找到了前代已用的"系""通"体例把这个问题圆满解决了。

从上述四部僧传的编撰体例考察，我们可知，几位编撰者都根据佛教历史发展特点，在总结前人基础上进行继承和创新，正如陈其泰先生所说："历代卓有建树的史学家，无不重视历史编纂的改进和恰当运用，杰出的史学评论家，也无不重视对历史编纂加以总结。"② 这也是佛教史学编撰得到延续不断发展的主要原因。

第三节 《宋传》的人数统计、正传与附见体例及僧传标题

一 《宋传》的人数统计

赞宁《宋传序》云："其正传五百三十三人，附见一百三十人。"③苏晋仁先生统计为：刘宋：正传 1 人；后魏：正传 4 人；陈：正传 1 人；隋：正传 4 人；唐（武周在内）：正传 420 人，附见 106 人；后梁：正传19 人，附见 6 人；后唐：正传 18 人；后晋：正传 14 人，附见 2 人；后汉：正传 11 人，附见 3 人；后周：正传 12 人，附见 2 人；北宋：正传 28人，附见 7 人；总计：正传 531 人，附见 126 人。④ 陈士强先生云："因为据各卷标题下的小注所提供的数字累计，正传实收五百三十一人，比前序所说少二人。附见实收一百二十五人，比前序所说的少五人。"⑤ 苏先生和陈先生正传统计人数一样，但是附见却相差一人，所以笔者认为有必要再进行一次核实。

《宋传》由于是在汲取和总结前代僧传基础上而成，相比之前《梁传》《唐传》，僧传编撰体例更成熟。首先，在附传方面，入选者更加严

① 释道宣：《续高僧传》，载《高僧传合集》，上海古籍出版社 1991 年版，第 325 页。
② 陈其泰：《史学与民族精神》，学苑出版社 1999 年版，第 52 页。
③ 释赞宁：《宋高僧传》卷首，范祥雍校注，中华书局 1987 年版。
④ 苏晋仁：《佛教文化与历史》，中央民族大学出版社 1998 年版，第 159 页。
⑤ 陈士强：《佛典精解》，上海古籍出版社 1992 年版，第 304—341 页。

谨，《宋传》中附传没有收录尼姑、隐士、道士、居士情况，而前两传都
大量存在这种现象。如《梁传》卷五《释道安传》附传《王嘉》，王嘉
是个隐士，非高僧。《唐传》更是不注意，如卷一《释宝唱传》附传《梁
武帝》《梁简文》，都是帝王；《释法泰传》附传《道尼》，是个尼姑。而
我们考察《宋传》的附传根本没有此种情况，其实《宋传》也有少数对
非高僧的附传，但是编撰者未列为附传，如卷二五《释道贤传》云："窦
八郎者，岐人也，家且富焉。自荷器䑰水，言语不常，唯散发披衣狂走，
与李顺兴相类。或遇牛驴车，必抚掌而笑。迫死，焚之，火聚中尽化金色
蝴蝶而飞去。或手掬衣扇行之，归家供养焉。"① 此人如果列入附传完全
不为过，但是他不是僧人，所以附传没有，可见赞宁附传收录还是有原则
的。但是可能会产生疑问，卷二二《大宋魏府卯斋院法圆传》附传有
《矿师、李通玄》，李通玄，撰者没有明言是个高僧。但是只要我们仔细
研读传文，"而该博古今，洞精儒释，发于辞气，若铿巨钟。而倾心华藏，
未始辍怀。每览诸家疏义繁衍，学者穷年无功进取。……造论演畅《华
严》，不出户庭，几于三载。高与邻里怪而不测。每日食枣十颗，柏叶饼
一枚，余无所须。其后移于南谷马家古佛堂侧，立小土屋，闲处宴息
焉。……至子时俨然坐亡龛中，白色光从顶出，上彻太虚"② 。李通玄不
论是所学、所行、所卒等都符合一个高僧的身份。其次，与《梁传》相比，
《宋传》正传、附传重出现象极少，《宋传》中只存在一处正传与附见重
出，即卷一〇《唐邺都圆寂传》云："释圆寂，不知何许人也。恒以禅观
为务，勤修匪懈，就嵩山老安禅师请决心疑，一皆明焕。寂化行相部，依
附者多。久居天平等山，稠禅师往迹无不遍寻。时大司空严绶倾心信重。
享寿一百五十五岁，咸亨二年己巳岁生。（按咸亨二年辛未，合云总章二
年己巳也。）世号无生和尚是钦。寂之高岸，恒不欲人致礼邀请，必有不
可犯之色，时或非之。然则志意修则骄富贵，道义重则轻王公，非其傲
诞，势使然也。"③ 与卷一九《唐升州庄严寺惠忠传》附传《圆寂》云：
"又邺中释圆寂，氏族生地俱不可寻。初从嵩山见老安禅师，道契相符，
莫测涯岸。以高宗咸亨二年生，计终岁已一百有奇年矣。襄州节度使严

---

① 释赞宁：《宋高僧传》，范祥雍校注，中华书局1987年版，第643页。
② 同上书，第574—575页。
③ 同上书，第234页。

绶，倾心供养，亦号无生和尚焉。"① 两圆寂，传文内容主要基本一致，实属同一人。《梁传》重出现象颇多。如其一，正传与附见重出，《梁传》卷二《晋河西昙无谶传》附传《道进》与卷一二《宋高昌释法进》实为一人。② 其二，附传与附传重出，《梁传》卷八《齐荆州竹林寺释僧慧传》附传《昙顺》与卷六《晋吴台寺释道祖传》附传《昙顺》实为一人。③ 再次，与《唐传》相比，《宋传》正传、附传所属朝代归类错误颇少。《宋传》仅存两例，其一，卷一三《周庐山佛手岩行因传》附见《道潜》云："建隆二年辛酉九月十八日示疾而终。"④ 释道潜应归入宋人。其二，卷二二《大宋魏府卯斋院法圆传》附传有《李通玄》，传文云："复次唐开元中太原东北有李通玄者，言是唐之帝胄，不知何王院之子孙。"⑤ 李通玄乃唐人。虽然上述二人传文都述及北宋时期情况，但是单从朝代归类来说是不恰当的。然此类情况《唐传》出现颇多，如《唐传》卷一六《周京师大福田寺释昙相》，我们看其卒年记载云："开皇之初，率先出俗。二年四月八日卒于渭阴故都，图像传焉。"⑥ 开皇应属于隋朝，所以释昙相应归入隋。《唐传》卷二一《唐邓州宁国寺释惠祥传》，卒年记载为："以大业末年八月卒。"⑦ 那么他应归属隋。

　　由于《宋传》正传附传收录比较严谨，所以不存在收录僧人之外的人员，下面简单统计一下各卷正传附传中的高僧人数。

　　（一）译经篇⑧

　　卷一正传收录三人，附传收录一人。

　　卷二正传收录十五人，附传收录八人。

　　卷三正传收录十四人，附传收录三人。

　　按：小计正传收录三十二人，附传收录十二人。

　　卷三《唐罗浮山石楼寺怀迪传》附传《般若力、善部末摩》，收录二人，但是我们看其文："又乾元元年有罽宾三藏般若力、中天竺婆罗门三

---

① 释赞宁：《宋高僧传》，范祥雍校注，中华书局1987年版，第476页。
② 纪赟：《高僧传研究》，博士学位论文，复旦大学，2006年，第82页。
③ 《高僧传研究》，第84页。
④ 释赞宁：《宋高僧传》，范祥雍校注，中华书局1987年版，第316页。
⑤ 同上书，第574页。
⑥ 释道宣：《续高僧传》，载《高僧传合集》，上海古籍出版社1991年版，第238页。
⑦ 同上书，第275页。
⑧ "篇"即"科"异名，由于《宋传》称"篇"，所以有关《宋传》时，也称"篇"。

藏善部末摩、箇失密三藏舍那并慕化入朝，诏以力为太常少卿，末摩为鸿胪少卿，并员外置，放还本土。或云：'各赍经至，属燕赵阻兵，不遑宣译，故以官品荣之。'"① 按一般来说，三人情况一致，前面二人进入附传，后一人可能遗漏。

（二）义解篇

卷四正传收录二十人，附传收录七人。

卷五正传收录十四人，附传收录五人。

卷六正传收录十四人，附传收录六人。

卷七正传收录二十三人，附传收录四人。

按：小计正传收录七十一人，附传收录二十二人。

卷四《周京兆广福寺会隐传》云："释会隐，不详何许人也。精明之气，绰有盈余，处于等夷，若鸡群之见鹤也。天皇朝慎选高学名德，隐膺斯选。麟德二年敕北门西龙门修书所，同与西明寺玄则等一十人于一切经中略出精义玄文三十卷，号《禅林要钞》，书成奏呈，敕藏秘阁。隐亦尝预翻译，玄则颇闻著述，高宗朝斯为龙象之最焉。"② 从叙述内容来看，玄则应属于附传之列。

（三）习禅篇

卷八正传收录十五人，附见收录三人。

卷九正传收录十四人，附见收录四人。

卷十正传收录十六人，附见收录八人。

卷一一正传收录二十一人，附见收录四人。

卷一二正传收录二十人，附见收录四人。

卷一三正传收录十七人，附传收录六人。

按：小计正传收录一百零三人，附传收录二十九人。

（四）明律篇

卷一四正传收录二十人，附传收录五人。

卷一五正传收录十九人，附传收录三人。

卷一六正传收录十九人，附传收录二人。

按：小计正传收录五十八人，附传收录十人。

---

① 释赞宁：《宋高僧传》，范祥雍校注，中华书局1987年版，第44—45页。

② 《宋高僧传》，第81页。

卷一五《唐京师西明寺圆照传》附传《利言》，文中仅提到："《翻经大德翰林待诏光宅寺利言集》二卷。"① 依此就把利言列为附传传主，大有不妥之处。

（五）护法篇

卷一七正传收录十八人，附传收录一人。

（六）感通篇

卷一八正传收录十五人，附传收录三人。

卷一九正传收录二十一人，附传收录八人。

卷二○正传收录二十二人，附传收录四人。

按：此卷卷首总目，附传为收录"四人"，但是查阅全卷却是附传有"五人"。这也就是苏晋仁先生与陈士强先生附传总数相差一人的原因，当以卷中"五人"为准。

卷二一正传收录十八人，附传收录三人。

卷二二正传收录十三人，附传收录五人。

按：小计正传收录八十九人，附传收录二十四人。前面已言，《宋传》中存在一处正传与附见重出，即卷一○《唐鄃都圆寂传》与卷一九《唐升州庄严寺惠忠传》附传《圆寂》，两传文相比较，正传内容明显多于附传内容，所以我们可以把两圆寂只算作正传一人，因此感通篇附传收录为二十三人。

卷一九《唐福州爱同寺怀道传》附传《智恒》，附传只收录一人，我们看其文："相次智恒继居法华院，即怀一弟子也。道行与师相埒。卒后礼部侍郎刘太真作碑颂，褚长文书。次有超悟、行弼，皆名望相齐，化于闽俗，无不重焉。"② 从文中来看，可能遗漏了超悟、行弼。

卷二○《唐吴郡义师传》附传《证智、荐福寺老僧》，我们看其文："又京兆安国寺僧事迹不常，熟地而烧木佛。所言人事，必无虚发。此亦不测之僧也。复次京师永寿寺释证智，不详生族。贞元中于京寺多发神异，而众罔知。……次荐福寺老僧，专务诵持，罕有间缺，言未兆事，来如目击。……"③ 此处附传后面二位，不附传第一位，可以说是遗漏

---

① 《宋高僧传》，第 379 页。

② 释赞宁：《宋高僧传》，范祥雍校注，中华书局 1987 年版，第 494 页。

③ 同上书，第 525 页。

无疑。

（七）遗身篇

卷二三正传收录二十二人，附传收录二人。

（八）读诵篇

卷二四正传收录二十一人，附传收录三人。

卷二五正传收录二十一人，附传收录五人。

按：小计正传收录四十二人，附传收录八人。

（九）兴福篇

卷二六正传收录十四人，附传收录二人。

卷二七正传收录二十一人，附传收录三人。

卷二八正传收录十五人，附传收录一人。

按：小计正传收录五十人，附传收录六人。

卷二六《唐朔方灵武龙兴寺增忍传》云："弟子无辙，亦致远之高足，赍血书经二卷、瑞华碗一枚，诣阙奏呈，宣赐紫衣。天复中终。及梁乾化初，中书令西平王韩公逊录遗迹奏闻，太祖敕致谥曰法空，别赐紫方袍，塞垣荣之。后唐同光中，从事薛昭纪为碑焉。"[1] 此传文记载增忍弟子无辙如此详细，不入附传也不合体例。

（十）杂科篇

卷二九正传收录二十六人，附传收录六人。

卷三〇正传收录十九人，附传收录六人。

按：小计正传收录四十五人，附传收录十二人。

综上所述，不包括可能遗漏的人数，《宋传》总计实际收录正传五百三十一人，附传一百二十五人。算上上述用按语指出的附传最有可能遗漏的七位，也不符合《宋传序》所称："附见一百三十人。"另外，还有可能是附传遗漏的有卷一二《唐长沙石霜山庆诸传》附传《洪諲、令达》，文中令达是洪諲弟子，文云："传法弟子庐山栖贤寺寂公、临川义直、功臣院令达。达于两浙大行道化，卒谥归寂大师焉。"[2] 此处只附传令达，不附传另两位，也有可能遗漏。但是由于重点介绍了令达，所以只附传令达也说得过去。

---

① 释赞宁：《宋高僧传》，范祥雍校注，中华书局 1987 年版，第 668 页。

② 《宋高僧传》，第 284 页。

至于《宋传序》正传多出两人，是流传过程中遗佚还是编撰者数错等因素造成，无从得知。

二　正传与附传的体例研究

在佛教史籍中，正传是指编撰者记载高僧生平事迹的正式传记。附传指编撰者记载高僧生平事迹时附见或附带记载其他高僧生平事迹相对简略的传记。《宋传》延续《梁传》《唐传》以来采用正传和附传的体例模式。此种模式取自我国正史体例，开创者为司马迁所撰《史记》，《史记》附传的显著特色之一：灵活多变，殆无定体，附传多重性；附传与传主、本传与附传辩证统一的关系。之二：又都具有大体相同的性质和品格。首先，它们在纪传中存在着相对的独立性；其次，附传与本传构成《史记》纪传体制的主从关系；最后，它与本传构成一传之中的主导与从属的两个方面，但是，二者互相为用，辩证统一，从而自成一篇文字。① 后世正史基本上沿着《史记》模式有所改进和变化发展。正传与附传体例引用到佛教史籍中，是释慧皎在编撰《梁传》中最早使用，之后在释道宣《唐传》、赞宁《宋传》得到继承，但是正传与附传关系与地位由于编撰者、时代等不同，体现在三部僧传也有所不同。本文仅重点分析《宋传》。

（一）附传叙述原则

相对于正传来说，附传属于从属地位，按照一般来说，应遵循一个原则：正传内容多于附传内容。这主要是因为正传传主一般具有代表性，而且在内容方面，生平事迹、生卒年等记载详细。《宋传》大部分遵循了此原则，这个原则适用于附传是与传主有明显密切联系时，附传高僧是叙述正传高僧时有相关密切联系者，如卷一《唐京兆大兴善寺不空传》附传《慧朗》，云："弟子慧朗次绍灌顶之位，余知法者数人。"② 这里正传与附传是师徒关系，叙述也相对简略。又如卷四《唐新罗国黄龙寺元晓传》附见《大安》，云："大安者，不测之人也，形服特异，恒在市廛，击铜钵唱言'大安大安'之声，故号之也。王命安，安云'但将经来'，不愿入王宫阈。安得经，排来成八品，皆合佛意。安曰：'速将付元晓讲，余

---

① 李贤民：《〈史记〉附传探微》，《河南师范大学学报》（哲学社会科学版）2000 年第 2 期。

② 释赞宁：《宋高僧传》，范祥雍校注，中华书局 1987 年版，第 10 页。

人则否.'晓受斯经，正在本生湘州也。"①大安乃促成元晓义解成功者，此传对大安及他与元晓之间事迹进行叙述，是元晓生平事迹的一个组成部分。

然而附传内容多于正传内容的传记，多是附传传主与正传传主联系不密切，编撰者基于某种原因把附传列之于后。如卷九《唐京师大安国寺楞伽院灵著传》附传《法瓧》全文如下：

释灵著，姓刘氏，绵州巴西人也。年殆志学，方遂出家，登戒寻师，不下千里。年四十，精毗尼道，兼讲涅槃，一律一经，勤于付授。晚岁请问大照禅师，领悟宗风，守志弥笃。后诣长安，诞敷禅法，慕道求师者不减千计，若鱼龙之会渊泽也。以天宝五载四月十日申时，示灭于安国寺石楞伽经院，享寿五十六，僧夏三十六。将终，寺中亟多变怪，盖法门梁栋之颓挠也。著跏趺而坐，怡然而化。三七日后茶毗，起塔于龙首冈，邻佛陀波利藏舍利之所，帝女娲之坟右，以其年十月十日迁入塔焉。弟子朗智、道珣、如一追慕师德，香火不绝。内侍上柱国天水赵思侃命释子善运撰碑于塔所焉。

有钱塘灵智寺释法瓧，俗姓冯，本长乐人也，随祖宦于江东，遂为钱塘人也。父子通，字元达，世袭冠裳，传其素业。然精核百氏之余，执志慕净名之应质，谈论多召禅林之士，于家别室供礼，愿生令嗣。弥久，瓧诞于家，岐嶷之性，天发端谨。才胜衣也，启父求出俗，固不阻留。披剃登具，探赜三乘，如指掌焉。而性终耿介，于此寺之深坞，实浙江之阳也，别构兰若，去伽蓝复远，终日安禅。时同志者造门请益，瓧随事指南，多有所证。以天宝二载十二月十三日，天之将晓，告侍者，端坐奄从泥曰，春秋六十五，僧腊减二十年。于时山鸟哀鸣，云雾蒙惨，远近檀越悲泣者如堵。以其月十九日迁殡于寺侧山原。有弟子俞法界及子怀福、犹子希秀等，旧所归心，结塔营事，皆出其家。塔因会昌中所毁，今存址焉。碑石漫没，吁哉！②

正传与附传内容相比较，附传内容多于正传内容，从此种附传叙述来看，附传完全可以独立出来列为正传传主；考察正传与附传关系，两传主没有明显的密切关系，相同之处在于他们都同属某一科别。此种情况经笔

---

① 《宋高僧传》，第79页。

② 《宋高僧传》，第200—201页。

者统计共有 16 处，分别如下：

1. 卷九《唐京师大安国寺楞伽院灵著传》附传《法翫》。

2. 卷九《唐陕州回銮寺慧空传》附传《元观》。

3. 卷一〇《唐邺都圆寂传》附传《掘多》。

4. 卷一〇《唐潭州翠微院恒月传》附传《真亮》。

5. 卷一〇《唐襄州夹石山思公传》附传《昙真》。

6. 卷一二《唐长沙石霜山庆诸传》附传《洪諲、令达》，其中《洪諲》多于正传传主。

7. 卷一三《梁邓州香严山智闲传》附传《大同》。

8. 卷一三《梁抚州疏山光仁传》附传《本仁、居遁》，其中《居遁》多于正传传主。

9. 卷一三《周庐山佛手岩行因传》附传《道潜》。

10. 卷一九《唐天台山封干师传》附传《木㵐师、寒山子、拾得》，其中《寒山子》《拾得》多于正传传主。

11. 卷二二《宋魏府卯斋院法圆传》附传《鑛师、李通玄》，其中《李通玄》多于正传传主。

12. 卷二四《唐河东僧衒传》附传《启芳、圆果》，其中《启芳》多于正传传主。

13. 卷二五《汉江州庐山若虚传》附传《亡名僧》。

14. 卷二七《唐五台山海云传》附传《守节》。

15. 卷二九《唐京兆千福寺云邃传》附传《清源》。

16. 卷三〇《唐高丽国元表传》附传《全清》。

此种情况之出现原因，可能由于一方面正传传主具有代表性，名气声望颇高，然确实由于文献有限，少于附传传主；另一方面编撰者无意而为之，因为这类情况主要都是正传与附传传主联系不密切。

当然也有属于上述情况的，但是正传内容多于附传内容的例子，暂举一例，卷二〇《唐江陵府些些传》附传《食油师》云：

> 释些些师，又名青者，盖是不与人交狎，口自言些些，故号之矣。德宗朝，于渚宫游，衣服零落，状极憨痴，而善歌《河满子》。纵肆所为，故无定检。尝遇醉伍伯，伯于涂中辱之，抑令唱歌。些便扬音揭调，词中皆讦伍伯从前阴私恶迹，人所未闻事。伍伯惭愧，旁

听之者知是圣僧，拜跪悔过焉。贞元初，多入市肆，聚群小随逐，楚人以兴笑本矣。后不测其终。

次有僧憨狂，游行无度，每断中，唯食麻油几升。如见巨器盛施之，则喜。荆渚一家特召啜麻膏，是日又在湖南斋，分身应供，号食油师焉。①

总之，从《宋传》中正传内容与附传内容所占比重大小，我们可知，正传传主与附传传主有明显关系者，正传内容多于附传；当附传传主与正传传主关系不明显时，附传传主往往另外列出，存在一些附传内容多于正传内容的叙述。

（二）正传与附传所属关系研究

从正传与附传位置来看，附传一般置于正传传文中或正传传文最后，那么编撰者以什么标准来选录附传传主，正传传主与附传传主所属关系如何，这是值得研究的问题。

通过对《宋传》中具有正传与附传的传文进行考察，主要有以下几个方面：

1. 附传传主与正传传主（简称两者）是师徒关系。其一，其师，如卷二《唐洛京圣善寺善无畏传》附传《达摩掬多》，达摩掬多乃善无畏师傅之一，此类情况比较多；其二，其弟子，如卷七《唐五台山华严寺志远传》附传《元勘》，元勘乃志远弟子之一，针对有的传主弟子比较多的情况，《宋传》一般只选录其传承弟子，其文云："虽学者如林，达其法者唯元勘。"② 有时甚至是附传传主的弟子，如卷一二《唐长沙石霜山庆诸传》附传《洪諲、令达》，令达是洪諲的弟子。

2. 两者是同事，即曾经同时从事某一活动。如卷二《唐波凌国智贤传》附传《会宁》，文云："麟德年中，有成都沙门会宁，欲往天竺，观礼圣迹，泛舶西游，路经波凌。遂与智贤同译《涅槃》后分二卷。"③

3. 两者为同时代人物。如卷二《唐益州多宝寺道因传》附传《嵩公、宝暹》，文云："时有宝暹法师，东海人也，殖艺该洽，尤善大乘。"④

---

① 释赞宁：《宋高僧传》，范祥雍校注，中华书局 1987 年版，第 524 页。
② 《宋高僧传》，第 140 页。
③ 同上书，第 27 页。
④ 同上书，第 25 页。

此类编撰者一般会用"时""一时"等相关词语来点明。

4. 两者同一地点。其一，同一寺院，如卷二《周洛京佛授记寺慧智传》附传《明佺》；其二，同一驻锡地，如卷七《汉洛阳天宫寺从隐传》附传《梦江》，两人都曾驻锡长水县。还有同一籍贯；等等。

5. 两者有同一属性相似点。如卷九《唐陕州回銮寺慧空传》附传《元观》，仔细比较发现慧空云："父任陕服灵宝县。"① 元观云："父为河中府掾。"② 也就是说，两者在此其父方面具有相似点。同卷《唐洛京龙兴寺崇圭传》附传《全植》，发现崇圭云："会赞皇李公德裕濂问是邦，延诸慈和寺。"③ 全植云："太守卫文卿命于州治长寿寺化徒。"④ 也就是说，两者受到地方官礼遇方面有相似处。当然，只要把正传与附传仔细比较，不少篇章看似关系不大但能发现相似点。

上述几点都不是绝对的分法，编撰者有时把几种情况杂合在一起，如卷二《唐西京慧日寺无极高传》附传《阿难律木叉师、迦叶师》，文云："于时有中印度大菩提寺阿难律木叉师、迦叶师等，于经行寺译《功德天法》，编在《集经》第十卷内，故不别出焉。"⑤ 此处，三人同籍贯皆同为中印度，又同时，又同属译经事。

6. 两者关系不明显者，大致是以同一科别列入。正传传主与附传传主还有不少没有任何直接关系，但是编撰者把他们放在一起，可以说基本上遵循了同一科别的原则。如卷一三《唐蕲州黄岗山法普传》附传《休静》云：

　　　释法普，姓潘氏，庐江人也。貌古情宽，拥败纳观。方元和中，因见黄岗山色奇秀，其峰巉峚，其林郁密，中有石坛，平坦而高峙。乃放囊挂锡，于中班荆。久之，寻附树架蓬茨，仅容身而已。未几，有人自小径而至，见普惊怪，问云："何缘至此。"曰："某本行山麓，见巅顶腾涨，紫气盘纡可爱，意此山有尤物，故来耳。"谛视普，迟回而去。山下行者闻而寻焉。禅学之徒，不数年遽盈百数。普却之曰："老僧独居，无物利人，君等亦无所乏。"由是星居之庵多

① 《宋高僧传》，第213页。
② 同上书，第214页。
③ 同上书，第214页。
④ 同上书，第215页。
⑤ 同上书，第30页。

矣。弟子广严等构成大院，禅客翕如，传其法者无算。一日，集众辞
云："吾其终矣。汝曹善住珍惜！"加趺坐胡床而卒。其身不坏散，
后以香泥涂缋之。至乾符中，重立碑颂云。

　　次洛京华严寺释休静，不知何许人也。属洞山禅道风行，静往造
之，抉擿所疑，若雷复于本位焉。北返于洛邑，开演。因赴内斋，诸
名公皆执经讽读，唯静并其徒俱默坐。帝宣问："胡不转经？"酬答
响应，仍皆属对，悦可帝情。寻回平阳示灭。收舍利，四处树浮图。
敕谥宝智大师，塔号无为也。①

　　两者没有任何直接关系，但都是习禅高僧，以科别划分十分明显。
　　综上所述，《宋传》编撰者在处理正传传主与附传传主关系时，尽力
寻求两者的相关之处，同时尽力以科别来贯穿，以做到形式与内容的完美
统一，避免了"《梁传》中的附传大多数与十科分类无关"②的情况，这
些其实也参考了正史编写的方法。

三　僧传传主标题研究

（一）《梁传》《唐传》与《宋传》相同之处

三部高僧传的传主标题繁多，但大多遵循以下几个原则：

1. 正规传主标题一般由"朝代＋主要驻锡地＋主要住寺＋高僧法名"
模式组成。如《梁传》卷一《汉洛阳白马寺摄摩腾》《唐传》卷六《梁
会稽嘉祥寺释慧皎传》《宋传》卷一《唐京兆大荐福寺义净传》。也就是
说，编撰者在确立传主标题时，尽量选取传主最具有代表性的特点。

2. 当主要住寺是住山时，则列住山。如《梁传》卷四《晋剡白山于
法开》《唐传》卷一〇《隋丹阳摄山释慧旷传》。有些主要住山是名山时，
省主要驻锡地。如《梁传》卷六《晋庐山释慧远》《唐传》卷一八《隋
终南山神田道场释僧照传》《宋传》卷五《唐中岳嵩阳寺一行传》。

3. 无固定住寺或住山时，缺。如《梁传》卷一《汉洛阳安清》《唐
传》卷一一《隋渤海沙门释志念传》《宋传》卷一二《唐苏州藏廙传》。

　　上述原则是三部僧传绝大多数传主标题所遵循的原则，但是由于三部

---

① 《宋高僧传》，第302—303页。
② 纪赟：《高僧传研究》，博士学位论文，复旦大学，2006年，第87页。

僧传编撰者的各种不同，导致了一些不同之处。

（二）《梁传》《唐传》与《宋传》的区别

1. 《梁传》

（1）当传主标题为"朝代＋主要驻锡地＋高僧法名"模式时，此种情况颇为复杂。其一，由于驻锡地不明，编撰者往往用传主"国籍或籍贯"来取代"驻锡地"命名标题，中外高僧皆然。如卷三《宋黄龙释昙无竭》，黄龙乃其籍贯；卷四《宋东阿释慧静》，东阿乃其籍贯。其二，也有传主"籍贯"与"主要驻锡地"合二为一的情况，主要是因为有些传主学成归乡弘法或就在本地求法。如卷一一《宋江陵释慧猷》。要把传主"籍贯"与"驻锡地"区别开来，最好的办法就是查看传主传文。

（2）当传主标题省"主要驻锡地"模式时，很多情况下"驻锡地"是京师，如卷三《宋上定林昙摩蜜多》，此种现象在卷一三"经师科"大量存在。

（3）两个特例。其一，卷八《齐伪魏释昙度》，从传文看，要选择出籍贯和一些驻锡地还是比较明确，但是皆未使用。其二，卷九《晋常山竺佛调》，从传文看，"常山"不是驻锡州郡，而是住寺"常山寺"。

2. 《唐传》

（1）当传主标题无主要住寺时，一般在高僧法名前加"沙门"，如卷一〇《隋襄阳沙门释智闰》，仅发现两列不加者，卷六《魏洛阳释道辩传》、卷八《齐邺中释昙遵传》。有一例加了"头陀"，卷二七《齐赵州头陀沙门释僧安传》。

（2）卷一至卷三、卷五、卷六第一人，皆在高僧法名前加"沙门"，外国高僧还加了"籍贯"。

（3）有的传主标题加了"僧职"。如卷六《后梁荆州大僧正释僧迁传》。

3. 《宋传》

（1）高僧驻锡地或住寺不明者，用国籍或籍贯。如卷二《唐波凌国智贤传》。但是也有例外，如卷二《唐尊法传》、卷三《唐莲华传》，传文中言明了国籍，标题也不采用。

（2）不是编撰者本朝传主，有的采用本朝名称。如卷七《梁今东京相国寺归屿传》、卷八《唐韶州今南华寺慧能传》。

（3）特例。其一，卷一五《唐衡岳寺昙清传》，衡岳是住山名，而不是寺名。其二，卷二四《隋行坚传》与《唐沙门志玄传》，两者性质一样，但是不统一。

上述情况的出现，可能的原因有：其一，传主的资料来源确实不足，缺乏一些必需的重要信息。其二，完成一部著作毕竟是艰辛的、琐碎的，编撰之时，不够细心所致，完成后未能核查出。其三，即使传主资料搜集齐全，在撰写传文时，也会在取舍上出现遗漏。总之，上述这些问题仅仅在一部巨作之中占极少部分，并不影响全书的价值和地位。

（三）编撰者选择僧传标题的分析

前面已言及，僧传标题一般由"朝代＋主要驻锡地＋住寺或住山＋高僧法名"模式组成，其变化主要在于缺少某一方面。从三部僧传所有高僧标题来看，至少都具有朝代和高僧法名，变化在于中间两项，关于标题的异同，已有论述。那么编撰者选择僧传标题的依据，也是值得探讨的问题，如果不明白这个问题，那么在统计时，也会犯错误，本文以《宋传》为研究对象。

1. 绝大多数僧传标题是以"朝代＋主要驻锡地＋住寺或住山＋高僧法名"模式组成。由于有些高僧一生弘法经历丰富，驻锡地点和住寺颇多，选择主要驻锡地和住寺，可以代表高僧的一生成就，也符合人们对高僧的认可程度，就以卷一第一人《唐京兆大荐福寺义净传》为例，"敕于佛授记寺安置焉"、"久视之后，乃自专译。起庚子岁至长安癸卯，于福先寺及雍京西明寺……凡二十部"、"暨和帝神龙元年乙巳，于东洛内道场，译《孔雀王经》，又于大福先寺出《胜光天子》《香王菩萨咒》《一切庄严王经》四部"、"睿宗永隆元年庚戌，于大荐福寺出……二十部"、"景云二年辛亥，复于大荐福寺译《称赞如来功德神咒》等经"① 等，可以看出义净译经驻锡地点有多处，但是最具代表性和成就最大的地点是大荐福寺，所以编撰者选择大荐福寺是有见识的。《宋传》主要是以这个依据为准，即僧传传主最突出的住寺。这种情况，有个前提，就是僧传传主的资料比较丰富，所以僧传标题都能在传文中找到相应的住寺或住山。

2. 有的僧传标题以僧传传主隶名寺为标题。隶名寺，也就是僧人取得名籍之后，在官府派遣到指定的寺院，如卷一七《唐会稽开元寺允文传》，允文先后"开成元年因游台峤，止息越之嘉祥寺，众藉清芬甄，命敷其经律。文戡约听徒，颇为严毅。……会昌三年，移居静林寺。……大

---

① 释赞宁：《宋高僧传》，范祥雍校注，中华书局1987年版，第1—3页。

中伊始，复振空门，重整法仪，乃隶名开元寺三十人数"①。允文所历寺院也颇多，弘法以嘉祥寺为主，但是编撰者却选择不是最突出行地点的隶名寺，恐怕有倾向官方之嫌。但是有的僧传传主提及隶名寺，却又不以隶名寺为标题的，如卷六《唐越州暨阳杭乌山智藏传》云："大历三年，游豫章，因隶名天宫寺……及游会稽，于杭乌山顶筑小室安禅。"② 也就是说，编撰者对于选不选隶名寺还是有所考虑的。

3. 有的僧传标题以僧传传主卒寺为标题。如卷八《唐金陵延祚寺法持传》，文中云："后归青山，重事方禅师，更明宗极，命其入室，传灯继明，绍迹山门，大宣道化。……长安二年九月五日，终于延祚寺。"③ 应该来说，青山是法持主要弘法地点，具有代表性，但是编撰者却选择法持卒寺为标题，而对他在卒寺的弘法活动没有任何提及。

4. 有的僧传标题由于传文中对于僧传传主的住寺没有任何提及，所以此类标题可靠性还是值得商榷的，不能简单贸然使用。如卷二六《唐太原府崇福寺怀玉传》："释怀玉，姓许，并州人也。少而警利，日览千言。早露锋芒，迥拔侪类。及其长也，戒节逾峻。梵场龟鉴，志在修葺，无间彼此，夏墟寺宇，经有阙而必补，像有凋而遍修，三任纪纲，特有崇建。仍校雠大藏经二十余本，祁寒盛暑，不废晨暮。增饰净土院，兴事任力，转加殊丽。代宗嘉之，委为灌顶道场主，真言秘诀有所在矣。春秋六十三，卒于本院云。"④ 传文对于崇福寺相关内容没有任何记载，此类情况不在少数。

综上所述，通过对《梁传》《唐传》与《宋传》的僧传传主标题的考察，我们可以得出结论：僧传传主标题比较复杂，如果要对传主进行某一类标准统计，千万不能简单以标题为依据，而要从传主传文入手，才能得出更可靠的数据。

第四节　《宋传》对传主的选录标准

高僧传是为高僧立传，立传的编撰者对众多僧人进行选择，不可避免地需要一定的选录标准，选录标准的优良与否，关系到僧传的流传与影

---

① 释赞宁：《宋高僧传》，范祥雍校注，中华书局 1987 年版，第 396—397 页。
② 《宋高僧传》，第 120—121 页。
③ 同上书，第 182 页。
④ 同上书，第 669 页。

响。《颜氏家训》卷上"名实"云："劝其立名，则获其实。且劝一伯夷，而千万人立清风矣；劝一季札，而千万人立仁风矣；劝一柳下惠，而千万人立真风矣。"① 此是就树立正人君子典范而言，赞颂君子，对世人世风具有引导作用。刘知几对于史传著作的作用也有精到见解，有论述云："穷览千载，见贤而思齐，见不贤而内自省。若乃《春秋》成而逆子惧，《南史》至而贼臣书，其记事载言也则如彼，其劝善惩恶也又如此。由斯而言，则史之为用，其利甚博，乃生人之急务，为国家之要道，有国有家者，其可缺之哉！"② 同样，僧传作品对于佛教发展史的作用也是如此，树立好的高僧典范，那么就自然会对佛教良性发展具有引导作用。"因为僧侣的形象体现着佛教的道德力量，所以其形象之大小高低，决定着佛教在社会中的地位与作用"③，要起到这个作用，那么编撰者就必须在高僧传中对选录高僧持有较高标准。《宋传》是继承《梁传》与《唐传》之作，所以对于选录标准的研究，需要追溯源头。

释慧皎的《梁传》是"高僧传"系列第一部著作，在此之前，已经有不少佛教传记记载僧人的生平事迹，慧皎在《梁传序》对那些传记进行了简要介绍并指出了缺点，文云：

> 自汉之梁，纪历弥远。世涉六代，年将五百。此土桑门，含章秀起，群英间出，迭有其人。众家记录，叙载各异。沙门法济，偏叙高逸一迹。沙门法安，但列志节一行。沙门僧宝，止命游方一科。沙门法进，乃通撰传论。而辞事阙略，并皆互有繁简，出没成异。考之行事，未见其归。宋临川康王义庆《宣验记》及《幽明录》、大原王琰《冥祥记》、彭城刘俊《益部寺记》、沙门昙宗《京师寺记》、太原王延秀《感应传》、朱君台《征应传》、陶渊明《搜神录》，并傍出诸僧，叙其风素，而皆是附见，亟多疏阙。齐竟陵文宣王《三宝记传》，或称佛史，或号僧录。既三宝共叙，辞旨相关，混滥难求，更为芜昧。琅玡王巾所撰《僧史》，意似该综，而文体未足。沙门僧祐撰《三藏记》，只有三十余僧，所无甚众。中书郎郗景兴《东山僧

---

① 颜之推：《颜氏家训》，刘彦捷等注评，学苑出版社 2000 年版，第 134 页。
② 刘知几：《史通通释》卷 11 "史官建置"，浦起龙释，上海书店 1988 年影印本，第 1 页。
③ 严耀中：《佛教戒律与中国社会》，上海古籍出版社 2007 年版，第 403 页。

传》、治中张孝秀《庐山僧传》、中书陆明霞《沙门传》，各竞举一方，不通今古，务存一善，不及余行。逮乎即时，亦继有作者。然或褒赞之下，过相揄扬；或叙事之中，空列辞费。求之实理，无的可称。或复嫌以繁广，删减其事，而抗迹之奇，多所遗削，谓出家之士，处国宾王，不应励然自远，高蹈独绝。寻辞荣弃爱，本以异俗为贤。若此而不论，竟何所纪！①

从文中可以得出，释慧皎对前代僧人传记批评很多，或在僧传内容安排，或在僧传叙事方式，或在僧传体裁形式等，也就是说当时及之前存在的僧传在选录标准方面存在严重问题。所以慧皎编撰《梁传》首先强调以德为先的大标准，"开其德业，大为十例"、"然法流东土，盖由传译之勋。……震旦开明，一焉是赖。兹德可崇，故列之篇首"、"凡此八科，并以轨迹不同，化治殊异，而皆德效四依，功在三业，故为群经之所称美，众圣之所褒述"②，可见慧皎对"德"的重视，"德"毫无疑问是编撰此书选录高僧的标准。这个"德"的意思是什么呢？根据引文，"德"应当指功德，佛教是通过高僧做功德来扩大影响，以十科选录也就表明按照高僧在十个功德方面的突出表现来分类，十科高僧在不同的方面对佛教发展都能起到应有的作用。如对于"神异"或"感通"所产生的影响，赵翼指出："盖一教之兴，能耸动天下后世者，其始亦必有异人异术，神奇灵验，如佛图澄、鸠摩罗什之类，能使人主信之，士大夫亦趋之，是以震耀天下，而流布于无穷，不然则何以起人皈依也。"③佐藤达玄先生认为：是《高僧传》中"十科高僧的活动，建立了中国佛教的基础"④。实际上而言，我们还可以认为，十科高僧的活动，同样发展了中国的佛教。通过上述分析，我们认为：十科即十德，体现了僧传在编撰体例和选录标准的一致性。

其次，高僧品德和学识是第二原则。慧皎不满前代僧传的另一方面是"而抗迹之奇，多所遗削，谓出家之士，处国宾王，不应励然自远，高蹈独绝。寻辞荣弃爱，本以异俗为贤"。对此，他指出"其有繁辞虚赞，或德不

---

① 释慧皎：《高僧传》，汤用彤点校，中华书局1992年版，第523—524页。
② 《高僧传》，第524—525页。
③ 赵翼：《廿二史札记》卷15，王树民校证，中华书局1984年版，第325页。
④ 引自严耀中《佛教戒律与中国社会》，上海古籍出版社2007年版，第403页。

及称者，一皆省略"、"然名者，本实之宾也。若实行潜光，则高而不名；寡德适时，则名而不高。名而不高，本非所纪；高而不名，则备今录。故省名音代以高字"①。这里所提到的"德"，乃是指品德或德行，重视德行，自然要否决"名"采用"高"。从慧皎编撰体例安排来看，其体例为："一曰译经，二曰义解，三曰神异，四曰习禅，五曰明律，六曰遗身，七曰诵经，八曰兴福，九曰经师，十曰唱导。"② 从前面可以看出，十科其实就是十功德，我们知道《梁传》为十四卷，除去序录，其实只有十三卷，译经3卷、义解5卷，两科之和占全书一半以上，而这两功德入选高僧大都学问高深，因为佛教传入我国，佛教经典必须经过中国化才能使佛教得到更广泛的普及，这也符合当时佛教发展需要。汤用彤先生说："高僧特立独行，释迦精神之所寄，每每能使教泽继被于来世。至若高僧之特出者，则其德行其学识独步一世，而又能为释教开辟一新世纪。"③ 所以高僧的德行和学识具有极其重要的地位，是佛教存在和发展必不可少的。

这里有必要说明一点，黄夏年先生根据慧皎《梁传序》中对"德"的论述，他说："'德'，指的是掌握了佛教'智慧'和有良好行为之行解双优的僧人。"④ 由此他认为："以'德'为本的思想已经成为中国僧人立传的最基本的标准和最重要的条件，影响了一代又一代的僧人。"⑤ 黄先生对"德"的强调无疑是正确的，但是他没有对"德"进行区分，所以结论是值得商榷的。

再次，虽然《梁传》安排了神异科，但是我们考察《梁传》，许多不是神异科的高僧记载了大量神异事迹，高僧神异事迹是一个潜在的选录标准。慧皎在《梁传序》云："其转读宣唱，虽源出非远，然而应机悟俗，实有偏功。故齐、宋杂记，咸条列秀者。今之所取，必其制用超绝，及有一分通感，乃编之传末。如或异者，非所存焉。"⑥ 可见通感成为转读唱导的入选标准。神异事迹的叙述不仅能在统治阶级中产生重大影响，而且在民众之中更是不言而喻的。如卷一《汉洛阳安清》云："高穷理尽性，自识缘业。多有神迹，世莫能量。初高自称先身已经出家，有一同学多

---

① 释慧皎：《高僧传》，汤用彤点校，中华书局1992年版，第525页。
② 同上书，第524页。
③ 汤用彤：《魏晋南北朝佛教史》第8章，中华书局1983年版，第133页。
④ 黄夏年：《"四朝高僧传"与法门寺》，载《中外佛教人物论》，宗教文化出版社2005年版，第91页。
⑤ 同上书，第95页。
⑥ 释慧皎：《高僧传》，汤用彤点校，中华书局1992年版，第525页。

嗔，分卫值施主不称，每辄恚恨。高屡加诃谏，终不悛改。如此二十余年，乃与同学辞诀云：'我当往广州，毕宿世之对。卿明经精勤，不在吾后，而性多嗔怒，命过当受恶形。我若得道，必当相度。'既而遂适广州，值寇贼大乱，行路逢一少年，唾手拔刃曰：'真得汝矣。'高笑曰：'我宿命负卿，故远来相偿，卿之愤怒，故是前世时意也。'遂申颈受刃，容无惧色，贼遂杀之。观者填陌，莫不骇其奇异。既而神识，还为安息王太子，即今时世高身是也。"① 神异事迹对于知识水平相对低下的民众来说，更容易取得民众的相信。《兴福科论》云："故知道藉人弘，神由物感，岂曰虚哉！是以祭神如神在，则神道交矣；敬佛像如佛身，则法身应矣。故人道必以智慧为本，智慧必以福德为基。"② 在这里慧皎再次说明了智慧即学识、神异与兴福相辅相成的关系。

释道宣的《唐传》是继《梁传》而作，那么选录标准是否相同呢？《唐传序》云："凡此十条，世罕兼美。今就其尤最者，随篇拟伦。自前传所叙，通例已颁。回互抑扬，寔遵弘捡。"③ 就十科即十功德来说，基本继承了《梁传》观点，这里更明确指出选录其中最突出的，就是说道宣《唐传》也是首先以十功德为第一标准。

其次，《唐传序》云："会正解而树言，扣玄机而即号，并德充宇宙，神冠幽明。……华胥撰列，非圣不据，其篇则二十四依付法之传是也。"④ 这里也强调"德"，并比之华胥撰书以"圣"相类，那么这个"德"明显是指德行。在《梁传》之后，"季世情絮，量重声华。至于鸠聚风猷，略无继绪"，就是说名僧的风气又有所上升，而品德高尚风气有所下降。又云："世挺知名之僧，未觌嘉猷，有沦典籍，庶将来同好？"⑤ 通过上述道宣一系列言论，可以看出道宣也是持反对名僧习气、重视德行的高僧选录标准。《唐传》体例是继承《梁传》，也是十科，只是稍有点变化，"大为十例，一曰译经，二曰解义，三曰习禅，四曰明律，五曰护法，六曰感通，七曰遗身，八曰读诵，九曰兴福，十曰杂科"。译经 4 卷，义解 11 卷，几乎占全书总卷数 31

---

① 释慧皎：《高僧传》，汤用彤点校，中华书局 1992 年版，第 5 页。
② 《高僧传》，第 496 页。
③ 释道宣：《续高僧传》，载《高僧传合集》，上海古籍出版社 1991 年版，第 105 页。
④ 同上。
⑤ 同上。

卷的一半，除了是由于当时佛教界译经和义解兴盛，出现了许多学识渊博的高僧，还与道宣本人知识分子人格和爱好分不开的。[①] 所以，《唐传》中高僧学识倾向也很明显。至于《唐传》中僧传记载高僧神异事迹的情况也大量存在。

释赞宁的《宋传》继承《梁传》《唐传》，在高僧选录标准基本保持了一致性。《宋传序》云："而乃循十科之旧例，辑万行之新名。"[②] 此表明《宋传》也遵循十科即十功德为先的选录标准。其次，《宋传序》云："慧皎刊修，用实行潜光之目。道宣缉缀，续高而不名之风。令六百载行道之人，弗坠于地者矣。爰自贞观命章之后，西明绝笔已还，此作蔑闻，斯文将缺。"[③] 赞宁也继承德行为次的选录标准。他在《宋传后序》指出："至梁沙门慧皎云《高僧传》，盖取高而不名者也，则开其德业，文为十科，见于传内。厥后有唐《续高僧传》，仿仰梁之大体而以成之。泊乎皇朝有《宋高僧传》之作也，清风载扬，盛业不坠。"[④] 赞宁再次表明《宋传》是继承前两传之作，所以选录标准上也基本一样。在编撰体例上十科和《唐传》一样，虽然译经3卷和义解4卷，占全书总数30卷的比例下降，但是正因如此，更能体现赞宁对前两传的重视学识的继承。同时，在高僧神异事迹记载上，除了"感通"5卷，感通高僧人数增多，另外其他科的高僧神异事迹记载比比皆是。如"习禅"卷一〇《唐洪州开元寺道一传》云："初于林中经行，座下开示，平等垂法，不标于四科，安恬告尽，刻期于二月，此明一终之先兆也。示疾云逝，俾葬远山，凡百攀援，愿留近郭。终遂穷僻，式遵理命，此又明一晦迹之素诚也。将归灵龛，爰溯浅濑，人力未济，舟行为迟。膏雨骤下于远空，穷溪遄变于深涉，此又明一通神之应感也。"[⑤] 可见，对于高僧神异事迹的记载成为高僧修为高深的一个表现，所以得到了特别地重视。我们还可以从《宋传》之《杂科声德传论》赞宁所说得到印证："为僧不应于十科，事佛徒消于百载。如能以高为本，以德为枝，以修为华萼，以证为子实，然后婆娑挺

①　黄夏年：《"四朝高僧传"与法门寺》，载《中外佛教人物论》，宗教文化出版社2005年版，第92页。

②　释赞宁：《宋高僧传》，范祥雍校注，中华书局1987年版，卷首。

③　《宋高僧传》卷首。

④　同上书，第759页。

⑤　同上书，第222页。

盖，郁密成阴，周覆三千大千，号之曰大菩提树也欤!"① 即功德为先入十科，次高、德都是德行学识部分，然后修、证体现为神异，这也就是赞宁选录高僧的标准。

综上所述，"高僧传"系列自从慧皎《梁传》始，确立了以功德为先、德行学识为次、神异为辅的选录标准以来，之后的僧传基本进行了沿袭，主要还是慧皎在确立此种思想时既考虑了维护佛教良性发展的需求，树立高僧高大的形象，也考虑到扩大佛教的统治阶级和民众阶层的影响，这些满足了佛教发展的需要，而这种对传主选录标准的指导思想得到后世不少佛教史家的认同并继承下去。

---

① 《宋高僧传》，第 758 页。

第四章 《宋传》的内容研究

第一节 《宋传》各篇内容简述及三部僧传传论比较分析

对《宋传》各科内容简要分析，有必要与《梁传》《唐传》的各科结合起来，可以更有利于我们加深对编撰者总结不同时代下各科变化发展的理解。先看下表：

	梁传		唐传		宋传	
	十科	小计	十篇	小计	十篇	小计
一	译经卷 （1—3）	正：35 附：30	译经卷 （1—4）	正：15 附：35	译经卷 （1—3）	正：32 附：11
二	义解卷 （4—8）	正：101 附：165	义解卷 （5—15）②	正：161 附：85	义解卷 （4—7）	正：71 附：22
三	神异卷 （9—10）	正：20 附：12	习禅卷 （16—21）	正：88 附：38	习禅卷 （8—13）	正：103 附：29
四	习禅卷（11） 明律①	正：21 附：11	明律卷 （22—23）③	正：29 附：18	明律卷 （14—16）	正：58 附：10
五		正：13 附：9	护法卷 （24—25）④	正：18 附：8	护法卷（17）	正：18 附：1
六	亡身卷（12） 诵经	正：11 附：4	感通卷 （26—28）⑤	正：118 附：12	感通卷 （18—22）	正：89 附：23⑥
七		正：21 附：11	遗身卷（29） 读诵	正：12 附：4	遗身卷（23）	正：22 附：2
八	兴福卷（13） 经师 唱导	正：14 附：3		正：14 附：8	读诵卷 （24—25）	正：42 附：8
九		正：11 附：23	兴福卷（30）	正：12 附：5	兴福卷 （26—28）	正：50 附：6
十		正：10 附：7	杂科卷（31）	正：12 附：8	杂科卷 （29—30）	正：45 附：12

续表

	梁传		唐传		宋传
序录卷（14）					
总计		正：257 附：275		正：479 附：221	正：531 附：125

说明：1. 版本：《梁传》，汤用彤校注本；《唐传》，碛砂藏本，其中有传主标题无传文，也算入。见《高僧传合集》；《宋传》，范祥雍点校本。2. ①《梁传》：《明律》卷一一《齐京师安乐寺释智称》附传《聪超》，据传文："称弟子聪超二人"，可知此传文标题附传把二人当成一人，所以明律附传应为9人。②《唐传》：《义解》卷六附传标题18人，实际上19人。卷八附传标题1人，实际上2人。卷一三附传标题8人，实际上9人；卷一四附传标题4人，实际上5人。③《唐传》：《明律》卷二三附传标题7人，实际上6人。④《唐传》：《护法》卷二五附传标题5人，实际上4人。⑤《唐传》：《感通》卷二六附传标题3人，实际上6人。⑥参见本论文第三章第三节。

一　译经篇

从译经在三部僧传所记高僧人数①和在全书所占比重来看，在《梁传》中地位远远高于其他二传，这和佛教初传中土不久，需要大量的传译佛教经典有关。《唐传》虽然有四卷，三部之中卷数最多，但所记载高僧最少，然而这也与释道宣重视译经质量有关，卷四仅有《玄奘传》和《那提传》，两位高僧占一卷，这是唯一的，因为玄奘开创了中土高僧译经事业的新局面，此外《玄奘传》的篇幅长，是所有高僧传系列中传记最长的传文，值得重点强调。《宋传》所记载皆为唐代高僧（包括武周），如果与《唐传》中唐代译经高僧相加，无疑唐代是译经高僧人数最多、成就最大的时期。但是译经高僧在全书中人数位列倒数第二，说明译经已经不是佛教存在和发展的主流。唐代玄奘等所译经本中很多为重译，如对于《维摩诘经》的重译，《维摩诘经》之汉译本原有七种，流传至今的仅为三种，分别为吴支谦译《维摩诘经》、后秦鸠摩罗什译《维摩诘所说经》、唐玄奘译《说无垢称经》，虽然玄奘译本不如鸠摩罗什译本重要，

---

① 　主要就正传高僧来探讨，因为正传高僧具有代表性。

流传也没那么广，至于原因则十分复杂①，但此举正是唐代高僧们为提高译经质量的一种努力。

三朝高僧传之译经篇传论中，我们基本可以看到中国佛教译经变化发展的脉络。释慧皎《梁传》记录自后汉永平十年（67）至梁武帝天监十八年（519），其间共计453年。释道宣《唐传》时间范围应为：梁初至麟德二年（665），共164载。释赞宁《宋传》大体始于唐高宗乾封二年（667），即卷十四所载道宣的卒年，终于宋太宗雍熙四年（987），即卷七所载义寂的卒年。其间记录译经传主从佛教初传中土的"汉洛阳白马寺摄摩腾"到唐大中年间（847—860）的"唐京师满月传之附见智慧轮"，囊括了中国佛教译经发展史上从初始、发展、兴盛的过程，并且展示了各个时期译经的特点。译经篇之传论，是三位撰者对译经的看法，代表了他们对译经发展情况的主观倾向的把握。他们在论中结合时代特点，对译经进行了总结，是十分重要的文献资料。

结合三朝高僧传之译经篇传论，我们可以总结出三位撰者以下相同之处：

首先，一致强调译经对于佛教传播的首要地位和放在十科之首的原因。释慧皎《梁传序》云："然法流东土，盖由传译之勋。或预约沙险，或泛漾洪波。皆忘形殉道，委命弘法。震旦开明，一焉是赖。兹德可崇，故列之篇首。"② 在传论中同样给予了称誉："传译之功尚矣，固无德而称焉。"③ 释道宣在传论中开篇云："观夫翻译之功，诚远大矣。"④ 释赞宁在《宋传序》进一步称译经："变梵成华，通凡入圣。法论斯转，诸佛所师。"⑤ 又在传论尾道："良由译经是佛法之本，本立则道生。其道所生，唯生释子，是以此篇冠首。"⑥ 确实如三位撰者所强调的那样，译经是佛教传入我国的前提，没有佛教经典的传译就没有佛教的传播。

其次，都在论中提到了先贤们在译经中所遇到的一些问题，提出了解决问题的最佳标准。释慧皎论中指出："然夷夏不同，音韵殊隔，自非精

① 何剑平：《玄奘与〈说无垢称经〉的传译》，《宗教学研究》2007年第3期。
② 释慧皎：《高僧传》，汤用彤点校，中华书局1992年版，第524页。
③ 同上书，第141页。
④ 释道宣：《续高僧传》，载《高僧传合集》，上海古籍出版社1991年版，第105页。
⑤ 释赞宁：《宋高僧传》，范祥雍校注，中华书局1987年版，第2页。
⑥ 同上书，第58页。

括诂训，领会良难。"① 历史证明，即使妙善梵汉之音，还是远远不够，还应当博寻众典，才能真正"考寻理味，决正法门"。释道宣同样指出了问题："粤自汉明终于唐运，翻传梵本，多信译人。事语易明，义求罕见。厝情独断，惟任笔功。纵有覆疏，还遵旧绪。梵僧执叶，相等情乖。音语莫通，是非俱滥。"② 解决的办法应当如玄奘等那样"独高联类。往还振动，备尽观方……言议接对，不待译人。披析幽旨，华戎胥悦"③。释赞宁对于糅经问题提出了解决办法。"然则糅书勿如无书，与其典也，宁俗。傥深溺俗，厥过不轻；折中适时，自存法语，斯谓得译经之旨矣。"④ 他们在论中所提到的问题，都是先贤们所遇到的突出问题，而解决办法很有针对性。

再次，对前代杰出译经高僧进行了点评，以便于后人了解他们的特点。释慧皎对他前代杰出译经高僧基本都有评论。从摄摩腾到长安译场的鼎盛，基本上都有概述，因为佛教在当时还是新兴事物，有必要进行简要介绍。释道宣也有对几位杰出译经高僧能脱离于一味"奉信贤明"进行赞许，他们是佛教译经界学习的榜样。由此指出，译经要"隐括殊方，用通弘致"。释赞宁就佛教所传新兴密教大师有重点评价，一方面因为密教的神秘性；另一方面，密教经典在当时得到广泛传译。当然，那些译经传主的具体事迹都分别在各自的本传中，但是诸篇论却是集中归纳了他们对译经贡献的重点，也反映了三位撰者对中土译经发展演变的把握。可以说，三译经篇传论结合起来看，是一部简洁的佛教译经史。

然而，由于三位撰者所处的时代特点，他们在论中也有各自不同的侧重点。这些侧重点，涉及佛教译经的许多方面。

（一）释慧皎《梁传》之译经篇传论。1. 介绍了印度的传法源流。由于佛教刚传入我国不久，佛教在印度的传法系统是有必要进行介绍的，一方面便于僧人了解传承情况，另一方面也是为了树立佛教圣者形象，符合我国人民"尊古"的思维习惯。在论中谈到了佛祖入灭后，原始佛教的主要代表及传法特点、部派佛教的主要代表及传法特点、大乘佛教的主要创立者及传法特点。2. 指出了译经史上三大不幸之事。他们在佛教传

---

① 《宋高僧传》，第 141 页。
② 释道宣：《续高僧传》，载《高僧传合集》，上海古籍出版社 1991 年版，第 139 页。
③ 同上书，第 139 页。
④ 释赞宁：《宋高僧传》，范祥雍校注，中华书局 1987 年版，第 56 页。

译上都有巨大贡献，但是都有所缺憾。其一，童寿①有别室之愆、佛贤有摈黜之迹。其二，世高、无谶等不得其死。其三，法度禀化尼众，但行为矫异。释慧皎对这些事情并不理解，把原因归结为"时运浇薄，道丧人离"②。3. 对西行求法的肯定。为什么要西行求法？原因有二，第一，由于路途艰险，所传经典遗失严重。论中云："莫不十遗八九。"③ 第二，博寻众典，可以决正法门。真正的众典，在于佛教发源地印度。西行求法带回来经典，就可以解决译经上的许多歧义。

（二）释道宣《唐传》之译经篇传论。三译经篇传论中，只有释道宣的论篇幅较短，但是也给我们提供了许多有价值的观点。释道宣此论针对性十分强，主要就可能是当前传译的突出问题进行反复论述，即大多数传译者（指译主）过分依靠译人（按：指中间人）帮助，依据旧说，没有认识到"语迹虽同，校理实异"、"时俗变矣"④。由此，释道宣列举了佛教史上译经水平最突出的几位大师来做学习榜样，强调译主需提高自我水平，不待译人，才能"生流千载"。由于释道宣处于玄奘生活的时代，所以他对玄奘的翻译水平进行了高度赞扬，对唐代翻译水平予以了肯定。

（三）释赞宁《宋传》之译经篇传论。唐代是我国译经史上的高峰期，也是中国高僧译经水平上升的时期，释赞宁的此论就是一个完美的总结。

1. 总结了佛教史上的译经情况，提出了自己的翻译理论。就译经主体而言，确实经历了一个由"梵客华僧……觌面难通"、"彼晓汉谈，我知梵说"、"生生不别，斯谓大备"的阶段。⑤ 在这些阶段的摸索过程中，前代高僧总结了一些翻译理论，正如笔者提到的道安"论五失三不易"、彦琮"八备说"、明则"翻经仪式"、玄奘"五种不翻"，在此基础上赞宁提出了自己的理论：六例说。⑥ "六例说"提出，标志着我国佛教翻译理论已经成熟。

2. 总结出"三教""三轮""三祖"。此种说法的提出，结合了佛教

---

① 童寿即鸠摩罗什。

② 释慧皎：《高僧传》，汤用彤点校，中华书局 1992 年版，第 142 页。

③ 同上书，第 142 页。

④ 释道宣：《续高僧传》，载《高僧传合集》，上海古籍出版社 1991 年版，第 139 页。

⑤ 释赞宁：《宋高僧传》，范祥雍校注，中华书局 1987 年版，第 52 页。

⑥ 同上书，第 53 页。

传播发展的特点，厘清了佛教三种传播方式的范畴。一为显教者，诸乘经律论也；法轮者，以摩腾为始祖，以法音传法音。二为密教者，瑜伽灌顶五部护摩三密曼拏罗法也；教令轮者，以金刚智为始祖，以秘密传秘密。三为心教者，直指人心，见性成佛，禅法也；心轮者，以菩提达摩为始祖，以心传心。①

3. 总结了译场经馆的设官分职，特别夸赞了本朝译场译经规模。

（1）译主，以"赍叶书之三藏，明练显密二教者充之"②，主持译事。即要精通梵、汉，对经律论经典非常熟悉，遇到疑难问题，由其裁决。

（2）笔受，"必言通华梵，学综有空。相问委知，然后下笔"，又称缀文。即要通晓梵、汉，熟悉经典，仔细斟酌，转为汉文。

（3）度语，"传度转令生解"，又称译语、传语。即把梵文字转记为汉字。

（4）证梵本，"求其量果，密能证知，能诠不差，所显无谬矣"。即对于译主宣读梵语经文时，注意是否有讹误。

（5）证梵义，"明西义得失，贵令华语下不失梵义也"。即力求梵汉意思一致。还有证义，"盖证已译之文，所诠之义也"。即保证所译与原典准确相符。

（6）证禅义，"沙门大通充之"。即从禅学角度考究。

（7）润文，"令通内外学者充之，良以笔受在其油素，文言岂无俚俗，傥不失于佛意，何妨刊而正之"。即对译本再作润饰，使文义丰美。

（8）梵呗，"法筵肇启，梵呗前兴，用作先容，令生物善"。即用梵音对译本进行读诵，力求音节和谐，便于宣讲。

（9）校勘，"仇对已译之文"。即再次对所译本子进行校对。

（10）监护大使，"监掌翻译事，诠定宗旨"。即朝廷派官员，负责译场日常监管工作。

（11）正字字学，"玄应曾当是职"。即对所译本子从训诂角度再进行考究。

上述详细记载，为我们了解译场人员职能提供了极其珍贵的文献资

① 释赞宁：《宋高僧传》，范祥雍校注，中华书局1987年版，第56页。
② 同上书，第56—57页。以下部分引文出处皆一样。

料。这说明了翻译事业的日益成熟和官方作用的加强，因为佛经翻译已经由个人为主变为政府为主，政府投入大量人力物力，翻译程序细化的同时，官方影响力也在上升。释赞宁作为宋人，记载了北宋初译场建立情况，"朝庭罢译事，自唐宪宗元和五年至于周朝，相望可一百五十许岁，此道寂然。迨我皇帝临大宝之五载，有河中府传显密教沙门法进请西域三藏法天译经于蒲津，州府官表进，上览大悦，各赐紫衣，因敕造译经院于太平兴国寺之西偏。续敕搜购天下梵夹"①。其后对译场设官分职也作了叙例，并且带上了夸赞本朝的习气。宋代以后，以翻译密教经典为主，流传影响不大。一方面由于密教仪轨化、神秘化的特点，另一方面经典源头——印度佛教衰落，思想创新少，所以说印度佛教的变化带动了中国佛教译经的变化。

4. 指出了经题的问题。经题是人们不太注意的方面，释赞宁希望能在"简少"与"偏长"之间找到一个适中的办法。

二　义解篇

三部僧传中，不论从高僧人数还是从在全书中所占比重，义解在《梁传》与《唐传》中地位最为重要，《宋传》中地位相对下降，人数相对减少。这主要是因为前两传时期佛教传入我国不久，需要高僧对所传译的经典进行解说阐发，以更有利于向广大信众传播。而《宋传》时期，主要是我国高僧创立宗派，建立新说，重心在于对前代经疏进行融会贯通。义解在三部僧传中的地位，还与义解是"三学"即戒、定、慧中的"慧"有关，佛教追求彼岸世界的解脱，智慧的思考是途径之一。我们还应注意到三传编撰者籍贯都是南方人，受南方佛教重义理的传统影响，所以义解盛行，自然选录高僧多。

三部僧传在义解科涉及义解传者从"晋洛阳朱士行"至"宋天台山螺溪传教院义寂"，三篇传论结合来看，基本上反映了宋初之前中国佛教义解发展演变的脉络。三篇传论中的论述模式都是在强调义解的必要性之后，对之前各个朝代的义解杰出人物和他们的义解特点进行了点评。

（一）《梁传》之义解科传论。释慧皎在《梁传序》中称义解："慧

---

① 《宋高僧传》，第57—58页。

解开神，则道兼万亿。"① "慧解"即义解，也就是说依靠慧解开悟心神，那么佛教就能在广大民众中传播。因为佛教作为一种异域宗教，虽然经过传译者的传译，但是仅仅是在极少范围内流传，由于佛典深奥，民众知识水平比较低下，理解能力有限，所以要真正把佛教发扬光大，那么就需要义解高僧的努力，所以说，"悠悠梦境，去理殊隔；蠢蠢之徒，非教孰启"②。对于义解者——法师，释慧皎说道：而滞教者谓至道极于篇章，存形者谓法身定于丈六。故须穷达幽旨，妙得言外，四辩庄严，为人广说，示教利喜，其在法师乎？法师的主要责任就是通过对佛教经典的研究，向民众传播佛教义理，宣扬佛教的益处，从而获得民众的理解和支持。其后论及对般若学的义解，在朱士行的寻经到达中土之后，在竺潜、支遁、于兰、法开等人的义解下，对于此经的传播功不可没。其中有释道安及其弟子慧远，对于两者的行为的差异，释慧皎有总结：远公既限以虎溪，安师乃更同辇舆。佛教作为一种出世宗教，本来是远离人世，应当如慧远那样。释慧皎为道安的行为进行了解释："经云：'若欲建立正法，则听亲近国王，及持仗者。'安虽一时同辇，乃为百民致谏，故能终感应真，开云显报。"佛典支持僧侣接近最高统治者，这样是为了佛教的生存和发展。虽说要出世，但如果入世，关键在于入世的目的，只要是为了民众的解脱，那么同样能够获得好的报应。其后指出了几大义解区域和代表人物：荆陕有翼、遇；庐山有永、持；关中有融、恒、影、肇；建业有生、睿、畅、远；江西有昙度、僧渊；浙东有超进、慧基。

（二）《唐传》之义解科传论。释道宣论中指出："昔者汉明人梦，滕兰赴雒，通悟道俗，抑引邪正。故使时俗一期翕然改观，非夫辩慧何以明哉！"③ 可见，佛教在传入时，在吸引民众的过程中，高僧就使用了"辩慧"即义解。同样，在佛教流传的过程中也离不开义解，因为"况复教流千载，情缠五浊，控词谈理，能无纠纷。得在传扬，失于熏习"。也就是说，佛教在长时期的流传中，会产生不同的问题，解决这些问题，需要高僧的义解活动。其后分朝代论述佛教状况、代表人物特点或其贡献。如晋代，道安"广疏注述，首开衢路"，远、持"追踪于遂古"，愿、睿

---

① 释慧皎：《高僧传》，汤用彤点校，中华书局1992年版，第524页。
② 同上书，第342—344页。
③ 释道宣：《续高僧传》，载《高僧传合集》，上海古籍出版社1991年版，第227—228页。

"振藻而传芳",道生"孤拔,擅奇思于当年",道林"远识,标新理而改旦"……唐初,"道务是崇,义学之明,方为弘远"。皓、壁"抗声于金陵",基、景"标宗于玉垒",常、辩"弘扬于三辅",深、懿"驰誉于两河",并晋则"二达开模",齐鲁则"密才程略"。对于本朝之义解注述不正确的做法,道宣提出了劝诫:其一,谓邪慧为真解,以乱识为圆智。其二,"必事相陵",终成陷黩。如果持续下去,最终会得到报应,这类例子很多。所以,作者提出了作为一个义解者必须"人法斯具,慧解通微",才能"章疏所行,诵为珠璧"。从上述可知,其一,释道宣通过论,基本上对各朝代佛教义解情况作了简要介绍,有利于读者快速了解其脉络。其二,释道宣看到了各朝代的佛教政策和封建帝王对佛教的支持,只有在这种大环境下,义解高僧才能发挥他们的聪明才智,为弘阐佛法贡献力量。其三,佛教义解虽然起到了巨大作用,各代杰出人物辈出,但毋庸置疑的是,在这个过程中,也有一些不正确的做法,这是值得注意的。

(三)《宋传》之义解科传论。释赞宁在《宋传序》中称义解:"寻文见义,得意妄言。三慧克全,二依当转。"[1] 也就是说,通过对经典的阐释,充分领会其深意,这样佛教就能存续下去。他在论中把佛教比喻为图书,把义解比喻为训第。针对义解出现的多种问题,提出:"四种征理,理则难隐。一观待,二作用,三法尔,四证成。用斯道理,义岂惑乎?"[2] 义解确实是一件比较困难的事情,不是任何一位高僧就能从事这项事业的,必须近佛菩萨,善慧法师,四无碍居游戏之中,八辩音演自他之利……此皆善其通变,能其揣摩,以利根而教钝根,以正见而诱邪见。不仅需要高僧浸淫佛学,同时还要"通变",就能直达佛的真谛。对于共疑现象,赞宁认为应当"阙如"。同样,赞宁也对前代义解高僧情况进行了概述。唐代,玄奘取经归来,带来众多梵文经典,"富瑜伽之宝林,开唯识之渊府"。高足大乘基"有经皆讲,无疏不成,权奇百本之名",光、宝、测、沼"章句之学颇长,释签之理何富",世"茂珠林",迈"编图纪",璟"附量度于鲸海",尚"缀文荣于玉华",瑗、康"究三论",楷、景"穷方等",观公"撰集华严",法藏"从性海而游",智升"自名流而出",一行"所作通神,实僧相之法王",忠、氤、琳、甫、贲、

---

① 释赞宁:《宋高僧传》,范祥雍校注,中华书局1987年版,第2页。
② 同上书,第164—167页。

秀、诜、真"俱参译判经，尽开荒辟土"，宗密、湛然"悟达全才"，彻公"令范，可以副人之求备哉"，余诸上士"擅美殊方，落落英翘，互有长短"。由于时代不同，对于经典的阐释，出现了论、疏、义章，这些解释都具有明灯一样指明方向的作用，通过这些解释和思考，才能通真正佛理，这才是一个义解者所应深谙的做法。

由此可知，释赞宁在论中更倾向解决实际问题，不仅对义解的具体方法有高度要求，而且对于如何利用前人的成果等方面，都有独到的观点，总的目的就是为了更好通佛理，弘阐佛教。

三　习禅篇

三部僧传相比较，习禅高僧人数和在全书中所占比重，《宋传》居首，而且在全书中所占比重居第一；其次是《唐传》，在全书中比重位居第二；而《梁传》中还不到一卷。纵向来看，习禅高僧人数和所占比重是在逐步上升。习禅的变化情况与中国佛教发展变化相适应，所以习禅地位在后两传上升了一位。《梁传》由于慧皎南方地域局限，而此类高僧大多在北方，北方佛教重实践与习禅，即使如此，就当时来说，习禅高僧也不会很多。至于习禅高僧入僧传远远少于义解高僧的原因，严耕望先生云："盖义解者，研精佛学理论，盛为讲说，且为外向型口辩之士，往往意气风发，以争名朝野为职志，故多集中在通都大邑，其名易显，即易载入僧传。而习禅者，多为朴呐净心，潜修禅行、一心向佛，故多内向型，默默禅栖山谷间，迹近遁隐，自不易振名朝野，亦即难入僧传之列。"① 《唐传》时期，由于全国统一，南北佛教发展融合，编撰者搜集材料相对广泛，在此时期，习禅也确实得到了进一步的传播和发展，高僧所占卷数和比重有所上升。《宋传》时期，习禅达到顶峰，这与禅即定在佛教修行中受到重视有关。赞宁对习禅概括为："修至无念，善恶都亡。亡其所亡，常住安乐。"② 隋唐所创立的宗派基本上都强调定的作用，而唐宋之间正是禅宗和北禅俱流行的时候。禅宗的盛行，无疑是习禅广为人知的推动剂。

我们比较三部僧传之习禅传论，相同之处在于都强调习禅对僧人修行的作用大，《梁传》云："是以四等六通，由禅而起；八除十入，藉定方

---

① 严耕望：《魏晋南北朝佛教地理稿》，上海古籍出版社 2007 年版，第 253 页。
② 释赞宁：《宋高僧传》，范祥雍校注，中华书局 1987 年版，卷首。

成。故知禅定为用大矣哉。"① 《唐传》云："将欲厌烦栖虑，莫不依乎初定。良以心殊粗妙，慧开通局，遂有总斯一地，得延邪正之机。"② 《宋传》云："重之曰：夫禅之为物也，其大矣哉！"③ 至于阐述各自时期习禅发展代表人物和特点，此不赘述。但是三朝高僧传传论又有一些各自看法，《梁传》之传论，也许由于慧皎可能对于习禅认识不足，他认为，"然禅用为显，属在神通"④，过分强调习禅在神通上的反映，忽视了对修心的作用。《唐传》之传论是三篇传论中最长的，道宣时代，习禅已经得到一定程度的传播，所以他的认识比较深刻。首先，认识到习禅对修心的重要性。其次，认为当今乃末法时期，不利习禅，以习戒法为主。《唐传》云："第三千年后，末法初基，乃至万年，定慧道离，但弘世戒。威仪摄护，相等禅踪。而心用浮动，全乖正受，故并目之为末法也。"⑤ 再次，定与慧相比，习禅可显瑞祥，也即神通。《唐传》云："观夫慧定两级，各程其器，皆同佛日，无与抗衡，然于祥瑞重沓，预觌未然，即世恬愉天，仙协卫诚，归定学盖难夺矣。"⑥ 最后，指出习禅的理想做法，《唐传》云："向若才割世网，始预法门，博听论经，明闲慧戒，然后归神摄虑，凭准圣言，动则随戒策修，静则不忘前智。固当人法两镜，真俗四依，达智未知，宁存妄识，如斯习定，非智不禅……考夫定慧之务，谅在观门，诸论所陈，良为明证，通斯致也。"⑦ 戒、定、慧兼修才是学佛有成之路。《宋传》之传论，首先重点阐述达摩禅法，指出了禅宗宗旨"吾直指人心，见性成佛，不立文字也"⑧，认为禅宗是"诸佛得之升等妙，雌龙得之破障缠，率由速疾之门无过此"的快速成佛方法。其次，对于如何习禅，也有相关建议，《宋传》云："殊不知禅有理焉，禅有行焉。脱或戒乘俱急，目足更资，行不废而理逾明，法无偏而功兼济，然后如可与言禅已矣。"⑨ 也就是说，要了解习禅立法，做到兼修。由于习禅和禅

---

① 释慧皎：《高僧传》，汤用彤点校，中华书局 1992 年版，第 426 页。
② 释道宣：《续高僧传》，载《高僧传合集》，上海古籍出版社 1991 年版，第 283 页。
③ 释赞宁：《宋高僧传》，范祥雍校注，中华书局 1987 年版，第 319 页。
④ 释慧皎：《高僧传》，汤用彤点校，中华书局 1992 年版，第 427 页。
⑤ 释道宣：《续高僧传》，载《高僧传合集》，上海古籍出版社 1991 年版，第 283 页。
⑥ 同上书，第 283 页。
⑦ 同上书，第 284 页。
⑧ 释赞宁：《宋高僧传》，范祥雍校注，中华书局 1987 年版，第 318 页。
⑨ 同上书，第 319 页。

宗不是一回事，是两种不同的"禅"，我们姑且把"习禅"称为传统禅，禅宗之禅称为新禅，那么《梁传》《唐传》之传论所论及主要是传统禅，而《宋传》之传论不仅论及传统禅，而且突出了新禅，这正好如实反映了"禅"的发展情况。

综观之，虽然习禅越来越重视修心，但是我们从习禅篇传主传文来看，许多高僧习禅后，有所成的表象之一就是有神异事迹的出现，这或许是为了吸引僧侣习禅，另外为了展现传主习禅的正果所在。

四　明律篇

三部僧传相比较，《宋传》不论是卷数还是传主人数，都比前两传大大增多，主要由于一方面戒律传译增多，有本可学；另一方面僧人认识到戒律的重要性。所以明律篇地位自然上升。《宋传》时期，基本上是四分律的天下，所以明律高僧主要是由相部、东塔、南山三宗组成，特别是南山宗高僧居多，符合中土佛教戒律发展实际情况。

至于三朝高僧传之明律传论比较，严耀中先生论文《〈高僧传〉、〈续高僧传〉与〈宋高僧传〉的"明律传论"之比较》一文，从纵向和横向详细比较了三篇明律传论的同异，结合起来看，我们可以看到中国佛教戒律思想发展变化的脉络。他指出了三个僧传对戒、定、慧之间的看法，《唐传》强调了大乘菩萨戒的重要性，《宋传》在戒律的传授之道上的时代色彩。严耀中总结了三个僧传的论中一个共同特点是，其间都夹杂着儒家礼制的思想并分析了原因，最后特别指出了需要注意到的一种现象，就是论者对僧界中违戒律现象的指责越来越多并分析了原因。①

要想成为真正的僧人，必须受戒，所以习戒律成为每一个僧人的必修课，我们研读其他篇的高僧，发现精通律学的高僧大有人在。

五　护法篇

《梁传》中没有护法科，此科是释道宣《唐传》创立，《宋传》继承了此种做法。两传从卷数和人数相比较，《唐传》所占比重高于《宋传》，

---

① 严耀中：《〈高僧传〉、〈续高僧传〉与〈宋高僧传〉的"明律传论"之比较》，载《佛教与三至十三世纪中国史》，宗教文化出版社 2007 年版，第 52—62 页。

在一定程度上说明《唐传》时期反佛行为多于《宋传》，但就"三武一宗"① 这四次大型帝王毁佛时间划分来看，后两次都处于《宋传》时期，但正是从宋开始，儒、释、道三教合一开始定型，反佛声音相对减弱，那么护法高僧就相对减少。《唐传》《宋传》护法内容相同，主要集中在释、道二教相争，释门高僧驳斥道士，还有抗表护佛。但也有不同，《唐传》把一些高僧检校僧尼之事也纳入，说明道宣对维护僧团稳定的重视。《宋传》把高僧与文士论辩，吸引文士信佛之事纳入，说明赞宁感觉到佛教在封建统治阶级主体——士大夫中扩大影响的重要性。

《唐传序》云："且夫经道两术，掩映于嘉苗。护法一科，纲维于正网，必附诸传述。知何绩而非功，取其拔滞宏规，固可标于等级。"② 主要原因是佛教在世间生存发展，必然会遇到反对势力，由此出现了许多维护佛教的高僧，这些高僧是佛教发展所必需的。在《唐传》之护法传论中，释道宣再次解释了护法科的重要性，也就是"绍正法于来世，故使湮残屡染，寻复还兴，岂惟凡谋，盖其力矣"③。至于明律科之后的原因，道宣指出："计功编次，宜先译传，稍非经务，故后三学。"④ 也就是说，译经和三学与经典关系大，护法有所不及。在赞美历代护法高僧功绩时，其多次强调他们对佛教兴盛的作用，如"法琳慷慨，极言于明诏，异世同风不屑古也。莫不言行同时，死生齐日，故得名流万代，绍先圣之宏猷乎"⑤，此类带有褒扬性的论述，无疑可以激发后来者护法的决心。

《宋传序》把护法解释为："家有良吏，守藏何虞。法有名师，外御其侮。"⑥ 把护法高僧比喻成国家的守护者。赞宁在《宋传》之护法传论中，简述了前代护法高僧的事迹，总结道："以前诸德，超世卓然，式遏寇仇，阋墙御侮，言其薄者，则发愤忘食，殊弗防其反污。"⑦ 其实也是称扬护法高僧的护法事迹。赞宁特别列举了会昌毁佛事件，谴责了道士的挑拨，赞扬了玄畅大师的无畏抗争精神，结果反佛势力被挫败，其实就是要通过这个事情来调和佛、道共同为封建政权服务，如"是故比丘但自

---

① "三武一宗"指北魏太武帝、北周武帝、唐武宗和后周世宗。
② 释道宣：《续高僧传》，载《高僧传合集》，上海古籍出版社1991年版，第105页。
③ 同上书，第319页。
④ 同上。
⑤ 同上。
⑥ 释赞宁：《宋高僧传》，范祥雍校注，中华书局1987年版，第2页。
⑦ 同上书，第435页。

观身行，莫伺玄门，非干己事。又以空门染习如然，无斗四支而伤具体，各是圣人设教，无相夺伦。如此行时，名真护法也……今我传家，止劝将来二教和同，弗望后生学其讦直，险在其中矣，为君不取"①。

六　感通篇

《梁传》为神异科，《唐传》改为感通，《宋传》续之。从把这科排序位置来看，《梁传》把神异安排在"十科"第三，有二卷，在全文来说，所占分量很大。尤其是置于三学（戒、定、慧）中戒、定之前，看起来很显突兀，这是撰者有意还是无意所为呢？笔者以为，释慧皎作为一个佛教史学家对于三学作用自然清楚，他把神异抬高，是因为佛教在传入我国不久，遭遇到了不少阻力，由于中国民众对于神异事件的顶礼膜拜，佛教因此加以利用。事实也证明，佛教利用一些传奇故事性的办法来传教，能够很容易获得民众的信仰，这对初期的中国佛教生存发展极为重要。《唐传》《宋传》时期，佛教在高僧努力下，已经得到了相对广泛的传播，神异传奇已不如三学作用突出，所以道宣把感通置于第六，神异到感通的变化，主要由于一个转变，《梁传》时期是为了传教需要，高僧利用神异事迹；《唐传》《宋传》时期道宣用"感通"代替"神异"，并且由赞宁继承，说明编撰者更加愿意提倡佛教的信仰力量，不仅强调僧人通过虔诚修行佛法，就会有所感通，这是为了促进僧人和信众努力修行佛法的一个手段，而且重视神异在民众中的巨大影响力，正所谓"心诚则灵"、"虔诚信仰，必有所感"，那么自然获得民众的信奉，这也是神异事迹大量存在的原因之一。

《唐传》有三卷，不论从卷数还是对高僧传主的记载大大增多。《宋传》达五卷之多，比前两僧传所占分量都大。这说明这两位编撰者对感通的重视。三位撰者重视感通与我国古人崇拜神异和向往神通有关。佛教经典中经常提到的有六种神通：一神足通，指飞行无碍、此没彼出、穿越地水山石、隐显自在、随意变化自身及外物等能力。二天眼通，能超越时空障碍而遥视、透视、预见，及能见各种肉眼不能见的微细现象的能力。三天耳通，听闻各种人耳不闻的众生语言及远距离聆听的能力。四他心通，能知他众心心思的能力。五宿命通，能知自他夙世生死及所作业的能

---

① 《宋高僧传》，第436页。

力。六漏尽通，能断尽烦恼、自主自心，亦知众生漏尽与否的能力。前五通外道凡夫亦可具有，第六漏尽通唯以佛教智慧断尽烦恼的阿罗汉等圣者方才具备。① 神通成了佛教传教的一个重要手段，同时能否有神通几乎成了验证一个僧人修行的检验石。

释慧皎《梁传》之神异传论，说道："神道之为化也，盖以抑夸强，摧侮慢。挫凶锐，解尘纷。至若飞轮御宝，则善信归降。竦石参烟，则力士潜伏。当知至治无心，刚柔在化。"② 指出神异对于"善信归降"，在佛教传播教化的神奇作用。释道宣《唐传》之感通传论，指出"然则教敷下土，匪此难弘。先以威权动之，后以言声导之，转发信然，所以开萌渐也"③，看到了《感通》对吸引佛教信徒的重要作用。释赞宁《宋传》之感通传论，指出"若夫能感所通，则修行力至，必有天神给侍是也。能通所感，则我施神变，现示于他是也。能所俱感通，则三乘极果无不感通也……我教法中以信解修证为准"④。强调高僧佛教修养对于感通所现的关键作用。不管对于出家的僧侣还是在家的信众，都具有一种推动力。

三篇传论不同之处在于，《梁传》为神异之奇妙进行了辩解："夫理之所贵者合道也，事之所贵者济物也，故权者反常而合道，利用以成务。"⑤ 就是说能起到作用就符合正理。《唐传》对儒之命和佛之业关系有所论述云："儒之所云命也，释之所云业也。命系于业，业系于心。心发其既参差，业成故亦无准。是以达命业之开士，知报熟而无辞；迷因果之恒人，谓徒言而不应。"⑥ 所谓命、业之果报是不一定的。《宋传》进一步阐释了几科之差异，"至若译经传法，生信也。义解习禅，悟解也。明律护法，修行也。神异感通，果证也"⑦。这也为感通之排序提供了说服力。对于感通之超常，《宋传》也进一步论述，在列举了许多感通高僧的不正常行为之后，总结道："将逆取顺之由，反权合道之意耳。或曰：'感通之说近怪乎？'对曰：'怪则怪矣，在人伦之外也。苟近人情之怪，乃反常背道之徒欤！此之怪也，非心所测，非口所宣，能至其涯畔矣。令神仙

---

① 陈兵：《新编佛教辞典》，中国世界语出版社 1994 年版，第 232 页。
② 释慧皎：《高僧传》，汤用彤点校，中华书局 1992 年版，第 398 页。
③ 释道宣：《续高僧传》，载《高僧传合集》，上海古籍出版社 1991 年版，第 352 页。
④ 释赞宁：《宋高僧传》，范祥雍校注，中华书局 1987 年版，第 576—577 页。
⑤ 释慧皎：《高僧传》，汤用彤点校，中华书局 1992 年版，第 399 页。
⑥ 释道宣：《续高僧传》，载《高僧传合集》，上海古籍出版社 1991 年版，第 352 页。
⑦ 释赞宁：《宋高僧传》，范祥雍校注，中华书局 1987 年版，第 577 页。

鬼物皆怪者也。仙则修炼成怪，鬼则自然为怪，佛法中之怪则异于是。何耶？动经生劫，依正法而修致，自然显无漏果位中之运用也。知此怪正怪也。在人情则谓之怪，在诸圣则谓之通。感而遂通，故目篇也。'"① 怪与不怪是相对人世间与圣人间而言，所以只要勤修佛法，终会变怪为不怪。

七　遗身篇

《梁传》为亡身，《唐传》《宋传》为遗身。三传所载高僧人数都不是很多。《梁传》之亡身传论，云："自有宏知达见，遗己瞻人。体三界为长夜之宅，悟四生为梦幻之境。精神逸乎蜚羽，形骸滞于瓶谷。是故摩顶至足，曾不介心。国城妻子，舍若草芥。今之所论，盖其人也。"② 也就是说亡身是一种利他行为，一种慈悲行为。由于亡身行为与我国儒家思想观念冲突，《孝经注疏》卷一云："身体发肤，受之父母，不敢毁伤，孝之始也。注：父母全而生之，已当全而归之，故不敢毁伤。立身行道，扬名于后世，以显父母，孝之终也。注：言能立身行此孝道，自然名扬后世，光显其亲，故行孝以不毁为先，扬名为后。"③ 但又是有益于佛法，所以慧皎对于此种关系也有所论述，云："若是大权为物，适时而动，利现万端，非教所制。故经云：能然手足一指，乃胜国城布施。若是出家凡僧，本以威仪摄物。而今残毁形骸，坏福田相。考而为谈，有得有失。得在忘身，失在违戒。"④ 正是因为如此，所以应当慎重。亡身行为其实得到了最高统治者的支持，卷十二《亡身》《宋京师竹林寺释慧益传》云："释慧益，广陵人。少出家随师止寿春。宋孝建中，出⑤都憩竹林寺。精勤苦行，誓欲烧身，众人闻者，或毁或赞……帝亦续至，诸王妃后，道俗士庶，填满山谷，投衣弃宝，不可胜计。"⑥ 所以一些人为了某些目的，玷污了亡身的神圣行为，如"至如凡夫之徒，鉴察无广，竟不知尽寿行道，何如弃舍身命？或欲邀誉一时，或欲流名万代。及临火就薪。悔怖交切。彰言既广。耻夺其操。于是俛俯从事。空婴万苦。若然。非所谓

---

① 释赞宁：《宋高僧传》，范祥雍校注，中华书局1987年版，第578页。
② 释慧皎：《高僧传》，汤用彤点校，中华书局1992年版，第456页。
③ 唐明皇：《孝经注疏》，载《十三经注疏》，上海古籍出版社1997年版，第2545页。
④ 释慧皎：《高僧传》，汤用彤点校，中华书局1992年版，第457页。
⑤ 据后文在建康钟山烧身，我们可知此处"出"应为"人"，才合标题与内容。
⑥ 释慧皎：《高僧传》，汤用彤点校，中华书局1992年版，第453页。

也"①。《唐传》之遗身传论，开篇云："窃闻轻生徇节，自古为难。苟免无耻，当今为易。志人恒人之传，列树风猷。上达下达之言，照扬经典，皆所以箴规庸度，开导精灵。"② 也就是说，为了佛法弘扬，遗身是一种值得彪炳千秋的事业。传论中，道宣以大量篇幅对遗身的做法和事迹进行评述，此不赘述。最后再度强调遗身云："舍生而存大义，用开怀道。全身碎身之相，权行实行之方，显妙化之知机，通大圣之宏略也。"③ 可见，遗身行为也是修成正果的一种佛教行为。《宋传》之遗身传论，指出遗身是一种特殊的施舍，抬高遗身的高尚行为，"夫辍外财，外财难舍，难舍，凡夫也。捐内财，内财易弃，易弃，菩萨也。须知三世诸佛，同赞此门，是真实修，是第一施"④。其后用三个问答，既解除疑问，批驳反对意见，又表达鲜明的自我观点。其一是遗身有害问题，答复为"菩萨利他，适足而学"，即只要是对他人有利，适当运用是可以的，其实是一种灵活变通的做法。其二是不善之人乱用的问题，答复为"其缘会遇，道果终成"：即使是乱用，也会因缘际会成正果，所以不必担忧。其三，义净说法的问题，答复是所根据经本不同。从赞宁所记载宋王朝遗身行为所带有的夸耀语气，可见他是比较赞成遗身的行为，因为上述三个问答都是对遗身行为的肯定。

八 读诵篇

《梁传》为诵经，《唐传》《宋传》为读诵，《唐传》未说明缘由，但是依《宋传》读诵传论云："《梁传》目此为经师，宣师不沿而革，号为读诵。"⑤ 由此可知，《唐传》《宋传》把《梁传》中诵经和经师二科合为读诵，此两科确有重合性，因为经师所讲的经典在某种程度上就是诵经。《宋传》所记载高僧人数和卷数都比前梁传多，赞宁对读诵的关注程度远远高于前二者，相关论述体现在传论之中。

《梁传》之诵经传论，此论极为简短，论及诵经作用大，成功难，

---

① 《高僧传》，第457页。
② 释道宣：《续高僧传》，载《高僧传合集》，上海古籍出版社1991年版，第359页。
③ 同上书，第360页。
④ 释赞宁：《宋高僧传》，范祥雍校注，中华书局1987年版，第604页。
⑤ 同上书，第648页。

云："讽诵之利大矣，而成其功者希焉。良由总持难得，惛忘易生。"① 具体作用为："若乃凝寒靖夜，朗月长宵，独处闲房，吟讽经典。音吐遒亮，文字分明。足使幽灵忻踊，精神畅悦。所谓歌咏诵法言，以此为音乐者也。"② 诵经就如同音乐，让人精神通畅喜悦，从而心生向往之情。《梁传》之经师传论，就乐与呗的区别和作用有所论及，云：

> 然东国之歌也，则结咏以成咏；西方之赞也，则作偈以和声。虽复歌赞为殊，而并以协谐钟律，符靡宫商，方乃奥妙。故奏歌于金石，则谓之以为乐。设赞于管弦，则称之以为呗。夫圣人制乐，其德四焉：感天地，通神明，安万民，成性类。如听呗，亦其利有五：身体不疲，不忘所忆，心不懈倦，音声不坏，诸天欢喜。③

其实是为了表达一个意思，就是乐和呗虽来源不同，但是所起作用基本一致。乐与呗，用于佛教用途，由于中印文化背景不同，导致"然天竺方俗，凡是歌咏法言，皆称为呗。至于此土，咏经则称为转读，歌赞则号为梵呗"④。在简述中国经师时，特别指出陈思王曹植的开创性作用，然而此种说法传说成分过多。就上述《梁传》两传论相比较，两者存在一个本质相同，即高僧诵经和经师诵经来说，两者行为一致，前者慧皎着重高僧诵经所带来的神异感通事迹，后者着重经师诵经更多是立足诵经艺术的感染力。

《唐传》之读诵传论，表明读诵能扩大佛教知识面，解除凝滞，也是一种佛法修行，作用很大，论云："义当才登解发，即须通览。采酌经纬，穷搜名理。疑伪杂录，单复出生。普阅目前，铨品人世。然后要约法句，诵镇心神。广说缘本，用疏迷结。遂能条贯本支，释疑滞以通化，统略玄旨，附事用以征治。是故经云：受持读诵，书写解说，如法修行。斯诚诚也。"⑤ 之后，批评了几类愚夫行为，其实就是要广大信众正确对待读诵。

---

① 释慧皎：《高僧传》，汤用彤点校，中华书局 1992 年版，第 475 页。
② 同上书，第 475 页。
③ 同上书，第 507 页。
④ 同上书，第 508 页。
⑤ 释道宣：《续高僧传》，载《高僧传合集》，上海古籍出版社 1991 年版，第 365 页。

《宋传》之读诵传论，开篇云："入道之要，三慧为门。若取闻持，勿过读诵者矣。"① 即强调读诵在坚持佛法修行方面的作用。其后也是以问答形式，就一些问题进行了回答。其一，北方竺法兰与南方康僧会之不同，答复为："今以一言蔽之，但有感动龙神能生物善者，为读诵之正音也。"② 只要是能够有所感通者，都是读诵的正理。其二，梵音是何？答为："诸陀罗尼，则梵语也。呗匿之声，则梵音也。"③ 其三，梵音与汉音之别、为何陈思王和齐太宰先发明？答复："此二王先已熟天竺曲韵，故闻山响及经偈，乃有传授之说也……当闻舍筏，适足归宗。达其阿字之门，图其法身之体，此读诵之至也。"④ 其四，为何度戒需诵经？答复为："通经了意，最为第一。此乃精选诵经通义，为入道之阶渐也。"⑤ 读诵的强调与唐宋以降阿弥陀净土的流行有一定的关系。当然此传论也对读诵高僧事迹进行了简述，为的就是表明读诵行为是成就佛法的一个途径之一。

九 兴福篇

《梁传》《唐传》兴福人数和卷数均不多，但是《宋传》兴福有二卷，而且人数大大增加。兴福在各科中是消费性最强的宗教事业之一，需要以物质为基础，因为兴福篇主要是对于从事兴建各类佛教设施的高僧的赞颂。佛教设施的建立是佛教传播各地的外在标志，对佛教宣扬有重要的意义。

《梁传》之兴福传论，在简述了印度及中国佛教初期兴福流布事迹后，云："故知道藉人弘，神由物感，岂曰虚哉！是以祭神如神在，则神道交矣；敬佛像如佛身，则法身应矣。故入道必以智慧为本，智慧必以福德为基。譬犹鸟备二翼，倏举千寻；车足两轮，一驰千里，岂不勤哉，岂不勖哉！"⑥ 指出兴福事业是佛教发展和传播的基础，通过兴福，可以让信众实实在在感受到佛教所带来的神圣性。

《唐传》之兴福传论，在论述了古今中外高僧重要兴福之事迹后，指

---

① 释赞宁：《宋高僧传》，范祥雍校注，中华书局 1987 年版，第 646 页。
② 《宋高僧传》，第 647 页。
③ 同上。
④ 同上书，第 647—648 页。
⑤ 同上书，第 648 页。
⑥ 释慧皎：《高僧传》，汤用彤点校，中华书局 1992 年版，第 496 页。

出："是以福事之来，导引愈远，下凡祖习，故是常科。"① 也就是说，兴福是一件值得遵循下去的事业。传论中主要就"自世有诸福，其流多杂。倚傍了经，陈扬疑伪"的问题进行重点说明，因为一些看起来是兴福的事业，却"恨经出非本"，其实就是要告诉信众，兴福要有佛教经本可据，否则都是不符合佛意的。主要对"药师行事""普贤别行金光总忏""妄读忏文行于悔法""方等佛名般舟诵咒"的真伪进行了论述。

《宋传》之兴福传论，开篇论及福与罪之别，云："佛出于世，经译于时，大要在乎果因，所推归乎罪福。罪也者，下三涂之阶陛也。福也者，上诸圣之阶陛也。阶陛是同，上下有异耳。此命章曰兴福者，乃欲利他焉。"② 利他其实就是利己，鼓励信众进行兴福之事，才能去罪得福。福行也分为几类：人天福行、梵天福行、二乘净福行、尽位福行。灭罪方法有：理忏、行事忏。就有人提出"但务生善，唯期灭罪，何判为非邪？"答复为：对于佛教经典不要妄加删减，看起来是兴福，其实是罪过，所以说："是知兴福不如避罪，斯言允矣。"③ 真正的做法为广行福事，有利民众，那么民众就会效仿，佛教就能永存。正如赞宁所说："兴福篇第九：为己为他，福生罪灭。有为之善，其利博哉。"④

从上述《唐传》《宋传》来看，都强调要尊经本，前者要尊正经，后者不要删改经，其实都是为了强调佛教兴福的根据。

十　杂科声德篇

《梁传》为唱导，《唐传》《宋传》为杂科声德，但以唱导为主。从卷数和人数来讲，都是《宋传》居多，这与唐以后佛教民间化进程加快有一定关系，唱导的对象主要是广大民众。

《梁传》之唱导传论，开篇给唱导下定义及提唱导的形式，云："唱导者，盖以宣唱法理，开导众心也。昔佛法初传，于时齐集，止宣唱佛名，依文致礼。至中宵疲极，事资启悟，乃别请宿德，升座说法。或杂序因缘，或傍引譬喻。其后庐山释慧远，道业贞华，风才秀发。每至斋集，辄自升高座，躬为导首。先明三世因果，却辩一斋大意。后代传授，遂成

---

① 释道宣：《续高僧传》，载《高僧传合集》，上海古籍出版社 1991 年版，第 373 页。
② 释赞宁：《宋高僧传》，范祥雍校注，中华书局 1987 年版，第 711 页。
③ 同上书，第 712 页。
④ 同上书，第 3 页。

永则。"① 高僧要把唱导做好要求十分高，慧皎指出："夫唱导所贵，其事四焉：谓声、辩、才、博。非声则无以警众，非辩则无以适时，非才则言无可采，非博则语无依据。至若响韵钟鼓，则四众惊心，声之为用也。辞吐后发，适会无差，辩之为用也。绮制雕华，文藻横逸，才之为用也。商榷经论，采撮书史，博之为用也。"② 掌握了上述四项能力，还要针对不同信众，因人而异，因势利导，才能达到最佳效果，云："若能善兹四事，而适以人时。如为出家五众，则须切语无常，苦陈忏悔。若为君王长者，则须兼引俗典，绮综成辞。若为悠悠凡庶，则须指事造型，直谈闻见。若为山民野处，则须近局言辞，陈斥罪目。"③ 慧皎本来只打算立八科，但是为何要加后两科，原来是他由于目睹了唱导师和经师在斋会上对信众所起到的重要作用，也给我们再现了当时斋会的具体情况。

> 至如八关初夕，旋绕行周，烟盖停氛。灯惟靖耀，四众专心，叉指缄默。尔时导师则擎炉慷慨，含吐抑扬，辩出不穷，言应无尽。谈无常，则令心形战栗；语地狱，则使怖泪交零。征昔因，则如见往业；核当果，则已示来报。谈怡乐，则情抱畅悦；叙哀戚，则洒泪含酸。于是阖众倾心，举堂恻怆。五体输席，碎首陈哀。各各弹指，人人唱佛。爰及中宵后夜，钟漏将罢。则言星河易转，胜集难留。又使人迫怀抱，载盈恋慕。当尔之时，导师之为用也。其间经师转读，事见前章。皆以赏悟适时，拔邪立信。其有一分可称，故编高僧之末。④

由于古代人民知识水平有限，佛教经典比较难读，所以一般信众不可能对经典了解足够多，而唱导师经过努力，为僧俗之间搭建了一座桥梁，同时，信众身历如痴如醉的佛教活动，这种身体力行的佛教传教方式远比枯燥的说教学习经本容易得多。唱导是佛教民间化的一种方式，因为它与民间法事，比如丧葬、水陆法会结合，可以说是民间化的一个侧面。

《唐传》之杂科声德传论，面对声学流杂的现象，以为必须得到重视，因为"声学既丰，则温词雅赡，才辩横逸，则慧发邻几。必履此踪，

---

① 释慧皎：《高僧传》，汤用彤点校，中华书局1992年版，第521页。
② 《高僧传》，第521页。
③ 同上。
④ 同上书，第521—522页。

则轨躅成于明道。如乖此位，则滥罔翳于玄津"①。声学体现在呗匿之作上，因为"高飏洪音，归依三宝。忽闻骇耳，莫不倾心，斯亦发萌草创，开信之奇略也"②。也就是说通过声德的感染作用，是吸引信众皈依佛教的一种好方法。

《宋传》之杂科声德传论，赞宁把道宣未说明的问题进行了阐释，即为何把唱导改为杂科声德，云："昔《梁传》中立篇第十曰唱导也，盖取诸经中'此诸菩萨皆唱导之首'之义也。唱者，固必有和乎？导者，固必有达者。终南释氏观览此题，得在乎歌赞表宣，失在乎兼才别德也。譬若别均天分，重赋全才，虎双翼而飞，鹰四足而击也。于是建立杂篇，包藏众德，何止声表，无所不容。"③唱导的延续与唐宋以降念佛净土流行有关联，但是涵盖范围小，所以杂科就是要将一些未能归入其他九科的高僧统统纳入，就远远扩大了唱导所局限的范围，具有了灵活机动性，也为编撰者安排高僧提供了可选余地。对于信众存在的一些问题，赞宁也分别进行了解答。其一，改名有没有古代依据？答复为：以班固加九流中杂流等说明这种改变是自古以来就存在的。其二，未闻扬雄批评？答复为：他有偏见，具体应该杂就杂。其三，为何忽然唱导变为声德？答复为："若诸根之互能，同五事之俱举，故强名为杂也。"④也就是说杂科所记以唱导为主，还包括一些未能具体归类的高僧，用"杂"更能显示全面性。通过问答形式，解除疑问，从而说明分科的合理性。正如赞宁自己概括的那样："杂科声德十：统摄诸科，同归高尚。唱导之匠，光显佛乘。"⑤

第二节　《宋传》传主内容叙述方式研究

《梁传》《唐传》《宋传》作为以高僧为主要对象的传记体体裁，主要记录高僧的姓名、籍贯、生平事迹、生卒年，为了使后来者对传主有一个基本的了解和认识。虽然传主内容叙述呈现模式化，但由于编撰者不

---

①　释道宣：《续高僧传》，载《高僧传合集》，上海古籍出版社1991年版，第380页。

②　同上书，第381页。

③　释赞宁：《宋高僧传》，范祥雍校注，中华书局1987年版，第756—757页。

④　同上书，第758页。

⑤　同上书，第3页。

同，对所搜集文献取舍、安排有差异，所以他们在对传主内容叙述安排等方面既有继承性也有独创性，通过对三部僧传的比较研究，我们可以对三位编撰者在安排传主内容叙述方面有个清楚认识。

一 《梁传》

释智升撰写《梁传》解题评价云："谨详览此传，义例甄著，文词婉约，实可以传之不朽，永为龟镜矣。"① 所以《梁传》在许多方面具有奠基作用，是后两僧传模仿学习的样板。《梁传》在对传主内容叙述有以下几个显著特点。

（一）注重存疑和考疑

由于历史久远，文献遗佚，许多人物的事迹往往模糊不清，或者似是而非，遇到史料有可疑之处而又无法准确判断时，采取阙疑和存疑的办法，正所谓信以传信，疑以传疑。当疑问可以解决时，撰者进行考证，以便给后人一个令人信服的答案；当疑问无从考证时，指出疑问所在，给后人提供一个思路。这是采取了一种求真的实录精神。释慧皎由于未亲自去北方，对北方僧侣情况有时亦仅靠传闻，所以对传主内容存疑考疑的情况较多。存疑则可以分为两种情况，其一是文献在疑似之间，编撰者无法判断事件有无或时间先后，所以采用存疑的谨慎言语。当出现此种情况时，往往在文献前有一"盖"字来表明。如卷一《晋长安昙摩难提》云："其时也，苻坚初败，群锋互起，戎妖纵暴，民流四出，而犹得传译大部，盖由赵正之力。"② 其二是几种说法不完全相同，一时难以确定取舍，所以并存，以待后人参考。如卷二《晋长安鸠摩罗什》云："然什死年月，诸记不同，或云弘始七年，或云八年，或云十一年。寻七与十一，字或讹误。而译经录传中，犹有一年者，恐雷同三家，无以正焉。"③ 又卷五《晋长安五级寺释道安》云："有别记云：'河北别有竺道安，与释道安齐名，谓习凿齿致书于竺道安。道安本随师姓竺，后改为释。世见其二姓，因谓为两人，谬矣！'"④ 此乃考疑。

---

① 释智升：《开元释教录》卷6，《大正藏》第55册，第539页。
② 释慧皎：《高僧传》，汤用彤点校，中华书局1992年版，第35页。
③ 同上书，第54页。
④ 同上书，第185页。

（二）广泛采用倒叙法

倒叙法，顾名思义，是对已经发生的事情进行回忆性的叙述。史传中使用倒叙法，可以使历史事件、人物生平事迹记述比较集中、完整，有一定的突出作用，也可使不便于编年的史事得到记载，了解相关事件的来龙去脉。《梁传》是纪传体，虽然是以时间先后来叙述传主，但由于篇幅有限以及编撰者行文安排的需要等，所以大量采用倒叙法。倒叙法一般有明确的词语提示，最常用的有"初""先是""昔"等，如卷一《晋庐山僧伽提婆》云："初僧伽跋澄出《婆须蜜》，及昙摩难提所出《二阿含》《毗昙》《广说》《三法度》等凡百余万言。属慕容之难，戎敌纷扰，兼译人造次，未善详悉，义旨句味，往往不尽。俄而安公弃世，未及改正。后山东清平，提婆乃与冀州沙门法和俱适洛阳。四五年间，研讲前经，居华稍积，博明汉语，方知先所出经，多有乖失。法和慨叹未定，乃更令提婆出《阿毗昙》及广说众经。顷之，姚兴王秦，法事甚盛，于是法和入关，而提婆渡江。先是庐山慧远法师翘勤妙典，广集经藏，虚心侧席，延望远宾，闻其至止，即请入庐岳。以晋太元中，请出《阿毗昙心》及《三法度》等。提婆乃于般若台手执梵文，口宣晋语，去华存实，务尽义本，今之所传，盖其文也。"① 此处用到了"初""先是"把译经事件中相关人和情况用倒叙法娓娓道来。卷四《晋洛阳朱士行》云："昔汉灵之时，竺佛朔译出《道行经》，即《小品》之旧本也，文句简略，意义未周。士行尝于洛阳讲《道行经》，觉文章隐质，诸未尽善，每叹曰：'此经大乘之要，而译理不尽，誓志捐身，远求大本。'遂以魏甘露五年，发迹雍州，西渡流沙。"② 此处用到了"昔""尝"，用倒叙法把朱士行西行求经的原因叙述清楚。采用倒叙法的例子很多，此不多举。

（三）引时人论赞评论传主

通观《梁传》，慧皎本人对传主的评论主要集中在每科末的论、赞中，这是从总体上对每科高僧群体有一个总结性概括，虽能起到一定指导作用，但忽视了对传主个人的评点，这个问题如何解决呢？慧皎采用了引用时人的论赞评论，这样既可以突出时人对传主的高度评价，又可以减少慧皎对传主的主观倾向性，得出他对此种评论的认同。如卷四《晋剡东

① 《高僧传》，第37—38页。
② 同上书，第145页。

仰山竺法潜》云："烈宗孝武诏曰：'深法师理悟虚远，风鉴清贞，弃宰相之荣，袭染衣之素。山居人外，笃勤匪懈，方赖宣道，以济苍生，奄然迁化，用痛于怀，可赙钱十万，星驰驿送。'孙绰以深比刘伯伦。论云：'深公道素渊重，有远大之量；刘伶肆意放荡，以宇宙为小。虽高栖之业，刘所不及，而旷大之体同焉。'"① 同卷《晋剡白山于法开》附传《法威》云："开有弟子法威，清悟有枢辩，故孙绰为之赞曰：'易曰翰白，诗美苹藻。斑如在场，芬若停潦。于威明发，介然遐讨。有洁其名，无愧怀抱。'"② 用名士赞高僧能突出高僧之"高"，也作为一种更"客观"的显示。

慧皎大量引用时人论赞来评论传主，与魏晋重视对人物的品评有关，这也是承续汉末遗风的产物。魏晋实行选举人才的制度，是九品官人法，各州郡设官负责品评当地人物的高低优劣，分为九品，以便选人授官。当时士大夫也常聚在一起品评人物。通过品评，统治者可以确立选拔人才的新标准，士人则以此为进身之阶，而擅长品评的人因此身价倍增，由此士大夫之间也借品评相标榜，抬高声誉，以致品评人物的风气大盛。品评人物的高下，或就其容貌举止，或看其言谈辞气，或观察仪态风度等，无一不是士人品评的依据。由于玄学与佛学在义理上有一些交叉重合，名士与高僧交往频繁，两者之间互相品评之风盛行，汤用彤先生说："《般若》大行于世，而僧人立身行事又与清谈者契合。夫《般若》理趣，同符《老》《庄》。而名僧风格，酷肖清流，宜佛教玄风，大振于华夏也。西晋支孝龙与阮咸等世称为八达。而东晋孙绰以七道人与七贤人相比拟，作《道贤论》，名人释子共入一流。世风之变，可知矣。"③ 所以，当时存在大量的此类材料，慧皎能够充分利用，这是与《唐传》《宋传》不同的一个方面。

二　《唐传》

《唐传》是承续《梁传》而作，在内容叙述方面，既有继承也有创新，因为编撰者、时代背景等不同，下面进行分述之。

---

① 《高僧传》，汤用彤点校，中华书局1992年版，第157页。
② 《高僧传》，第168页。
③ 汤用彤：《汉魏两晋南北朝佛教史》，中华书局1983年版，第108页。

（一）倒叙法

《唐传》与《梁传》都是纪传体的僧传，那么必然存在继承之处，倒叙法就是之一。如卷一《陈南海郡西天竺沙门拘那罗陀（真谛）传四》云："初谛传度摄论，宗恺归心，穷括教源，铨题义旨，游心既久，怀敌相承。谛又面对阐扬，情理无伏。一日气属严冬，衣服单疏，忍噤通霄，门人侧席，恺等终夜静立，奉侍咨询，言久情谊，有时眠寐，恺密以衣被覆之，谛潜觉知，便曳之于地，其节俭知足如此。"① 同卷《陈扬都金陵沙门释法泰传六》云："先是梁武宗崇大论，兼玩成实，学人声望，从风归靡。陈武好异前朝，广流大品，尤敦三论，故泰虽屡演，道俗无受，使夫法座绝嗣，阒尔无闻。"② 倒叙确实有利于了解事情原委。

（二）存疑

存疑是一个严谨的史学家所应遵循的史识，此种做法乃是对前人的继承，《唐传》也有不少例子，如卷七《魏邺下沙门释道宠传九》云："一说云：'初勒那三藏教示三人，房、定二士授其心法，慧光一人偏教法律，菩提三藏惟教于宠。宠在道北教牢、宜四人，光在道南教凭、范十人，故使洛下有南北二途。'当现两说自斯始也，四宗五宗，亦仍此起。今则阙矣，辄不繁云。"③

（三）互见法

互见法是司马迁《史记》首先发明的，最早论及互见法的是宋代苏洵，他在《史论中》云："迁之传廉颇也，议救阏与之失不载焉，见之赵奢传；传郦食其也，谋挠楚权之缪不载焉，见之留侯传；固之传周勃也，汗出洽背之耻不载焉，见之王陵传；传董仲舒也，议和亲之疏不载焉，见之匈奴传。夫颇、食其、勃、仲舒皆功十而过一者也，苟列一以疵十，后之庸人必曰：'智如廉颇，辩如郦食其，忠如周勃，贤如董仲舒，而十功不能赎一过。'则将苦其难而怠矣。是故本传晦之，而他传发之，则其与善也，不亦隐而章乎！"④ 互见法也就是将一个人的生平事迹，一个历史事件的始末经过，分散记在不同的人物传记中，参错互见，彼此补充，既可避免材料重复，也可突出记人记事的特点。正因如此，互见法是史传写

---

① 释道宣：《续高僧传》，载《高僧传合集》，上海古籍出版社1991年版，第110页。
② 同上书，第111页。
③ 同上书，第162页。
④ 苏洵：《嘉祐集笺注》卷6，曾枣庄等笺注，上海古籍出版社1993年版，第232页。

作中叙述最常用的方法，为后世史传作者所广泛采用。

互见法的确立，撰者有着明显的提示语，张舜徽先生说："司马迁已将某段材料摆在甲篇，遇着乙篇有关联时，便清楚地交代说'事见某篇'、'语在某篇'。"① 《唐传》中的互见法，完全是对司马迁做法的采用。从《唐传》来看，互见法分为两类，一类是书中传主之间的互见，如卷六《梁杨都灵基寺释道超传十》云："因自忏悔，求诸佛菩萨乞加威神，令其慧悟如僧旻也，事在旻传。"② 卷八《陈杨都兴皇寺释法朗传二》云："四公放言，各擅威容，俱禀神略。勇居禅众，辩住长干，朗在兴皇，布仍摄领。福门宏敞，慧声退讨，皆莫高于朗焉。然辩公胜业清明，定慧两举，故其讲唱兼存禅众，抑亦诠公之笃厉也。然其义体，时与朗违。故使兴皇座中排斥中假之诮，布、勇两公见于别纪。"③ 卷七《周蒲州仁寿寺释僧妙传八》云："有学士昙延，承著宗本，更广其致，具见别传。"④ 卷九《隋京师大兴善道场释僧粲传十四》云："粲具表闻，详于别传。"⑤ 卷一〇《隋西京胜光道场释法瓒传十三》云："仁寿置塔，敕令送舍利于齐州泰山神通寺，即南燕主慕容德为僧朗禅师之所立也。事见前传。"⑥ 另一类是传主事迹与他书互见，如卷一《魏南台永宁寺北天竺沙门菩提流支传四》云："帝以弘法之盛，略叙曲烦，敕三处各翻讫乃参校，其间隐没，互有不同，致有文旨。时兼异缀，后人合之共成通部，见宝唱等录。"⑦ 卷九《隋东都内慧日道场释智脱传十》云："后沙门明则为制碑文，见之别集。"⑧ 上述几个例子，我们明显地可以找到使用互见法的词语，此类例子还有很多。互见法的运用，主要避免了重复，因为许多传主之间关系很密切，以某一传主为主体时，就涉及此详彼略的问题，互见法可使传主事迹突出，首尾具备。同时可以揭露传主之间的相互联系。

道宣《唐传》大量使用互见法，而慧皎《梁传》也有采用，如卷二《晋鸠摩罗什》云："庐山释慧远学贯群经，栋梁遗化，而时去圣久远，

---

① 张舜徽：《中国古代史籍校读法》，上海古籍出版社1962年版，第228页。
② 释道宣：《续高僧传》，载《高僧传合集》，上海古籍出版社1991年版，第152页。
③ 同上书，第158页。
④ 同上书，第166页。
⑤ 同上书，第180页。
⑥ 同上书，第186—187页。
⑦ 同上书，第109页。
⑧ 同上书，第178页。

疑义莫决，乃封以咨什，语见《远传》。"①　还有如同卷《晋京师道场寺佛陀跋陀罗》云："又沙门法显于西域所得《僧祇律》梵本，复请贤译为晋文，语在《显传》。"②　但总的来说，《梁传》运用不是很多，可能源于慧皎撰写时期本来材料就有限，没有大量重复的材料。道宣由于搜集材料很多，就大量采取了互见法，这也是本节把互见法放在《唐传》进行分析的原因。此外，我们发现道宣《唐传》，有的传文很长，使用互见法就相应地避免了一些不需要重复交代的内容。

（四）作者对传主评论

与慧皎《梁传》引时人论赞评论传主不同，道宣在《唐传》中增加了自己对传主一些评论，这样可以表达出道宣对传主的倾向性。如卷四《唐西京大慈恩寺释玄奘传一》云："玄奘之功，若非天挺英灵，生知圣授，何能振斯鸿绪，导达遗踪。前后僧传往天竺者，首自法显法勇，终于道邃道生，相继中途，一十七返。取其通言华梵，妙达文筌，扬导国风，开悟邪正，莫高于奘矣。恨其经部不翻，犹涉过半，年未迟暮，足得出之，无常奄及，惜哉！"③　表达了对玄奘不平凡事迹的称扬，同时对于玄奘早逝表示惋惜。传文中加入作者对传主评论，主要还是为了起到突出传主某些方面的作用，有利于读者深化对传主事迹的认识。

（五）为同时代生人立传

道宣《唐传》在叙述内容方面又一大创新就是把一些当时还活着但是有声望的高僧收录传中。如卷三《唐京师纪国寺沙门释慧净传三》云："及贞观十九年更崇翻译，所司简约，又无联类。下召追赴，谢病乃止。今春秋六十有八……斯并目叙而即笔，故不尽其纤隐云。"④　卷一五《唐相州慈润寺释慧休传十二》云："至今十九年中，春秋九十有八。见住慈润，爽健如前……余以亲展徽音，奉兹景行，犹恨标其大抵。事略文繁，以为轻约耳。"⑤　此类高僧还有一些，大多数高僧事迹是作者亲见，所以他尽可能从为保留第一手资料的角度先把他们的事迹记录下来，我们也发现这些高僧年龄也确实比较大，记录他们同样可以起到歌颂他们德行，树

---

①　释慧皎：《高僧传》，汤用彤点校，中华书局1992年版，第53页。

②　同上书，第73页。

③　释道宣：《续高僧传》，载《高僧传合集》，上海古籍出版社1991年版，第138页。

④　同上书，第126页。

⑤　同上书，第224页。

立高僧形象的作用。但是为生人立传不符合我国正史立传传统，所以至赞宁《宋传》又不采用。

三 《宋传》

（一）倒叙法

《宋传》是承继前两传的纪传体僧传，所以不可避免地同样大量采用倒叙法，卷一《唐洛阳广福寺金刚智传》云："初，帝之第二十五公主甚钟其爱，久疾不救，移卧于咸宜外馆，闭目不语，已经旬朔。有敕令智授之戒法，此乃料其必终，故有是命。智诣彼，择取宫中七岁二女子，以绯缯缠其面目，卧于地，使牛仙童写敕一纸，焚于他所，智以密语咒之。二女冥然诵得，不遗一字。智入三摩地，以不思议力令二女持敕诣琰摩王。食顷间，王令公主亡保母刘氏护送公主魂随二女至，于是公主起坐，开目言语如常。帝闻之，不俟仗卫，驰骑往于外馆。公主奏曰：'冥数难移，今王遣回，略觐圣颜而已。'可半日间，然后长逝。自尔帝方加归仰焉。"① 又卷七《宋杭州慈光院晤恩传》云："先是天台宗教，会昌毁废，文义残缺。谈妙之辞，没名不显。恩寻绎十妙之始终，研核五重之旨趣，讲《大玄义》《文句》《止观》二十余周，解行兼明，目足双运。使《法华》大旨全美流于代者，恩之力也。"② 可见此种叙述法使用之广泛。

总之，《梁传》《唐传》《宋传》大量采用倒叙法，这也是正史所惯用，说明倒叙法在叙述传主生平事迹等方面作用明显，通过追叙传主内容，使读者更容易了解相关人物和事件出现的原因、经过和结果。

（二）存疑和考疑

赞宁在《宋传》中也采取了存疑和考疑的态度，如卷三《唐莲华传》云："释莲华，本中印度人也。以兴元元年杖锡谒德宗，乞钟一口归天竺声击。敕广州节度使李复修鼓铸毕，令送于南天竺金堆寺。华乃将此钟于宝军国毗卢遮那塔所安置。后以《华严》后分梵夹附舶来，为信者般若三藏于崇福寺翻成四十卷焉。一云：梵夹本是南天竺乌茶国王书献支那天子，书云：'手自书写《华严经》百千偈中所说善财童子五十五圣者，善知识入不思议解脱境界普贤行愿品，谨奉进上，愿于龙华会中奉觐云'，

---

① 释赞宁：《宋高僧传》，范祥雍校注，中华书局1987年版，第5页。
② 同上书，第62页。

即贞元十一年也。至十二年六月，诏于崇福寺翻译，罽宾沙门般若宣梵文，洛京天宫寺广济译语，西明寺圆照笔受，智柔、智通缀文，成都府正觉寺道恒、鉴虚润文，千福寺大通证义，澄观、灵邃详定，神策军护军中尉霍仙鸣、左街功德使窦文场写进，十四年二月解座。"① 此传文中存疑之文比传主本身内容还长，作者存疑是表明两种说法都有可信度，但都无从考证真伪。而且赞宁在卷一八《唐齐州灵岩寺道鉴传》的系、通表达了观点："系曰：同异之说，史氏多之，今详寺曰灵岩，僧画像，此为同也。州曰历下、姑苏，遇者曰陆与冯，此为异焉。斯盖见闻不齐，记录因别也。原夫圣人之应身也，或南或北，或汉或胡，或平常之形，或怪差之质，故令闻见必也有殊，复使传扬自然多说。譬犹千里之外，望日月以皆同，其时边旁云物状貌有异耳。既是不思议应现矣，则随缘赴感，肆是难同。可发例云：'所传闻异辞也。'"② 赞宁此说认为同异之说是"见闻不齐，记录因别"是正确的，但是借此来说明圣人应身之多则有所牵强附会。关键之点在于赞宁对于异说能够坚持存疑的态度。实际上对于一些可以考疑的文献，赞宁还有一番考证，如卷一九《唐天台山封干师传》附见《木溟师、寒山子、拾得》系、通云："系曰：按封干先天中游遨京室，知闾丘、寒山、拾得俱睿宗朝人也。奈何宣师《高僧传》中，闾丘，武臣也，是唐初人。闾丘《序》记三人，不言年代，使人闷焉。复赐绯，乃文资也。夫如是，乃有二同姓名闾丘也。又大沩祐公于宪宗朝遇寒山子，指其沩潭，仍逢拾得于国清，知三人是唐季叶时犹存。夫封干也，天台没而京兆出；寒、拾也，先天在而元和逢。为年寿弥长耶？为隐显不恒耶？《易象》有之，'小狐汔济'，其此之谓乎！"③

总之，三位编撰者都采用存疑和考疑的方法，都是从实录求真的角度考虑，以待后来者。

（三）互见法

《宋传》中同样使用互见法，如卷八《唐韶州今南华寺慧能传》云："弟子神会若颜子之于孔门也，勤勤付嘱，语在《会传》。"④ 此乃传主传文之间互见，还有传文与互见他书，如卷八《唐温州龙兴寺玄觉传》云：

① 释赞宁：《宋高僧传》，范祥雍校注，中华书局 1987 年版，第 47 页。
② 同上书，第 459 页。
③ 同上书，第 486 页。
④ 同上书，第 175 页。

"谒韶阳能禅师而得旨焉。或曰：'觉振锡绕庵答对'，语在别录。"① 总之，互见法的采用，避免了传文的重复，对传文内容安排起到了删繁就简的作用。

（四）叙述高僧卒后事迹情况

《宋传》与前两传叙述传主内容一大不同之处就是传文中增加了叙述高僧卒后事迹情况的记载。其一，有关传主卒后塔、碑、寺等于今存亡情况，如卷一《唐京兆大荐福寺义净传》云："今塔在洛京龙门北之高冈焉。"② 卷八《唐韶州今南华寺慧能传》云："宪宗皇帝追谥曰大鉴，塔曰元和正真也。迨夫唐季刘氏称制番禺，每遇上元烧灯，迎真身入城，为民祈福。大宋平南海后，韶州盗周思琼叛换，尽焚其寺塔，将延燎平时肉身，非数夫莫举，烟燢向逼，二僧对舁，轻如夹纻像焉。太平兴国三年，今上敕重建塔，改为南华寺矣。"③ 卷九《唐京兆慈恩寺义福传》附见《行思》云："敕谥大师，号曰洪济，塔曰归真。其塔会昌中例从堙毁，后法嗣者重崇树之。"④ 赞宁在传文中交代这些内容主要源于其间历经唐武宗会昌毁佛、周世宗显德毁佛、唐末五代战乱，许多高僧碑、铭、寺遭到不同程度破坏，记载这些既可以看出世俗王权对佛教限制的一个方面，也可以侧面表明佛教应向世俗政权靠拢。其二，传主所弘阐经、律、论于其卒后盛行情况。如卷二《唐洛京白马寺觉救传》云："今东京、太原、三蜀盛行讲演焉。"⑤ 卷一三《梁福州玄沙院师备传》云："至今浙之左右，山门盛传此宗，法嗣繁衍矣。其于建立透过大乘初门，江表学人无不乘风偃草欤！"⑥ 通过这些记载，我们可以了解相关经、律、论在一些地方的传播情况。

（五）增补遗漏例

通过三传比较，我们发现《宋传》是最先开始记载前代遗漏例的高僧传记。所谓遗漏例，就是前代编撰者可能由于文献搜集不全等条件限制，导致一些高僧遗漏，未收录于传记中，后来编撰者发现这些文献，于

① 《宋高僧传》，第184页。
② 同上书，第3页。
③ 同上书，第176页。
④ 同上书，第198页。
⑤ 同上书，第27页。
⑥ 同上书，第306页。

是把他们补录于自己所编撰传记中。遗漏例在《宋传》中看似不协调，因为远远超出所编撰传记范围，但可以看出作者对史学的责任心。正如赞宁在卷一八《隋洺州钦师传》中《系、通》所云："或曰：'魏、齐、陈、隋与宣师耳目相接，胡不入《续传》耶？'通曰：'有所不知，阙如也。亦犹大宋文轨既同，土疆斯广，日有奇异，良难遍知。纵有某僧也，其奈史氏未编，传家无据，故亦阙如，弗及录者，留俟后贤者也。'"① 前代阙如，后代发现补录之，这是赞宁对僧传叙述的一个发明之一。赞宁在《宋传》中补录了遗漏例有：卷一八《后魏西凉府檀特师传》《后魏晋阳河秃师传》《陈新罗国玄光传》《隋江都宫法喜传》《隋洺州钦师传》；卷二四《隋行坚传》《隋天台山法智传》；卷二九《南宋钱塘灵隐寺智一传》《元魏洛阳慧凝传》。上述总计九人。

（六）加入个人评议的新方式："系曰"

与道宣《唐传》一样，赞宁在《宋传》中对传主内容也加入个人评议，但是后者有一个很大的不同，就是采用系、通这种方式，另外单独列出，统一置于传主内容后面，而不是像《唐传》那样，置于传主内容之间。这里需要指出，并不是所有系、通都是赞宁所加入的个人评议，只能说系、通中有一部分是作者个人评议。因为系、通是作者所使用的编撰体例，此点前文有所论述，就不赘述，而这种体例成为安置个人评议的方式之一。如卷一《宋京兆大荐福寺义净传》末云："系曰：'译之言易也，谓以所有易所无也。譬诸枳橘焉，由易土而殖，橘化为枳。枳橘之呼虽殊，而辛芳干叶无异。又如西域尼拘律陀树，即东夏之杨柳，名虽不同，树体是一。自汉至今皇宋，翻译之人多矣。晋魏之际，唯西竺人来，止称尼拘耳。此方参译之士，因西僧指杨柳，始体言意。其后东僧往彼，识尼拘是东夏之柳。两土方言，一时洞了焉。唯西唯东，二类之人未为尽善。东僧往西。学尽梵书，解尽佛意，始可称善传译者。宋齐已还，不无去彼回者，若入境观风必闻其政者，奘师、净师为得其实。此二师者两全通达，其犹见玺文知是天子之书，可信也。《周礼》象胥氏通夷狄之言，净之才智，可谓释门之象胥也欤！'"② 通过此段系论，既可以看出翻译之不易，也可以看出义净在译经方面造诣之深，同时还可以了解作者对义净所

---

① 释赞宁：《宋高僧传》，范祥雍校注，中华书局1987年版，第447页。
② 同上书，第3—4页。

做贡献的赞颂。《宋传》中传主内容后有 99 条系、通，其中不少是作者对传主事迹、修行及贡献方面的所作评议，这些评议大多体现了作者对传主的主观倾向性。

四 与正史叙述方式之比较

上述三部僧传叙述方式是对正史的继承与创新，继承方面体现在：其一，阙略存疑。司马迁《史记》卷一三《三代世表》云："太史公曰：五帝、三代之记，尚矣。自殷以前诸侯不可得而谱，周以来乃颇可著。孔子因史文次《春秋》，纪元年，正时日月，盖其详哉。至于序《尚书》则略，无年月；或颇有，然多阙，不可录。故疑则传疑，盖其慎也。"① 可见存疑考疑之法创自孔子，司马迁及其后的史学家进行了继承。如《史记》卷六七《仲尼弟子列传》云："太史公曰：学者多称七十子之徒，誉者或过其实，毁者或损其真，钧之未覩厥容貌，则论言弟子籍，出孔氏古文近是。余以弟子名姓文字悉取《论语》弟子问并次为篇，疑者阙焉。"② 卷六三《老子韩非列传》云："老子者，楚苦县厉乡曲仁里人也，姓李氏，名耳，字伯阳，谥曰聃，周守藏室之史也……或曰老莱子亦楚人也，著书十五篇，言道家之用，与孔子同时云……或曰儋即老子，或曰非也，世莫知其然否？"③ 其二，倒叙法。如《史记》卷三一《吴太伯世家》云："初，楚边邑卑梁氏之处女与吴边邑之女争桑，二女家怒相灭，两国边邑长闻之，怒而相攻，灭吴之边邑。吴王怒故遂伐楚，取两都而去。"④ 其三，互见法。此方法例子前已指出，不赘引。其四，作者对传主的评论。《史记》卷一二〇《汲郑列传》云："太史公曰：夫以汲、郑之贤，有势则宾客十倍，无势则否，况众人乎！下邽翟公有言，始翟公为廷尉，宾客阗门；及废，门外可设雀罗。翟公复为廷尉，宾客欲往，翟公乃大署其门曰：'一死一生，乃知交情。一贫一富，乃知交态。一贵一贱，交情乃见。'汲、郑亦云，悲夫！"⑤《史记》一百三十篇，每篇都有"太史公曰"，有的冠于篇首，有的殿于文末，有的次于篇中，统称论赞，它是司

---

① 司马迁：《史记》，中华书局 1982 年版，第 487 页。
② 同上书，第 2226 页。
③ 同上书，第 2139—2140 页。
④ 同上书，第 1462 页。
⑤ 同上书，第 3113—3114 页。

马迁创造的史论形式。《史记》论赞作为司马迁"一家之言"的重要组成部分……①因为此种形式有利于史传作者来发表"一家之言"，所以一直被后世史学家所继承。其五，正史中的《实录》常有引用时人论赞评论传主，受到当时品评人物社会风气影响，抬高传主声望。还有为同时代生人立传，为了解传主事迹和后世修史保留了可靠的材料。上述这几类叙述方式是正史常用写法，不仅被后世正史编撰者继承，也被僧史编撰者所采用。然而由于正史与僧史的区别，如编撰者不同（正史编撰者都是史官，僧史编撰者是僧侣）、时代背景不同等，僧史编撰者也有所创新，至少是一种大胆的尝试，如释赞宁比较多地叙述高僧卒后事迹情况，便于读者了解相关流传情况。增补遗漏例是对前代僧传的补充，也是对僧史负责任的一种做法。

第三节　《宋传》的文献来源

释赞宁为了编撰《宋传》，尽可能广泛地搜集各类文献，他的此种做法受到了《梁传》《唐传》编撰者的影响。

释慧皎在《梁传序》中云："尝以暇日，遇览群作。辄搜捡杂录数十余家，及晋、宋、齐、梁春秋书史，秦、赵、燕、凉荒朝伪历，地理杂篇，孤文片记。并博咨古老，广访先达，校其有无，取其同异。"②从慧皎所言可知，《梁传》所征引著作极多。汤用彤先生"就本传自序及他处所引"撰写了《慧皎〈高僧传〉所据史料》一文③，论之甚详。苏晋仁先生云《梁传》："史料的丰富，所用功力之深，方面之广，是很明显可以考察到的。"④但是《梁传》"而缉裒吴、越，叙略魏、燕，良以博观未周，故得随闻成采。加以有梁之盛，明德云繁，薄传五三，数非通敏，斯则同世相侮，事积由来。中原隐括，未传简录。时无雅赡，谁为谱之，致使历代高风，飒焉终古"⑤，由于当时南北分裂，隔江而治，受地域条件限制，南北文献信息不畅通，而慧皎作为梁僧，也没有去北方的经历，

① 赵生群：《〈史记〉编撰学导论》，凤凰出版社2006年版，第222页。
② 释赞宁：《宋高僧传》，范祥雍校注，中华书局1987年版，第524页。
③ 汤用彤：《汤用彤学术论文集》，中华书局1983年版，第28—34页。
④ 苏晋仁：《佛教文化与历史》，中央民族大学出版社1998年版，第139页。
⑤ 释道宣：《续高僧传》，载《高僧传合集》，上海古籍出版社1991年版，第105页。

所以《梁传》所录高僧厚南方薄北方，是可以理解的。

释道宣撰写《唐传》时，是唐王朝一统天下、国力强盛时期，南北交流频繁，所以他能避免《梁传》的"中原隐括，未传简录"。道宣在《唐传序》中云："或博咨先达，或取讯行人，或即目舒之，或讨仇集传。南北国史，附见徽音，郊郭碑碣，旌其懿德。皆撮其志行，举其器略。"① 又在《唐传》末云："仰托周访，务尽搜扬。勿谓繁多，致乖弘略……故当微有操行，可用师模，即须缀笔，更广其类。"② 苏晋仁先生云："所据材料可以分为三类：一类是著作……一类是碑铭……一类是作者亲自采访的资料……在取材上、地域上都相当广泛，又加上长时间的编修增补，才完成这样一部洋洋大观的作品。"③ 由此可见道宣在文献搜集上尽力网罗全面。

赞宁《宋传》乃续上述两传所作，在文献搜集方面也是很下功夫，不遗余力。他在《宋传序》中云："或案诔铭，或征志记，或问轺轩之使者，或询耆旧之先民。研磨将经论略同，仇校与史书悬合。勒成三帙。"④ 可见《宋传》取材范围十分广泛，本文就本传自序和传文中所引，分析《宋传》获得文献的来源，主要有以下几方面。

一 案求传主诔文、赞、塔铭、碑文等

宋人张表臣《珊瑚钩诗话》卷三云："赞也，登而崇之者……传者，传而信之也。序者，绪而陈之也。碑者，披列事功而载之金石也。碣者，揭示操行而立之墓隧也。诔者，累其素履而质之鬼神也。志者，识其行藏而谨其终始也。"⑤ 也就是说，上述这些文体大多是用于传主死后，后人对传主生平事迹等方面的记载，具有"夫诔德铭功，厥义有三，上以简神明，中以铺光烈，下以耸示后人"⑥ 的作用，由此北宋金石学家赵明诚在《金石录原序》中说："《诗》、《书》以后，君臣行事之迹悉载于史，

---

① 释道宣：《续高僧传》，载《高僧传合集》，上海古籍出版社1991年版，第105页。
② 《续高僧传》，第381页。
③ 苏晋仁：《佛教文化与历史》，中央民族大学出版社1998年版，第149—150页。
④ 释赞宁：《宋高僧传》，范祥雍校注，中华书局1987年版，第2页。
⑤ 张表臣：《珊瑚钩诗话》，《四库全书》第1478册，上海古籍出版社1987年影印文渊阁本，第982页。
⑥ 李华：《元鲁公墓碣铭》，《李遐叔文集》卷3，《四库全书》第1072册，上海古籍出版社1987年影印文渊阁本，第414页。

虽是非褒贬出于秉笔者私意，或失其实，然至其善恶大节有不可诬，而又传诸既久，理当依据。若夫岁月、地理、官爵、世次，以金石刻考之，其抵牾十常三四。盖史牒出于后人之手，不能无失，而刻词当时所立，可信不疑。"① 所以，有关传主的诔文、赞、塔铭、碑文等给后人提供了了解传主的第一手资料。

赞宁在《宋传》中使用最多的是塔铭碑文，他在《进高僧传表》云："遐求事迹，博采碑文。"② 因为高僧卒后，门人或弟子要纪念他的最好方式是建塔和立碑，而建塔和立碑就需要请人撰写塔铭或碑文来记述德行，这里有两点值得指出，其一，传文中大多直接标出某人撰塔铭碑文，有的还指出了某人书写，等于表明了传主的文献来源。如卷二《唐益州多宝寺道因传》云："至龙朔中，中台司藩大夫李俨制《碑》，欧阳通书焉。"③ 卷五《唐中岳嵩阳寺一行传》云："丧事官供，诏葬于铜人原。谥曰大慧禅师。御撰《塔铭》，天下释子荣之。"④ 有的传主不止一人撰写碑文等，如卷九《唐杭州径山法钦传》云："刺史王颜撰碑述德，比部郎中崔元翰、湖州刺史崔玄亮、故相李吉甫、丘丹各有碑碣焉。"⑤《宋传》中，直接标出某人撰写塔铭碑文的例子极多，一些塔铭碑文还存在，为我们进行下一步研究提供了条件。其二，传文中未直接指出出处，但是实际上也是来自塔铭碑文。如卷一四《唐杭州华严寺道光传》全文："释道光，姓褚氏，喻呲出家。方冠受具，诣光州和尚学通毗尼。于时夏浅德崇，坛场属望，盖天赉真士，为东南义虎，云雨慈昧，笙镛道声。光持《法华经》创塔庙，洎没身不怠也。上元元年庚子仲秋示疾，终于本寺，春秋七十九，法腊五十八。是日驰阳昧昧，淫雨谪，烈风崇朝，嘉木为折，乃东土福尽之征也。俄然喜气五色，亭亭如盖，移晷不散，偏映精庐，即西方往生之意也。初光未殁，其月三日质明，支疾凝神，依色身观，弥陀具相现在其前。满庭碧华，昔所未睹者。四日昧爽，有异人请光为和尚，遂开目弹指曰：'但发菩提心。'至五日，曼陀罗华自天而雨。门人神烈义津追

① 赵明诚：《金石录》，金文明校证，广西师范大学出版社 2005 年版，第 1—2 页。
② 释赞宁：《宋高僧传》，范祥雍校注，中华书局 1987 年版，第 1 页。
③ 同上书，第 26 页。
④ 同上书，第 94 页。
⑤ 同上书，第 212 页。

慕弗遑，各分法味，流布行化，香火无穷云。"① 我们再看皎然《杼山集》卷八《唐杭州华严寺大律师塔铭并序》云："我律师其人也，法讳道光，俗姓褚氏，踰龀出家，方冠受具，诣光州和尚学通毗尼，于时夏浅德崇，坛场属望，盖天赍真士，为东南义虎。云雨滋味，笙镛道声，常持《法华》，兼创佛庙，洎没身不怠也。世寿七十九，惠寿五十八，上元庚子岁秋仲月，示灭于本寺。是日驰阳昧昧，滛雨飕飕，冽风崇朝，嘉木为折，乃东土福尽之征也。俄然熹气五色，亭亭如盖，移晷不散，偏映精庐，即西方往生之意也。初吾师未殁，其月三日质明，支疾凝神，依色身观，弥陁其相忽现师前，满庭碧花，昔所未觌。其四日昧爽，有异人请师为和尚，遂开目弹指曰：'但发菩提心。'五之日，曼陁罗花自天而雨。悲夫，非哲匠去世，安至是耶！门人神烈义津等摄斋何仰，绕塔徒哀，履名迹而可师，书琬琰之不坠词曰：'我法未季，哲人是生，真慈在物，泽洒飙清，高戒严身，佩月与璎，贻训徒张，逝不可作，瑞花冥蒙，卿云紫薄，灵辀何止，于此山椒，寒籟断续，影塔萧寥，五峰诸子，泣望终朝。"② 上述两文相比较，虽然《宋传》未指明出处，但是我们可以看出《道光传》显然是来自皎然所撰《塔铭并序》。此类情况还存在于一些传文中，但需要找出出处文献进行比较才能确定。

还有如指出传主赞文的，卷六《唐京兆大安国寺僧彻传》云："内翰侍郎乐朋龟为真赞，凤翔、嘉州皆写其真相。弟子秦蜀之间愈多传法者。"③ 指出传主谀文的，卷九《唐荆州当阳山度门寺神秀传》云："岐王范燕国公张说、征士卢鸿各为碑谀。"④ 还有一些参照了当时留存的传主别录、语录等，这些也是对传主生平事迹记载详细的资料，如卷一一《唐杭州盐官海昌院齐安传》云："瑞相尤繁，事形别录。"⑤ 此类资料，赞宁一般都以"事形别录""语详别录""具如别录""语录"等加以点名，虽然这些"别录""语录"现大多不存，但从中我们可以知道当时存在这些资料。

① 释赞宁：《宋高僧传》，范祥雍校注，中华书局1987年版，第348页。
② 释皎然：《杼山集》，《四库全书》第1071册，上海古籍出版社1987年影印文渊阁本，第845—846页。
③ 释赞宁：《宋高僧传》，范祥雍校注，中华书局1987年版，第134页。
④ 同上书，第178页。
⑤ 同上书，第262页。

二　征稽志记

征稽志记主要指赞宁撰写《宋传》时，参考了之前流传的一些笔记小说和一些传记作品，这些著作之中有关传主或与传主相关的记载，也是《宋传》文献来源之一。其一，来源笔记小说的不少，如卷二〇《唐江陵府些些传》全文："释些些师，又名青者，盖是不与人交狎，口自言些些，故号之矣。德宗朝，于渚宫游，衣服零落，状极憨痴，而善歌《河满子》。纵肆所为，故无定检。尝遇醉伍伯，伯于涂中辱之，抑令唱歌。些便扬音揭调，词中皆讦伍伯从前阴私恶迹，人所未闻事。伍伯惭愧，旁听之者知是圣僧，拜跪悔过焉。贞元初，多入市肆，聚群小随逐，楚人以兴笑本矣。后不测其终。"① 此传文本于唐人段成式《酉阳杂俎》卷三，其文云："荆州贞元初，有狂僧些僧其名者，善歌《河满子》。尝遇醉，伍百涂辱之，令歌，僧即发声，其词皆伍百从前非黡也。伍百惊而自悔。"② 由于笔记小说中涉及很多神异感通事迹，所以这些事迹也就成为《宋传》中传主神异感通事迹的来源，通过考察我们可以发现"感通篇"中的传主许多文献来源于笔记小说。其二，来自传记作品的，如卷一四《唐扬州大云寺鉴真传》云："僧思托著《东征传》详述焉。"③ 卷二一《唐五台山竹林寺法照传》云："绛州兵掾王士詹述《圣寺记》云。"④ 卷三〇《唐南岳山全玼传》云："事详《南岳高僧传》云。"⑤ 这些例子都明确指出了事迹来自哪部传记作品，所以应该是比较真实的。

三　询问来往使者和耆旧

赞宁不论是在吴越国，还是在北宋初，历任僧职，在僧界地位高，那么他就有条件去询问来往的中外使者。赞宁又是个博物大家，外面的新鲜事物、事情都是他所感兴趣的，同时我们也应注意到，赞宁是精通梵文的，他在《大宋僧史略》卷上"传禅观法"条笺云："愚素习象胥，力根

---

① 《宋高僧传》，第524页。
② 《唐五代笔记小说大观》，上海古籍出版社2000年版，第589页。
③ 释赞宁：《宋高僧传》，范祥雍校注，中华书局1987年版，第350页。
④ 同上书，第542页。
⑤ 同上书，第744页。

贝叶，遍问西来三藏，仍阅古今求法记文。"① 另外，吴越国与高丽有多次佛教往来，所以赞宁在记载外国高僧时，能获得许多别人没有的资料。如卷四《唐新罗国顺璟传》云："璟在本国稍多著述，亦有传来中原者，其所宗法相大乘了义教也。见《华严经》中始从发心便成佛已，乃生谤毁不信。或云：'当启手足，命弟子辈扶掖下地，地则徐裂，璟身俄坠。'时现生身陷地狱焉。于今有坑，广袤丈余，实坎窅然，号'顺璟捺落迦也。'"② 顺璟虽至中国，但此处记载他在新罗国的神异事迹及情况，笔者认为是赞宁从来往使者处获得信息，因为他没有去过新罗国。还有一些记载，像百济国金山寺释真表等根本未至中国传主的文献来源也是如此。

至于询问耆旧，虽然赞宁没有在《宋传》中直接点名，但是笔者标明了一些谚语，如卷一五《唐杭州灵隐山道标传》云："标经行之外，尤练诗章，辞体古健比之潘刘。当时吴兴有昼，会稽有灵澈，相与酬唱，递作笙簧。故人谚云：'霅之昼，能清秀；越之澈，洞冰雪；杭之标，摩云霄。'"③ 谚语流传民间，耆旧之人往往能道出。还有一些无文献可本的奇异僧，这些僧人到处流浪，能让百姓记住的往往是他们的神异事迹和大众称号，由于他们身处市井之中，不被士大夫阶层所熟悉，事迹得不到记载，要获得这些僧人的资料，只有从耆旧之人口中而来。

四 传主著述与史书

传主著述及其内容是构成传主主体内容的一个方面，有些著述被一些目录等收录，可以不看原文进行引用，但是还有一些没有被目录收录，那么涉及这部分的传文内容就需要编撰者进行阅读，然后才能进行简要的介绍。高僧传系列中，十科以译经篇、义解篇学问性最强，涉及传主本人很多著作的介绍。从译经篇看，经录是编撰者必不可少的文献来源，经录是僧人自己撰写的专门目录学著作，梁启超在《佛家经录在中国目录学之位置》一文中说：

> 诸家经录……有优胜于普通目录之书数事：一曰历史观念甚发达，凡一书之传译渊源、译人小传、译时、译地，靡不相叙。二曰辨

---

① 释赞宁：《大宋僧史略》，《大正藏》第 54 册，第 240 页。
② 释赞宁：《宋高僧传》，范祥雍校注，中华书局 1987 年版，第 72 页。
③ 《宋高僧传》，第 374 页。

别真伪极严，凡可疑之书皆详审考证，别存其目。三曰比较甚审，凡一书而同时或先后异译者，辄详为序列，勘其异同得失，在一丛书中抽译一、二种或一书中抽译一、二篇而别题书名者，皆一一求其出处，分别注明，使学者毋惑。四曰搜采遗逸甚勤，虽异佚之书，亦必存其目以俟采访，令学者得按照某时代之录而知其书佚于何时。五曰分类极复杂而周备；或以著译时代分，或以书之性质分。性质之中，或以书之涵义内容分，如既分经律论，又分大小乘；或以书之形式分，如一译多译、一卷多卷等等。同一录中，各种分类并用，一书依其类别之不同交错互见动至十数，予学者以种种检查之便。①

　　赞宁在《宋传》中主要运用的经录有：（1）释明佺等奉敕撰《大周刊定众经目录》十五卷，今存。《宋传》卷二《周洛京佛授记寺慧智传》附传《明佺》云："天册万岁元年，敕令刊定经目，佺所专纂录，编次持疑，更与翻经大德二十余人同共参正，号曰《大周经录》焉。"②（2）释智升传《开元释教录》二十卷，今存。分总括群经录和别分乘藏录二部。有价值者为总录部分，因为总录以译人为主，自后汉到唐代十九个朝代，记载都城、帝系、年号、译者人数、所存卷数及存阙，然后再依译人年代先后，详载所译经籍名称、卷数、译时、译地、助译人员、译本单重及其传记，并附失译各经于末，间及此土撰述。如《宋传》卷三《唐京师奉恩寺智严传》乃来源于《开元释教录》卷九。（3）释玄逸撰《开元录广品历章》三十卷，今存十五卷。《宋传》卷五《唐京兆华严寺玄逸传》云：

　　遂据古今所撰目录，及勘诸经，披文已浩于几案，积卷仍溢于堂宇，字舛者详义而纶之，品差者赜理而纲之。星霜累迁，功业克著。非夫心断金石、志坚冰蘗者，曷登此哉！既综结其科目，谅条而不紊也，都为三十卷，号《释教广品历章》焉。考其大小乘经律论，并东西土贤圣集，共一千八十部，以蒲州、共城二邑纸书，校知多少，缚定品次，俾后世无闷焉。其章颇成伦要，备预不虞，古之善制。有乐陵尹灵琛为序。③

---

① 梁启超：《佛学研究十八篇》，辽宁教育出版社1998年版，第292页。
② 释赞宁：《宋高僧传》，范祥雍校注，中华书局1987年版，第34页。
③ 同上书，第96页。

（4）释圆照撰《大唐贞元续开元释教录》三卷，今存。《贞元新定释教目录》三十卷，今存。这些目录记载了当时新译入藏的众经和译人事迹，还有上表、制诏、碑文等。《宋传》卷三《唐丘慈国莲华寺莲华精进传》云：“贞元中，请编入藏，值圆照《续录》，故述其由。”① 上述是赞宁可以得到极易接触利用的几部经录，有的传主指出了入哪部经录，有的未指出，但是可以说译经篇涉及翻译佛教经典基本上都有所本。就义解篇来说，传主对佛教经典或前人佛教著作的注、疏、钞等都是赞宁撰写的来源，因为传文往往会涉及这些关键性内容，这也是传主归类到此科的主要原因。如卷四《唐京兆大慈恩寺义忠传》云：“由兹开奖，弟子繁多，讲树别茂于枝修，义门旁开于关窍，乃著《成唯识论纂要》《成唯识论钞》三十卷、《法华经钞》二十卷、《无垢称经钞》二十卷。《百法论疏》，最为要当，移解二无我归后，是以掩慈恩之繁，于今盛行勿过忠本。”② 其他科别，编撰者也十分注重传主著作介绍，如卷二九《唐湖州杼山皎然传》云：“有集十卷，于頔序集。贞元八年正月敕写其文集入于秘阁，天下荣之。观其文也，亹亹而不厌，合律乎清壮，亦一代伟才焉……故著《儒释交游传》及《内典类聚》共四十卷、《号呶子》十卷，时贵流布。”③

史书也是一个文献来源之一，虽然《旧唐书》不为僧人立传，但是《旧唐书》之中还是记载不少与佛教发展和高僧事迹的内容。《旧唐书》中的《方伎传》，记载了玄奘、神秀、一行等高僧事迹，传文中有不少神异事迹，这些或多或少在《宋传》中有所反映。此外，《宋传》卷二九《唐鄂州开元寺玄晏传》云：“释玄晏，江夏人也，姓李氏。祖善而博识多学，注《文选》，行讲集于梁宋之间。考邕，北海太守，《唐书》有传。”④ 可见，《宋传》在述及一些高僧家世时，史书具有文献征引作用。由此，相关史书应当是赞宁案头撷取文献的必备书。

还有赞宁自己的著作《大宋僧史略》，《宋传》中有些系、通来自《大宋僧史略》，如《宋传》卷四《唐京师安国寺元康传》云：“系曰：‘康师曳纳播者何？’通曰：‘梵言立播，华言裹腹衣，亦云抱腹，形制如偏袒，一幅才穿得手，肩袖不宽，著在左边，右边施带，多贮棉絮。然是

①　释赞宁：《宋高僧传》，范祥雍校注，中华书局1987年版，第46页。
②　《宋高僧传》，第77页。
③　同上书，第729页。
④　同上书，第732页。

御寒之服，热国则否，用此亦圣开。流于东土，则变成色帛，而削幅缀于左右袖上，垂之制曳然，旌表我通赡经论。一本则曳一支，多则多曳。未知稽古自何人始乎？今单言播，略立字耳，全非御寒之意，翻为我慢之衣。既失元端，而多滥作，别形圣教以俟后贤，此外无施异制以乱大伦。"①《大宋僧史略》卷上"服章法式"条云："有曳纳播者，形如覆肩衣，出《寄归传》。讲员自许即曳之，若讲通一本，则曳一支。讲二三本，又随讲数曳之，如纳播是也。"②此外，还有一些系、通之观点与《大宋僧史略》相合，虽然两部著作是同一人所撰，但是由于《大宋僧史略》早于《宋传》完成，所以前书之中的观点不自觉地会转移到后书之中。

五　国家一些档案资料

虽然赞宁没有直接指出他运用了国家的档案资料，但是我们阅读《宋传》，发现传文中使用了不少皇帝敕书和大量帝王对高僧的敕谥，这些重要资料虽有可能保留在其他一些文献中，但是《宋传》中出现之多，说明赞宁有可能查阅了国家的档案资料。如卷二《唐洛京智慧传》云："又《华严长者问佛那罗延力经》、《般若心经》各一卷，皆贞元八年所译也。是岁十月缮写毕。二十八日设彩车，大备威仪，引入光顺门，进帝览，忻然，慰劳勤至。敕于神策军赐斋食，嚫慧绢五百匹、冬服一副，余人赐各有差。慧表谢，答诏褒美。同日请译经，奉天定难。功臣开府仪同三司检校太子詹事罗好心上表云：'臣表弟沙门般剌若先进《大乘理趣六波罗蜜梵》本经，伏奉今年四月十九日敕令王希迁精选有道行僧于西明寺翻译。今经帙已终，同诣光顺门进上。'答诏云：'卿之表弟早悟大乘，远自西方，求游上国，宣六根之奥义，演双树之微言。念以精诚所宜钦重，是令翻译，俾用流行。卿夙慕忠勤，职司禁卫，省览表疏，具见乃怀，所谢知。'好心以朱泚围逼之际，颇有战功，预其中兵，为帝宠重。慧得好心启导，译务有光，帝制《经序》焉。"③卷六《唐京师大安国寺端甫传》云："赐谥曰大达，塔曰玄秘。"④同卷《唐圭峰草堂寺宗密传》云："宣宗再阐真乘，万

---

①　《宋高僧传》，第70页。

②　释赞宁：《大宋僧史略》，《大正藏》第54册，第238页。

③　释赞宁：《宋高僧传》，范祥雍校注，中华书局1987年版，第23—24页。

④　同上书，第124页。

善咸秩，追谥曰定慧禅师，塔号青莲。"① 上述这些情况，都需要帝王诏旨，正因为如此，这类文献很多保存在国家史馆等地。

赞宁有没有机会接触这些文献呢？答案是肯定的，因为他僧职高，有机会接触到那些国家档案资料。在吴越国时，《文集序》云："大师多毗尼著述，谓之律虎，故时称'三虎'焉。置本国监坛，又为两浙僧统，历数十年，像法修明，缁徒整戢。"② 他对吴越国佛教情况应当了如指掌。在北宋时，《释门正统》卷八载："太平兴国三年，王奉版图归朝，师奉释迦舍利塔入见。上素闻之，对于滋福殿，一日七宣，召赐方服，改通慧号，除翰苑与陶穀同职。有以'青琐朱楹，安容此物'，讲者折以儒典，敢不钦伏。"③ 翰林乃北宋政府储才之地，他完全能接触到国家各类典籍。更值得一提的是，《佛祖统纪》卷四三载："（淳化）二年，敕翰林赞宁充史馆编修。"④《释门正统》卷八等同。赞宁以僧人身份任史馆编修，虽然是在《宋传》完成之后，但是也能说明他有机会阅览国家档案著作。

六 亲身考察和接触有关人事

（一）观览高僧遗迹。"僧侣的形象体现着佛教的道德力量，所以其形象之大小高低，决定着佛教在社会中的地位与作用"⑤，同样，高僧的形象，决定着他在僧侣内部的地位，高僧形象高，自然成为许多僧侣学习的榜样，其遗迹就成为僧侣观览和提高献身佛教情感的教育基地。每个僧侣都有一个成长过程，而观览高僧遗迹是他们人生的一种经历，赞宁也不例外。卷一六《唐会稽开元寺允文传》云："赞宁登会稽，曾礼文真相，见法孙可翔，苦节进修，协杜多之行，故熟其事迹也。"⑥ 碑塔铭也是高僧遗迹之一，赞宁还有亲自了解大量碑铭存亡情况的记载。卷九《唐京师大安国寺楞伽院灵著传》附传《法玩》云："塔因会昌中所毁，今存址焉。碑石漫没，吁哉！"⑦ 还有如："今双林累遭兵革，加以水潦，碑碣失踪，阙于言行也"⑧，

① 释赞宁：《宋高僧传》，范祥雍校注，中华书局1987年版，第127页。
② 王禹偁：《小畜集》卷20，四部丛刊本，上海书店1989年影印本，第7—8页。
③ 释宗鉴：《释门正统》，《卍续藏经》第75册，第353页。
④ 释志磐：《佛祖统纪》，《大正藏》第49册，第402页。
⑤ 严耀中：《佛教戒律与中国社会》，上海古籍出版社2007年版，第403页。
⑥ 释赞宁：《宋高僧传》，范祥雍校注，中华书局1987年版，第397页。
⑦ 同上书，第201页。
⑧ 同上书，第367页。

从这些情况我们可以了解毁佛与战争对僧人碑铭等文献的破坏。

（二）了解高僧卒后影响。高僧弘化一方，在当地能起到重要作用，即使在他卒后，影响犹存，这些情况，赞宁在《宋传》中有颇多记载。有关于疏钞的，卷五《唐中大云寺圆晖传》云："释圆晖，未详何许人也。关辅之间，声名籍甚，精研性相，善达诸宗。幼于《俱舍》一门，最为锐意。时礼部侍郎贾曾归心释氏，好乐斯文，多命晖谈此宗相。然其难者则非想见惑，繁者则得非得章。爰请晖师略伸梗概，究其光师《疏义》繁极难寻。又圣善寺怀远律师愿心相合，因节略古《疏》，颂则再牒，而《释论》乃有引而具注，甚为径捷，学者易知。后有崇廙，著《金华钞》十卷以解焉。光、宝二师之后，晖公间出，两河间、二京道、江表、燕、齐、楚、蜀盛行《晖疏》焉。"① 有关于门风的，卷一三《梁福州玄沙院师备传》云："得其法者，众推桂琛为神足矣。至今浙之左右，山门盛传此宗，法嗣繁衍矣。其于建立透过大乘初门，江表学人无不乘风偃草欤？"② 有关于称号的，卷二一《唐兴元府梁山寺上座亡名传》云："真影存于山寺。至今梁、益、三辅间止呼为兴元上座云。奇踪异迹不少，未极详焉。"③

（三）亲身所参与的相关人和事。张乃翥先生《龙门〈石道记〉碑与宋释赞宁》据碑文："顾石道以陈残，起口征而整葺。刱自太平兴国癸未岁季五月"，指出："太平兴国八年五月，赞宁居于洛中。他目睹伊阙水患，于是奏报朝廷，请筹修复石道。是年六月，赞宁奉诏撰修《大宋高僧传》，乃乞归钱塘专事著述，修复龙门石道之事暂未实现。"④ 也就是说，赞宁撰写《宋传》前，在洛阳龙门待过一段时间，这就可以解释为什么《宋传》中赞宁对龙门所葬高僧情况之了解，如卷一《唐京兆大荐福寺义净传》云："今塔在洛京龙门北之高冈焉。"⑤ 卷二《唐洛京圣善寺善无畏传》云："葬于龙门西山广化寺之庭焉。定慧所熏，全身不坏。会葬之日，涕泗倾都，山川变色，僧俗弟子宝畏禅师、明畏禅师、荥阳郑氏、琅琊王氏痛其安仰，如丧考妣焉。乾元之初，唐风再振，二禅师刻偈，诸信士营龛，弟子舍于旁，有同孔墓之恋。今观畏之遗形，渐加缩小，黑皮隐隐，骨其露焉。累朝旱涝，皆就祈请，征

---

① 《宋高僧传》，第 95—96 页。
② 同上书，第 306 页。
③ 同上书，第 549 页。
④ 张乃翥：《龙门〈石道记〉碑与宋释赞宁》，《文物》1988 年第 4 期。
⑤ 释赞宁：《宋高僧传》，范祥雍校注，中华书局 1987 年版，第 3 页。

验随生，且多檀施。锦绣巾帊，覆之如偃息耳。每一出龛，置于低榻，香汁浴之。洛中豪右争施弹帊净巾澡豆，以资浴事。今上襄祷，多遣使臣往加供施，必称心愿焉。"① 《宋传》中还有许多有关洛阳高僧情况的记载，大多与赞宁在洛阳广泛搜集有关。洛阳尚且如此，更不必说吴越国高僧情况的记载，那里是他成长、学法乃至扬名之地，有的高僧卒后即亲自撰写塔铭，卷一三《大宋天台山德韶传》云："命都僧正赞宁为塔碑焉……《语录》大行……至今江浙间谓为'大和尚'焉。"② 有的高僧是他的老师，如卷一六《后汉钱塘千佛寺希觉传》云："觉外学偏多，长有《易》道，著《会释记》二十卷，解《易》，至上下系及末文甚备。常为人敷演此经，付授于都僧正赞宁……未终之前，舍衣物，作现前僧得施，复普饭一城僧。自此困惫，每睡，见有一人纯衣紫服，肌肤软弱如绵纩焉，意似相伴。才欲召弟子将至，此人舒徐下床，后还如故。亲向赞宁说此，某知是天人耳，嘱托言毕而绝。"③ 正是由于赞宁熟悉吴越国佛教事迹，所以才有"今上太平兴国三年，于滋福殿宣问两浙都僧正赞宁石桥长广量度，一皆实奏，帝叹嗟久之"④。还有赞宁在太平兴国三年归宋后，对京城东京等地佛教高僧事迹情况的亲自了解。卷二六《唐东京相国寺慧云传》云："今之殿宇，皆大顺年火灾之后盖造，大宋太祖重修。翰林待诏高益笔迹壁画，时推笔墨之妙矣。"⑤

　　综上所述，赞宁在《宋传》中文献来源基本上是有所本，许多传主情况是多种来源形式综合运用，所以全书中出现很多有关高僧事迹情况的"今""至今"介绍，我们也可以认识到赞宁获得资料之丰富离不开他特殊的经历和尽力网罗文献的精神，而这种精神也是深受司马迁编撰《史记》的态度影响。所以，《宋传》在研究唐代至宋初中国佛教史、政治史、经济史、文化史、历史学等方面具有重要的史料价值。

第四节　《宋传》处理文献的方法

　　《宋传》文献来源广泛，又由于历经唐末五代的战争，释赞宁面对如

---

① 释赞宁：《宋高僧传》，范祥雍校注，中华书局 1987 年版，第 22 页。
② 同上书，第 317 页。
③ 同上书，第 402—403 页。
④ 同上书，第 682 页。
⑤ 同上书，第 660 页。

此数量庞大、杂乱无章的文献，如何利用这些文献来为撰写《宋传》服务，作者可谓煞费苦心，付出了极其艰辛的劳动。在编撰《宋传》过程中，赞宁主要采用了以下方法来安排义献。

一　基本袭用原始文献

比较原始文献和《宋传》相应的传主内容，有不少传文主要是抄录自原始文献，只不过是对一些字句等小地方进行了删加处理，主体部分基本一致。如以《释惟恭传》内容比较来看：

《酉阳杂俎续集》卷七 有关释惟恭内容	《宋传》卷二五《唐荆州法性寺 惟恭传》附见《灵岿》
荆州法性寺僧惟恭，三十余年念《金刚经》，日五十遍。不拘僧仪，好酒，多是非，为众僧所恶。后遇疾且死，同寺有僧灵岿，其迹类惟恭，为一寺二害。因他故出，去寺一里，逢五六人，年少甚都，衣服鲜洁，各执乐器如龟兹部。问灵岿："惟恭上人何在？"灵岿即语其处，疑其寺中有供也。及晚回入寺，闻钟声，惟恭已死，因说向来所见。其日合寺闻丝竹声，竟无乐人入寺。当时名僧云："惟恭盖承经之力，生不动罔，亦以其迹勉灵岿也。"灵岿感悟，折节缉门。①	释惟恭，不详何许人也。少孺出俗于法性寺，好尚逼下，多狎非法之友。虽乖僧行，犹勤持诵《金刚般若》，罕离唇齿。酒徒博侣，交集门庭，虚诳云为，曾无廉耻。后遇病且死。同寺有灵岿，其迹相类，号为一寺二害也。岿偶出，去寺一里所，逢六七人少年甚都，衣服鲜洁，各执乐器如龟兹部，问灵岿曰："惟恭上人何在？"岿即语其处，疑其寺行香乐佛也。及晓，回入寺，闻钟声云："恭卒。"所见者乃天乐耳。盖承经力，必生净刹，亦以其迹勉灵岿也。岿感悟折节，缉门崇重，终成高迈焉。②

上述所见两篇传文材料基本相同的情况下，《宋传》只不过是按照僧传传文模式做了一定变动，使行文更加流畅，叙事更加明了。但是两篇传文主体部分在事迹安排和文字处理上没有多少改变。

---

① 段成式：《酉阳杂俎续编》，《唐五代笔记小说大观》，上海古籍出版社 2000 年版，第 770 页。

② 释赞宁：《宋高僧传》，范祥雍校注，中华书局 1987 年版，第 638 页。

二　综合整齐文献

对所搜集到的文献综合整理工作，并不是简单地将它们堆积在一起，不注意选择取舍，毫无章法地随意拼凑，而要根据一定的编撰原则，有条理地按照一定的体系，对它们进行剪裁，从而分类整合，使之成为《宋传》传文有机组合的部分。作者根据传主分科的不同特点，从众多所获得的材料中选取有用的史料，按照体例要求编次内容，常用方法有增添、删减、改写等。

（一）增添

由于材料有的并不是按照僧传叙事方式来叙述，即使有的是，也不是突出传主所属分科特点，所以编撰者采用了增添方式。如以《释普寂传》为例：

《旧唐书》卷一九一《方伎传》中有关释普寂传文	《宋传》卷九《唐京师兴唐寺普寂传》
普寂姓冯氏，蒲州河东人也。年少时遍寻高僧，以学经律。时神秀在荆州玉泉寺，普寂乃往师事，凡六年，神秀奇之，尽以其道授焉。久视中，则天召神秀至东都，神秀因荐普寂，乃度为僧。及神秀卒，天下好释氏者咸师事之。中宗闻其高年，特下制令普寂代神秀统其法众。 开元十三年，敕普寂于都城居止。时王公士庶，竞来礼谒。普寂严重少言，来者难见其和悦之容，远近尤以此重之。二十七年，终于都城兴唐寺，年八十九。时都城士庶曾谒者，皆制弟子之服。有制赐号为"大照禅师"。及葬，河南尹裴宽及其妻子，并衰麻列于门徒之次，士庶倾城哭送，闾里为之空焉。①	释普寂，姓冯氏，蒲州河东人也。年才稚弱，率性轩昂，离俗升坛，循于经律。临文揣义，迥异恒流。初闻神秀在荆州玉泉寺，寂乃往师事，凡六年。神秀奇之，尽以其道授焉。久视中，则天召神秀至东都论道，因荐寂，乃度为僧。及秀之卒，天下好释氏者，咸师事之。中宗闻秀高年，特下制令普寂代本师统其法众。开元二十三年，敕普寂于都城居止。时王公大人竞来礼谒，寂严重少言，来者难见其和悦之容，远近尤以此重之。二十七年，终于上都兴唐寺，年八十九。时都城士庶谒者皆制弟子之服。有制赐谥曰大慧禅师。及葬，河南尹裴宽及其妻子，并缞麻列于门徒之次。倾城哭送，闾里为之空焉。 裴尹之重寂，职有由矣。寂之阐化，神异颇多，裴皆目击，又得心印，归向越深。时多讥诮，裴日夕造谒，执弟子礼曾无差脱。一日诣寂，寂悬知弟子一行之亡。及寂之终灭，裴之悲恸若丧所亲，缞绖徒步出城，妻子同尔，搢绅之讥生于是矣。②

---

① 刘昫：《旧唐书》，中华书局1975年版，第5110—5111页。
② 释赞宁：《宋高僧传》，范祥雍校注，中华书局1987年版，第198—199页。

　　两文相比较而言，前面部分两文内容基本一致，只不过叙述方式有所差异。关键区别在于《宋传》增加了裴宽对释普寂神异事迹的记载，这个记载恰恰说明了释普寂习禅修为高僧，所以这个增加的材料有利于深化传主分科的归属性。

（二）删减

　　有的原始文献不是依据僧传体裁来撰写，所以面对这些文献时，要根据传主归类要求及其行文方式进行删减。如以《释道光传》为例：

释皎然《杼山集》卷八《唐杭州华严寺大律师塔铭并序》	《宋传》卷一四《唐杭州华严寺道光传》
魏晋中，颖迈之士多尚出尘，白足高步于海隅，青目遐视于湘表，千有余祀，禅律宗师，吾知若人，出秉伊说之钧，处蹑黄绮之踵，亦躬珪之，与和璞隐显之殊乎！我律师其人也，法讳道光，俗姓褚氏，龆龀出家，方冠受具，诣光州和尚学通毗尼。于时夏浅德崇，坛场属望，盖天赍真士，为东南义虎，云雨慈味，笙镛道声，常持《法华》，兼创佛庙，泊没身不怠也。世寿七十九，惠寿五十八，上元庚子岁秋仲月示灭于本寺。是日驰阳昧昧，潯雨飕飕，冽风崇朝，嘉木为折，乃东土福尽之征也。俄然熹气五色，亭亭如盖，移暑不散，偏映精庐，即西方往生之意也。 　　初吾师未殁，其月三日质明，支疾凝神，依色身观，弥陀其相忽现师前，满庭碧花，昔所未觌。其四日昧爽，有异人请师为和尚，遂开目弹指曰："但发菩提心。"五之日，曼陀罗花自天而雨。悲夫，非哲匠去世安至是耶！门人神烈、义津等，摄斋何仰，绕塔徒哀，履名迹而可师，书琬琰之不坠词曰：我法未季，哲人是生，真慈在物，泽洒飙清，高戒严身，佩月与璎，贻训徒张，逝不可作，瑞花冥蒙，卿云萦薄，灵輀何止，于此山椒，寒鼯断续，影塔萧寥，五峰诸子，泣望终朝。①	释道光，姓褚氏，喻龀出家方冠受具，诣光州和尚学通毗尼。于时夏浅德崇，坛场属望，盖天赍真士，为东南义虎，云雨慈味，笙镛道声。光持《法华经》，创塔庙，泊没身不怠也。上元元年庚子仲秋示疾，终于本寺，春秋七十九，法腊五十八。是日驰阳昧昧，淫雨??，烈风崇朝，嘉木为折，乃东土福尽之征也。俄然喜气五色，亭亭如盖，移暑不散，偏映精庐，即西方往生之意也。 　　初光未殁，其月三日质明，支疾凝神，依色身观，弥陀具相现在其前。满庭碧华，昔所未睹者。四日昧爽，有异人请光为和尚，遂开目弹指曰："但发菩提心。"至五日，曼陀罗华自天而雨。门人神烈义津追慕弗遑，各分法味，流布行化，香火无穷云。②

① 释皎然：《杼山集》，《四库全书》第1071册，上海古籍出版社1987年影印文渊阁本，第845—846页。

② 释赞宁：《宋高僧传》，范祥雍校注，中华书局1987年版，第348页。

此两文相比较,《宋传》内容少于皎然所作《塔铭并序》,因为《塔铭并序》叙述方式与《宋传》叙述方式有所不同,《塔铭并序》对于释道光赞颂内容颇多,而《宋传》作者赞宁根据《塔铭并序》进行了删减,撷取了史实部分,从而完成了《释道光传》。

(三)改写

有的文献不是来自相关传主的事迹记载,那么编撰者就要根据行文需要进行改写,这种改写可能有其他相关为补充。如以《高闲传》为例:

韩愈《韩昌黎文集》 卷二一《送高闲上人序》	《宋传》卷三〇《唐天台山禅林寺 广修传》附见《高闲传》
苟可以寓其巧智,使机应于心,不挫于气,则神完而守固,虽外物至不胶于心。尧、舜、禹、汤治天下,养叔治射,庖丁治牛,师旷之于声,扁鹊治病僚之于丸,秋之于弈,伯伦之于酒乐之,终身不厌,奚暇外慕,夫外慕徙业者,皆不造其堂,不哜其藏者也。往时张旭善草书,不治他技,喜怒窘穷,忧悲愉佚,怨恨思慕,酣醉无聊,不平有动,于心必于草书发之,观于物见山水崖谷鸟兽虫鱼草木之花实日月列星风雨水火雷霆霹雳歌舞战斗天地事物之变,可喜可愕,一寓于书,故旭之书变动犹鬼神不可端倪,以此终其身,而名后世。今闲之于草书,有旭之心哉,不得其心而逐其迹,未见其能旭也。为旭有道,利害必明,无遗锱铢,精炎于中,利欲斗进,有得有丧,勃然不释,然后一决于书而后,旭可几也。今闲师浮屠氏,一死生,解外胶,是其为心,必泊然无所起;其于世,必淡然无所嗜。泊与淡相遭,颓堕委靡溃败,不可收拾。则其于书得无象之然乎?然吾闻浮屠人善幻多伎能,闲如通其术,则吾不能知矣。①	又湖州开元寺释高闲,本乌程人也。髫年卓荦,范露异才。受法已还,有邻坚志,苦学劳形,未尝少惰。后入长安,于荐福、西明等寺隶习经律,克精讲贯。宣宗重兴佛法,召入对御前草圣,遂赐紫衣,仍预临洗忏戒坛,号十望大德。性情节操,蠢然难屈。老思归乡,终于本寺。弟子鉴宗,敕署无上大师,亦得闲之笔法。闲常好将雪川白纻书真草之踪,与人为学法焉。②

---

① 韩愈:《送高闲上人序》,载董浩《全唐文》卷555,中华书局1983年版,第5621—5622页。

② 释赞宁:《宋高僧传》,范祥雍校注,中华书局1987年版,第742页。

　　上述两文，韩文主要赞颂高闲草书之精，对于生平事迹记述颇少。《宋传》也突出对高闲草书之能的叙述，但是《宋传》依据僧传模式，可能依据其他相关文献进行了改写。

　　综观之，《宋传》综合整理文献主要采取上述三种方法，但是实际运用中又往往是综合运用，或多或少兼有之，这些方面的努力，体现了《宋传》编撰者赞宁对文献的娴熟使用和对僧传体例的把握。同时也说明传统"史""文集"等对僧史修撰的影响。

三　阙略存疑

　　阙如和简略是由于文献遗佚，文献搜集不足。虽然编撰者想记载更多的传主内容，但是"巧妇难为无米之炊"，也只能实事求是，服从文献。《宋传》卷一八《隋洺州钦师传》系、通云："或曰：'魏、齐、陈、隋与宣师耳目相接，胡不入《续传》耶？'通曰：'有所不知，盖阙如也。亦犹大宋文轨既同，土疆斯广，日有奇异，良难遍知。纵有某僧也，其奈史氏未编，传家无据，故亦阙如，弗及录者，留俟后贤者也。'"① 可能正因如此，后人对于一些高僧没有收入《宋传》本传提出了质疑。其一，关于未载禅宗云门宗开山大师文偃，释惠洪《林间录》卷上云："云门大师僧中王也，与之同时，竟不载，何也？"② 其后他又在《题询上人僧宝传》中云："予初游吴，读赞宁《宋僧史》，怪不作《云门传》。有耆年曰，尝闻吴中老师自言，尚及见宁，以云门非讲学，故删去之。"③ 如以"云门非讲学"故，恐怕说不过去，因为禅宗本来就注重实践，不重讲学。陈垣先生批评说："至《宋僧传》之不立云门传，自是采访未周，与讲学不讲学何涉。且《宋僧传》六百余人，讲学者有几，此真不值一驳者，而洪公然著之书，无怪识者之讥评矣。"④ "非讲学"的高僧很多，赞宁收录了不少，如卷八《唐荆州碧涧寺道俊传》云："释道俊，江陵人也。住枝江碧涧精舍，修东山无生法门，即信、忍二祖号其所化之法也。勤洁

---

① 《宋高僧传》，第448页。
② 释惠洪：《林间录》，《卍续藏经》第87册，第246页。
③ 释惠洪：《石门文字禅》卷26，《四库全书》第1116册，上海古籍出版社1987年影印文渊阁本，第499页。
④ 陈垣：《中国佛教史籍概论》，上海书店出版社2005年版，第108页。

苦行，迹不出寺，经四十余载。室迩人远，莫敢请谒者，唯事杜默。如是声闻于天，天后、中宗二朝崇重高行之僧，俊同恒景应诏入内供养。至景龙中求还故乡，帝赐御制诗，并奘、景同归枝江，卒于本寺焉。"① 真正原因是文偃虽有雷岳所撰《匡真大师塔铭》和陈守中所撰《匡圣宏明大师碑铭》（见《南汉金石志》卷一、卷二），但身处当时来说是偏僻的广东乳源县，文献不足，易导致遗漏。其二，关于未载吴越高僧汇征大师，宋僧释智圆在《闲居编》卷十《佛氏汇征别集序》云汇征："进贤义也，好施仁也，治行贞也，心不忘佛理达也，四者备矣！君子谓列传于高僧，播美乎百世可也，而不见大宋之十科者，虽曰传者不蔽贤，吾不信也。"②《宋传》中有四次提到汇征，而且《文集序》云："又得文格于光文大师汇征，授诗诀于前进士龚霖，由是大为流辈所服。"③《十国春秋》卷八九云："僧汇征善诗文，有集七卷，忠懿王时命为僧正，赐号光文大师。"④ 所以说汇征曾为赞宁老师和前任僧官，赞宁应当对汇征生平事迹比较了解，但是为什么未收录，确实令人费解，所以免不了后人有所讥讽。

　　《宋传》卷一六《唐钟陵龙兴寺清彻传》系、通云："系曰：'彻公言行，无乃太简乎？'通曰：'繁略有据，名实录也。昔太史公可弗欲广三五之世事耶？盖唐虞之前，史氏淳略，后世何述焉？今不遂富赡，职由此也。又与弗来赴告不书同也。诸有繁略不均，必祛诮让焉。'"⑤ 此可说明赞宁对于文献的繁略安排是有原则的，当文献有所不足时，只有进行简略叙述。我们还可以从卷九《唐京兆慈恩寺义福传》附见《行思》云："又释行思，姓刘氏，庐陵人也。濡润厥躬，贞谅其性。出尘之后，纳戒已还，破觚求圆，斫雕为朴，厥志天然也。往韶阳见大鉴禅师，一言蔽断，犹击蒙焉。既了本心，地祇迭告还，复吉州阐化，四方禅客繁拥其堂。开元二十八年十二月十三日入灭于本生地，敕谥大师，号曰洪济，塔曰归真。其塔会昌中例从堙毁，后法嗣者重崇树之。"⑥ 青原行思也是禅

---

①　释赞宁：《宋高僧传》，范祥雍校注，中华书局1987年版，第183页。
②　释智圆：《闲居编》卷10，《卍续藏经》第56册，第881页。
③　王禹偁：《小畜集》卷20，四部丛刊本，上海书店1989年影印本，第8页。
④　吴任臣：《十国春秋》，中华书局1983年版，第1293页。
⑤　释赞宁：《宋高僧传》，范祥雍校注，中华书局1987年版，第389页。
⑥　同上书，第198页。

宗重要人物，但是仅把他置于附见，而且传文简略，那也只能从文献不足来考虑。

存疑既是传主内容叙述方式的一种，又是安排处理文献的一种方法。存疑的具体内容参见本文第二节《〈宋传〉传主内容叙述方式研究》中三部僧传有关"存疑"的论述。

综上所述，我们可以看出赞宁在处理文献编撰《宋传》可谓颇下了一番苦功，尽力按照僧传的编撰思想和体例要求去达到内容和形式的统一。与此同时，这也无形中提高了《宋传》的史学和文学价值。

第五节　《宋传》中所记五代十国高僧籍贯及活动地的统计与分析

一　《宋传》中所记五代十国高僧籍贯及活动地的统计

朱温于唐哀帝四年即梁开平元年（907）灭唐，建立后梁，至宋建隆元年（960）赵匡胤建立宋朝，中国历史上经历了五代十国。中原地区先后建立了后梁、后唐、后晋、后汉、后周五个王朝。南方等地，先后出现了吴、南唐、吴越、闽、南汉、楚、南平、前蜀、后蜀、北汉等十个国家。由于赞宁是以北方中原王朝为正统观念，这恰恰泯灭了南方王朝的特殊属性。《宋传》选录最晚的是卷七《宋天台山螺溪传教院释义寂传》，其卒年为雍熙四年（987），他是由五代吴越国入宋，吴越于太平兴国三年（978）归宋，在宋时间也就十年左右，所以说大部分宋初高僧基本可以归入五代十国，另外南方王朝有不少是灭亡于宋建隆元年后的，南唐于开宝八年（975）灭亡、南汉于开宝四年（971）灭亡、后蜀于乾德三年（965）灭亡、南平于乾德元年（963）灭亡、北汉于太平兴国四年（979）灭亡，也就是说要真正弄清楚五代十国高僧活动地，不能简单地以传主标题为统计，而应以传文记载实际情况，在一定程度上进行还原，才能得出更准确的结论。

《宋传》中所记五代十国高僧籍贯及活动地的统计表①

---

① 如高僧多次到某一地点只记 1 次；由于编撰者是以传主卒年来确定传主朝代，所以有必要进行甄别。唐末入五代高僧与五代入宋初，选取他们在五代活动地。依据传主传文还原为五代十国国别，"/"后为十国，无者即五代；纳入宋初的高僧，依据卒年确定国别，置于"/"后。每篇以 5 人一组编号，不分正传、附见。"号"指各篇中依次的数目，如"5"指第 5 位。

卷/号	僧名	科别	朝代	籍贯	活动地	备注
卷七	释彦晖	义解	后梁	东京阳武	太原、京兆、洛阳；嵩山；南燕滑州	正传
	释归屿	义解	后梁①	寿春人	本郡；洛京、三辅；南燕；东京	正传
	释令谇	义解	后唐	陕府阌乡	本邑；洛南长水	正传
	释贞辩	义解	后唐	中山人	太原；定州中山	正传
5	释虚受	义解	后唐/吴越	嘉禾禦儿	上都；越会稽	正传
	释可周	义解	后唐/吴越	晋陵人	本部；江西、台、越杭州	正传
	释贞海	义解	后唐/吴越	吴郡常熟	本州；扬州；伊、洛；晋郊；东京	正传
	释可止	义解	后唐	范阳大房	真定；五台山；并部；河池；长安；中山；洛京；终南山、崆峒山	正传
	释巨岷	义解	后汉	西河人	本郡；太原；	正传
10	释恒超	义解	后汉	范阳人	五台山；本州；棣州	正传
	释僧照	义解	后汉	范阳人	中山；扶风；洛阳	正传
	释从隐	义解	后汉	洛阳三乡	本邑；嵩阳、长水；洛阳	正传
	梦江	义解	后周②	洛阳长水	龙门	附见
	释宗季	义解	后汉/吴越	临安人	衢州；杭州	正传
15	释智佺	义解	后周	铜台永济	邺都；滑台；睢阳；东京；洛京、陈、许、徐、宿、维、青、琴台；魏府	正传
	释皓端	义解	宋/吴越	嘉禾人③	秀州；四明；吴兴	正传
	释传章	义解	宋④	开封东明	本邑；五台；睢阳；东京	正传
	释继伦	义解	宋⑤	晋阳人	河东；并、汾	正传
	释义楚	义解	宋⑥	相州安阳	历下	正传

① 传文其卒年为："后唐清泰三年十月十日"，所以应归入后唐。
② 传文其卒年为："周显德三年"，所以应归入后周。
③ 传文其卒年为："建隆二年（961）"，所以属吴越。
④ 传文其卒年为："乾德二年（964）"，所以主要活动还是后周。
⑤ 传文其卒年为："开宝二年（969）"，所以主要活动还是后周。
⑥ 传文其卒年为："开宝中"，选录五代活动地。

卷/号	僧名	科别	朝代	籍贯	活动地	备注
20	修进	义解	宋	相州	历下	附见
	省伦	义解	宋	相州	青丘	附见
	释晤恩	义解	宋/吴越①	姑苏常熟	破山；昆山；天台；钱塘	正传
23	释义寂	义解	宋/吴越②	温州永嘉	会稽；天台山；四明	正传
卷一三	释智闲	习禅	后梁	青州人	南方沩山；	正传
	大同	习禅	后梁	舒州怀宁	洛下；翠微山；舒州投子山	附见
	释光仁	习禅	后梁	不详	临川疎山	正传
	本仁	习禅	后梁	不详	丹阳；洪井高安；	附见
5	居遁	习禅	后梁/楚	临川南城	庐陵；嵩山；龙牙山	附见
	释师备	习禅	后梁/闽	闽人	豫章；福州	正传
	释存寿	习禅	后梁	不详	蒲坂	正传
	释师彦	习禅	后梁/吴越	闽越人	台州	正传
	释本寂	习禅	后梁/闽	泉州莆田	福州；临川曹山；	正传
10	释桂琛	习禅	后唐/闽	常山人	本府；漳州；	正传
	释慧稜	习禅	后唐/闽	杭州海盐	吴苑；闽岭；长乐府即福州	正传
	释道怤	习禅	后唐/吴越	永嘉人	游闽入楚；临川；越州	正传
	释全付	习禅	后晋/吴越	吴郡昆山	江夏；宜春；庐陵；会稽	正传
	释善静	习禅	后晋	长安金城	终南山；乐普；峨嵋；兴元	正传
15	灵照	习禅	后晋/吴越	高丽人	闽越；齐云山；越州；湖州；杭州	附见
	释文益	习禅	后周/南唐	余杭人	新定；越州；四明；湖湘；临川；金陵	正传
	释行因	习禅	后周/南唐	雁门人	江淮；庐山；襄阳；	正传
	道潜	习禅	后周/吴越③	蒲津人	中条山；五台山；临川；衢州；四明；杭州	附见

① 传文其卒年为："雍熙三年（986）"，选录五代活动地。

② 传文其卒年为："雍熙四年（987）"，选录五代活动地。

③ 传文其卒年为："建隆二年（961）"，应为宋，附见不论。

卷/号	僧名	科别	朝代	籍贯	活动地	备注
	释缘得	习禅	宋/南唐①	钱塘人	江西；南唐庐山	正传
20	释德韶	习禅	宋/吴越②	缙云人	本郡；投子山；临川；天台山	正传
卷一六	释慧则	明律	后梁/吴越	吴郡昆山	长安；华州下邽；淮南；吴；天台山；明州；越州	正传
	元表	明律	后梁/吴越	不详	京师；江表；越州	附见
	释彦偁	明律	后梁/吴越	吴郡常熟	苏州；杭州	正传
	寿阇黎	明律	后梁/吴	不详	淮浦；广陵	附见
5	释从礼	明律	后唐/吴越	襄阳人	天台	正传
	释景霄	明律	后唐/吴越	丹丘人	丹丘；金华东白山；临安	正传
	释贞峻	明律	后唐	郑州新郑	东京；嵩山；	正传
	释希觉	明律	后汉/吴越	晋陵	温州；天台山；杭州	正传
9	释澄楚	明律	后周	不详	东京	正传
卷一七	释惟劲	护法	后唐/楚	福州长溪	南岳	正传
2	释道丕	护法	后周	长安贵胄	洛京；华阴；华山；霍邑；东京	正传
卷二二	释如敏	感通	后唐	闽人/南汉	岭外	正传
	释全宰	感通	后唐/吴越	钱塘	径山；天台山	正传
	释怀濬	感通	后晋	不详	巴东	正传
	释行遵	感通	后晋/闽	福州	洛阳；阆中	正传
5	释亡名	感通	后晋	不详	襄州	正传
	释狂僧	感通	后汉	不详	洛阳大、小留山	正传
	曹和尚	感通	后汉	恒阳人	齐、赵	附见
	释僧缄	感通	后周	京兆人	夒、陕；蜀	正传
	亡名	感通	后周	不详	蜀	附见
10	释师简	感通	后周/吴越	丹丘人	杭越	正传

---

① 传文其卒年为："开宝中"，选录五代活动地。

② 传文其卒年为："开宝五年（972）"，选录五代活动地。

续表

卷/号	僧名	科别	朝代	籍贯	活动地	备注
	释王罗汉	感通	宋/吴越①	不详	明州	正传
	释宗合	感通	宋②	闽越人	南楚；潭州	正传
	道因	感通	宋	不详	渑池、澶、洞	附见
	释点点师	感通	宋/后蜀	不详	邛南	正传
15	释行满	感通	宋/吴越③	万州南浦	豫章；天台山	正传
	释法圆	感通	宋④	真定元氏	本府；韶山；常山；大名府	正传
17	鑛师	感通	宋	不详	福州	附见
卷二三	释息尘	遗身	后晋	并州人	河东；洛京；岐阳；太原	正传
	释道育	遗身	后晋/吴越	新罗国人	天台	正传
	释景超	遗身	后晋	不详	庐阜；九江	正传
	释志通	遗身	后晋/吴越	扶风	洛下；吴越；天台山	正传
5	释道周	遗身	后晋	朔方回乐	朔方	正传
	释洪真	遗身	后汉	滑州酸枣	伊洛	正传
	释惠明	遗身	后周/吴越	钱塘人	闽越；临川；天台；钱塘	正传
	释普静	遗身	后周	晋州洪洞	本郡；凤翔；睢阳；琴台；陈、蔡、曹、亳、宿、泗；东京；晋州	正传
	释守贤	遗身	宋⑤	泉州永春	衡阳	正传
10	释师蕴	遗身	宋/吴越⑥	金华人	北代清凉山等；浙	正传
	释绍严	遗身	宋/吴越⑦	雍州人	吴会；天台、四明山；钱塘；杭州	正传

① 传文其卒年为："开宝初（968）"，属于吴越国。
② 传文其卒年为："开宝二年（969）"，主要活动在五代。
③ 传文其卒年为："开宝中"，主要活动在五代。
④ 传文其卒年为："开宝六年（973）"，主要活动在五代。
⑤ 传文其卒年为："乾德中"，主要活动在五代。
⑥ 传文其卒年为："开宝六年（973）"，主要活动在五代。
⑦ 传文其卒年为："开宝四年（971）"，主要活动在五代。

续表

卷/号	僧名	科别	朝代	籍贯	活动地	备注
	释文辇	遗身	宋/吴越①	永嘉平阳	金华；缙云；天台山	正传
13	释怀德	遗身	宋②	江南人	泗上	正传
卷二五	释从审	读诵	后梁	不详	江都；燕台；淮甸	正传
	释鸿楚	读诵	后梁/吴越	永嘉人	越；本郡；杭州	正传
	释鸿莒	读诵	后唐/吴越	永嘉人	越州；长安；故里	正传
	释道贤	读诵	后唐	不详	两京	正传
5	释若虚	读诵	后汉/南唐	不详	庐山	正传
	释行瑫	读诵	后周/吴越	湖州长城	杭州；金华；越若耶山；	正传
	释守真	读诵	宋③	永兴万年	蜀；东京	正传
	沙弥弥加	读诵	宋	于阗		附见
9	道阴	读诵	宋	不详		附见
卷二七	释诚慧	兴福	后唐	五台	五台山；东京	正传
卷二八	释智晖	兴福	后唐	咸秦人	东林；南岳；曹溪；洛京	正传
	释光嗣	兴福	后晋	太原文水	五台山；闽岭；两浙；沧州	正传
	释遵诲	兴福	后晋	谯郡人	亳州；西洛；东京	正传
5	彦求	兴福	后晋/吴越	缙云人	闽岭；杭州	附见
	释智朗	兴福	后晋	单州城武	曹州；衡阳；闽岭	正传
	释师会	兴福	后汉	蓟门人	本州；河朔；江淮；汉南；梁苑；东京	正传
	释智江	兴福	后周	幽州三河	盘山；五台山；商丘	正传
	释光屿	兴福	后周	应州金城	太原	正传
10	释岩俊	兴福	宋④	邢台人	衡庐、岷蜀；舒州；东京	正传

① 传文其卒年为："太平兴国三年（978）"，主要活动在五代。
② 传文其卒年为："太平兴国八年（983）"，主要活动在五代。
③ 传文其卒年为："开宝四年（971）"，主要活动在五代。
④ 传文其卒年为："乾德丙寅（966）"，主要活动在五代。

续表

卷/号	僧名	科别	朝代	籍贯	活动地	备注
	释从彦	兴福	宋①	燕人	并部；桂海；嵩少；洛京	正传
	释常觉	兴福	宋②	陈留人	庐山；五台山；东京；京邑	正传
	释永安	兴福	宋/吴越③	温州永嘉	越嶂；杭州；天台	正传
	释延寿	兴福	宋/吴越④	钱塘	天台；钱塘	正传
15	释义庄	兴福	宋⑤	滑台人	本府；洛京	正传
	释普胜	兴福	宋⑥	深州陆泽	五台山；潞府；洛都	正传
17	释师律	兴福	宋⑦	范阳人	故乡；夷门山	正传
卷三〇	释无作	杂科	后梁/吴越	姑苏人	庐陵三顾山；豫章；会稽四明	正传
	释贯休	杂科	后梁/前蜀	金华兰溪	本县；豫章；杭州；南岳；荆；蜀成都	正传
	处默	杂科	后梁	不详	金华	附见
	昙域	杂科	后梁	不详	蜀	附见
5	释道者	杂科	后梁	不详	庐山	正传
	释智宣	杂科	后梁	泉州人	东京	正传
	释齐已	杂科	后梁	益阳人	南岳；荆州	正传
	释无迹	杂科	后唐	朔方人	长安；本府	正传
	释晋光	杂科	后唐/吴越	永嘉人	豫章；华州；杭州；四明	正传
10	释自新	杂科	后晋/吴越	临淄人	钟陵；广德山；浙中	正传
	释行修	杂科	后汉/吴越	泉州人	长乐府；浙中杭州	正传
12	释宗渊	杂科	宋⑧	高密人	东莱；江表；荆楚；宜阳	正传

---

① 传文其卒年为："开宝二年（969）"，主要活动在五代。
② 传文其卒年为："开宝四年（971）"，主要活动在五代。
③ 传文其卒年为："开宝七年（974）"，主要活动在五代。
④ 传文其卒年为："开宝八年（975）"，主要活动在五代。
⑤ 传文其卒年为："太平兴国三年（978）"，主要活动在五代。
⑥ 传文其卒年为："太平兴国四年（979）"，主要活动在五代。
⑦ 传文其卒年为："乾德二年（964）"，主要活动在五代。
⑧ 传文其卒年为："太平兴国五年（980）"，主要活动在五代。

说明：此表与第一章第五节《吴越地域传主人数统计表》的关系：（1）相同之处：都有高僧籍贯统计；都有吴越地域高僧。（2）不同之处：第一，此表以时代即五代为限定，然后统计这一时期《宋传》中所记载全国各地的高僧；《吴越地域传主人数统计表》以吴越地域为限定，然后统计与这个地域有关的《宋传》中所记载不同朝代高僧。第二，此表统计项"主要活动地"是不止一处；而《吴越地域传主人数统计表》中"驻锡地"基本上是一处。

二 《宋传》中所记五代十国高僧籍贯及活动地的统计表分析

《宋传》中所记五代十国高僧籍贯及活动地的统计表列出来以后，我们从表格中所列内容可以分析和总结出五代十国佛教某些值得关注和探讨的问题，大致主要有以下几方面。

（一）从十科分科人数来看

译经0人；义解23人；习禅20人；明律9人；护法2人；感通17人；遗身13人；读诵9人；兴福17人；杂科12人。总计122人。

译经之所以不成，一个是时局原因，从赞宁所记译场规模来看，需要大量人力、物力，而作为战争不断的王朝，帝王即使有心也无力。另一个原因是，由于当时印度佛教正走下坡路，外国高僧来华大量减少，主要原典基本上在唐之前已传译所剩无几。五代时期不是没有高僧外出求经典回来的，卷三〇《梁泉州智宣传》云："释智宣，泉州人也。壮岁慕法，学义净之为人也。轻生誓死，欲游西域，礼佛八塔，并求此方未流经法。以唐季结侣渡流沙，所至国土，怀古寻师，好奇徇异，聚梵夹，求舍利。开平元年五月中达今东京，进辟支佛骨并梵书多罗叶夹经律。宣壮岁而往，还已衰耄矣。梁太祖新革唐命，闻宣回，大悦宣赐分物，请译将归夹叶。于时干戈，不遑此务也。"① 但是译经不成，正如文中所说"于时干戈"。我们可以看出代表三学戒定慧的义解、习禅、明律，义解居首，习禅其次，明律相对滞后，义解一直是诸僧传各个朝代高僧居首，因为义解僧可以说是传播佛教的中坚力量，通过他们对佛教经典要义的解说和阐释，不仅吸引广大僧人包括信众的学习，而且促进了佛教教义的深化和理解。五代十国时期，虽然说是乱世，但高僧弘法责任更是重大。如卷七《后唐杭州龙兴寺可周传》云："梁乾化二年，受杭州龙兴寺召开演，黑白众恒有半千。两浙武肃王钱氏命于天宝堂夜为冥司讲经，鬼神现形扈卫，往往

---

① 释赞宁：《宋高僧传》，范祥雍校注，中华书局1987年版，第751页。

人睹焉……初，周乾宁四年戾止台州松山寺讲疏，阙钞，遂依疏节成五卷，曰《评经钞》，《音训》五帖，解宣律师《法华序》钞一卷，行于浙之左右。弟子相继不绝。"① 义解僧主要通过开演讲经，弘扬佛法，同时有的会把他们的讲义整理出来，广为流传，更为重要的是后继有人，所以正是义解高僧是佛教存在、扩大影响至关重要的一环。习禅注重实践修行，由于唐代各宗都重视禅行，此风也影响到五代时期，所以习禅高僧也比较多。明律高僧虽不多，主要是延续唐代律学风尚，南山律盛行。兴福、感通、遗身、杂科、读诵、护法相次。兴福较多，说明五代十国上至王臣下至民众，对佛教热衷程度不减，而高僧起到了一个引导作用。感通往往通过高僧神异事迹来吸引民众，此类高僧较多，说明编撰者充分认识到和善于利用感通的威慑力。总之，十科除了译经之外，《宋传》所载五代十国情况都是在唐代基础上的延续和发展，这些高僧都起着承上启下的作用。

（二）从高僧籍贯来看

从表中统计来看，除了籍贯不详和几位外国高僧 25 人，高僧北方籍贯 50 人，南方 47 人。北方与南方基本持平，这与"唐后期出于南方的高僧 140 人，是北方 75 人的 1.9 倍"②（笔者按：也就是说唐后期南方高僧籍贯远远多于北方高僧）有所不同，这是这个阶段的新现象。北方所出高僧分布广泛，南方相对集中于吴越国和闽、蜀等地方。这种情况的出现，既有必然因素也有偶然因素。北方毕竟一直是政治、经济、文化中心，自然也是佛教中心，佛教基础一直比较好，虽然历经毁佛，但是河北等藩镇不执行朝廷命令，表中就有不少北方高僧出自这些地方。确实，长安与洛阳等地所出高僧少了，然北方好像遍地开花。同时由于长期战乱，人们易于逃入佛门。虽五代帝王采取限制佛教的措施，但往往是在保持一定的基础上防止过渡发展。高僧出家还受到许多个人因素影响，个人的际遇往往具有偶然性。南方所出高僧略少于北方，不是说南方佛教发展不如北方，只能说明这个时期南方所出有名望符合入传的高僧相对少些。当时，吴越国、南唐由于国主崇佛，佛教兴盛，而这些地方集中所出高僧也多。在这里，我们要注意一个事实，南、北方所出高僧多少不是衡量南、

---

① 释赞宁：《宋高僧传》，范祥雍校注，中华书局 1987 年版，第 147 页。
② 李映辉：《唐代佛教地理研究》，湖南大学出版社 2004 年版，第 44 页。

北方佛教发展兴盛与否的决定因素。

（三）从高僧活动地来看

1. 从统计表中我们可以得出高僧活动地以下特点。

其一，高僧活动地分布广泛，也就是说即使是五代干戈不断，但是高僧活动同样频繁。如卷七《汉棣州开元寺恒超传》云："阻两河间兵未罢，路不通。南则梁祖，北则庄宗，抗衡于轻重之前，逐鹿在存亡之际。当是时也，超止于本州魏、博、并、汾之间，学大小乘经律论，计七本，讲通思于雍、洛、梁、宋名师，杳然隔绝。虽然，巡历非远，宏畅殊精，瓶满见知，翼飞名字。"① 此可见高僧求法、弘法之不懈精神。

其二，南方籍贯高僧多在南方活动，北方籍贯高僧多在北方活动。不少高僧学成归来，返回故里进行弘法。如卷一六释慧则，作为吴郡昆山人，先至长安、华州，后来还是回到了吴越地域。

其三，存在部分南方籍贯高僧流向北方，北方籍贯高僧南下的情况。南方籍贯流向北方的高僧如卷七《后唐东京相国寺贞诲传》云："释贞诲，姓包氏，吴郡常熟人也……自尔西之伊洛，北抵晋郊，凡有讲筵，下风求益，核其经论，穷其性相，辈流之间，罕齐驰骛。至于非朋弱友，弃背如也。唐天祐元年，至今东京相国寺。"② 可见释贞诲主要都在北方活动。卷一三《周庐山佛手岩行因传》云："释行因，不详姓氏，雁门人也。游方问道于江淮，见庐山北有岩，遥望如垂手焉，手下则深邃可三五丈许。因独栖禅观于其中。"③ 这是说明北方籍贯高僧南下于庐山。同时我们把高僧活动地分为三类统计：在南方有 91 人，在北方者 45 人（其中有 16 人是南北都有活动，分别都算入），还有 2 人不详。可见在南方活动的高僧远远多于北方，说明南方对高僧的吸引力更强，佛教氛围更好，由此北方高僧的南移就推动了南方佛教进一步兴盛。

其四，高僧活动地相对集中于流向政治中心和佛教圣地。北方的政治中心东京、名山五台山；南方吴越国的中心杭州，名山天台山等。

其五，从习禅僧分布情况看，禅学中心已移至南方。习禅有 20 位高僧，北方籍贯 5 位，南方 15 位，人数相差很大。高僧活动地也主要在南

---

① 释赞宁：《宋高僧传》，范祥雍校注，中华书局 1987 年版，第 152 页。"杳然隔绝"，按文意应是"杳然无绝"。

② 同上书，第 147—148 页。

③ 同上书，第 314 页。

方，禅家五宗，各自弘化一方。

2. 高僧活动地选择原因分析

（1）出家地与游学求法

高僧的出家地一般都是本府、本郡，也即与籍贯地重合，如卷七《后汉洛阳天宫寺从隐传》云："释从隐，姓刘氏，洛阳三乡人也。卯年敏慧，誓欲出尘，二亲既听，乃投本邑竹阁院。依师诵习，陶练灵府。寻于嵩阳受戒毕，就长水听采，才历数年，克通《百法》《中观》《弥陀》三经论焉，而谞师年老，深许隐之博达性相。"① 传文具有典型性，释从隐于本邑出家，之后为了进一步求法，提高佛教修为，至嵩山受戒，长期听讲才有所成。可以说一个高僧的成功基本上遵循这些步骤而来。出家地在本地主要受到本地佛教氛围影响，也有可能由于高僧父母的意愿，因为他们出家之日，年龄都比较小。但是也有选择异地出家的高僧，卷一三《后梁抚州疎山光仁传》附传《居遁》云："次龙牙山释居遁，姓郭氏，临川南城人也。年殆十四，警世无常而守恬淡。白亲往求出家于庐陵满田寺。"② 游学求法是每一位高僧重要的成长过程，有的高僧游学遍布大江南北，如卷二八《后汉东京天寿禅院师会传》云："释师会，俗姓巨，汉荆州刺史武之后，祖徙家北燕，遂为蓟门人也……会童孩出俗，礼蓟州温泉院道丕为师匠焉。业成，年满，受具于金台宝刹寺坛。梁开平中萍梗任飘于河朔，杯盂随步于江淮，乃抵汉南遇观音院岩俊，班荆问道，抵掌论心。……乾化二年来梁苑。"③ 释师会通过游学有成，最终来到东京，受到王臣的礼遇。

（2）高僧弘法传教

佛教要生存和发展，就需要高僧的弘法传教，显然僧传编撰者们也注意到其重要性，所以单独开辟义解一科专门记载在弘法方面起到重要贡献的高僧，而高僧们往往也有自觉意识，因为这是作为一个高僧的佛教使命之一。卷七《后唐洛阳长水令谞传》云："因游洛南长水，遇归心檀信构伽蓝，就中讲贯。一论一经，三十载中宣化，计各五十余遍。日别诵《维摩》《上生》以为恒课。执行持心而绝瑕类，远近宗承，若望梅者得

---

① 释赞宁：《宋高僧传》，范祥雍校注，中华书局 1987 年版，第 154 页。
② 同上书，第 305 页。
③ 同上书，第 701 页。

饮焉。"① 高僧弘法一般通过讲贯、讲筵、开演等方式进行。不仅仅是义解高僧弘法，其他科高僧也时常有讲法行为，如读诵科卷二五《宋东京开宝寺守真传》云："讲《起信》及法界观共七十余遍，皆以灯传灯，用器投器。"② 前面已言明，十科是以佛教功德来划分，那么高僧在十科中的言行事迹其实在某种程度上都是为了弘法传教的借鉴和榜样。由于十科侧重点不同，高僧在选择活动地方面也有所针对性，有的选择京都大邑，有的选择名山胜水等。

（3）国主礼遇、地方官吏与民众邀请

佛教虽提倡出世主义，但就是在古印度本土，也不可能脱离社会而存在。传入中国后，由于古代社会政治制度的影响，佛教不可避免地受到官方的制约和影响，而佛教为了更好地生存和发展，也离不开统治阶层的大力扶持。五代十国，政权众多，然而《宋传》中少见五代帝王或者为了个人信仰或者为了利用佛教，往往征召高僧前往京城，虽然也有礼遇高僧的情况，如卷七《后汉太原崇福寺巨岷传》云："乾祐元年，汉祖以龙潜晋土之日，便仰岷名，特降庭臣赐紫衣，号圆智大师。续有诏宣住崇福寺讲堂院，仍充管内僧正。经年而变法于晋，检策僧徒，如风偃草。"③ 但是帝王很少征召高僧入京，可能确实是五代帝王无心兼顾佛教。但是十国之中，有些国主对高僧好像求贤如渴，卷二八《后晋五台山真容院光嗣传》云："释光嗣，姓李氏，太原文水人也……癸酉岁，至两浙，谒武肃王钱氏厚礼迟之，施文殊圣众供物香茶并钵盂一万。副应吴越诸州牧宰，皆刻俸入缘。"④ 释光嗣是北方高僧，其来到吴越，受到吴越国主厚遇，此种情况，自然吸引高僧前来弘法。许多地方官吏也邀请高僧到治所，卷一三《后唐漳州罗汉院桂琛传》云："勤州太保琅玡公志请于罗汉院为众宣法，讳让不获，遂开方便。不数载，南北参徒丧疑而往者，不可殚数。"⑤ 统治阶层的礼遇，既有利于提高佛教的社会地位，又有利于佛教扩大影响和传播。同时也有民众的邀请，其中有故里民众盛情延请。总之，上述几类人为因素，确实是影响高僧活动的一个重要方面。

---

① 《宋高僧传》，第144—145页。

② 同上书，第645页。

③ 同上书，第151页。

④ 同上书，第698页。

⑤ 同上书，第309页。

（4）弘法大德与佛教圣迹的吸引

高僧成名成大德之后，会有主要驻锡地，而主要驻锡地一旦固定，那么其影响往往会产生辐射作用，即他的学识、声望广泛流传，形成以某地为中心的佛教传播地，所以会吸引许多游学的僧人前来求法，而由于佛教大德也是"术业有专攻"，不同的大德有不同的"专攻"，这些大德的主要住锡地分布在不同地域，那么求法僧人为了学习佛教不同方面的知识，会自然根据自己所学倾向而流动。如卷一三《后梁抚州曹山本寂传》云："寂少染鲁风，率多强学，自尔淳粹独凝，道性天发。年惟十九，二亲始听出家。入福州云名山。年二十五，登于戒足，凡诸举措，若老苾刍。咸通之初，禅宗兴盛。风起于大沩也。至如石头药山其名寝顿，会洞山悯物，高其石头，往来请益，学同洙泗。"① 我们可以看出，当高僧名气大时，自然会吸引僧人前去求法。同样，名山名寺——佛教圣迹存在，往往也吸引僧人前去顶礼膜拜，以展示自我向往佛法的精神。同卷《后晋永兴永安院善静传》云："天复中南游乐普，见元安禅裔，乃融心要。北还化徒于故里，结庐于终南云居山，道俗归之如市。又起游峨嵋，礼普贤银色世界。"② 峨嵋乃普贤菩萨的根本道场，乃我国"四大道场"之一，"四大道场"是中国内地佛寺的一种区域性分类，它不是就某一寺庙建筑特征进行划分，也不是对某一佛教宗派的佛寺作出归类，而是从佛教崇拜神灵、佛教活动中心的角度加以分类。"四大道场"是指中国内地的四座佛教名山，也是中国佛教朝拜四大菩萨的根本道场。其他三个是：五台山为文殊菩萨根本道场、普陀山为观音菩萨根本道场、九华山为地藏菩萨根本道场。③ 虽说"四大道场"确立于明代，但从《宋传》中，峨嵋乃普贤菩萨的根本道场至少在唐五代已经形成，所以前去朝拜的僧人络绎不绝。这也是导致僧人活动地变化的原因之一。

（5）政治格局动荡的影响

五代时期，战争不断，地方武装的冲突，自然影响到需要稳定环境的佛教发展。受此影响，高僧为了避免战争的殃及，往往会根据稳定情况选择活动地。如卷七《后唐洛京长寿寺可止传》云："本道刘仁恭者，据有

① 《宋高僧传》，第 308 页。
② 同上书，第 312 页。
③ 苏渊雷、杨同甫：《佛学十日谈》，上海书店出版社 1996 年版，第 181—185 页。

北门，控扼蕃汉，闻止之名，移书召归故乡……时庄宗遣兵出飞狐以围之，历乎年载，百谷勇贵。止顿释忧惧，未几燕陷，刘氏父子俘归晋阳。止避乱中山，节度使王处直素钦名誉，请于开元寺安置，逐月供俸。"①由于许多高僧多少与地方官僚或多或少有关系，一旦起冲突，影响到了高僧在此地的修行，高僧活动地自然有所改变。

总之，影响高僧选择活动地的原因比较复杂，有时甚至是多种集中在一起，上述几个点不一定面面俱到，但是我们发现高僧活动地的改变主要还是为了学习佛学、弘扬佛法。

第六节　《宋传》文学性探析

《宋传》是一部佛教史籍，具有宗教和历史的属性。从体裁看，《宋传》是一部僧人传记，以记载人物事迹为主，同时具有文学属性。僧传具有文学性是受到中国史传的影响，如司马迁《史记》等历史巨著不仅仅具有历史性，而且文学性很强。刘知几云："夫史之称美者，以叙事为先。至若书功过，记善恶，文而不丽，质而非野，使人味其滋旨，怀其德音，三复忘疲，百遍无斁。"②史传要讲究实录，但是真正要做到"味其滋旨，怀其德音，三复忘疲，百遍无斁"，没有文学性的吸引力是不行的。宋人吴缜云："夫为史之要有三：一曰事实，二曰褒贬，三曰文采。有是事而如是书，斯谓事实；因事实而寓惩劝，斯谓褒贬；事实褒贬既得矣，必资文采以行之，夫然后成史。"③可见古代史家们就十分注意到撰写历史著作时要兼顾文学性，因为正如罗书华所说："实录也并非说史传所记全是历史上发生过的事实在文字中得到实实在在的再现。事实上，当人们选择用语言文字这种符号来再现社会和历史的时候，它所显现的就非原原本本的历史面貌。"④《宋传》的文学性研究是学者所忽略的一个方面，本文就文学性略作初步探析。

赞宁在《宋传序》中云："而乃循十科之旧例，辑万行之新名。或案诔铭，或征志记，或问轺轩之使者，或询耆旧之先民。研磨将经论略同，

---

① 释赞宁：《宋高僧传》，范祥雍校注，中华书局1987年版，第149页。
② 刘知几：《史通通释》卷6"叙事"，浦起龙释，上海书店1988年版影印本，第11页。
③ 吴缜：《新唐书纠谬序》，中华书局1985年版，第3页。
④ 罗书华：《史传的实录及其对章回小说的影响》，《学术论坛》2000年第1期。

仇校与史书悬合。勒成三帙，上副九重，列僧宝之瑰奇，知佛家之富贵。"① 可见他是在继承《梁传》《唐传》基础上，搜集相关大量文献，通过一定的艺术加工来编撰《宋传》，同时我们也应注意到，他在《宋传》中偏重于"奇"即神异事迹的选录。《宋传》的文学性特点主要体现在以下几个方面。

一　叙述传主事迹中的故事性

故事性是中国文学的特点之一，也是中国史学的特点，《史记》的叙述就具有很强的故事性，而佛教史籍中的故事带有宗教色彩。《宋传》是以高僧生平事迹记载为中心的佛教史学著作，由于佛教史家与正统史家的视角不同，"（佛教史学）既然带有宗教的特点，其宗教的神秘色彩总会或多或少的表露出来。世俗的理性认为不可能的事，或者司马迁认为'其文不雅驯，缙绅先生难言之'的事情，佛教史家却郑重其事地作实录"②。所以佛教史家在其著作中有大量对传主有关宗教神异事件的记载，这些事迹充满了神秘性，有着强烈的故事性，给人以浓郁的文学色彩。如卷四《唐京兆大慈恩寺窥基传》载："（窥基）后躬游五台山，登太行，至西河古佛宇中宿，梦身在半山，岩下有无量人唱苦声，冥昧之间，初不忍闻。徒步陟彼层峰，皆琉璃色，尽见诸国土。仰望一城，城中有声曰：'住住，咄，基公未合到此。'斯须，二天童自城出，问曰：'汝见山下罪苦众生否？'答曰：'我闻声而不见形。'童子遂投与剑一镡曰：'剖腹当见矣。'基自剖之。腹开。有光两道辉映山下。见无数人受其极苦。时童子入城，持纸二轴及笔投之，捧得而去。及旦，惊异未已，过信夜，寺中有光久而不灭，巡视之，数轴发光者，探之，得《弥勒上生经》。乃忆前梦，必慈氏令我造疏通畅厥理耳。遂援毫次，笔锋有舍利二七粒而陨，如吴含桃许大，红色可爱。次零然而下者，状如黄粱粟粒。一云，行至太原传法，三车自随，前乘经论箱帙，中乘自御，后乘家妓女仆食馔。于路间遇一老父，问乘何人。对曰：'家属。'父曰：'知法甚精，携家属偕，恐不称教。'基闻之，顿悔前非，翛然独往。老父则文殊菩萨也。此亦厄语

---

① 释赞宁：《宋高僧传》，范祥雍校注，中华书局1987年版，第2页。

② 严耀中：《试论佛教史学》，载《佛教与三至十三世纪中国史》，宗教文化出版社2007年版，第26页。

矣。"① 此记载虽撰者点明"此亦厄语",可信度不高,但把窥基弘传佛法的事迹带上了神异色彩,可以说是一段传奇性的故事,使窥基笼罩了一层神秘性。又卷二二《晋襄州亡名传》云:"释亡名,不知何许人也。观方问道,不惮艰辛。胜境名山,必约巡访矣。天福中,至襄州禅院挂锡,与一僧循良守法,同九旬禁足。其人庠序言多诡激,称名曰法本,朝昏共处,心雅相于,若久要之法属焉。法本云:'出家习学,即在邺都西山竹林寺,寺前有石柱,他日有暇,必请相访。'其僧追念前约,因往询问。洎至山下村中,投一兰若止宿,问彼僧曰:'此去竹林寺近远?'僧乃遥指孤峰之侧曰:'彼处是也。古老相传,昔圣贤所居之地,今但有名存耳,故无精庐净舍立佛安僧之所也。'僧疑之,诘旦而往,既睹竹丛,丛中果有石柱,茫然不知其涯涘。僧忆法本临别之言,但扣其柱,即见其人。遂以小杖击柱数声,乃觉风云四起,咫尺莫窥,俄尔豁开,楼台对耸,身在三门之下。逡巡,法本自内而出,见之甚喜。问南中之旧事,说襄邓之土风,乃引渡重门,升秘殿,领参尊宿,若纲任焉。顾问再三,法本曰:'早年襄阳同时禁足,曾期相访,故及山门也。'尊宿曰:'善。可饭后请出,在此无座。'言无凡僧之位次也。食毕,法本送至三门相别。既而天地昏暗,不知所向。顷之,宛在竹丛石柱之侧,余并莫睹。其僧出述其事,罔知伊僧其终焉。"② 读完此传,我们有似曾相识的感觉,因为这篇传记记载的情节与陶渊明的《桃花源记》十分相似。此传开始铺陈释亡名与法本相处,然后才有拜访经历,转而由邺都僧言竹林寺之无,亡名去之确有,而且在竹林寺中有奇遇,但出来后再也找不到,可以说整个情节十分曲折,故事性很强。

二 人物塑造个性比较鲜明

《宋传》为高僧们作传,由于编撰者有自己的编撰原则③,把高僧按类归入到"译经""义解""习禅""明律""护法""感通""遗身""读诵""兴福""杂科"十科,不但十科之间高僧有不同之处,就是十科之中,虽然高僧有一定的共同之处,但是由于每个高僧经历不一样,那么事

① 释赞宁:《宋高僧传》,范祥雍校注,中华书局1987年版,第64—65页。
② 同上书,第564—565页。
③ 参见本书第三章第四节。

迹也就大不相同。同时由于是高僧传系列，那么编撰者必然要对高僧之"高"在何处进行重点突出，由此在对高僧撰写时往往会采用一些艺术手法来表达。

（一）对一些传主形貌性格特征进行简要概述，本文以《宋传》中"护法篇"（因为此科只一卷）卷一七中的一些传记为例作说明：

《唐京师大庄严寺威秀传》云："博达多能，讲宣是务，志存负荷，勇而有仪。"

《唐京兆大兴善寺复礼传》云："性虚静，寡嗜欲。"

《唐金陵钟山元崇传》云："崇幼而孤秀，巍若断山。心喻芙蕖，形同玉洁，风尘不杂，立志夷简。"

《唐京兆大安国寺利涉传》云："夙龄疆志，机警溢伦，宗党，推其达法。"

《唐朗州药山唯俨传》云："童龀慷恺，敏俊逸群。"

《唐京师章信寺崇惠传》云："稚秋之年，见乎器局，鸷鸟难笼，出尘心切。"

《唐洛阳同德寺无名传》云："冲孺之龄，举措卓异，口不啼辛血，性不狎诸哗，邈矣出尘，故难留滞。"

《唐南岳七宝台寺玄泰传》云："性掺方正，言不浪施，心静之情，义而后动。"

《周洛京福先寺道丕传》云："及其诞生，挺然岐嶷，端雅其质，属籍诸亲异而爱之如天童子。"①

上述所列是对高僧形貌性格特征的概述，此类情况比比皆是，我们发现虽然对高僧概述较多，但是相同的语言十分少，这就说明编撰者撷取了传主比较有特征的地方来突出传主与众不同之处，这些不同之处为叙述高僧的"高"奠定了基础，同时也说明了赞宁的文学素养。

（二）为了突出高僧之"高"，编撰者采用多种手法。

其一，采用对比手法来刻画人物。如卷一《唐京兆大兴善寺不空传》云："二十九年十二月，附昆仑舶，离南海至诃陵国界，遇大黑风。众商惶怖，各作本国法禳之，无验，皆膜拜求哀，乞加救护，辩等亦恸哭。空曰：'吾今有法，汝等勿忧。'遂右手执五股菩提心杵，左手持《般若佛

---

①　释赞宁：《宋高僧传》，范祥雍校注，中华书局 1987 年版，第 411—434 页。

母经》夹，作法诵《大随求》一遍，即时风偃海澄。又遇大鲸出水，喷浪若山，甚于前患。众商甘心委命，空同前作法。令慧辩诵《娑竭龙王经》，逡巡，众难俱息。"① 在大黑风面前，众人无计可施、十分惊恐的时候，不空却能作法平息灾难，通过比较，不仅可以让读者感到佛法法力无边，同时也对不空的高行留下了深刻印象。

其二，通过对人物动作行为描写来刻画人物。如卷二三《宋临淮普照王寺怀德传》云："德遂誓焚躯供养。先罄舍衣囊，供身之物斋僧一中。然后自衣纸服，身缠油蜡，礼辞僧众，手持双烛，登柴积中，发火诵经。观者莫不挥涕。德至火炽熛高，其身聊侧，犹微闻诵经之声。一城之人无不悲悼者。"② 通过对释怀德一系列动作行为，把他为佛法奉献一切遗身行为及其坚定信念展现出来，使读者有身临其境观看的感觉。

其三，采取侧面描写来烘托人物品行。如卷九《唐京师兴唐寺普寂传》云："裴尹之重寂，职有由矣。寂之阐化，神异颇多，裴皆目击，又得心印，归向越深。时多讥诮，裴日夕造谒，执弟子礼曾无差脱。一日诣寂，寂悬知弟子一行之亡。及寂之终灭，裴之悲恸若丧所亲，缞绖徒步出城，妻子同尔。搢绅之讥生于是矣。"③ 裴宽是士大夫中的一员，他对释普寂的悼念活动甚于对其父母，有违儒家礼制，但正是如此，更能突出释普寂的高行。卷八《唐荆州当阳山度门寺神秀传》云："中书令张说尝问法，执弟子礼，退谓人曰：'禅师身长八尺，庞眉秀目，威德巍巍，王霸之器也。'"④ 通过中书令张说对神秀的评论，表现神秀的不同寻常之处。

其四，采用比喻手法来刻画人物。如卷二《唐益州多宝寺道因传》附见《嵩公》云："嵩公懿德玄猷，兰薰月映，门徒学侣，鱼贯凫趋，讲室谈筵，为之嚣隘。"⑤ 通过比喻，不仅展现了嵩公的高起德行，而且把求法者的求法之心切形象地表现出来了。

① 《宋高僧传》，第7页。
② 同上书，第603页。
③ 同上书，第199页。
④ 同上书，第177页。
⑤ 同上书，第25页。

三　灌注一定的感情色彩

　　情感性是作品文学性的表现之一，作者只有将自己的情感融入作品中，并就此发表自己的看法，寓论于史，往往能起到突出所叙述对象，感染读者，引起读者极大共鸣的作用，而宗教情感更是信仰的一种表现，极易获得信众响应。释赞宁在编撰《宋传》时，并不是以一个局外人的身份冷眼旁观历史人物的所作所为，而是在叙述过程中灌注了一定的感情色彩。如卷一《唐京兆大荐福寺义净传》云："净虽遍翻三藏，而偏攻律部，译缀之暇，曲授学徒。凡所行事皆尚急护。漉囊涤秽，特异常伦。学侣传行，遍于京洛。美哉，亦遗法之盛事也。"① 在论述了义净译经贡献之后，其进一步赞叹义净在弘扬佛法、讲授学徒上的功绩。更有甚者，还用系来进一步强化，文云："东僧往西，学尽梵书，解尽佛意，始可称善传译者。宋齐已还，不无去彼回者，若入境观风必闻其政者，奘师、净师为得其实。此二师者两全通达，其犹见玺文知是天子之书，可信也。《周礼》象胥氏通夷狄之言，净之才智，可谓释门之象胥也欤！"② 通过此作者议论，读者对义净的翻译能力有了进一步了解，以象胥比之，更能突出他的水平之高。还有如卷九《唐均州武当山慧忠传》云："忠往在南阳，陷于贼境，固请回避，皆不允之。临白刃而辞色无挠，据青云而安坐不屈。魁帅观其禅德淡若，风韵高逸，投剑罗拜，请师事焉。于时避寇遇寇者众矣。无何，群盗又至，乃曰：'未可以踵前也。'遂杖锡发趾，沿江而去。有敩其先踪，坚住不避者，尽被诛戮。则知云物气象，有如先觉，存而不论，道何深也！金籍曰'般若无知而无不知'，斯之谓欤！内德既充，外应弥广，自藏珍宝，人莫之窥。于戏，论龙奋迅，而鞠多不知，忉利雨华，而明彻莫识。前贤厌世，正眼随灭，不亦悲夫！"③ 此文对释慧忠的高行表达了赞叹，也对他的自隐才能表达了遗憾。《宋传》中用来发表议论的系、通中有不少对传主言行进行评论，这些评论都包含一定的感情色彩，对整部著作来说起到了升华的作用。

---

　① 《宋高僧传》，第 3 页。
　② 同上书，第 4 页。
　③ 同上书，第 206 页。

四　语言雅俗兼用，以雅为主，以俗为辅

在语言上雅俗兼用，主要由于《宋传》记载的主体不仅有许多学问僧还有许多流浪市井的行脚僧，这就涉及世俗社会语言的各个层次。作者在搜集文献的过程中，所接触到的语言也包括雅俗语言，所以在撰写过程中必然雅俗兼用才能更符合传主的身份和形象。如卷一《唐京兆大荐福寺义净传》云："释义净，字文明，姓张氏，范阳人也。髫龀之时，辞亲落发，遍询名匠，广探群籍，内外闲习，今古博通。年十有五，便萌其志，欲游西域，仰法显之雅操，慕玄奘之高风。加以勤无弃时，手不释卷，弱冠登具，愈坚贞志……"① 我们可知赞宁叙述传主生平事迹基本以四六文为主，在叙述学问僧时，全文比较整齐。但是在叙述行脚僧时，却是不同，如卷二〇《唐江陵府些些传》及附见《食油师》云：

> 释些些师，又名青者，盖是不与人交狎，口自言些些，故号之矣。德宗朝，于渚官游，衣服零落，状极憨痴，而善歌《河满子》。纵肆所为，故无定检。尝遇醉伍伯，伯于涂中辱之，抑令唱歌。些便扬音揭调，词中皆讦伍伯从前阴私恶迹，人所未闻事。伍伯惭愧，旁听之者知是圣僧，拜跪悔过焉。贞元初，多入市肆，聚群小随逐，楚人以兴笑本矣。后不测其终。次有僧憨狂，游行无度。每断中，唯食麻油几升。如见巨器盛施之，则喜。荆渚一家特召啜麻膏，是日又在湖南斋，分身应供，号食油师焉。②

此处传文赞宁其实也努力朝四六文方向去写，但是由于传主生平事迹来源市井，口语化成分太多，所以只能选择通俗语言。赞宁在此传文评论也给了我们提示，文云："系曰：'些之声为商为羽耶？'通曰：'传家采录，其例有二：一则按文不音，二则口授知韵。今得些者，按文也。若楚词声余则苏个切也，若山东言少，则写邪切焉。此师荆楚间事也，其二音以听来教，些名同鸟兽之自呼也。'"③ "音"与"韵"之差别，可见出赞

---

① 《宋高僧传》，第1页。
② 同上书，第524页。
③ 同上。

宁对雅俗兼用的认识很清楚。

在俗语运用方面，《宋传》还采用大量的歌谣、谚语、方言等，这些体现在通俗性方面的语言有利于传主事迹在广大信众中流传。故举一例，如卷一五《唐扬州慧照寺省躬传》云："谚曰：'义尽省躬'，言到躬义无不尽也。"①

综上所述，《宋传》的文学性特点是比较明显的。《宋传》虽然是一部佛教史籍，但是撰者并不是简单地堆砌传主生平事迹，而是多方面增强作品的文学性，使《宋传》成为一部可读性比较强的作品。故明人释昙噩《新修科分六学僧传序》云："……通惠赞宁师，则沿唐而宋，立十科，成书行世。然辞章之出，大率六朝五季之余也，体质衰弱，略无先秦西汉风，太史黄公庭坚读而陋之，尝欲删治，适未皇及，可恨也。觉范德洪师顾独润色《梁传》，以承子长、孟坚之业，卒无所事于唐、宋二传，噫嗌矣！"② 由笔者对《宋传》文学性所做的考察，可见释昙噩等有所偏见，他们这种偏见源于忽视了《唐传》《宋传》的史学性和文学性的结合。

---

① 《宋高僧传》，第 370 页。
② 释昙噩：《新修科分六学僧传》，《卍续藏经》第 77 册，第 64—65 页。

第五章　《宋传》的总体评价

第一节　《宋传》的史料价值

陈垣先生在《中国佛教史迹概论》中指出："中国佛教史籍，恒与列朝史事有关，不参稽而旁考之，则每有窒礙难通之史迹。此论即将六朝以来史学必需参考之佛教史籍，分类述其大意，以为史学研究之助，非敢言佛教史也。"① 也就是说，佛教史籍有重要史料价值，是研究史学不可缺少的文献。

周叔迦先生云："佛教自从西汉之末、东汉之初，随着商旅的往还，信使的来去而传入了中国。三四百年以后，有了相当的发展。关于这一期间佛教人物的史实，人们要求有汇集的记载以免散失遗忘，于是有僧传之作。这种以僧传作为佛教史的唯一体例，由南北朝经过隋唐以至北宋无不如此。"② 所以研究北宋之前佛教历史，僧传作品成为了解中国佛教发展不同阶段历史的最基本史料。

释赞宁《宋传》三十卷，所载人物时限大致是续接《唐传》，大体始于唐高宗麟德二年（665），终于宋太宗雍熙四年（987），即卷七所载义寂的卒年，前后凡三百二十三年。其中所载涉及魏、陈、隋代的一些僧人，是补充《唐传》之阙，并非超越本传时限范围。由此，这部僧传成为研究唐代至宋初中国佛教史、政治史、经济史、文化史、历史学等方面的重要资料。下面就《宋传》的史料价值进行分类概述。

一　《宋传》对佛教史研究的史料价值

《宋传》所记载的史料，展现了唐代至宋初佛教在这一历史时期发展

---

① 陈垣：《中国佛教史籍概论》，上海书店出版社 2005 年版，第 1 页。
② 周叔迦：《周叔迦佛学论著集》（上），中华书局 1991 年版，第 113 页。

状况，有助于我们研究和解决佛教史中的一些重要问题。

首先，从佛教译经史来说，《宋传》不仅记载了这一时期译经大师的生平事迹，所译经文及其流传情况，更重要的是赞宁在《译经篇论》中，在前人译经成果的基础上，总结了六例说，就佛教本起总结出"三教""三轮""三祖"，总结了译场经馆的设官分职，特别介绍了本朝初译场译经规模，这些都是佛教译经史上的重要文献。相关著作的研究都是建立在此基础上，如王铁均《中国佛典翻译史稿》①，该书按历史分期来论述，其中唐宋期间的翻译学发展情况论述材料主要来自《宋传》，因为佛典翻译离不开僧传的译经科。于应机等《北宋僧人赞宁的译学思想》②，介绍了赞宁在翻译思想及其翻译方法所做的贡献，还有如张松涛《中国千年佛经翻译的总结者——赞宁》③ 等。

其次，《宋传》是佛教八大宗派发展情况的重要研究史料。其一，禅宗是中国本土佛教宗派，其发展兴盛时期就是唐代至宋初，《宋传》中《习禅篇》有六卷，正传 103 人，附传 29 人，不论是卷数还是本传人数，都位居十篇之首，其所记载的习禅高僧，大多是禅宗著名人物，还有因选录标准不同归录其他科的一些禅宗高僧，为研究禅宗不同阶段发展状况提供了重要人物和事件资料。由于编撰者赞宁是律宗人物，而且是一个佛教史学家，不是禅僧，所以能够对禅宗历史上一些重要纷争没有倾向性，秉笔直书，无须隐讳。这就弥补了后来禅宗人物所撰《景德传灯录》等系列诸书隐讳不书的缺陷。如禅宗有关南顿北渐斗争的客观情况，在《习禅篇》及其《传论》中有所反映。其二，就律宗来说，赞宁如实记载了南山、相部、东塔三家创始人的生平事迹以及三家的争论，所记相关传主传文和《明律传论》是研究律宗发展的宝贵材料。其三，对于其他六家（天台宗、三论宗、华严宗、唯识宗、密宗、净土宗）的相关时期重要人物生平事迹和宗派发展情况都有所记载，成为研究这些宗派不可缺少的佛教史料。其四，更值得关注的是三阶教，三阶教在唐代被严令禁止，但是赞宁能一视同仁给予记载，为研究三阶教保存了重要的史料。

再次，《宋传》所记载的史料有助于我们分析某一地域佛教的传播发

---

① 王铁均：《中国佛典翻译史稿》，中央编译出版社 2006 年版。
② 于应机：《北宋僧人赞宁的译学思想》，《宁波大学学报》（人文科学版）2008 年第 1 期。
③ 张松涛：《中国千年佛经翻译的总结者——赞宁》，《外交学院学报》2002 年第 2 期。

展情况。《宋传》所记载的高僧，几乎遍布全国各地。我国幅员辽阔，有按中央政府行政区域划分形成的地域，有受地理环境（包括自然环境和人文环境）影响，形成了带有不同地域文化特色，如吴越文化、长安文化、巴蜀文化等，于是佛教在与当地文化结合过程中形成了自己的特色。通过把《宋传》中活动于某一特定地域的高僧籍贯、驻锡地、寺院分布、事迹等集中起来综合分析，可以对唐至宋初这一地域的佛教传播发展情况有一定总体上的把握，得出一些规律性认识及其原因。如李映辉《唐代佛教地理研究》，该书依据《唐传》《宋传》《大唐西域求法高僧传》三书，以唐初行政区域十道，从地理学角度按不同标准进行全面统计和分析，得出不少可靠性的结论，《宋传》是此书结论的基本史料之一，因为《宋传》所记载高僧多为唐代高僧。① 至于地域佛教的，就以吴越地域佛教为例，笔者在第一章第四节对《宋传》中高僧籍贯和驻锡地在吴越地域者进行了统计，通过统计可以得出与吴越相关者高僧占全国高僧总数比例很高，说明吴越地域佛教十分发达。除译经之外，各科高僧人数均不在少数，说明吴越佛教得到全面发展。天台山是吴越佛教重镇之一，但是也有高僧在寺院中建立真君堂参拜道教神祇，如卷一六《后唐天台山福田寺从礼传》云："时夏亢阳，主事僧来告'将营罗汉斋，奈何园蔬枯悴！请阇黎为祈祷。'礼曰：'但焚香于真君堂。'真君者，周灵王太子，久闻仙去，以仙官受任为桐柏真人右弼，王领五岳司侍帝晨。王子乔来治此山，是故天台山僧坊道观，皆塑右弼形象，荐以香果而已。自此俗间号为山王土地，非也。时主事向仙祠而咒曰：'上座要雨，以滋枯悴。'至夜，云起雨霏，三日而止。"② 佛教寺庙设有道教真君堂，并且进行祭拜，甚至佛教赖以吸引民众的自身祈雨神异术不用却转向道教神，可见吴越佛教还是深受道教影响，两者结合很深。甚至还有驻锡吴越高僧收服杂神淫祀，扩大佛教影响的记载。如卷二六《唐湖州佛川寺慧明传》云："（佛川）泉侧有吴王古祠，风俗淫祀，滥以牺牲。于是明夜泊庙间，雷雨荐至，林摧瓦飞。顷之，雨收月在，见一丈夫容卫甚盛。明曰：'居士，生

---

① 李映辉：《唐代佛教地理研究》，湖南大学出版社2004年版。该书第一章：唐代高僧籍贯分布。第二章：唐代高僧住锡地分布。第三章：唐代佛教寺院的地理分布。第四章：唐代佛教石刻的区域分布。第五章：唐代佛教学术的时空差异。第六章：综论唐代佛教地区分布及其变迁。第七章：影响佛教地理分布的因素。

② 释赞宁：《宋高僧传》，范祥雍校注，中华书局1987年版，第400页。

为贤人，死为明神，奈何使苍生每被血食，岂知此事殊尔业耶？'神曰：
'非弟子本意，人自为之。'礼忏再三，因与受菩萨戒。神欣然曰：'师欲
移寺，弟子愿舍此处，永奉禅宫。'后果移寺于祠侧，获铜盘之底，篆文
有'慧明'二字焉。"① 严耀中先生说：这类故事"不仅是那些杂神成了
佛门受戒弟子，他们的神祠变成佛寺的附属，而且从'血食'改为'斋
食'，同时意味着佛教观念对传统文化意识的整合，其影响是深远的"。②
总之，通过总结《宋传》某一区域高僧的活动事迹和特点，有益于我们
对该地域的佛教发展得出比较全面的认识和可靠的结论。

二　《宋传》对政治史研究的史料价值

由于佛教史学家与封建正统史学家记载史实角度不同，所以《宋传》
中所记载有关当时政治时局的资料可与正史相关资料相互印证。如唐文宗
大和九年（835）发生的"甘露之变"的政治大事前后过程，《宋传》卷
六、《旧唐书》卷一八四、《资治通鉴》卷二四五都有记载，从内容看《旧
唐书》，《宋传》次之，《资治通鉴》最详细。赞宁站在佛教史家的立场上，
《宋传》重点在于突出宗密在对待李训投奔事件上的高僧风范，也提供了宦
官头子仇士良派禁兵去追捕宗密的史实，这是其他两书所未记载的，从而
从侧面表明宦官对此事的株连范围之大，《宋传》为政治史研究提供了重要
的史料价值。因为《旧唐书》是为王守澄做传，所以记载颇为简洁。司马
光《资治通鉴》从为统治者借鉴的角度，详细记述了此事发生的过程，特
别是宦官的滥杀无辜所造成的灾难。但是对于宗密在李训问题上的态度及
后续情况，仅是一笔带过。《宋传》的相关记载提供了正统史家所未有记载
的政治史料，同时也是佛教与宦官关系的一个侧面。不过需指出一问题，
从《宋传》所载内容"时王涯、贾餗、舒元舆方在中书会食，闻难作，奔
入终南投密。唯李训欲求剪发，匿之，从者止之，训改图趋凤翔"，以文意
看来，是王涯、贾餗、舒元舆、李训四人都投奔宗密，其实这是赞宁的一
个错误所在，真正详情应如《资治通鉴》所载，是李训一人而已。所以要
将僧传与正史相结合，我们所见的历史场景才更真实。

---

① 《宋高僧传》，第 664—665 页。
② 严耀中：《唐代江南的淫祠与佛教》，载《佛教与三至十三世纪中国史》，宗教文化出版
社 2007 年版，第 211 页。

除提供了社会一般人士与佛教的交往关系外，《宋书》还直接记载不少唐代宦官与佛教关系的重要史料。宦官是一个特殊的社会群体，在中国佛教史上曾扮演了一个重要角色。"中唐以后，由于笃信佛教的宦官有机会掌握军政、宗教的实权，遂对佛教的发展有相当程度的影响；而其关键是代宗朝在京城设置功德使，总管僧尼之籍和修功德之事"①，所以宦官成了僧尼的最高行政官员及其护持者，那么佛教与宦官自然密切起来。有宦官为高僧立碑铭，卷九《唐京师大安国寺楞伽院灵著传》云："（灵著）以天宝五载四月十日申时，示灭于安国寺石楞伽经院，享寿五十六，僧夏三十六……内侍上柱国天水赵思侃命释子善运撰碑于塔所焉。"② 有宦官为高僧请谥号，卷二四《唐京师千福寺楚金传》云："至贞元十三年四月十三日左街功德使开府邠国公窦文场奏'千福寺先师楚金是臣和尚，于天宝初为国建多宝塔，置法华道场，经今六十余祀。僧等六时礼念，经声不断，以历四朝未蒙旌德。'敕谥大圆禅师矣。"③ 有宦官子为僧者，卷二七《唐五台山海云传》附见《守节》云："门人守节即高力士之子也，从师墨俭，有进无退。"④ 还有宦官与高僧交游者，卷三〇《梁成都府东禅院贯休传》云："时内翰吴融谪官相遇，往来论道论诗。融为休作集序，则乾宁三年也。"⑤ 由于宦官的佛教倾向，所以宦官为救高僧出谋划策，如卷六《唐彭州丹景山知玄传》云："武宗御宇，初尚钦释氏，后纳蛊惑者议，望祀蓬莱山筑高台以祈羽化。虽谏官抗疏，宰臣屡言，终不回上意。因德阳节，缁黄会麟德殿，独诏玄与道门敌言，神仙为可学不可学耶？帝又手付老氏中理大国若烹小鲜义，共黄冠往复。玄陈帝王理道，教化根本，言神仙之术乃山林间匹夫独擅高尚之事业，而又必资宿因，非王者所宜。辞河下倾，辩海横注，凡数千言，闻者为之战栗，大忤上旨，左右莫不色沮。左护军仇士良、内枢密杨钦义惜其才辩，恐将有斥逐之命，乃密讽贡《祝尧诗》。玄立成五篇，末章云：'生天本自生天业，未必求仙便得仙。鹤背倾危龙背滑，君王且住一千年。'帝览诗微解。帝虽不纳

---

① 刘淑芬：《中古的佛教与社会》，上海古籍出版社 2008 年版，第 64 页。
② 释赞宁：《宋高僧传》，范祥雍校注，中华书局 1987 年版，第 201 页。
③ 同上书，第 619 页。
④ 同上书，第 689 页。
⑤ 同上书，第 749 页。

忠谏，而嘉其识见口给也。"① 宦官出手相救知玄表面上看是"惜其才辩"，实质上还有深层的因素，就是宦官信仰佛教，可见宦官与高僧联系比较紧密。从上述可以见出，《宋传》为研究宦官这个群体提供了具有价值的史料。

另外有的史料反映安史之乱藩镇兼并，为了扩充实力，到处抓百姓充军的史实，一旦逃亡，便加严厉惩处。如卷二四《唐吉州龙兴寺三刀法师传》云："释三刀法师者，本姓曹，庐陵人也……于时自江以西，从安史之乱。南方不宁，多事土扶，故强兼弱，兵革未休。大历七年十一月，广州吕大夫被翻城，奉洪州路嗣恭牒吉州刺史刘宁征兵三千人，同收番禺……无何，被括为军。呈阅之时，又选充行营小将，非其所好，遂亡命焉。时征兵颇急，牒诸处要害捕逐，于本州洋口擒送。刘宁令于朱木桥处死。"② 藩镇之间战争，需要大量的兵源，壮丁缺少，甚至僧人都成为所征对象，一旦逃走被抓，就是被杀，在此种环境下，普通老百姓被征基本上有去无回。此则史料可与杜甫《石壕吏》相互印证，其诗云："暮投石壕村，有吏夜捉人。老翁逾墙走，老妇出门看。吏呼一何怒，妇啼一何苦？听妇前致词，三男邺城戍。一男附书至，二男新战死。在者且偷生，死者长已矣。室中更无人，所有乳下孙。孙有母未去，出入无完裙。老妪力虽衰，请从吏夜归。急应河阳役，犹得备晨炊。夜久语声绝，如闻泣幽咽。天明登前途，独与老翁别。"③ 由于战争，老妇的三个儿子都被征去打仗，就是如此，连老妇老翁都不放过。两则材料之区别在于，《宋传》是僧史材料，《石壕吏》是杜甫的所见所闻。但两则材料反映的主题一致，结合起来看，更能反映藩镇割据战争给老百姓带来的苦难。

还有众多记载唐末五代农民起义事情相关的史料。如黄巢起义，如卷一三《梁邓州香严山智闲传》附见《大同》载："中和中，巢寇荡履京畿，天下悖乱。"④ 卷六《唐京兆大安国寺僧彻传》载："以广明中，巢寇犯阙，僖宗幸蜀。"⑤ 还有如袁晁起义，卷二六《唐明州慈溪香山寺惟实传》云："时属海寇袁晁蜂蚁屯聚，分以剽劫，杀戮无辜。至于香山，

---

① 《宋高僧传》，第 130 页。
② 同上书，622 页。
③ 杜甫：《杜甫全集》卷 2，高仁标点，上海古籍出版社 1996 年版，第 28 页。
④ 释赞宁：《宋高僧传》，范祥雍校注，中华书局 1987 年版，第 304 页。
⑤ 同上书，第 134 页。

众皆奔窜。实据榻瞑目，先以大石掩洞门。贼可三二百数，复舁巨石阔二丈余，镇其穴口。实起喑呜，以掌举之，群盗罗拜以谢之而去。邑民重之，遂立精舍。"① 通过《宋传》对这些事件的记载，剔除某些掺入的神异事迹，基本上能反映当时这些农民起义对统治阶层和社会所带来的冲击。

综上所述，只要我们仔细研读《宋传》，大凡所包含的历史时期的重要政治事件都能从中找到相关的史料。

三　《宋传》对经济史研究的史料价值

《宋传》中保存了不少关于这一时期的寺院经济状况史料，能为我们进行经济史研究提供帮助。如卷一五《唐杭州灵隐山道标传》云："（道标）登以护戒严谨，为时所推。毗奈多罗之言，罔不该贯。凡度人戒计六坛，为众科绳经一十二载。置田亩岁收万斛，置无尽财与众共之。贞元中以寺务克丰，我宜宴息，乃择高爽得西岭之下，葺茅为堂，不干人事，用养浩气焉。"② 释道标通过度僧人，收取戒度费，置田，所得全寺共有，而且是在"寺务克丰"即保证寺院经济有一定收入之后，才放手修行自我。还有如卷一六《唐天台山国清寺文举传》云："大和中主事僧清蕴咨谋于举，置寺庄田十二顷。自此光明会不闻告乏，举之功欤！"③ 此材料中寺院置田产，乃是为了佛教活动经费之用，这说明一些地方寺院举办佛教活动受到经济能力限制，而置田产所得作为经费是一种比较好甚至是比较通行的办法。谢和耐先生说："在各种高僧传中，我们不断发现记载'置田'或'庄'的地方，'置'字确实说明这里并不是购买，而是指开发。"④ 既然"置"是开发的意思，那么开发者是谁呢？开发者主要以寺院僧侣和佃农为主，这也符合唐代以来僧侣越来越多参与生产活动的经济现象。同时从一个侧面反映了均田制废除后的经济情况。有的寺院还有大规模牲畜养殖，如卷一九《唐天台山封干师传》附见《拾得》载："又于寺庄牧牛，歌咏呼天。当其寺僧布萨时，拾得驱牛至僧集堂前，倚门抚掌

---

① 《宋高僧传》，第 666—667 页。
② 同上书，第 374 页。
③ 同上书，第 395—396 页。
④ 谢和耐：《中国 5—10 世纪的寺院经济》，耿昇译，上海古籍出版社 2005 年版，第 121 页。

大笑曰：'悠悠者聚头。'时持律首座咄曰：'风人，何以喧碍说戒？'拾得曰：'我不放牛也，此群牛者多是此寺知僧事人也。'拾得各呼亡僧法号，牛各应声而过，举众错愕。"① 此虽说明拾得感通事迹，但也透露出寺院牲畜养殖的经济情况。

还有关于战乱造成人们流离失所，物价暴涨，经济生活困难的记载。如卷一七《周洛京福先寺道丕传》云："又驾迁洛京，长安焚荡，遂背负其母，东征华阴。刘开道作乱，复荷母入华山，安止岩穴。时谷麦勇贵，每斗万钱。丕巡村乞食，自专胎息，唯供母食。"②

由于佛教戒律宣扬五戒，其中之一不杀生，由此有许多高僧有劝诫不杀生的佛教行为，这就为我们了解某地域居民从事的经济活动提供了史料。如畋猎之风，卷七《宋天台山螺溪传教院义寂传》载："是以讲谈也，施戒也，自瓯越之乡迨三天子障，民多咈戾，俗尚畋猎。受寂之训也，咸食椹革音，说法之功，所谓善建。"③

四　《宋传》对思想、文化史研究的史料价值

《宋传》中保存了众多叙述僧传传主思想的文献资料，考察这些资料，有助于我们了解一些文化思想史的相关问题，本文主要指除反映佛教各宗派观点之外的、与俗界思潮间相关联的文化思想。

《宋传》时期是儒、释、道三教思想会通成熟期，而释赞宁也是三教合一的赞同者，所以在《宋传》中记载了某些高僧对三教的看法。如卷一四《唐光州道岸传》云：

　　释道岸，姓唐氏，世居颍川，是为大族……操翰林之鼓吹，游学海之波澜，讨论百家，商攉三教。乃叹曰："学古入官，纡金拾紫，儒教也。餐松饵柏，驾鹤乘龙，道教也。不出轮回之中，俱非筏喻之义，岂若三乘妙旨，六度宏功，锱铢世间，掌握沙界哉！"遂落发出家，洗心访道，一音克举，四句精通。竖修律仪，深入禅慧。④

---

① 释赞宁：《宋高僧传》，范祥雍校注，中华书局1987年版，第486页。
② 同上书，第432页。
③ 同上书，第163—164页。
④ 同上书，第335—336页。

释道岸对于三教看法十分清楚，他最终弃儒家而选择了佛教，代表了当时出儒入释的部分高僧观点。同卷《唐扬州龙兴寺法慎传》云：

> 释法慎，姓郭氏，江都人也……慎与人子言依于孝，与人臣言依于忠，与人上言依于仁，与人下言依于礼。佛教儒行，合而为一。学者流误，故亲校经论。延来者听受，故大起僧坊。将警群迷，故广图菩萨因地。善护诸命，故曲济众生寿量。以文字度人，故工于翰墨。以法皆佛法，故兼采儒流。以我慢为防，故自负衣钵。以规规为任，故纲正缁林。以发挥道宗，故上行恭礼。以感慕遗迹，故不远他邦。以龙象参议，故再至京国。以轨度端明，故研精律部欤！①

释法慎完全是三教合一的执行者，更主要的是针对不同的对象，为了达到不同的弘法目的，采用不同的方法。

通过《宋传》与《梁传》《唐传》编撰者对高僧传记事迹的记载比较，我们可以掌握一些思想史发展变化的脉络。梁启超云："吾侪读历代《高僧传》，见所记隋唐以前诸僧之重要事业，大抵云译某经某论若干卷。宋以后诸僧传中，此类记事绝不复记，但记其如何洞彻心源，如何机锋警悟而已。因此可以下一断案曰：宋以后僧侣不讲学问。"②梁先生孤发先明，当我们去研读诸僧传时，《梁传》《唐传》所载高僧以译经、义解两科居多，着重叙述译经、义解成就；《宋传》所载高僧以习禅科居多，不离悟心源之类，其他科高僧也不在少数。这正印证了葛兆光先生在《中国思想史》中章节所云：理论兴趣的衰退：八至十世纪中国佛教的转型。③

文化史方面，《宋传》记载了一些高僧书法家，如卷二二《晋巴东怀濬传》云："濬且能草圣，笔法天然，或于寺观店肆壁书佛经道法，以至歌诗鄙俚之词，靡不集其笔端矣。"④还有卷三〇后梁四明山无作等。

五　《宋传》对文学史研究的史料价值

《宋传》是一部重要的佛教史籍，也是一部研究唐宋文学史者所必不

---

① 《宋高僧传》，第346—347页。

② 梁启超：《中国历史研究法》，上海古籍出版社1998年版，第72页。

③ 具体参见葛兆光《中国思想史》第2卷，复旦大学出版社2001年版，第41—110页。

④ 释赞宁：《宋高僧传》，范祥雍校注，中华书局1987年版，第562页。

可少的参考书籍。因为书中涉及有关文学和作家的内容很多，除了本身佛教史料外，保存了许多佛教徒的文学史料，还连带保存了许多世俗文人的史料，和文学史研究关系密切。李剑亮先生在《〈宋高僧传〉的文学史料价值》一文，从三个方面来讨论《宋高僧传》的文学史料价值：（1）《宋高僧传》记载了唐代文人与佛教徒的交往；（2）《宋高僧传》记载了唐代诗僧的文学创作情况；（3）《宋高僧传》著录了唐代诗僧的诗文及其他文献目录。① 李文论述观点突出，材料充分。以下笔者就更大范围来进行简要论述。

（一）《宋传》中保存了许多文学作品史料。如卷二四《唐荆州白马寺玄奘传》云："景龙三年二月八日，孝和帝于林光殿解斋，时诸学士同观盛集。奘等告乞还乡，诏赐御诗，诸学士大僚奉和。中书令李峤诗云：'三乘归净域，万骑饯通庄。就日离亭近，弥天别路长。荆南旋杖钵，渭北限津梁。何日纡真果，重来入帝乡。'中书舍人李乂云：'初日承归旨，秋风起赠言。汉珠留道味，江璧返真源。地出南关远，天回北斗尊，宁知一柱观。却启四禅门。'更有诸公诗送，此不殚录。"② 此玄奘非取经和翻译家之玄奘，但此则材料可见出李峤和李乂所作应制诗并且带上佛教意味的相关原因和背景。

（二）《宋传》中保存了大量的作家、翻译家传记史料和著述情况。许多僧人，他们既是佛教高僧又是文学家，但是正史无传，他们的传记资料，往往只有在高僧传记中找到。唐五代出现的一大批高僧文学家如释神邕、释皎然、释玄觉、释贯休、寒山等，至于生平事迹，此不赘引。他们的有关创作活动及其作品，在《宋传》中有所记载。如卷一《唐京兆大荐福寺义净传》云："自天后久视迄睿宗景云，都翻出五十六部，二百三十卷。又别撰《大唐西域求法高僧传》《南海寄归内法传》。别说《罪要行法》《受用三法》《水要法》《护命放生轨仪》，凡五部九卷。又出《说一切有部跋窣堵》，即诸律中犍度跋渠之类，盖梵音有楚夏耳，约七十八卷。"③ 卷一六《汉钱塘千佛寺希觉传》云："生常所著《拟江东逸书》五卷，杂诗赋十五卷，注林鼎《金陵怀古》百韵诗、杂体四十章。"④ 可

---

① 李剑亮：《〈宋高僧传〉的文学史料价值》，《杭州大学学报》1994 年第 1 期。
② 释赞宁：《宋高僧传》，范祥雍校注，中华书局 1987 年版，第 615 页。
③ 同上书，第 3 页。
④ 同上书，第 403 页。

见，《宋传》为研究文学家、翻译家的生平事迹、著述情况有重要的史料价值。

（三）《宋传》中保存了大量高僧与唐代文人、士大夫之间相互交游的史料。如卷六《唐彭州丹景山知玄传》云："有李商隐者，一代文宗，时无伦辈，常从事河东柳公梓潼幕，久慕玄之道学，后以弟子礼事玄，时居永崇里，玄居兴善寺。义山苦眼疾，虑婴昏瞽，遥望禅宫，冥祷乞愿。玄明旦寄《天眼偈》三章，读终疾愈。迨乎义山卧病，语僧录僧彻曰：'某志愿削染为玄弟子，临终寄书偈诀别'云……此外秦蜀之间。作释氏杂文外篇箴论碑志歌诗，录成二十余卷，礼忏文六卷，通计三十万言。……凤翔府写玄真，李义山执拂侍立焉。"[1] 上述材料为我们了解唐代文人与高僧、佛教关系提供了重要史料。卷三〇《唐洪州开元寺栖隐传》云："平常与贯休、处默、修睦为诗道之游，沈颜、曹松、张凝、陈昌符皆处士也，为唱酬之友。隐为群士响臻，淡然若水……同光二年，于洪井钜鹿魏仲甫邂逅，以文道相善。后唐天成中卒。诗弟子应之携隐之诗计百许首，投仲甫为集序，今所行者号《桂峰集》是也。"[2] 此类材料提供了众多僧人文学家的文学交游活动情况，有同是僧人者、有隐士、有士大夫，这些交游活动往往影响到彼此的文学思想和文学创作，促成大量的文学作品产生。还有一些文人与高僧交游的轶事记载，如卷一七《唐庐山归宗寺智常传》云："无何，白乐天贬江州司马，最加钦重。续以李渤员外，元和六年隐嵩少，以著作征起，杜元颖排之，出为虔州刺史南康，曾未卒岁，迁江州刺史。渤洽闻多识，百家之书，无不该综，号李万卷矣。到郡，喜与白乐天相遇，因言浔阳庐阜山水之最，人物贤哲隐沦。论惠远遗迹，遂述归宗禅师善谈禅要，李曰：'朝廷金榜早晚有嗜菜阿师名目。'白曰：'若然，则未识食菜阿师欤？'白强劝游二林，意同见常耳。及到归宗，李问曰：'教中有言，须弥纳芥子，芥子纳须弥。如何芥子纳得须弥？'常曰：'人言博士学览万卷书籍，还是否耶？'李曰：'忝此虚名。'常曰：'摩踵至顶只若干尺身，万卷书向何处著？'李俯首无言，再思称叹。"[3] 这种轶事记载对于研究文学家的思想和生平有重要价值。

---

[1]　释赞宁：《宋高僧传》，范祥雍校注，中华书局1987年版，第132—133页。

[2]　同上书，第746—747页。

[3]　同上书，第427—428页。

六　《宋传》对中外交流史研究的史料价值

利用僧传的史料价值来研究中外交流史的学者，早已有之，著名者有梁启超先生，他说："吾曾欲研究中国与印度文化沟通之迹而考论中国留学印度之人物。据常人所习知者，则前有法显、后有玄奘，三数辈而已。吾细检诸传记，陆续搜集，竟得百零五人，其名姓失考者尚八十二人，合计百八十有七人。吾初研究时，据慧皎之《高僧传》、义净之《求法传》得六七十人，已大喜过望。其后每读一书，遇有此者则类而录之，经数月乃得此数。吾因将八十余人者稽其年代籍贯、学业成绩、经行路线等，为种种之统计，而中印交通遗迹与夫隋唐间学术思想变迁之故皆可以大明。"[①] 陈寅恪先生就《高僧传》"译经科"指出："正传并附见共六十三（录者注：金陵本为六十五，大正藏本为六十三）人，其中天竺人仅十六人。而此十六人中尚有数人在可疑或非天竺人之列，则四百五十三年之中来游脂那译经大德之于印度者不过四分之一，其余皆罽宾西域大凉州之人。据此可知我国六朝时与中亚关系之深矣。"[②] 上述两位学者都利用了《高僧传》中印度和西域高僧来华传译弘法的史料和中国高僧去印度和西域求法的史料进行统计得出一定的结论，本文引用上述做法，对《宋传》中外国高僧来华和中国高僧外出的史料进行统计，然后对中外交流情况进行总结。

西域与印度范围区分比较复杂，两者甚至有交叉之处。有关记载西域传的诸部史书对西域范围的认识不统一，现在的学术界通行的看法是：西域的范围有狭义和广义之分。梁启超说："吾国史家所称西域，不惟包含印度，乃至地中海四岸诸国，咸括于此名称之下。今吾所论者惟在葱岭东西诸国，且专举其与佛教有关系者而已。西域包括：葱岭以西（月氏、安息、康居、犍陀罗、罽宾）；葱岭以东（于阗、疏句迦、龟兹、高昌）。"[③] 然而这也仅是一家之言。现从《宋传》所言关于高僧国籍记载

----

① 梁启超：《中国历史研究》，上海古籍出版社 2006 年版，第 63 页。梁启超代表作为《佛教与西域》《又佛教与西域》《中国印度之交通》，皆收入《佛学研究十八篇》。

② 陈寅恪：《陈寅恪集读书札记三集》，三联书店 2001 年版，第 16 页。

③ 梁启超：《又佛教与西域》，《佛学研究十八篇》，辽宁教育出版社 1998 年版，第 84—85。

出发，笔者把天竺的归为印度，如传文中多次提到罽宾①属于北天竺，当时为五天竺即东、南、西、北、中天竺，传文中除东天竺外，其余四天竺皆有。而把月氏②、安息、康居、于阗、龟兹、高昌等归属为西域。同时把朝鲜、日本等外国来华高僧结合起来做统计分析，以见出《宋传》对中外交流史的研究价值。

（一）《宋传》中外国高僧来华籍贯统计③

西域：月氏 1 人；康居 2 人；于阗 5 人；疏勒 1 人；高昌 1 人；泛称者 11 人；小计 21 人。

印度：南印度 2 人；西印度 2 人；北印度 7 人；中印度 8 人；泛称者 3 人；小计 22 人。

不详者：2 人。

朝鲜（高丽、百济、三韩）：9 人。

日本：4 人。

此外还有（1）卷三、译经、唐丘慈国莲华精进：丘慈人即龟兹；未到中国。（2）卷四、义解、唐新罗国黄龙寺元晓：新罗国东海湘州人；尝与湘法师入唐，慕奘三藏慈恩之门，厥缘既差，息心游往。未至中国。（3）卷一四、明律、唐百济国金山寺真表：百济人；未至中国。

（二）《宋传》中外国高僧来华分科统计

译经 30（印度：20；西域 8；不详 2）人；义解 5 人；习禅 2 人；明律 2 人；护法 1 人；感通 10 人；遗身 1 人；读诵 1 人；杂科 6 人；

（三）《宋传》中外国高僧来华路线分析：海路多于陆路

从上述三种统计中可以得出几点：其一，总体看来，外国高僧在《宋传》中，印度和西域高僧人数相差无几。朝鲜高僧多于日本高僧。其二，从分科看，译经居多，感通次之。就传译作用来看，印度高僧远远居首。由于印度和西域高僧来华主要是传译经典和弘法，所以主要在译经篇，朝鲜和日本高僧主要是来观礼圣迹和求法，所以主要分布在其他诸篇。其三，由于陆路交通阻隔，经由海路居多，但是海路也十分凶险，由此可见宗教在国与国之间交流上的重要作用。

① 罽宾又名迦湿弥罗、箇失密。

② 月氏又名觊货逻国。

③ 详细表格参见附录二。

（四）《宋传》中中国高僧外出统计

中国高僧外出只有 8 人，外出动机主要有：希礼圣迹、学问求经、弘扬佛法。相比以前，人数急遽减少，原因可能在于当时印度佛教走向衰落，婆罗门中兴，佛教经典经过之前求法高僧努力，大多已传至中国。出现的一个新现象就是由于中国佛教影响巨大，唐代政治经济繁荣，已辐射到周边领国，朝鲜和日本除了派僧人到中国观礼、学习佛法外，日本还邀请鉴真到那边弘扬佛教，此举表明中国已成为东方佛教的中心。但是由这个统计我们也可知，《宋传》还遗漏了不少中外交流史上具有重要影响的高僧，如唐代日本赴中国求法的著名的圆仁大师等未提及，某种程度上说明《宋传》在搜集高僧材料和选录高僧方面存在一些局限性。

总之，上述国与国之间因佛教需求，高僧彼此往来，带动了政治、经济、文化之间的交流。由此可见，《宋传》中关于外国高僧来华和中国高僧外出的记载对中外交流史具有重要的史料价值。

第二节 《宋传》在中国佛教史及史学上的影响和地位

关于《宋传》在中国佛教史及史学上的影响和地位，学者论及不多，苏晋仁先生总结《宋传》说："总的说来，本书依据大量原始资料，整理排比，剪裁融贯，然后成书，而叙事清楚，虽间有神奇怪诞记载，仍不失为这一时代中有关佛教历史人物的一部重要著作。"① 曹刚华在《宋代佛教史籍研究》第六章《宋代佛教史籍的影响及其地位》中，从大范围角度把《宋传》作为宋代佛教史籍中僧传代表作进行了简要论述。② 上述学者指出了《宋传》在佛教史及史学上具有一定的影响和地位，本文在前面几章讨论的基础上进行论述。

一 《宋传》在中国佛教史学上的影响

《宋传》在中国佛教史学上的影响主要有两个方面：其一，从佛教著作来说，在编撰体例上对后世的影响。一些僧传后续之作在编撰体例上明显是模仿《宋传》。释慧皎《梁传》中十科体例是僧人总传创立期，释道

① 苏晋仁：《佛教文化与历史》，中央民族大学出版社 1998 年版，第 163 页。
② 曹刚华：《宋代佛教史籍研究》，华东师范大学出版社，第 213—225 页。

宣《唐传》、释赞宁《宋传》是在继承《梁传》基础上有所创新，日趋完善，后世僧传编撰者或多或少有所继承。如元代释昙噩撰《新修科分六学僧传》，全书以慧、施、戒、忍辱、精进、定之六学分类，每学又分两科，计十二科：《译经》《传宗》《遗身》《利物》《弘法》《护教》《摄念》《持志》《义解》《感通》《证悟》《神化》。十二科中五科与十科体例相同，可见此书虽想在编撰体例上有所改变，但是还摆脱不了十科体例影响。明代释如惺撰《明高僧传》，全书仅有三科：《译经》《解义》《习禅》，这三科也在十科之内。更明显的是明代释明河撰《补续高僧传》，全书也分为十科：《译经》《义解》《习禅》《明律》《护法》《感通》《遗身》《赞诵》《兴福》《杂科》。与《宋传》十科相比较，只有《赞诵》与《读诵》之不同。还有民国释喻谦撰《新续高僧传四集》，也分为十科：《译经》《义解》《习禅》《明律》《护法》《灵感》《遗身》《净读》《兴福》《杂识》。与《宋传》十科相比，只是把《感通》改为《灵感》、《读诵》改为《净读》、《杂科》改为《杂识》。可见十科体例在后世影响深远。至于《宋传》在编撰体例上的创新，即"系""通"的使用，也对后世有一定影响。《明高僧传》就有些传后有"系曰"，如卷一《元燕都庆寿寺沙门释沙啰巴传一》载：

> 系曰：译经之盛莫过于六朝、盛唐，鸠摩什、实叉难陀辈，及入五代、北宋，则渐渐寝矣。况自康王渡江，胡马南饮，銮辇驰遁。淳熙之后，虽有一隙之眼，乌能于是哉！至元世祖而华夷一统，始复有译经之命。入我国朝，洪武、建元以来，以三藏颇足，摩滕不至，故止是例。今于《元史》仅得此人，庶不虚此首科亦几希矣。①

采用"系曰"来表达作者本人对一些僧传传主和事情的看法，《补续高僧传》不少传后也有"系曰"，如卷二《从谏、希最二师传》载："系曰：慈辩虽教人，每与禅衲游。尝问道于大通，通寄以书，发缄，睹黑白二圆相，恍然有悟。答偈曰：'黑相白相，担枷过状。了不了兮，无风起浪。若问究竟事如何，洞庭山在太湖上。'慈辩眼光，出涯涘矣。由是，而知得台宗之真者，不在言说间也。"②释明河在一些传主后还直接用"明

---

① 释如惺：《大明高僧传》，载《高僧传合集》，上海古籍出版社1991年版，第575页。
② 释明河：《补续高僧传》，载《高僧传合集》，上海古籍出版社1991年版，第617页。

河曰"，如卷八《真歇了禅师传》载："明河曰：真歇拜竹庵，与照觉迎罗汉，但知弘道，不知为我。古人道德忠厚之至，此风绝响矣。"① 很明显，"明河曰"乃模仿"系曰"的做法，作用实际上相同，都是进行评论。正是由于《补续高僧传》对《宋传》有如此多的继承，所以时人周永年在《补续高僧传序》云："《补续高僧传》者，吾友汰如法师河公所撰述也。传列宋元，以逮明世诸高禅，西乃冠以大明，若止为一朝僧史，则不从所记载之人立号。而从编纂之家受名，亦循赞宁师之义例，不称续而称宋之意也。"② 他十分恰当地指出了《宋传》对《补续高僧传》的影响。其二，从对佛教发展传播来说，所记载佛教故事在信众中流传有利于扩大佛教的影响。佛教故事包括高僧的生平事迹、佛教圣迹、信众信佛事迹等，这些故事或多或少通过某种方式的传播，无疑有利于增强信众的向心力。这可以说是高僧传系列著作所具有的共同影响，不同在于它们所记载的时期而已。

二　《宋传》在中国佛教史及史学上的地位

"佛教进入中国后便有了佛教史学。鉴于史学至少有着反映一种宗教形态来龙去脉的功能，所以佛教史学也是全面认识中国佛教的一个非常重要的窗口。"③ 佛教史学的载体是佛教史籍。佛教史学的研究是以佛教史籍的研究为基础。佛教史籍是佛教史学的重要组成部分。中国佛教史籍体裁多样，僧人传记是其中一种。《宋传》则是僧人传记中一种，通过前面几章的论述，笔者认为《宋传》在中国佛教史及史学上有着重要的地位，分叙如下。

（一）在中国佛教史学上，作为佛教史籍的一种，它在整个中国佛教史学上是不可缺少的，在僧人传记著述上具有承前启后的作用。慧皎《梁传》记载时间范围自后汉明帝十年（67）至梁武帝天监十八年（519）四百五十三年，历经魏、吴、晋、宋、齐、北魏、后秦、梁等共九个朝代的高僧事迹。道宣《唐传》续接《梁传》，记载时间范围从梁代初开始至唐贞观十九年（645），共一百四十四年。但书成后二十年间，陆续有所增补，又撰《后集续高僧传》十卷，此十卷后来按分科隶入初稿中，所以现行本记载了贞观十九年以后永徽、显庆、龙朔年号的事情，

① 《补续高僧传》，第668页。
② 释明河：《补续高僧传》，载《高僧传合集》，上海古籍出版社1991年版，第604页。
③ 严耀中：《试论佛教史学》，载《佛教与三至十三世纪中国史》，宗教文化出版社2007年版，第16页。

最迟到麟德二年（665），包括梁代、陈代、魏、北齐、北周、隋代、唐初等朝代中的高僧事迹。赞宁《宋传》所载人物时限大致是续接《唐传》，大体始于唐高宗麟德二年（665），终于宋太宗雍熙四年（987），即卷七所载义寂的卒年，前后凡三百二十三年。其中所载涉及魏、陈、隋代的一些僧人，是补充《唐传》之阙，并非超越本传时限范围。而《宋传》之后，又有释如惺《大明高僧传》、释明河《补续高僧传》、释喻谦《新续高僧传四集》等进行续接。上述诸高僧传结合起来看，基本囊括中国佛教发展史的各个阶段和相关的朝代。通过《宋传》，我们可以比较深入了解唐初至宋初中国佛教史发展的基本状况，所以说，《宋传》在僧人传记著述，乃至中国佛教史籍上具有承前启后的作用。

（二）中国佛教史上，《宋传》是研究佛教在唐五代时期，特别是唐代时期传播、发展的重要史料之一。唐五代时期是佛教发展的鼎盛期，佛教得到蓬勃发展，中国高僧创立宗派，发生了许多佛教大事，但是由于中国传统史学家受儒家正统观念影响，他们在撰述唐五代相关正史如《旧唐书》《新唐书》《旧五代史》《新五代史》记载内容涉及佛教很少，而佛教史学家赞宁所撰《宋传》就成了了解这段时期佛教生存发展、政治史、文化史、历史学的重要史料。由于许多重大佛教活动与高僧有关，甚至是由高僧来完成，《宋传》以记载唐五代高僧事迹为主，恰恰从当时佛教的角度出发，记录了当时佛教的这个过程中的变化发展，并记录了当时佛教徒所闻所见到的中国社会政治、经济、历史及文化思想发展状况，因此具有重要的地位。

综上所述，《宋传》对中国佛教史、甚至古代传统文化研究具有重要价值，所以《宋传》在中国佛教研究史上有不可忽视的地位。

第三节　《宋传》的局限性

《宋传》的局限性[①]主要有：

其一，在编撰思想上，由于《宋传》是在朝廷下授意而作，赞宁主张佛教亲近国主，颇有失"高僧传"之名。陈垣先生说："慧皎著书，提

---

① 参照苏晋仁《佛教文化与历史》，中央民族大学出版社1998年版，第161页。陈士强：《佛典精解》，上海古籍出版社1992年版，第351页。两位先生皆言为"不足之处"，此处用"局限性"，为了用词更具有客观性。

倡高蹈，故特改'名僧'为'高僧'。道宣戒律精严，对沙门不拜王者一事，争之甚力，皆僧人之具有节概者，有专书名《沙门不应拜俗等事》。赞宁则本为吴越国僧统，入宋后，又赐紫衣，充僧录，素主张与国王大臣接近；本书又为奉诏而作，故不能与前书媲美。"① 又说："若赞宁者，真可谓名僧也矣，以言乎高，则犹未也。此本书之缺点也。"② 陈垣先生所说不无道理，笔者在第三章有论述，主张亲近国主的思想实际上是当时形势使之然的结果。

其二，在编撰体例上，虽然赞宁在《宋传序》中对十科予解释性小注加以划定，但由于对某些高僧特性认识不足，导致本传中归入分科不准确。如"护法篇"卷一七《唐庐山归宗寺智常传》《唐杭州千顷山楚南传》《唐南岳七宝台寺玄泰传》，"感通篇"卷二〇《唐洪州黄檗山希运传》，"遗身篇"卷二三《唐鄂州岩头院全奯传》，"兴福篇"卷二八《宋钱塘永明寺延寿传》等，都是习禅出身，是禅宗的重要篇章，按理应入"习禅篇"。"感通篇"卷二三《宋天台山智者禅院行满传》、"兴福篇"卷二六《唐东阳清泰寺玄朗传》、"杂科声德篇"卷二九《唐天台山国清寺道邃传》、卷三〇《唐天台山禅林寺广修传》都是天台宗的重要篇章，按理应入"义解篇"。"杂科声德篇"卷三〇《梁泉州智宣传》按理应入"译经篇"。所以在此点上，赞宁还受到后人指摘。释惠洪在《石门文字禅》卷二六《题佛鉴僧宝传》云："禅者精于道，身世两忘，未尝从事于翰墨，故唐、宋僧史，皆出于讲师之笔。道宣精于律，而文词非其所长，作禅者传，如户婚按检；赞宁博于学，然其识暗，以永明为兴福，岩头为施身，又聚众碣之文为传，故其书非一体，予甚悼惜之。"③ 此外，还有在正传与附传的安排，传主标题等方面也有不严谨的地方。

其三，在本传传主内容记载上，有的记载失误，如卷五《周洛京佛授记寺法藏传》云："寻应名僧义学之选。属奘师译经，始预其间，后因笔受、证义、润文，见识不同而出译场。"④ 据阎朝隐撰《大唐大荐福寺故大德康藏法师之碑》、新罗崔致远撰《法藏和尚碑》（见《续藏经》第

① 陈垣：《中国佛教史籍概论》，上海书店出版社 2005 年版，第 32 页。

② 《中国佛教史籍概论》，第 34 页。

③ 释惠洪：《石门文字禅》，《四库全书》第 1116 册，上海古籍出版社 1987 年影印文渊阁本，第 498 页。

④ 释赞宁：《宋高僧传》，范祥雍校注，中华书局 1987 年版，第 89 页。

134 册）均无载此事，而在玄奘贞观十九年（645）回长安开译场，卒于麟德元年（664）年期间，法藏尚未出家，可见此段记载是错误的。有的记载失之太略，如卷四《唐京师西明寺圆测传》，唐人宋复有《大周西明寺故大德圆测法师佛舍利塔铭》，其中许多内容未记载到。还有的当时有名高僧未收入本传，如云门大师释文偃。还有不少高僧是缺少生卒年和寿龄的，这些可能正如赞宁自己所说"良难遍知"所致。

　　总的来说，《宋传》对于中国佛教史而言，其重要性是不可忽视的，它涉及唐、宋之间佛教问题的各个研究领域。作为佛教史籍的一种，《宋传》又是不可缺少的史料来源。《宋传》在编撰思想、编撰体例、内容叙述以及文献来源等方面继承《梁传》《唐传》，但更重要的是有所创新，虽然有些局限性，但瑕不掩瑜，所以对唐、宋之间佛教史、文学史等，乃至中国传统文化的研究中，都值得重视。

附录一　释赞宁事迹及著述编年

·

释赞宁，姓高，德清人。祖籍渤海，先迁居洛阳，后迁居德清。

参见本文第一章第一节中《赞宁籍贯考》。

祖玥，考审，皆隐德不仕。母周氏。

《文集序》云："祖玥，考审，皆隐德不仕。母周氏。"《十国春秋》卷八九同。

外学、内学皆工。

《文集序》云："释子谓佛书为内典，谓儒书为外学。工诗则众，工文则鲜。并是四者，其惟大师。"

宋人吴处厚《青箱杂记》卷六云："近世释子，多务吟咏。唯国初赞宁独以著书立言、尊崇儒术为佛事。故所著《驳董仲舒繁露》二篇、《难王充论衡》三篇、《证蔡邕独断》四篇、《斥颜师古正俗》七篇、《非史通》六篇、《答杂斥诸史》五篇、《折海潮论兼明录》二篇、《抑春秋无贤臣论》一篇，极为王禹偁所激赏。故王公与赞宁书曰：'累日前蒙惠顾，谀才辱借《通论》，日殆三复，未详指归，徒观其涤《繁露》之瑕颣，《论衡》之砧眼，瞭《独断》之瞽，针砭《正俗》之疹，折子玄之邪说，泯米颖之巧言，逐光庭若摧枯，排孙郃似图蔓，使圣人之道，无伤于明，夷儒家者流不至于迷复，然则师胡为而来哉！得非天祚素王，而假手于我师者欤！'"

宋人祖无择《龙学文集》卷一四云："僧赞宁者，颇有学问，近代罕有其比。著《僧史》言今之车驾，前中使乘马拥袍以绣帕覆之者，俗指为驾头。赞宁乃云：'其中有《仁王经》一部'，盖不知而妄作也。此乃大朝会时殿中御座尔，其形如机子。"

宋人释文莹《湘山野录》卷下云："僧录赞宁有大学，洞古博物，著书数百卷。王元之禹偁、徐骑省铉疑则就而质焉，二公皆拜之。柳仲涂开因曰：'余顷守维扬，郡堂后菜圃才阴雨则青焰夕起，触近则散，何邪？'"

宁曰：'此磷（力振切）火也。兵战血或牛马血着土则凝结，为此气，虽千载不散。'柳逮拜之曰：'掘之皆断枪折镞，乃古战地也。'因赠以诗，中有'空门今日见张华'之句。"同卷又有云："江南徐知谔为润州节度使温之少子也。美姿度，喜畜奇玩，蛮商得一凤头，乃飞禽之枯骨也，彩翠夺目，朱冠绀毛，金嘴如生，正类大雄鸡，广五寸，其脑平正，可为枕，谔偿钱五十万。又得画牛一轴，昼则啮草栏外，夜则归卧栏中。谔献后主煜，煜持贡阙下。太宗张后苑以示群臣，俱无知者。惟僧录赞宁曰：'南倭（乌和反）海水或减，则滩碛微露，倭人拾方诸蚌胎中有余泪数滴者，得之和色着物，则昼隐而夜显。沃焦山时或风挠飘击，忽有石落海岸，得之滴水磨色染物，则昼显而夜晦。'诸学士皆以为无稽，宁曰：'见张骞《海外异记》'。后杜镐检《三馆书目》，果见于六朝旧本书中载之。"

宋人释法道《重开僧史略序》云："唯宁师内外博通，真俗双究。观师所集《物类相感志》，至丁微术小伎，亦尽取之，盖欲学佛遍知一切法也。"

后梁末帝贞明五年己卯（919）：一岁。

生于德清金鹅山别墅。

参见本文第一章第一节《赞宁生卒年考》。

据说生时正得天贵临门。

宋人释文莹《湘山野录》卷下云："司天监王处讷推其命孤薄不佳，三命星禽暑禄壬逋，俱无寿贵之处。谓宁曰：'师生时所异者，正得天贵星临，门必有裂土，侯王在户否？'宁曰：'母氏长谓某曰：汝生时卧草，钱文穆王元瓘往临安县拜茔，至门雨作，避于茆檐甚久，殆浣浴褓籍毕，徘徊方去。'"

是年秋七月，吴越王镠遣钱传瓘将兵三万攻吴常州，徐温帅诸将拒之。右雄武统军陈璋以水军下海门出其后……吴越兵乱遂大败。……八月，吴徐温遣使以吴王书归无锡之俘于吴越，吴越王镠亦遣使请和于吴，自是吴国休兵息民，三十余州民乐业者二十余年。（《资治通鉴》卷二七〇）

贞明六年庚辰（920）：二岁。

龙德元年辛巳（921）：三岁。

是年三月丁亥朔，祠部员外郎李枢上言："请禁天下私度僧尼，及不许妄求师号、紫衣，如愿出家受戒者，皆须赴阙比试艺业施行，愿归俗者一听自便。"诏曰："两都左右街赐紫衣及师号僧，委功德使具名闻奏，今后有阙方得奏荐，仍须道行精至，夏腊高深，方得补填。每遇明圣节，两街各许官坛度七人，诸道如要度僧亦仰就京官坛，仍令祠部给牒，今后只两街置僧录、道录，僧正并废。"（《旧五代史》卷一〇《梁书·末帝纪下》）

龙德二年壬午（922）：四岁。

龙德三年、后唐庄宗同光元年癸未（923）：五岁。

是年二月，梁主遣兵部侍郎崔协等册命吴越王镠为吴越国王。丁卯，镠始建国仪卫，名称多如天子之制，谓所居曰宫殿，府署曰朝廷，教令下统内曰制敕，将吏皆称臣，惟不改元，表疏称吴越国，而不言军。（《资治通鉴》卷二七二）

同光二年、吴越（钱镠）宝大元年甲申（924）：六岁。

同光三年、宝大二年乙酉（925）：七岁。

明宗天成元年、吴越宝正元年丙戌（926）：八岁。

是年十一月，敕应今日已前修盖得寺院无令毁废，自此后不得辄有建造，如有愿在僧门亦宜准佛法格例，官坛受戒，不得衷私剃度。（《五代会要》卷一二）

天成二年、宝正二年丁亥（927）：九岁。

天成三年、宝正三年戊子（928）：十岁。

出家杭州祥符寺。

《文集序》云："武肃王钱某专制江浙，后唐天成中出家。"

《释门正统》云："天成中，出家杭之祥符。"《武林西湖高僧事略》、《佛祖历代通载》卷一八、《武林梵志》卷一〇同。

《释氏稽古略》卷四云："后唐明宗天成中，出家杭州祥符寺。"

《西湖游览志》卷四云："出家杭州祥符寺。"但在《西湖游览志余》卷一四却云："出家灵隐寺。"

《僧史略序》云："出家杭之祥符。"

《十国春秋》卷八九云："宝正中，舍身杭州灵隐寺为僧（一云出家祥符寺）。"

《笋谱提要》云："出家杭州龙兴寺。"

《赞宁传》云："初出家于余杭祥符，后栖灵隐。"

按：天成是后唐年号，时间为926—929年，宝正为钱氏吴越国年号，时间为926—930年，姑系是年。至于出家寺庙，则为两种说法，一为祥符寺，二为灵隐寺。宋人多认为是祥符寺，暂以此为准。祥符寺，宋人潜说友《咸淳临安志卷》七六载："大中祥符寺，在礼部贡院西。梁大同二年，邑人鲍侃舍宅为寺，旧名发心。唐贞观中，改众善。神龙元年，改中兴。三年，改龙兴。本朝大中祥符初，改赐今额。……又有法华塔（端拱元年僧文定建）、咸平二年，赐名戒坛院观音像。唐龙兴寺碑、大觉禅师塔、钱王九百九十眼井，今所存者无几。"所以四库提要撰者为龙兴寺，也是符合的。

灵隐寺，《咸淳临安志卷》卷八〇载："景德灵隐寺，在武林山。东晋咸和元年，梵僧慧理建，旧名灵隐。景德四年，改景德灵隐禅寺。"对灵隐寺记载较略，最详者，还是《浙江通志》卷二二六载："敕赐云林禅寺，《灵隐寺志》在武林山。晋咸和间，西僧慧理开山，山门牓曰决胜觉场。正殿曰觉皇宝殿，为宋理宗御书。历五季隋，兴废莫考。唐大历六年修会昌废教，寺毁。吴越钱王重为开拓，殿宇一新，建石幢二。《咸淳临安志》：旧名灵隐，景德四年，改景德灵隐禅寺。《武林梵志》：明初，改灵隐寺。"

由上述文献可以看出，赞宁出家灵隐首先来源于明人田汝成《西湖游览志余》，不知何据，导致后世有人因袭。然而同一撰者自相矛盾的说法，本身就是个问题。《赞宁传》取兼有说法。总之，当以宋人记载为准。

是年，闽王延钧素奉佛，是年度人二万，由是闽中多僧。（《资治通鉴》卷二七六）

天成四年、宝正四年己丑（929）：十一岁。

长兴元年、宝正五年庚寅（930）：十二岁。

长兴二年、宝正六年辛卯（931）：十三岁。

长兴三年、吴越（钱元瓘）壬辰（932）：十四岁。

始有声望。

《文集序》云："长兴三年武肃王薨，文穆王某嗣位。大师声望日隆，文学益茂。"

是年正月庚戌，钱镠卒，年八十一……传瓘既袭位，更名元瓘。兄弟名传者，皆更为元。用藩镇法，除民田荒绝者租税。命处州刺史曹仲达权知政事，置择能院掌选举殿最。（《资治通鉴》卷二七七）

长兴四年癸巳（933）：十五岁。

闵帝应顺元年、末帝清泰元年甲午（934）：十六岁。

入天台山。

《文集序》云："清泰初，入天台山，受具足戒。习四分律，通南山律。"

《释门正统》卷八云："清泰初，进具天台。"

《释氏稽古略》卷四云："潞王清泰初，入天台，具探律部。"

《十国春秋》卷八九云："已而入天台山，受具足戒，习四分律，通南山律。"

按：清泰为934—936年，那么称为清泰初，姑系是年。那么是不是入了天台山就"受具足戒"呢？笔者认为不是，因为佛教戒律规定一般在二十岁受具足戒，而赞宁作为一名通律大师，必定严格遵守。此外，在《宋传》中所记高僧大多二十岁受具足戒，这里暂举《明律篇》两位高僧为证，因为律师是修持戒律的执行者和榜样。其一，卷一四《唐京师崇圣寺文纲传》云："十二岁出家，冠年受具。"其二，同卷《唐越州法华山玄俨传》云："迫于弱冠，乃从光州岸师咨受具戒。"由此可知，即使高僧出家早，也要等到冠年，才能受具足戒。

清泰二年乙未（935）：十七岁。

曾游石梁。

《宋传》卷二三《后晋天台山平田寺道育传》云："后唐清泰二年，曾游石梁，回与育同宿堂内。时春煦，亦烧榾柮柴以自熏灼，口中唠唠，通夜不辍。"

是年，四明沙门子麟，往高丽百济日本诸国，传授天台教法。高丽遣使李仁日送麟还，吴越王钱镠令于郡城建院以安其众。（《佛祖统纪》卷四二）

三月，两街功德使奏每年圣诞节诸道州府奏荐僧尼紫衣师号，今欲量立条，试讲论科，试讲经、表、白各三科，文章应制十三科，持念一科，禅科，声赞科，并于本技能中条贯从之。（《五代会要》卷一二）

清泰三年、后晋高祖天福元年丙申（936）：十八岁。

天福二年丁酉（937）：十九岁。

天福三年戊戌（938）：二十岁。

受具足戒，习四分律，通南山律。

按：主要文献与清泰元年一样，至于受具足戒的时间，也已说明。还有一点需要指出，"受具足戒"后，意味着僧人有较大自由选择所学和游学。《宋高僧传》之"明律科"有天台律师两位，其一，卷一六《唐天台山国清寺文举传》，传中云："后十五年，以四分律为学，时术之，昼夜翘勤，遂登讲训。"说明此寺具有通四分律之人，赞宁在太平兴国八年，写了《天台智者大师说序》，可以侧面表明赞宁在国清寺可能求学过，而且对天台宗有所了解。其二，同卷《后唐天台山福田寺从礼传》，传中云："自尔精持戒范，造次颠沛必于是……后推为寺中上座。"说明福田寺也有通律学者。赞宁可能去过。

天福四年己亥（939）：二十一岁。

与慎知礼等以诗唱和。

《文集序》云："时浙中士大夫有若卫尉卿崔仁骥、工部侍郎慎知礼、内侍致仕杨恽与大师以诗什唱和。"

慎知礼、崔仁骥、内侍杨恽，参见本文第一章第二节《赞宁与士大夫交游人员考》。

按：《宋史》卷二七七《慎知礼传》云："知礼幼好学，年十八献书于俶，署校书郎。未几，命为掌书记……咸平初卒年七十七。"咸平元年（998），卒年七十七，那么，出生为922年。与赞宁唱和应在他十八岁（939）以后，姑系此年。

是年十二月，敕今后诸道州府、城郭村坊，不得并造寺宇，所有自前盖者，听依旧住持。（《五代会要》卷一二）**天福五年庚子（940）：二十二岁。**

天福六年、吴越（钱弘佐）辛丑（941）：二十三岁。

是年八月辛亥，元瓘卒。……九月庚申，钱弘佐即王位。……问仓吏："今蓄积几何？"对曰："十年。"王曰："然则军食足矣，可以宽吾民。"乃命复其境内税三年。（《资治通鉴》卷二八二）

天福七年壬寅（942）：二十四岁。

天福八年癸卯（943）：二十五岁。

出帝开运元年甲辰（944）：二十六岁。

开运二年乙巳（945）：二十七岁。

开运三年丙午（946）：二十八岁。

后汉高祖天福十二年、吴越（钱弘倧）丁未（947）：二十九岁。

隐帝乾祐元年、吴越（钱弘俶）戊申（948）：三十岁。

得文格于汇征，授诗诀于龚霖。

《文集序》云："又得文格于光文大师汇征，授诗诀于前进士龚霖，由是大为流辈所服。"

按：汇征，《十国春秋》卷八九云："僧汇征善诗文，有集七卷，忠懿王时命为僧正，赐号光文大师。"龚霖，据宋人陆游《老学庵笔记》卷四载："今世所道俗语，多唐以来人诗……'但有路可上，更高人也行'，龚霖诗也。"赞宁向汇征请教，可能在汇征为僧正后，赞宁为僧统前。姑系是年。

乾祐二年己酉（949）：三十一岁。

为两浙僧统，号明义宗文大师。

《文集序》云："时钱塘名僧有若契凝者，通名数一支，谓之论虎；常从义者，文章俊捷，谓之文虎；大师多毗尼著述，谓之律虎，故时称'三虎'焉。置本国监坛，又为两浙僧统，历数十年，像法修明，缁徒整戢。"

《释门正统》卷八云："以虎子称，署本国监坛，两浙僧统，赐'明义宗文'号。"

《释氏稽古略》卷四云："吴越忠懿王补宁两街僧统，号'明义宗文大师'。"

按：序中有"历数十年"，赞宁太平兴国三年六十岁随钱氏归宋，能称得上"数"，古人也一般以"三"为限，所以向前推三十年，姑系此年。另，"三虎"，文渊阁四库本《文集序》为"三虎"，四部丛刊本《文集序》为"四虎"，从文义来看，应为"三虎"。《佛祖统记》卷一〇《高论旁出世家》云："法师悟〔晤〕恩，字修已，路氏常熟人。年十三，闻诵《弥陀经》，心有所感，遂投破山兴福寺求度。初学毗尼，闻天台三观、六即之说，深符其意。晋开运初，造钱唐慈光因师室。因讲次覆述，剖析幽微，时称义虎。"《释门正统》卷五《晤恩》基本同。但是赞宁在《宋传》卷七《宋杭州慈光院晤恩传》未提晤恩为"义虎"之事。两种说法皆有可能。

赞宁律部著作虽多，但都不存。

《笋谱提要》云："吴越王钱镠署为两浙僧统"，大谬。钱镠应为钱俶。

释希觉付授经于赞宁。

《宋高僧传》卷一六《汉钱塘千佛寺希觉传》云："释希觉，字顺之，姓商氏，世居晋陵……龙纪中受戒，续揣摩律部，禀教于西明寺慧则律师，时在天台山也。则乃法宝大师之高足。广明中，关中丧乱，避地江表，觉始窥其墙，终见室家瑰富。以则出《集要记》解《南山钞》，不称所怀。何耶？古德妄相穿凿，各竞师门，流宕忘返，觉遂著记，广之曰《增晖录》……二十卷成部，浙之东西，盛行斯录……文穆王造千佛伽蓝，召为寺主，借紫，私署曰文光大师焉。四方学者骈骛而臻。觉外学偏多，长有易道，著《会释记》二十卷，解《易》，至上下《系》及末文甚备。常为人敷演此经，付授于都僧正赞宁。及乎老病，乞解见任僧职。既遂所怀，唯啸傲山房，以吟咏为乐。年八十一，然犹抄书籍异本，曾无告倦。未终之前，舍衣物，作现前僧得施，复普饭一城僧。自此困惫，每睡，见有一人纯衣紫服，肌肤软弱如绵纩焉，意似相伴。才欲召弟子将至，此人舒徐下床，后还如故。亲向赞宁说此，某知是天人耳。嘱托言毕而绝，享年八十五。生常所著拟江东《逸书》五卷，杂诗赋十五卷，注林鼎《金陵怀古》百韵诗、杂体四十章。"

按：后汉从高祖（947）至乾祐三年（950），赞宁把释希觉归入后汉，说明他卒于后汉，就算其卒于乾祐三年，那么释希觉授书于赞宁在其卒前，姑系此年。赞宁可谓释希觉的嫡传弟子。传中，我们可知，释希觉精通南山律，曾学于西明寺律师，而赞宁学于释希觉，释希觉也倾力授予，不仅在于南山四分律，还囊括外学，所以说赞宁之内外精通，与他遇到名师有关。传中言及为"都僧正"之事，赞宁为僧统是吴越王钱俶时期，赞宁归宋后，根据宋代僧制，他在《大宋僧史略》卷中"沙门都统"条云："自尔朱梁、后唐、晋、汉、周，洎今大宋，皆用录而无统矣。偏霸诸道或有私署，如吴越以令因为僧统，后则继有避僭差也，寻降称僧正。"所以赞宁在归宋之后，赞宁由两浙僧统更改为两浙都僧正。在《宋传》中提及自己皆称都僧正。都僧正是简称。一般来说，宋之地方设僧正司，主要职位有僧正和副僧正，但高于其上的还有都僧正，如《佛祖统纪》卷一一"法师慧辩"条载，苏子瞻时为通守，为序以赠之曰："钱唐佛僧之盛，盖甲天下。道德材智之士，与妄庸巧伪之人，杂处其间，号为难齐。故僧正副之外，别补都僧正一员。簿书案牒，奔走将迎之劳，专责正副以下，而都师总领要略，实以行解表众而已。"而赞宁正是担任两浙都僧正。

乾祐三年庚戌（950）：三十二岁。

后周太祖广顺元年辛亥（951）：三十三岁。

广顺二年壬子（952）：三十四岁。

广顺三年癸丑（953）：三十五岁。

世宗显德元年甲寅（954）：三十六岁。

显德二年乙卯（955）：三十七岁。

是年五月，敕天下寺院非敕额者悉废之，禁私度僧尼，凡欲出家者，必俟祖父母、父母、伯叔之命。惟两京、大名府、京兆府、青州听设戒坛。禁僧俗舍身、断手足、炼指、挂灯带钳之类，幻惑流俗者。令两京及诸州每岁造僧帐，有死亡、归俗皆随时落落。是岁天下寺院存者二千六百九十四，废者三万三百三十六，见僧四万二千四百四十四，尼一万八千七百五十六余。（《资治通鉴》卷二九二）

显德三年丙辰（956）：三十八岁。

显德四年丁巳（957）：三十九岁。

显德五年戊午（958）：四十岁。

恭帝显德六年己未（959）：四十一岁。

显德七年、北宋太祖建隆元年庚申（960）：四十二岁。

是年，十二月，诏于扬州城下战地造寺，赐额建隆，赐田四万顷，命僧道晖主之。（《佛祖历代通载》卷一八、《释氏稽古录》卷四）

忠懿天性诚厚，夙知敬佛，慕阿育王造八万四千塔，金铜精钢冶铸甚工，中藏《宝箧印心咒经》，亦及八万四千数，布散部内以为填宝镇，镇钱唐诸邑。（《佛祖统纪》卷一〇）

吴越王钱俶遣使往高丽日本，求遗逸教乘论疏。（《佛祖统纪》卷二三）

建隆二年辛酉（961）：四十三岁。

是年，闰三月，诏开封府集众杖杀皇建院僧辉文，僧录琼隐等十七名决杖配流。（《续资治通鉴长编》卷二以下简称《长编》）

高丽国遣沙门谛观，持天台论疏至螺溪。（《佛祖统纪》卷二三）

建隆三年壬戌（962）：四十四岁。

是年，春二月十六日，圣诞，罢三教论教。（《释氏稽古录》卷四）

乾德元年癸亥（963）：四十五岁。

乾德二年甲子（964）：四十六岁。

是年，益州僧继业等三百人，奉诏西往求舍利及经。（《吴船录》卷上）

乾德三年乙丑（965）：四十七岁。

是年，十二月戊午，甘州回鹘可汗与于阗国王及瓜、沙皆遣使来贡方物。先是，沙门道圆出游西域二十余年，于是，于阗朝贡使者俱发，献贝叶经及舍利。癸亥，太祖召见，赐紫衣、金币。（《长编》卷六）

乾德四年丙寅（966）：四十八岁。

与钱氏公族以文义切磋。

《文集序》云："大师声望日隆，文学益茂。时钱氏公族，有若忠懿王某、宣德节度俶、奉国节度亿、越州刺史仪、金州观察使俨、故工部侍郎昱，与大师以文义切磋。"

钱俶、钱仪、钱俨、钱昱、钱俶、钱亿，参见本文第一章第二节《赞宁与士大夫交游人员考》。

按：赞宁与钱氏公族成员交往时间不一，有先有后，文献有限，难以确考。其中据宋人罗浚《宝庆四明志》卷一载，钱亿于乾德五年卒。所以姑系此年，即其卒前。但是可以肯定，吴越钱氏公族在归宋后，一些成员还与赞宁有交游。

钱氏迎明州阿育王舍利归南塔寺。

宋潜说友《咸淳临安志》卷三七"灵鳗井"载："在凤凰山南塔寺，今额曰梵天寺。先是四明阿育王山有灵鳗井，传云：护塔神也。后钱氏迎育王舍利归国，井中鳗不见。钱氏乃于寺廊南凿石为井，而鳗常现。僧录赞宁有《鳗井记》刻塔石上，今不存。"

《十国春秋》卷八一云："乾德四年……是岁，王迎阿育王舍利归南塔寺奉之。先是，明州阿育山有灵鳗井，至是凿井南廊，鳗忽见焉（僧赞宁有记）。"

是年，夏四月丁巳，河南府进士李霭决杖，配沙门岛。霭不信释氏，尝著书数千言，号《灭邪集》，又辑佛书缀为衾绸，为僧所诉，河南尹表其事，故流窜焉。（《长编》卷七、《宋史太祖纪》）

乾德五年丁卯（967）：四十九岁。

是年，九月二十七日，诏成都府造金银字佛经各一藏，敕兵部侍郎刘熙古监视。（《释氏稽古略》卷四）

开宝元年戊辰（968）：五十岁。

为释王罗汉作碑纪异。

《宋传》卷二二《大宋明州乾符寺王罗汉传》云："及开宝初年六月内忽坐终，三日后漆布之，……至今肉身存于本寺。时僧正赞宁作碑纪异。"

按：此处"僧正"应为都僧正。

开宝二年己巳（969）：五十一岁。

是年，二月二十六日，长春节，诏四海僧上表入殿庭，试三学十余条。全通者赐紫衣，号手表僧。（《佛祖历代通载卷一八》、《释氏稽古略》卷四）

开宝三年庚午（970）：五十二岁。

开宝四年辛未（971）：五十三岁。

是年三月，敕高品张从信往益州雕《大藏经》板。

开宝五年壬申（972）：五十四岁。

有《舍利宝塔传》和《护塔灵鳗菩萨传》各一卷。

参见本文第一章第三节《赞宁著作考述》。

宋人罗浚《宝庆四明志》卷十三"鄞县志"载："渊灵庙 阿育王山广利寺环庙有圣井七。自东晋时已着灵异，中井有二鳗，其一金线自脑达于尾，其一每现光耀折花，引之则双红，蟹或二虾前导而后出焉。钱武肃王以岁旱，命九华长老、十善大德与国中所谓五叔太尉者同迎，置钱唐之南塔寺，山间凿石为井，立亭其上，以效圣井，而鄞山井中二鳗游泳自若，井前有亭榜曰：应现。康宪钱公尝为旱，用紫罗帕布井中，蟹先入，灵鳗后随，以银缸贮沙泉养之，置道场中，复有天花散漫之瑞。僧统赞宁尝著《护塔、灵鳗菩萨传》，邦人祷雨必应之。"

为释德韶撰塔碑。

《宋高僧传》卷一三《大宋天台山德韶传》云："焚舍利繁多，营塔，命都僧正赞宁为塔碑焉。享年八十二，法腊六十四，即开宝五年壬申岁六月二十八日也。"

是年，二月己卯，令僧尼各不相统摄，当受戒者，各于本寺置坛。十一月癸亥，禁释道私习天文、地理。（《长编》卷一三、《宋会要辑稿·道释》二之一）

太祖下《限数度僧尼诏》（《宋大诏令集》卷二二三）

开宝六年癸酉（973）：五十五岁。

是年，四月，诏自今诸路据僧帐见管数目七十人至百三十人，每年放一人，至百七八十人放两人。如六十以下，据见在数积累年岁候及前件分数依例放一人。（《宋会要辑稿道释》一之一四）

开宝七年甲戌（974）：五十六岁。

开宝八年乙亥（975）：五十七岁。

是年，十二月二十六日，杭州永明延寿示寂。著有《万善同归》《宗镜录》等，寿七十二。死后赐谥智觉禅师。（《宋传》卷二八、《禅林僧宝录》卷九）

十二月，平江南，诸色人及僧道被驱率为兵者，给牒听自便。（《长编》卷一六）

宋太宗太平兴国元年丙子（976）：五十八岁。

是年，吴越王钱俶制延寿《宗镜录》序文，宋尚书礼部员外郎护军杨杰撰《宗镜录》后序。（《佛祖统纪》卷四三）

太平兴国二年丁丑（977）：五十九岁。

太平兴国三年戊寅（978）：六十岁。

三月，奉真身舍利塔入朝。太宗赐号通惠大师。

《文集序》云："太平兴国三年，忠懿王携版图归国，大师奉真身舍利塔入朝。太宗素闻其名，召对滋福殿，延问弥日，别赐紫方袍，寻改师号曰通惠。"

《佛祖统纪》卷四三云："三年三月，……吴越王俶奉版图归朝，令僧统赞宁奉释迦舍利塔入见于滋福殿。上素闻其名，一日七宣，赐号通慧大师（宁在国为两浙僧统。号'明义宗文大师'），除翰林与学士陶谷同列。或诮之曰：'青琐朱楹，安容此物。'及与之语，师援据经史，衮衮不已，诮者为之畏服。学士王禹偁、徐铉，每有疑则就质之，皆为下拜，事以师礼。滋福殿者，安佛像经藏，立刹声钟，即内道场也（《国朝会要》）。"《古今图书集成释教部》"汇考"卷第三同。《咸淳临安志》卷七〇基本同，但时间为"十月"，不可取。《佛祖统纪》却在卷五一又犯错误，把入见时间放在宋太祖条，百密一疏。

《释门正统》卷四云："太宗皇帝太平兴国三年，吴越钱忠懿王纳土，荐赞宁僧统，令其奉真身舍利宝塔入朝。"又于卷八："太平兴国三年，王奉版图归朝，师奉释迦舍利塔入见。上素闻之，对于滋福殿，一日七宣，召赐方服，改通慧号，除翰苑与陶毂同职。有以'青琐朱楹，安容此物'，讲者折以儒典，敢不钦伏。"

《释氏稽古略》卷四云："戊寅太平兴国三年，……沙门赞宁随吴越王入朝，帝赐号通慧大师。敕住左街天寿寺，命修僧史……（《皇朝事苑》）。"

《佛祖历代通载》卷一八云："兴国三年，太宗闻其名，召对滋福殿，延问弥日，改赐通惠。"《武林梵志》卷一○同。

《僧史略序》云："太平兴国三年，太宗闻其名，召对滋福殿，延问弥日，更赐通慧。敕住右街天寿寺，命修僧史。"

《十国春秋》卷八九云："太平兴国三年，忠懿王入宋，赞宁奉舍利真身塔以朝。太宗闻其名，召对滋福殿，赐紫方袍，寻赐号曰通慧。"

按：所引文献中，出现不同之处，首以《文集序》为准，次以《佛祖统纪》，因为卷四四有云："述曰：道法师序僧史略称：'内翰王公抵排释氏，过于韩子，而独于宁通慧推服之不暇，盖其学行才识有可取也。'今观《小畜集》，其修《僧史》则赠以七言，撰《圣贤录》则贺以五言，归葬钱唐则志其墓，所著内外集则冠以序，而于通论之作，赞之以书。且盛称其驳董、难王、斥颜、非史历、诋诸家自周秦已来未之见，是知王公之于通慧不敢排以佛，而独有取于学识之高，可谓能诚服矣。至于通慧道德之盛，则王公未学，不足以知。非如梁敬之之知荆溪，柳子厚之知重巽也。"可知释志磐时，《小畜集》存有现在不存的"墓志铭""赞之书"，这些资料想必作者都有亲见，可信度比较高。再以年代为准，越早可信度越高。南宋是还存有赞宁墓志铭，南宋释法道绍兴十四年撰《重开僧史略序》："余尝读王公偶文集，有赠僧录通慧学公诗……欧阳文忠公亦录王内翰宁僧录元夜观灯嘲谑之言，有'秦郑不爱未坑之语'。王又述宁之墓志，则有心慕诚服之意。叙宁有文集一百七十卷，见行于世。王之毁僧破佛，蜂虿枭獍，吠尧弹凤，天下皆知矣。独于通慧友爱相师，赋诗述铭，以褒美之，何也？盖通慧学行才识兼类相求，自相友爱耳。"

《武林西湖高僧事略》云："内翰王禹偶作《文集序》，极其赞美。及有书称其文辞，末云：'所谓时雨降矣，日月出矣，灌溉爝火，复何为哉！'"

又按：欧阳修《归田录》卷上载："太祖皇帝初幸相国寺，至佛像前烧香，问'当拜与不拜'？僧录赞宁奏曰：'不拜！'问其何故，对曰：

'见在佛，不拜过去佛。'赞宁者颇知书，有口辩，其语虽类俳，优然适会上意，故微笑而颔之，遂以为定制，至今行幸焚香，皆不拜也。议者以为得体。"此说被后人引用甚多。此事是否属实，先不论，即使属实，也应是太宗朝，因为赞宁此年归国，才能到东京。时间也大约此年赞宁居翰苑时期。对于此记载，《佛祖统纪》卷四四有驳斥，云："述曰：案《归田录》：太祖入寺问赞宁通慧，'佛当拜否？'答曰：'见在佛，不拜过去佛！'宁于太宗朝随吴越王初归京师，未尝及见太祖，欧阳氏所录妄也。今观真宗百拜已上，不欲分任近臣，盖习熟于祖宗之家法也。其后如徽宗拜佛牙，南渡历朝拜大士，则知有国以来无不拜佛之理。欧阳慢佛，不欲人主致敬，故特创此说。'见在、过去'，无义之谈，所以上诬君主，下诬宁师也。甚矣！"陈垣先生也指出此误。

滋福殿即内道场，《佛祖统纪》卷五二载："宋太宗 赞宁僧统入见滋福殿，其处安佛像经藏，立刹声钟，即内道场。"

《赞宁传》云："宋太祖征入京，锡号通慧兼赐紫衣。"后又："太宗……更号通慧"，错误明显。

太宗宣问赞宁石桥情况。

《宋传》卷二七《唐天台山福田寺普岸传》云："今上太平兴国三年，于滋福殿宣问两浙都僧正赞宁石桥长广量度，一皆实奏，帝叹嗟久之。"

是年，太宗制新译《三藏圣教序》，赐天竺三藏法师天息灾文。(《佛祖历代通载》卷一八)

马令《南唐书》卷二六云："呜呼，予闻故老说：'南唐好释，而吴越亦然，南唐每建兰若，必均其土田，谓之常住产。钱氏则广造堂宇，修饰塑像而已，曰：桑门取给十方，何以产为。至今建康寺院跨州隔县，地过豪右，浙僧岁出远近，敛率于民。虽然田业颇厚而资不加多敛，率常劳而用不加乏，岂各因其俗欤！"

太平兴国四年己卯 (979)：六十一岁。

入明州阿育王山迎取真身舍利塔入禁中供养。

《宋传》卷二三《遗身论》云："我圣上践祚之四载，两浙进阿育王盛释迦佛舍利塔，初于滋福殿供养，后迎入内道场，屡现奇瑞。"

《释氏稽古略》卷四云："戊寅太平兴国三年……明年，诏宁乘驿进明州阿育王山释迦文佛真身舍利，入禁中供养，得舍利一颗，因之以开宝寺西北阙地，造浮图十一级，下作天宫以葬之 (《皇朝事苑》)。"

《佛法金汤编》卷一一云："四年，诏赞宁乘驿往明州阿育山王迎取真身舍利塔，入禁中供养。复得舍利一颗，造塔十一级于开宝寺。帝手自安奉。"

按：此可能是另一真身舍利塔。

之后，居东寺，着手修《僧史略》。

参见本文第一章第三节《赞宁著作考述》。

是年，五月，太宗平北汉，车驾发太原。诏以行宫为佛寺，号平晋，太宗自记之，刻石寺中。（《长编》卷二〇）

太平兴国五年庚辰（980）：六十二岁。

受到故相卢朱崖、参知政事李穆见重。

《文集序》云："故相卢朱崖深加礼重，参知政事李穆儒学之外，善谈名理，事大师尤为恭谨。"

卢朱崖、李穆，参见本文第一章第二节《赞宁与士大夫交游人员考》。

按：《宋史》卷二六三《李穆传》载，李穆卒于太平兴国九年即雍熙元年，那么他们交往大致在这几年，而且此事在《文集序》中置于修书之前，姑系是年。

太平兴国六年辛巳（981）：六十三岁。

太平兴国七年壬午（982）：六十四岁。

得敕旨修书。

《进高僧传表》云："臣僧赞宁等言，自太平兴国七年伏奉敕旨，俾修《高僧传》与新译经同入藏者。"《赞宁传》同。

《佛法金汤编》卷一一云："七年……十月敕赞宁编修《高僧传》。"

按：此年应是帝王下敕旨，但是还没有正式撰写，所以下一年又有诏书。我们从《僧史略并序》也可以看出，这种下敕也不是一次两次。

是年，《僧史略》成。

参见本文附录三《〈大宋僧史略〉与〈宋高僧传〉成书时间考》。

是年，六月，唐自元和以后，不复译经。江南始用兵之岁，有中天竺玛嘉多国僧法天者至鄜州，与河中梵学僧法进共译经义，始出《无量寿》《尊胜》二经、《七佛赞》，法进笔受缀文，知州王龟从润色之，遣法天、法进献经阙下。太祖召见慰劳，赐以紫方袍。法天请游名山，许之。上即位之五年，又有北天竺克什密尔国僧天息灾、鄂等答国僧施护继至。法天闻天息灾等至，亦归京师。上素崇尚释教，即召见天息灾等，令阅乾德以来西域所献梵经。天息灾等皆晓华言，上遂有意翻译，因命内侍郑守钧就太平兴国寺建译经院。是月，院成，诏天息灾等各译一经以献，择梵学僧常谨、清沼等与法进同笔受缀文，光禄卿汤悦，兵部员外郎张泊参详润色之，内侍刘素为都监。七月癸卯，太宗幸译经院，尽取禁中所藏梵夹，令天息灾等视藏录所未载者翻译之。（《长编》卷二三、《宋会要辑稿道释》二之五）

太平兴国八年癸未（983）：六十五岁。

撰《天台智者大师说序》。

参见本文第一章第三节《赞宁著作考述》。

五月，居于洛阳。

张乃翥先生《龙门〈石道记〉碑与宋释赞宁》据碑文："顾石道以陈残，起口征而整葺。刻自太平兴国癸未岁季五月"，指出："太平兴国八年五月，赞宁居于洛中。他目睹伊阙水患，于是奏报朝廷，请筹修复石道。是年六月，赞宁奉诏撰修《大宋高僧传》，乃乞归钱塘专事著述，修复龙门石道之事暂未实现。"

六月，诏修《大宋高僧传》，听归杭州旧寺。

《文集序》云："八年，诏修《大宋高僧传》，听归杭州旧寺。"

《佛祖统纪》卷四三云："八年六月，诏翰林赞宁修《大宋高僧传》。宁乞归钱唐撰述，诏许之。"

《释门正统》卷八云："八年，诏修《宋僧传》，听归。"

徐铉有赠诗。

《骑省集》卷二二《送赞宁道人归浙中》，诗云："故里夫差国，高名惠远师。君恩从野逸，归棹逐凌澌。旧访虽无念，牵怀亦有诗。因行过秦望，为致李斯碑。"

按：此诗应作于赞宁回浙中撰写《宋高僧传》时候。

徐铉，参见本文第一章第二节《赞宁与士大夫交游人员考》。

是年，冬十月，上（太宗）以新译经五卷示宰相，因谓之曰："浮屠氏之教，有裨政治，达者自悟渊微，愚者妄生诬谤，朕于此道，微究宗旨，凡为君治人，即是修行之地，行一好事，天下获利，即释氏所谓利他者也。庶人无位，纵或修行自苦，不过独善一身。如梁武舍身为寺家奴，百官率钱收赎，又布发于地，令桑门践之，此真大惑，乃小乘偏见之甚，为后代笑。为君者抚育万类，皆如赤子，无偏无党，各得其所，岂非修行之道乎？虽方外之说，亦有可观者，卿等试读之，盖存其教，非溺于释氏也。"赵普曰："陛下以尧、舜之道治世，以如来之行修心，圣智高远，动悟真理，固非臣下所及。"上又谓宰相曰："近者内外政事，渐成条贯，远近官吏，无不畏谨。朕思之不觉自喜。日行好事，利益于人，便是修行之道。假如饭一僧、诵一经，有何功德，朕夙夜孜孜，固不为已，每焚香，惟愿民庶安辑，不近理之事，断不为也。大凡为君为臣，常宜兢畏，不可放逸。后唐庄宗夹河相持，千征万战，备尝艰苦，天下甫定，便恣溺惑，不及三年，果致倾覆，若此可为鉴戒。"宋琪曰："陛下勤俭于已。励精政务。以百姓心为心。所谓'其身正，不令而行'也。"是岁，赐译经院额曰：传法，令两街选童子五十人，就院习梵学、梵字，从天息灾等所请也。（《长编》卷二四）

雍熙元年甲申（984）：六十六岁。

是年，三月乙卯，日本国僧奝然与其徒五六人自其国来入朝。太宗赐奝然紫衣，存抚之甚厚。（《长编》卷二五、《宋史》卷四九一）

雍熙二年乙酉（985）：六十七岁。

是年，六月己卯，诏两街供奉僧于内殿建道场。（《长编》卷二六）

雍熙三年丙戌（986）：六十八岁。

是年冬十月戊午，太宗出御制《新译圣教序》赐宰相李昉等。（《长编》卷二七）

雍熙四年丁亥（987）：六十九岁。

二月，在洛阳，《宋高僧传》初稿之前可能完成。

张乃翥先生《龙门〈石道记〉碑与宋释赞宁》据碑文："年丁亥二月……首尾三载，厥功已成"，指出："自雍熙四年二月至端拱年间，'首位三载'，赞宁致力于修复龙门石道工程。由此推测此书初稿之撰讫可能在雍熙四年二月以前。"

按：《宋传》卷七《大宋天台山螺溪传教院义寂传》云："（雍熙）四年十一月四日卒。"可知，赞宁于洛阳在《宋传》初稿基础上，进行了一些增补工作才形成了定稿上书。

端拱元年戊子（988）：七十岁。

十月，进《大宋高僧传》。

《进高僧传表》署名为："端拱元年十月日，左街天寿寺通慧大师赐紫臣僧赞宁上表。"

《大宋高僧传序》云："时端拱元年乾明节，臣僧赞宁等谨上。"

《文集序》云："进御之日，玺书褒美。居无何，征归京师，住天寿寺。"

《佛祖统纪》卷四三云："端拱元年，翰林通慧大师赞宁上表进《高僧传》三十卷。玺书褒美，令遍入大藏。敕住京师天寿寺。"

《释氏稽古略》卷四云："端拱元年冬十月，遣弟子显忠、智轮诣阙上表以进。玺书赐帛奖谕，敕入大藏流通。"

是月，王禹偁有寄赠诗。

《小畜集》卷七有《寄赞宁上人》（时上人进新修《高僧传》，有诏赴阙），诗云："支公兼有董狐才，史传修成乙夜开。天子远酬丹诏去，高僧不出白云来。眉毛久别应垂雪，心印休传本似灰。若念重瞳欲相见，未妨西上一浮杯。"

王禹偁，参见本文第一章第二节《赞宁与士大夫交游人员考》。

十一月，赴阙，住天寿寺。

《文集序》云："进御之日，玺书褒美。居无何，征归京师，住天寿寺。"

《释门正统》卷八云："未几，征入京，住天寿寺。"

《释氏稽古略》卷四云："端拱元年……十一月，诏宁赴阙。"

端拱二年己丑（989）：七十一岁。

是年八月，先是，上遣使取杭州释迦佛舍利塔置阙下，度开宝寺西北隅地，造浮图十一级以藏之，上下三百六十尺，所费亿万计，前后踰八年。癸亥，工毕，巨丽精巧，近代所无。知制诰田锡尝上疏谏，其言有切直者，则曰"众以为金碧荧煌，臣以为涂膏衅血"。上亦不怒。（《长编》卷三〇）

淳化元年庚寅（990）：七十二岁。

参与撰《三教圣贤录》，书成，充左街讲经首座。

《文集序》云："参知政事苏易简奉诏撰《三教圣贤事迹》，奏大师与太一宫道士韩德纯分领其事。大师著《鹫岭圣贤录》，又集《圣贤事迹》，凡一百卷。制署左街讲经首座。"

《佛祖统纪》卷四三云："淳化元年，诏参政苏易简撰《三教圣贤录》。乞通慧赞宁、太一宫道士韩德纯分领其事。宁撰《鹫岭圣贤录》五十卷以进，敕充左街讲经首座。"

宋人宋敏求《春明退朝录》卷下载："又诏翰林承旨苏公易简、道士韩德纯、僧赞宁集《三教圣贤事迹》各五十卷。书成，命赞宁为首座，其书不传。"

《释氏稽古略》卷四云："淳化元年，奉旨著《鹫岭圣贤录》一百卷。"

按：《释门正统》卷八云："三年，迁左街。参政苏易简撰《三教圣贤事迹》，奏师与道士韩德纯主其事，著《鹫岭圣贤录》及《事迹》凡一百卷。"列入淳化三年，误。

王禹偁有赠诗。

《小畜集》卷一〇《宁公新拜首座因赠》云："著书新奏御（上诏承旨苏公、道士韩德纯与公集《三教圣贤事迹》各五十卷，故有首座之命），优诏及禅扉。首座名虽贵，家山老未归。磬声寒绕枕，塔影静侵衣。终忆西湖上，秋风白鸟飞。"

按：从诗中注解可知，赞宁著《鹫岭圣贤录》为五十卷，后来自己集《事迹》五十卷，总计一百卷。

淳化二年辛卯（991）：七十三岁。

充史馆编修。

《佛祖统纪》卷四三云："二年，敕翰林赞宁充史馆编修。"《释门正统》卷八、《咸淳临安志》卷七〇同。

《释氏稽古略》卷四云："淳化二年，诏宁充史馆编修（《帝王年运诠要》）。"

按：《赞宁传》："淳化三年，兼翰林史馆编修"，误。

淳化三年壬辰（992）：七十四岁。

淳化四年癸巳（993）：七十五岁。

淳化五年甲午（994）：七十六岁。

至道元年乙未（995）：七十七岁。

入至道九老会。

《文集序》云："先是故相文贞公悬车之明年，年七十一，思继白少傅九老之会，得旧相吏部尚书宋琪年七十九，左谏议大夫杨徽之年七十五，郢州刺史判金吾街仗事魏丕年七十六，太常少卿致仕李运年八十，水部郎中直秘阁朱昂年七十一，庐州节度副使武允成年七十九，太子中允致仕张好问年八十五，大师时年七十八，凡九人焉。文贞公将燕于家园，形于绘事，以声诗流咏，播于无穷。会蜀寇作乱，朝廷出师，不果而罢。"《宋史》卷二六五《李昉传》基本相同。

李昉、宋琪、杨徽之、魏丕、朱昂、李运、武允文、张好问，参见本文第一章第二节《赞宁与士大夫交游人员考》。

按：据《宋史·李昉传》载："（淳化）四年，昉以私门连遭忧戚，求解机务……明年，昉年七十以特进司空致事。"那么，"五年之明年"即至道元年。而此年大师应为七十七岁，陈垣先生已经指出。此次结社活动虽未成功，但是赞宁入选，说明他在士大夫阶层的影响。我们首先看发起人，李昉三入翰林，太宗拜平章事。奉敕撰《太平御览》《文苑英华》《太平广记》等，具体参见《宋史》卷二六五《李昉传》。可以说，李昉是北宋初文臣之首。再看组成人员，除赞宁是僧人外，其他都是既有学识又有社会地位的官僚士大夫。

宋人洪迈《容斋四笔》卷十二"十三则"载："至道九老 李文正公昉罢相后，只居京师，以司空致仕。至道元年，年七十二矣，思白乐天洛中九老之会，适交游中有此数，曰：'太子中允张好问年八十五，太常少卿李运年八十，故相吏部尚书宋琪、庐州节度副使武允成皆七十九，吴僧赞宁年七十八，郢州刺史魏丕年七十六，左谏议大夫杨徽之年七十五，水部郎中朱昂与昉皆七十一，欲继其事为宴集。'会蜀寇起而罢，其中两宰相乃着一僧，唐世及元丰耆英所无也。次年李公即世，此事竟不成，耋老康宁相与燕嬉于升平之世，而雅怀弗遂，造物岂亦吝此耶！"

是年，太宗御制《秘藏铨》二十卷、《缘识》五卷、《逍遥咏》十卷，命两街僧笺注，入释氏大藏颁行。（《佛祖历代通载》卷一八）

至道二年丙申（996）：七十八岁。

知西京教门事。

《释门正统》卷四三云："二年，敕史馆编修赞宁知西京教门事。"《释门正统》卷八同。

《宋高僧传后序》云："赞宁自至道二年奉睿恩掌洛京教门事。"《释氏稽古略》卷四也据此。

按：《十国春秋》卷八九为"至道元年"，误。

至道三年丁酉（997）：七十九岁。

是年五月十八日，刑部郎中、知扬州王禹偁准诏上疏言五事，其四曰

沙汰僧尼，便民无耗。（《长编》卷四二、《宋史》卷二九三《王禹偁》）

真宗咸平元年戊戌（998）：八十岁。

充右街僧录。

《文集序》云："今上咸平元年，诏充右街僧录。"

《佛祖统纪》卷四四云："咸平元年……敕史馆编修赞宁充右街僧录。"

《宋高僧传后序》、《释门正统》卷八、《武林西湖事略》等皆为"咸平初"。

《释氏稽古略》卷四云："戊戌真宗咸平元年，诏擢宁汴京右街僧录，主管教门公事。"

有名对。

欧阳修《六一诗话》云："吴僧赞宁国初为僧录，颇读儒书，博览强记，亦自能撰述，而辞辩纵横，人莫能屈。时有安鸿渐者，文辞隽敏，尤好嘲咏，尝街行遇赞宁与数僧相随，鸿渐指而嘲曰：'郑都官不爱之徒，时时作队。'赞宁应声答曰：'秦始皇未坑之辈，往往成群。'时皆善其捷对，鸿渐所道乃郑谷诗云'爱僧不爱紫衣僧也'。"

按：据文中提及"僧录"系是年。

是年，帝制《继圣教序》。（《佛祖历代通载》卷一八）

咸平二年己亥（999）：八十一岁。

迁左街僧录。

《佛祖统纪》卷四四云："咸平二年……敕史馆编修赞宁迁左街僧录。"

《释氏稽古略》卷四云："戊戌真宗咸平元年……次年，进左街。"

按：《释门正统》卷八云："（咸平）三年，迁左街参政，……补左街首座"，时间和僧职皆误。

重更修理《大宋僧史略》。

《大宋僧史略》卷上、卷中、卷下之后都有："咸平二年重更修理。"

有义寂赞偈。

释元悟《螺溪振祖集》云："左街僧录应史馆编修通慧大师（赞宁）伏承，净光大师亲礼令令咸旋附一偈上：出忏炉烟缘篆字，训徒言语隔溪声。山遮水绕应难见，长把高名顶上擎。"

按：据所属僧职系是年。

是年，八月丙子，以司封郎中知制诰朱昂为传法院译经润文官。始，太宗作《圣教序》，上亦继作，悉编入经藏。上又尝著《崇释氏》，以为释氏戒律之书，与周、孔、荀、孟迹异道同。大指劝人之善，禁人之恶，不杀则仁矣，不窃则廉矣，不惑则正矣，不妄则信矣，不醉则庄矣，苟能遵此，君子多而小人少。又上生三途之说亦与三后在天，鬼得而诛之言共贯也。盐铁使陈恕尝建议，以为传法院费国家供亿，力请罢之，言甚恳切，上不许。（《长编》卷四五）

咸平三年庚子（1000）：八十二岁。

视听不衰。

《文集序》云："大师年八十二，视听不衰。"

王禹偁作《左街僧录通惠大师文集序》。

按：此序撰写时间，陈垣先生已言明。

咸平四年辛丑（1001）：八十三岁。

卒，葬钱塘龙井坞。

参见本文第一章第一节《赞宁生卒年考》。

是年四月，诏在京并府略外县僧尼道士女冠下行者童子长发等，今后实年十岁，取逐处纲维，寺主结罪委保，委是正身，方得系帐，仍须定法名，申官，不得将小名供报。尼十五，僧年十八，方许剃度受戒。（《宋会要辑稿道释》一之一七）

崇宁四年乙酉（1105）。

谥圆明大师。

《重开僧史略序》云："崇宁四年，敕加命号，曰东京左街僧录史馆编修圆明通慧大师，以旌其学行。"

《释门正统》卷八云："崇宁四年，加谥圆明。"《武林西湖高僧事略》同。

后人有拜像诗。

《释门正统》卷八云："孤山拜像诗曰：'寂尔归真界，人间化已成。两朝钦至业，四海仰高名。旧迹存华社，遗编满帝京。徘徊想前事，庭树晚鸦鸣。'"

孤山智圆，自号中庸子，钱塘人，居孤山玛瑙院，乾兴元年卒，年四十四，赐谥法惠大师。有《闲居编》。参见《补续高僧传》卷二、《武林梵志》卷十《玛瑙寺》。

后人有赞。

释元敬《武林西湖高僧事略》云："赞曰：学富道充，名闻邦国。纶巾屡膺，爰宠其职。史馆译场，削浮纂实。曰古曰今，光明罔极。"

郭祥正有赞诗。

宋人郭祥正《青山集》卷二五《赞宁僧录房》云："有道归真主，无心恋旧房。一灯长不灭，分付水云乡。"

附录二 《宋传》外国高僧来华和中国高僧外出统计表

（一）《宋传》中外国高僧来华统计表

序号	朝代	高僧	籍贯或国籍	科别	外国高僧来华事略
1	唐	释跋日罗菩萨华言金刚智	南印度	译经	闻脂那佛法崇盛，泛舶而来，以多难故，累岁方至。开元已未岁，达于广府，敕迎就慈恩寺，寻徙荐福寺。所住之刹，必建大曼拏罗灌顶道场，度于四众。
	唐	释不空梵名阿月佉跋折罗	本北天竺	译经	幼失所天，随叔父观光东国……曾奉遗旨，令往五天并师子国，遂议遄征。初至南海郡，……及将登舟，采访使召诫番禺界蕃客大首领伊习宾等曰："今三藏往南天竺师子国，宜约束船主，好将三藏并弟子含光、慧辩等三七人国信等达彼无令疏失。"二十九年十二月，附昆仑舶离南海，至诃陵国界，遇大黑风……既达师子国，王遣使迎之。将入城，步骑羽卫，骈罗衢路。次游五印度境，屡彰瑞应。至天宝五载还京，进师子国王尸罗迷伽表及金宝璎珞、般若梵夹、杂珠白氎等，奉敕权止鸿胪。
	唐	释善无畏梵名戍婆揭罗僧诃	中印度即天竺	译经	初畏途过北印度境，而声誉已达中国，睿宗乃诏若那及将军史献出玉门塞表以候来仪。开元初，玄宗梦与真僧相见，姿状非常，躬御丹青，写之殿壁。及畏至此，与梦合符，帝悦有缘，饰内道场，尊为教主，自宁、薛王已降皆跪席捧器焉。宾大士于天宫，接梵筵于帝座，礼国师以广成之道，致人主于如来之乘，巍巍法门，于斯为盛。

序号	朝代	高僧	籍贯或国籍	科别	外国高僧来华事略
	唐	释智慧梵名般刺若	北天竺	译经	常闻支那大国，文殊在中，锡指东方，誓传佛教。乃泛海东迈，垂至广州，风飘却返，抵执师子国之东。又集资粮，重修巨舶，遍历南海诸国。二十二年，再近番禺，风涛遽作，舶破人没，唯慧存焉。……遂东北行，半月达广州，即德宗建中初也。属帝违难，奉天贞元二年始届京辇。
5	唐	释玄觉	高昌国	译经	学慕大乘，从玄奘三藏研核经论，亦于玉华宫参与翻译。
	唐	释佛陀多罗华言觉救	北天竺罽宾	译经	赍多罗夹，誓化支那，止洛阳白马寺。
	唐	释佛陀波利华言觉护	北印度罽宾	译经	忘身徇道，遍观灵迹，闻文殊师利在清凉山，远涉流沙，躬来礼谒，以天皇仪凤元年丙子，杖锡五台，虔诚礼拜，悲泣雨泪，冀睹圣容。
	唐	释尊法梵云伽梵达摩	西印度	译经	远逾沙碛，来抵中华，有传译之心，坚化导之愿。
	唐	释无极高梵云阿地瞿多	中印度	译经	永徽三年壬子岁正月，自西印度赍梵夹来届长安，敕令慈门寺安置。
10	唐	阿难律木叉	中印度	译经	于经行寺译《功德天法》。（《释无极高传》附见）
		迦叶师	中印度		
	唐	释极量梵名般剌蜜帝	中印度	译经	怀道观方，随缘济物，展转游化，渐达支那（印度俗呼广府为支那，名帝京为摩诃支那也）乃于广州制止道场驻锡。众知传达，祈请颇多，量以利乐为心，因敷秘赜。
	唐	释实叉难陀华言学喜	于遁即于阗	译经	天后明扬佛日，崇重大乘，以《华严》旧经，处会未备，远闻于阗有斯梵本，发使求访，并请译人。又与经夹同臻帝阙，以证圣元年乙未于东都大内大遍空寺翻译。
	周	释地婆诃罗华言日照	中印度	译经	以天皇时来游此国，仪凤四年五月，表请翻度所赍经夹，仍准玄奘例，于一大寺别院安置，并大德三五人同译。

序号	朝代	高僧	籍贯或国籍	科别	外国高僧来华事略
15	周	释提云般若 华言天智	于阗	译经	永昌元年，来届于此，谒天后于洛阳，敕令就魏国东寺（后改大周东寺）翻译。
	周	释慧智	印度人	译经	其父印度人，婆罗门种。因使游此方，而生于智。
	周	释弥陀山 华言寂友	覩货逻国	译经	自幼出家，游诸印度，遍学经论，楞伽、俱舍，最为穷核。志传像法，不吝乡邦，杖锡孤征，来臻诸夏。
	唐	释智严 姓尉迟氏	于阗	译经	质子。
	唐	释阿你真那 华言宝思惟	北印度	译经	加以化导为心，无恋乡国。以天后长寿二年，届于洛都，敕于天宫寺安置。
20	唐	释菩提流支	南天竺	译经	高宗大帝闻其远誉，挹彼高风，永淳二年遣使迎接。天后复加郑重，令住东洛福先寺……
	唐	无名僧	不详	译经	后于广府遇一梵僧，赍多罗叶经一夹，请共翻传，勒成十卷。（《释怀迪传》中载）
	唐	般若力	北天竺	译经	乾元元年有罽宾三藏般若力、中天竺婆罗门三藏善部末摩、个失密三藏舍那并慕化入朝，诏以力为太常少卿，末摩为鸿胪少卿，并员外置放还本土。或云："各赍经至，属燕赵阻兵，不遑宣译，故以官品荣之。"（《释怀迪传》附见）
	唐	善部末摩	中天竺		
	唐	舍那	个失密		
25	唐	释牟尼室利 华言寂寞	不详	译经	德宗贞元九年，发那烂陀寺，拥锡东来。自言从北印度往此寺出家，受戒学法焉。十六年，至长安兴善寺。
	唐	释尸罗达摩 华言戒法	于阗	译经	遇北庭宣慰中使段明秀事讫回，与北庭奏事官牛昕、安西奏事官程锷等相随入朝，为沙河不通，取回鹘路，其梵夹留北庭龙兴寺藏。赍所译唐本至京，即贞元五载也。
	唐	释莲华	中印度	译经	以兴元元年杖锡谒德宗，乞钟一口归天竺声击。

序号	朝代	高僧	籍贯或国籍	科别	外国高僧来华事略
	唐	释般若	罽宾国人属北天竺	译经	在京师，充义学沙门。
	唐	释满月	西域人	译经	爰来震旦，务在翻传。瑜伽法门，一皆贯练。
30	唐	般若斫迦华言智慧轮	西域人	译经	大中中，行大曼挐罗法，已受灌顶，为阿阇梨，善达方言，深通密语。（《释满月传》附见）
	唐	释顺璟	新罗国浪郡	义解	传得奘师真唯识量，乃立决定相违不定量。于乾封年中因使臣入贡附至。
	唐	释义湘	新罗国鸡林府	义解	年临弱冠，闻唐土教宗鼎盛，与元晓法师同志西游，行至本国海门唐州界，计求巨舰，将越沧波。……（元晓）却携囊返国。湘乃只影孤征，誓死无退。以总章二年附商船达登州岸。
	唐	释法藏	康居人	义解	薄游长安，弥露锋颖，寻应名僧义学之选。
	唐	释慧琳	疏勒国人	义解	始事不空三藏为室洒，内持密藏，外究儒流。
35	唐	释智藏	西印度种	义解	祖父从华，世居官宦，后侨寓庐陵。
	唐	释神会	本西域人	习禅	祖父徙居，因家于岐，遂为凤翔人矣。
	晋	释灵照	本高丽国	习禅	重译而来，学其祖法。（《释善静传》附见）
	唐	荣睿	日本	明律	时日本国有沙门荣睿、普照等东来募法，用补缺然。（《释鉴真传》中载）
	唐	普照	日本	明律	
40	唐	释利涉	本西域人	护法	欲游震旦，结侣东征，至金梭岭，遇玄奘三藏，行次相逢，礼求奘度。
	陈	释玄光	新罗熊州	感通	追夫成长，愿越沧溟，求中土禅法。于是观光陈国，利往衡山，见思大和尚，开物成化，神解相参。
	唐	释僧伽	葱岭北何国	感通	伽在本土，少而出家。为僧之后，誓志游方。始至西凉府，次历江淮，当龙朔初年也。登即隶名于山阳龙兴寺。
		木叉	西域	感通	自幼从伽为剃鬄弟子。（《释僧伽传》附见）

序号	朝代	高僧	籍贯或国籍	科别	外国高僧来华事略
	唐	释后僧会	康居国	感通	至唐高宗永徽中见形于越，称是游方僧。
45	唐	释安静	本西域人	感通	开元十五年振锡东游，至定陶。
	唐	释亡名	未详何印度人	感通	
	唐	释无相	新罗国人	感通	以开元十六年泛东溟至于中国，到京。玄宗召见，隶于禅定寺。后入蜀资中，谒智诜禅师。
	唐	释难陀	西域	感通	当建中年中，无何至于岷蜀。
	唐	释地藏	新罗国	感通	于时落发涉海，舍舟而徒，振锡观方，邂逅至池阳，睹九子山焉。
50	唐	释无漏	新罗国	感通	本土以其地居嫡长，将立储副，而漏幼募延陵之让，故愿为释迦法王子耳。遂逃附海舰，达于华土。欲游五竺，礼佛八塔，既度沙漠，涉于阗已西，至葱岭之墟，入大伽蓝，其中比丘皆不测之僧也。问漏攸往之意，未有奇节，而诣天竺。
	晋	释道育	新罗国	遗身	自唐景福壬子岁来游于天台，迟回而挂锡于平田寺众堂中。
	宋	弥伽	于阗	读诵	专诵《华严经》，曾无间息。（《释守真传》附见）
	唐	释纯陀	西域人	杂科	从游京邑，人所钦重。上元中便云东渡，人见之，颜容若童稚之色，言已年六百岁矣。
	唐	最澄	日本	杂科	贞元二十一年，日本国沙门最澄者，亦东夷卉服中刚决明敏僧也。泛溟渤，达江东，慕天台之法门，求颙师之禅决。属邃讲训，委曲指教，澄得旨矣。乃尽缮写一行教法东归。（《释道邃传》中）
55	唐	释欢喜	不详	杂科	观国之光，至于京辇，贵达下民延之，少见违拒。

序号	朝代	高僧	籍贯或国籍	科别	外国高僧来华事略
	唐	无侧	未知葱岭南北生也	杂科	建中中越碛东游，得意则止，度其冬夏。（《释欢喜传》附见）
	唐	圆载	日本	杂科	开成三年，日本国僧圆载来躬请法，台州刺史韦珩请（广修）讲《止观》于郡斋。（《释广修传》中）
58	唐	释元表	三韩	杂科	天宝中来游华土，仍往西域，瞻礼圣迹。

　　[（1）卷三、译经、唐丘慈国莲华精进：丘慈人即龟兹；未到中国。（2）卷四、义解、唐新罗国黄龙寺元晓：新罗国东海湘州人；尝与湘法师入唐，慕奘三藏慈恩之门，厥缘既差，息心游往。未至中国。（3）卷一四、明律、唐百济国金山寺真表：百济人；未至中国。]

（二）《宋传》内中国高僧外出统计表

序号	朝代	高僧	籍贯或国籍	科别	中国高僧外出事略
1	唐	释义净	范阳张氏	译经	初至番禺，得同志数十人，及将登舶，余皆退罢。净奋励孤行，备历艰险。所至之境，皆洞言音。凡遇酋长，俱加礼重。鹫峰、鸡足，咸遂周游；鹿苑、祇林，并皆瞻瞩。诸有圣迹，毕得追寻。经二十五年，历三十余国，以天后证圣元年乙未仲夏，还至河洛，得梵本经律论近四百部，合五十万颂，金刚座真容一铺、舍利三百粒。
	唐	会宁	成都	译经	麟德年中，有成都沙门会宁欲往天竺，观礼圣迹，泛舶西游，路经波凌，遂与智贤同译《涅槃》后分二卷。……宁方之西域。（《智贤传》附见）

序号	朝代	高僧	籍贯或国籍	科别	中国高僧外出事略
	唐	释悟空	京兆云阳车氏拓跋远裔	译经	于迦湿弥罗国受具足戒，文殊矢涅地为亲教师，邬不羼提为羯磨阿遮利，耶驮里巍地为教授，于蒙鞮寺讽声闻戒，习根本律仪。然北天竺国皆萨婆多学也。后巡历数年，遍瞻八塔，为忆君亲，因咨本师舍利越摩，再三方允。摩手授梵本十地、回向轮、十力三经，共一夹，并佛牙舍利以赠别。空行从北路，至睹货罗国，……空为利东夏之故，潜乞龙神宥过。自卯达申，雨雹方霁。回及龟兹，居莲华寺，遇三藏法师勿提提羼鱼，善于传译。……事讫，随中使段明秀以贞元五年己巳达京师，敕于跃龙门使院安置。
	五代	无名氏	不详	义解	后款告韶禅师，嘱人泛舟于日本国购获仅足。（《释义寂传》中）
5	唐	释鉴真	广陵	明律	时日本国有沙门荣睿、普照等东来募法，用补缺然。于开元年中，达于扬州，爰来请问。……真乃慕比丘思托等一十四人，买舟自广陵赍经律法离岸，乃天宝二载六月也。至越州浦，止署风山。……相次达于日本，其国王欢喜迎入城大寺安止。
	唐	释含光	不详	兴福	开元中见不空三藏颇高时望，乃依附焉。及不空劫回西域，光亦影随，匪惮艰危，思寻圣迹。……抵师子国，属尊贤阿阇梨建大悲胎藏坛，许光并慧辩同受五部灌顶法。天宝六载回京。

序号	朝代	高僧	籍贯或国籍	科别	中国高僧外出事略
	唐	释慧日	东莱人	杂科	后遇义净三藏，造一乘之极，躬诣竺乾，心恒羡慕。日遂誓游西域。始者泛舶渡海，自经三载，东南海中诸国，昆仑、佛誓、师子洲等，经过略遍，乃达天竺，礼谒圣迹。寻求梵本，访善知识，一十三年。咨禀法训，思欲利人，振锡还乡，独影孤征。雪岭胡乡，又涉四载……渐至北印度健驮罗国……及登岭东归，计行七十余国，总一十八年，开元七年方达长安。进帝佛真容、梵夹等，开悟帝心，赐号曰慈愍三藏。
8	梁	释智宣	泉州	杂科	壮岁慕法，学义净之为人也。轻生誓死，欲游西域，礼佛八塔，并求此方未流经法。以唐季结侣渡流沙，所至国土，怀古寻师，好奇徇异，聚梵夹，求舍利。开平元年五月中达今东京，进辟支佛骨并梵书多罗叶夹经律。

附录三 《大宋僧史略》与《宋高僧传》成书时间考

摘要：《大宋僧史略》与《宋高僧传》是北宋初著名的佛教史学家释赞宁的两部重要著作，在中国佛教史上皆有重要影响。两部史籍的成书时间先后决定两部史籍之间的相互影响关系。厘清两部史籍的成书时间，有助于深化对两部史籍的研究。

关键词：《大宋僧史略》；《宋高僧传》；成书时间考

《大宋僧史略》与《宋高僧传》是北宋初著名的佛教史学家释赞宁的两部重要著作，在中国佛教史上皆有重要影响。两部史籍在思想内容上有相同之处，如《宋高僧传》卷四《唐京师安国寺元康传》云："系曰：'康师曳纳播者何？'通曰：'梵言立播，华言裹腹衣，亦云抱腹，形制如偏袒，一幅才穿得手，肩袖不宽，著在左边，右边施带，多贮棉絮。然是御寒之服，热国则否，用此亦圣开。流于东土，则变成色帛，而削幅缀于左右袖上，垂之制曳然，旌表我通赡经论。一本则曳一支，多则多曳。未知稽古自何人始乎？今单言播，略立字耳，全非御寒之意，翻为我慢之衣。既失元端，而多滥作，别形圣教以俟后贤，此外无施异制以乱大伦。"①《大宋僧史略》卷上"服章法式"条云："有曳纳播者，形如覆肩衣，出《寄归传》。讲员自许即曳之，若讲通一本，则曳一支。讲二三本，又随讲数曳之，如纳播是也。"② 由此可见，两部史籍的成书时间先后决定两部史籍之间的相互影响关系。日本学者牧田谛亮认为："赞宁著《僧史略》大概是在《高僧传》完成时期太平兴国七年（九八二）以后。

---

① 释赞宁：《宋高僧传》，范祥雍校注，中华书局1987年版，第70页。
② 释赞宁：《大宋僧史略》，《大正藏》第54册，财团法人佛陀教育基金会2001年版，第238页。（以下《大正藏》用此版本，不再详列）

卷中的行香唱导之项，在淳化三年（992）虞部员外郎李宗讷上奏中曾有记载。又在各卷的首页上都记有：'咸平二年（999）重更修理'的注解，可以推察出制作的年代时间。"① 持此种观点的还有：聂士全《赞宁〈大宋僧史略〉述评》云："《僧史略》成书于《高僧传》之后，咸平二年（999）重新整理订稿。"② 黄敬家《赞宁〈宋高僧传〉叙事研究》云："而于《宋高僧传》之后，另成《大宋僧史略》。"③ 然而笔者通过考察，认为《大宋僧史略》成书于《宋高僧传》之前，以就正于方家。

一　《宋高僧传》成书时间考

关于赞宁接受宋太宗诏旨开始撰写《宋高僧传》的时间，相关文献存在一些分歧。

赞宁《进高僧传表》云："臣僧赞宁等言，自太平兴国七年伏奉敕旨，俾修《高僧传》与新译经同入藏者。"④

明人释心泰《佛法金汤编》卷一一云："（太平兴国）七年……十月敕赞宁编修《高僧传》。"⑤

然，宋人王禹偁《小畜集》卷二〇《左街僧录通惠大师文集序》（以下简称《文集序》）云："八年，诏修《大宋高僧传》，听归杭州旧寺。"⑥

宋人释志磐《佛祖统纪》卷四三载："八年六月，诏翰林赞宁修《大宋高僧传》。宁乞归钱唐撰述，诏许之。"⑦

宋人释宗鉴《释门正统》卷八载："八年，诏修《宋僧传》，听归。"⑧

究竟是太平兴国七年（982），还是八年（983），赞宁开始撰写《宋高僧传》呢？笔者认为，七年是帝王下敕旨，但是可能什么原因耽搁了，没有马上付诸实施。八年也是下诏时间，但是八年开始着手编撰《宋高

---

① 牧田谛亮：《赞宁与其时代》，张曼殊主编《佛教人物史话》，大乘文化出版社"中华民国"六十七年版，第369页。

② 聂士全：《赞宁〈大宋僧史略〉述评》，《戒幢佛学》第一卷，岳麓出版社2002年版，第415页。

③ 黄敬家：《赞宁〈宋高僧传〉叙事研究》，台湾学生书局2008年版，第95页。

④ 释赞宁：《宋高僧传》，范祥雍校注，中华书局1987年版，卷首。

⑤ 释心泰：《佛法金汤编》，《卍续藏经》第87册，河北佛教协会印行2006年版，第417页。（以下《续藏经》用此版本，不再详列）

⑥ 王禹偁：《小畜集》卷20，四部丛刊本，上海书店出版社1989年影印本，第8页。

⑦ 释志磐：《佛祖统纪》，《大正藏》第49册，第398页。

⑧ 释宗鉴：《释门正统》，《卍续藏经》第75册，第353页。

僧传》，赞宁从太平兴国三年归宋后，北宋朝廷就多次下诏旨要赞宁编撰《高僧传》，我们看《僧史略并序》，其云："赞宁以太平兴国初，迭奉诏旨，《高僧传》外别修《僧史》。"① 所以应以八年赞宁回杭州，作为撰修《宋高僧传》的开始时间。

至于《宋高僧传》上书时间，为端拱元年（988）。

《进高僧传表》署名："端拱元年十月日，左街天寿寺通慧大师赐紫臣僧赞宁上表。"②

《大宋高僧传序》云："时端拱元年乾明节，臣僧赞宁等谨上。"③

《佛祖统纪》卷四三载："端拱元年，翰林通慧大师赞宁上表进《高僧传》三十卷。玺书褒美，令遍入大藏。敕住京师天寿寺。"④

元人释觉岸《释氏稽古略》卷四载："端拱元年冬十月，遣弟子显忠、智轮诣阙上表以进。玺书赐帛奖谕，敕入大藏流通。"⑤

《宋高僧传》编撰体例为十科，虽然上书时间有确切记载，但还是有必要统计各篇最晚年代的记载，分录如下：

译经：最晚之年代记载为卷三《唐释满月传》附见《唐释智慧轮传》云："不测其终。"⑥ 此篇未收录宋人。

义解：最晚之年代记载为卷七《宋释义寂传》云："（雍熙）四年（987），十一月四日（卒）。"⑦

习禅：最晚之年代记载为卷一三《宋释德韶传》云："（卒）即开宝五年（972）壬申岁六月二十八日也。"⑧

明律：最晚之年代记载为卷一六《周释澄楚传》云："以周显德六年（959）十月十一日无疾而终。"⑨

护法：最晚之年代记载为卷一七《周释道丕传》云："以显德二年

---

①　释赞宁：《大宋僧史略》卷首，《大正藏》第 54 册，第 234 页。
②　释赞宁：《宋高僧传》，范祥雍校注，中华书局 1987 年版，卷首。
③　同上书，卷首。
④　释志磐：《佛祖统纪》，《大正藏》第 49 册，第 400 页。
⑤　释觉岸：《释氏稽古略》，《大正藏》第 49 册，第 860 页。
⑥　释赞宁：《宋高僧传》，范祥雍校注，中华书局 1987 年版，第 52 页。
⑦　同上书，第 163 页。
⑧　同上书，第 317 页。
⑨　同上书，第 404 页。

（955）乙卯……俄然而化。"①

感通：最晚之年代记载为卷二二《宋释法圆传》附见《李通玄传》有："宋乾德丁卯（967）岁，闽僧惠研重更条理。"②

遗身：最晚之年代记载为卷二三《宋释怀德传》云："乃太平兴国八年（983）四月八日也。"③

读诵：最晚之年代记载为卷二五《宋释真传传》云："以开宝四年（971）八月九日……归寂。"④

兴福：最晚之年代记载为卷二八《宋释律师传》云："太平兴国五年（980）三月，改葬……"⑤

杂科声德：最晚之年代记载为卷三〇《宋释宗渊传》云："太平兴国五年（980）十月，……坐终。"⑥

由于赞宁编撰《宋高僧传》诸篇内部的写作次序基本上是以时间先后来进行安排，所以从上述所列可见，赞宁在《宋高僧传》中最后时间记载为雍熙四年，这也符合在后一年即端拱元年上表进书的时间顺序。

张乃翥先生《龙门〈石道记〉碑与宋释赞宁》据碑文："年丁亥二月，……首尾三载，厥功已成"，指出："自雍熙四年二月至端拱年间，'首位三载'，赞宁致力于修复龙门石道工程。由此推测此书初稿之撰讫可能在雍熙四年二月以前。"⑦ 如果推测成立，那么由于《宋高僧传》卷七《宋义寂传》云："（雍熙）四年十一月四日卒。"⑧ 即在雍熙四年二月之后，由此可知，赞宁于洛阳在《宋高僧传》初稿基础上，进行了一些增补工作才形成了定稿上书。这样看来，从太平兴国八年至端拱元年，编撰《宋高僧传》持续了六年左右。

赞宁后来又对《宋高僧传》进行了一些补充和整理，《宋高僧传后序》云："赞宁自至道二年奉睿恩掌洛京教门事，事简心旷之日，遂得法照等行状，撰已易前来之阙如。寻因治定其本，虽大义无相乖，有不可者

---

① 《宋高僧传》，第 434 页。
② 同上书，第 575 页。
③ 同上书，第 603 页。
④ 同上书，第 646 页。
⑤ 同上书，第 710 页。
⑥ 同上书，第 756 页。
⑦ 张乃翥：《龙门〈石道记〉碑与宋释赞宁》，《文物》1988 年第 4 期，第 54 页。
⑧ 释赞宁：《宋高僧传》，范祥雍校注，中华书局 1987 年版，第 163 页。

以修之，先者所谓加我数年，于《僧传》则可矣已。斯幸复治之，岂敢以桑榆之年为辞耶？时方彻简，咸平初承诏入职东京右街僧录，寻迁左街。乃一日顾其本，未及缮写，命弟子辈缄诸箧笥，俾将来君子，知我者以《僧传》，罪我者亦以《僧传》，故于卷后而书之云耳。"① 由序中提及"迁左街"，赞宁写此后序时间为咸平二年（999），《佛祖统纪》卷四四载："咸平二年……敕史馆编修赞宁迁左街僧录。"② 又《释氏稽古略》卷四载："戊戌真宗咸平元年……次年，进左街。"③《宋高僧传》中法照有二人，一个是卷二一"感通篇第六之四"《唐五台山竹林寺法照传》，一个是卷二五"读诵篇第八之二"《唐陕府法照传》。两法照传文对比，前者是唐代宗时人，传记较长，有一千几百字，备叙他在大历年间的感通事迹，传后还有赞宁的评论；后者是唐穆宗时人，叙说他在长庆元年入逆旅避雨，因过中时，乞食不得，乃买鼋肉，煮夹胡饼而食的故事。据理推测，《后序》所说的法照当是唐代宗时的法照。此两人均是唐人，并非赞宁书成之后卒亡而被补入的，而是书成之时就已被算作正传，计入全书收录人物的总数之中。故赞宁在至道二年以后对《宋高僧传》所做的修改，仅是内容上的增益，并不牵涉体例和人数。④ 那么，流传至今的《宋高僧传》本即咸平二年定本。

二　《大宋僧史略》成书时间考

《大宋僧史略》的撰写时间，赞宁《僧史略并序》云：

> 夫僧本无史，觉乎弘明二集，可非记言耶？高名僧传，可非记事耶？言事既全，俱为载笔。原彼东汉，至于我朝，仅一千年，教法污隆，缁徒出没，富哉事迹，繁矣言诠，蕴结藏中，从何攸济。（赞宁）以太平兴国初，迭奉诏旨，《高僧传》外别修《僧史》。及进育王塔，乘驲到阙，敕居东寺。披览多暇，遂树立门题，搜求事类。始乎佛生教法流衍，至于三宝住持诸务事始，一皆隐括，约成三卷，号《僧史略》焉。盖取裴子野《宋略》为目，所恨删采不周，表明多

① 《宋高僧传》，第759页。
② 释志磐：《佛祖统纪》，《大正藏》第49册，第402页。
③ 释觉岸：《释氏稽古略》，《大正藏》第49册，第861页。
④ 参见陈士强《佛典精解》，上海古籍出版社1992年版，第341页。

昧，不可鸿硕寓目，预惧缺然者尔。①

据《宋高僧传》卷二三《遗身论》云："我圣上践祚之四载，两浙进阿育王盛释迦佛舍利塔，初于滋福殿供养，后迎入内道场，屡现奇瑞。"②又《释氏稽古略》卷四云："戊寅太平兴国三年，……明年，诏宁乘驿进明州阿育王山释迦文佛真身舍利，入禁中供养，得舍利一颗，因之以开宝寺西北阙地，造浮图十一级，下作天宫以葬之（《皇朝事苑》）。"③又《佛法金汤编》卷一一云："四年，诏赞宁乘驿往明州阿育山王迎取真身舍利塔，入禁中供养。复得舍利一颗，造塔十一级于开宝寺。帝手自安奉。"④与序中"进育王塔""乘驲到阙"等基本一致，可以确定太平兴国四年（979）为《僧史略》动手之年。

至于成书时间，苏晋仁先生推测是太平兴国七年（982），原因如下：从书中有关宋代的事迹来看，最迟记载到太平兴国七年（见"此土僧游西域""临坛法位"二条）为止。以后，有关佛教的重大事迹，如太平兴国八年的"诏改译经院为传法院"，雍熙二年（985）的"诏天息灾、法天、施护并为朝散大夫、试鸿胪少卿"（均见宋会要道释二"传法院"），雍熙三年的度僧（见佛祖统纪卷四十三）。而本书的"此土僧游西域""封授官秩"和"临坛法位"三条中都没有记录进去。可见本书记载到太平兴国七年为止，而完成当在次年回杭州之前。至于在"行香唱导"条中引用虞部员外郎李宗讷的奏议而提到宋太宗的庙号，又作者的题名上冠有右街僧录的官衔，都是咸平元年以后的事，当是重修时所补入。⑤苏先生所据理由推测比牧田谛亮推察似乎更言之有理。其一，此书确实是在咸平二年（999）得到重新整理，《大宋僧史略》卷上、卷中、卷下之后都有："咸平二年重更修理。"⑥可以解释本书有记载宋太宗淳化三年（992），虞部员外郎李宗讷奏国忌行香请宰臣已下行香。但是我们不能简单地把整理时间作为成书时间。至于为什么偏偏补充此条，可能源于赞宁

① 释赞宁：《大宋僧史略》卷首，《大正藏》第 54 册，第 234 页。
② 释赞宁：《宋高僧传》，范祥雍校注，中华书局 1987 年版，第 605 页。
③ 释觉岸：《释氏稽古略》，《大正藏》第 49 册，第 860 页。
④ 释心泰：《佛法金汤编》，《卍续藏经》第 87 册，第 417 页。
⑤ 苏晋仁：《佛教文化与历史》，中央民族大学出版社 1998 年版，第 174 页。
⑥ 释赞宁：《大宋僧史略》，《大正藏》第 54 册，第 235，241，248 页。

的僧官身份，为了突出佛教在统治阶级中的地位。其二，苏先生所提到三件《僧史略》所无的事情，确实是当时的佛教大事，比如有关雍熙二年（985）的"诏天息灾、法天、施护并为朝散大夫、试鸿胪少卿"的事情，赞宁在《宋高僧传》中《译经篇传论》云："有命授三藏天息灾、法天、施护师号，外试鸿胪少卿、赐厩马等。"[①] 说明赞宁对此事是知道的，但是在《僧史略》中没有记载，可以说明《僧史略》成书于《宋高僧传》之前。其三，宋人释文莹《湘山野录》卷下云："僧录赞宁有大学，洞古博物，著书数百卷……太宗欲知古高僧事，撰《僧史略》十卷进呈。"[②]《僧史略》动手之年（979）已确定，如果说《僧史略》成书于《宋高僧传》即端拱元年（988）之后，那么《僧史略》撰写时间就太长，不合情理。既然是最高统治者宋太宗想知道有关古代高僧的事情，那么作为接受命令撰写的赞宁肯定是要尽早完成。

　　综上所述，我们可以基本肯定《大宋僧史略》成书时间在《宋高僧传》之前，那么有关《大宋僧史略》与《宋高僧传》之间的相同思想内容，既可以说明赞宁两部史籍的编撰思想内容具有继承性，还可以说明《大宋僧史略》的编撰影响到了《宋高僧传》的编撰。

（《中国典籍与文化》2009 年第 3 期）

---

① 释赞宁：《宋高僧传》，范祥雍校注，中华书局 1987 年版，第 58 页。
② 释文莹：《湘山野录》，中华书局 1984 年版，第 46 页。

附录四 "三朝高僧传"中的竹林寺

摘要：竹林寺是我国古代众多寺院中最早用来命名的一类，在佛教史上有着一定地位和影响。文章首先对竹林寺命名来源进行考辨；其次则就竹林寺在"三朝高僧传"中记载的差异情况分析，得出"三朝高僧传"编撰者对于竹林寺记载最大变化是：由传记性的真实竹林寺变为掺杂具有传说故事性色彩的竹林寺。这种变化模式典型反映了中国传统史学的一个特色；最后探讨了其产生的三个原因。

关键词：竹林寺；《梁传》；《唐传》；《宋传》

竹林寺是我国古代众多寺院中最早用来命名的一类，至今在一些地方还存在①，曾在佛教史上有着一定地位和影响。关于我国竹林寺的情况，在一些佛书和官方史传中有记载，但不是很多，主要集中在佛家编撰的各代高僧传中，由于对竹林寺记载的不同变化情况，故有必要将竹林寺与高僧传记载做一比较研究。本文旨在厘清"三朝高僧传"②记载竹林寺一些情况及差异变化的原因。

一

我们有必要先了解我国竹林寺命名来源。陈寅恪先生在《〈三国志·曹冲华佗传〉与佛教故事》中对"竹林七贤"之"竹林"作了十分详尽的解释，认为是由假托佛教名词而来：

---

① 如当今泰山名刹——竹林寺。马爱云：《佛教圣地竹林寺》，《风景名胜》2004 年第 5 期，第 12 页。

② 笔者把梁代释慧皎《高僧传》（简称《梁传》）、唐代释道宣《续高僧传》（简称《唐传》）、宋代释赞宁《宋高僧传》（简称《宋传》），三传合称"三朝高僧传"。

寅恪尝谓外来之故事名词，比附于本国人物事实，有似通天老狐，醉则见尾。如袁宏《竹林名士传》、戴逵《竹林七贤论》、孙盛《魏氏春秋》、臧荣绪《晋书》及唐修《晋书》等所载嵇康等七人，固皆支那历史上之人物也。独七贤所游之"竹林"，则为假托佛教名词，即"velu"或"veluvana"之译语，乃释迦牟尼说法处，历代所译经典皆有记载，而法显（见《佛国记》）、玄奘（见《西域记》九）所亲历之地。①

上述陈先生阐述"竹林"之来由的观点极具高见，但是就阐释"竹林七贤"之来由而言，已经引起许多学者的反驳，其中论述最充分者乃王晓毅的《竹林七贤考》，通过检索《大正藏》的相关译名、实地考察遗址并综合分析文献资料后得出结论：东汉至西晋时期汉译佛经中的释迦牟尼说法处"竹林"，大多数译为"竹园"，有关"竹林七贤"系东晋士人附会佛教典故的观点值得商榷。② "竹林七贤"之"竹林"是不是来自"外来之故事名词"，还值得进一步探讨。但作为佛教历史上的竹林寺之"竹林"，无疑是采自释迦牟尼说法处"竹林"。任何宗教都有圣迹崇拜，佛教也不例外。据佛教经典记载，竹林之处多为佛教圣者进行说法之地，陈先生也已经言明，此不赘述。圣迹崇拜，是佛教活动的重要内容，是人们宗教信仰和宗教情感的一种心理折射，在佛教的传播发展中，起着重要的作用。张弓先生认为中国佛寺命名主要有三类，其中第一类记载为："伴随佛寺民族风格的形成，出现中夏寺名文化。一类佛寺命名，以史传传说、佛寺地望、寺象风物、檀主名氏为主要倾向……这一类命名，将寺名所蕴含的史传故事、地望特征、风物景致、檀主家世等，附丽佛寺之上，赋中夏伽蓝以多样的文化色彩和厚重的斯土斯民情结。"③ 此种圣迹崇拜所导致中土命名竹林寺的方式应属于史传传说之类。

关于我国古代竹林寺命名，其实还有一个来源，就是寺院周围确实有竹林才命名为竹林寺的情况。《宋传》卷八《唐润州竹林寺昙璀传》云："释昙璀，俗姓顾氏，吴郡人也……后止于竹林之隩，茸宇篚缶而告老

---

① 陈寅恪：《寒柳堂集》，上海古籍出版社1980年版，第161页。

② 王晓毅：《竹林七贤考》，《历史研究》2001年第5期，第90页。

③ 张弓：《汉唐佛寺文化史》，中国社会科学出版社1997年版，第4页。

焉。"① 从此篇前后文意思来看，释昙璀所立竹林寺，乃是因为此寺院在竹林之附近。此种方式应属于寺象风物之类。

　　总之，对于竹林寺命名，据我国佛教文献所载，以史传传说所蕴含的圣迹故事为主，纯以寺象风物命名的只占极少数。不少情况是两者兼有之。

二

　　高僧传是佛教精英阶层的传记汇集，是记录僧人的总传。"三朝高僧传"都有记载竹林寺高僧的事迹，为我们研究竹林寺提供了依据。

　　（一）释慧皎《梁传》

　　1. 卷六《义解三》《晋庐山释昙邕传》云：

　　　　释昙邕，姓杨，关中人……后往荆州卒于竹林寺。②

　　2. 卷六《义解三》《晋吴台寺释道祖传》附见《昙顺传》云：

　　　　（释昙）顺本黄龙人，少受业什公，后还师远。蔬食有德行。南蛮校尉刘遵，于江陵立竹林寺请经始。远遣徙焉。③

　　3. 卷八《义解五》《齐荆州竹林寺释僧慧传》云：

　　　　释僧慧，姓皇甫，本安定朝那人，高士谧之苗裔。先人避难寓居襄阳，世为冠族。慧少出家，止荆州竹林寺事昙顺为师。顺庐山慧远弟子，素有高誉。慧伏膺以后专心义学。④

　　4. 卷八《义解五》《齐京师谢寺释慧次传》云：

---

　　①　释赞宁：《宋高僧传》，范祥雍校注，中华书局 1987 年版，第 182 页。
　　②　释慧皎：《高僧传》，汤用彤点校，中华书局 1992 年版，第 237 页。
　　③　同上书，第 238 页。
　　④　同上书，第 321 页。

释慧次，姓尹，冀州人。初出家为志钦弟子。后遇徐州释法迁解贯当世，钦乃以次付嘱。仍随迁，南至京口止竹林寺。①

5. 卷八《义解五》《梁荆州释慧球传》云：

释慧球，本姓马氏，扶风郡人，世为冠族。年十六出家，住荆州竹林寺事道馨为师，秉承戒训，履行清洁。②

6. 卷十二《亡身》《宋京师竹林寺释慧益传》云：

释慧益，广陵人。少出家随师止寿春。宋孝建中，出③都憩竹林寺。精勤苦行，誓欲烧身，众人闻者，或毁或赞。④

7. 卷十三《经师》《宋安乐寺释道慧传》云：

释道慧，姓张，浔阳柴桑人。年二十四出家，止庐山寺……晚移朱方竹林寺。⑤

以上《梁传》共载竹林寺总计 7 条。从朝代来看，晋代，2 条；宋代，2 条；齐代，2 条；梁代，1 条。此或许可以说明，竹林寺一落户我国，就在各个朝代有所传递。从分科来看，义解，5 条；亡身，1 条；经师，1 条；在一个义学盛行的时代，竹林寺高僧一定程度上反映了此种风气盛行。从竹林寺分布来看，主要有荆州竹林寺（4 次）、京口竹林寺（2 次⑥）、京师即建康竹林寺（1 次）。荆州竹林寺可以说是当时一大名寺，从上述材料我们知道荆州竹林寺一建立，释慧远弟子释昙顺、释昙邕前往说法，这提高了竹林寺的名望，所以有释僧慧前往求学，连北方的释

---

① 释赞宁：《宋高僧传》，范祥雍校注，中华书局 1987 年版，第 326 页。
② 《高僧传》，第 333 页。
③ 据后文在建康钟山烧身，我们可知此处"出"应为"入"，才合标题与内容。
④ 《高僧传》，第 453 页。
⑤ 同上书，第 500 页。
⑥ 《宋书》记载朱方乃丹徒古名，所以乃同一竹林寺。

慧球都不远万里而至，荆州竹林寺俨然已经成为南方庐山之外的一个义学场所。荆州与庐山相距不远，便利了两地佛学的交往和相互影响。至于京口竹林寺，《南史·宋本纪上》卷一载："宋高祖武皇帝，讳裕，字德舆，小字寄奴，彭城县绥舆里人……晋氏东迁，刘氏移居晋陵丹徒之京口里……尝游京口竹林寺，独卧讲堂前，上有五色龙章，众僧见之，惊以白帝。帝独喜曰：'上人无妄言。'"① 宋高祖刘裕是此地人，对于一个谶纬盛行的时代来说，他在此寺显现出有帝王之相的异迹，那么此寺在刘宋时期地位应当比较突出。由于丹徒离京师建康比较近，两地来往还是比较密切。京师竹林寺，在僧传中名气不大，但是《南齐书·本纪第八》卷八曰："中兴元年春三月乙巳，即皇帝位，大赦改元……五月乙卯，车驾幸竹林寺禅房宴群臣。"② 可见在上层社会中，其还是为统治者所熟悉。由于京师的特殊地理优势，所以释慧益的烧身行为得到了皇帝和众多信士的推崇。此外，还有如广州竹林寺，齐武帝时，沙门释僧猗于此寺请外国法师僧伽跋陀罗译出《善见毗婆沙律》十八卷。③

还有值得一提的是，在释宝唱撰《比丘尼传》中，也有两条有关在竹林寺修行的尼传。卷一《洛阳竹林寺竺净捡尼传一》："净捡，本姓种，名令仪。彭城人……同其志者二十四人，于宫城西门共立竹林寺。未有尼师，共咨净捡……晋土有比丘尼亦捡为始也。"④ 此竹林寺为当时西晋京师竹林寺即洛阳竹林寺，此寺建立乃是中土尼寺之始。其命名无疑与竹林乃佛教圣者说法有关。从传文内容和年代来看，净捡后来活动都在东晋，而驻锡地有可能是徐州，如受具戒于"泗"⑤，可能由于北方混战，胡族统治，净捡回到家乡，她在徐州的住寺为竹林寺。⑥ 卷二《山阳东乡竹林寺静称尼传二十八》：

> 静称，本姓刘，名胜，谯郡人也。戒业精苦，诵经四十五万言。寺傍山林，无诸嚣杂。游心禅默，永绝尘劳。曾有人失牛，推寻不

---

① 李延寿：《南史》，中华书局 1985 年版，第 1 页。

② 萧子显：《南齐书》，中华书局 1972 年版，第 113 页。

③ 释僧祐：《出三藏记集》，苏晋仁等点校，中华书局 1995 年版，第 63 页。

④ 释宝唱：《比丘尼传》，载《高僧传合集》，上海古籍出版社 1991 年版，第 963 页。

⑤ 《晋书·地理志》，徐州有泗水。

⑥ 可参见徐建国、黄景坤《徐州竹林寺与中国第一尼僧》，《江苏地方志》2005 年第 6 期，第 55 页。

已。夜至山中，望寺林火光炽盛，及至都无。常有一虎，随称去来。称若坐禅，蹲踞左右。寺内诸尼若犯罪，失不时忏悔，虎即大怒，悔罪便悦。①

从尼传内容看，此寺附近，确有竹林，命名竹林寺可以理解。从此寺神光来看，似乎此寺具有神异，又带上了佛教圣寺色彩。

（二）释道宣《唐传》

1. 卷九《义解五》《隋江表徐方中寺释慧暅传》云：

释慧暅，姓周氏。其先家本汝南，汉末分崩避地江左……今为义兴阳羡人也。……于是将游京邑，途次朱方，遇竹林寺诩法师，雅相嗟赏，乃依止出家，为十戒和上。②

2. 卷二十六《感通上》《齐邺下大庄严寺释圆通传》云：

释圆通，不知氏族。少出家，泛爱通博，以温敏见称，住邺都大庄严寺。……客僧……"颇曾往鼓山石窟寺不？小僧住下舍小寺，正在石窟北五里，当绕涧驿东，有一小谷，东即竹林寺，有缘之次念相访也。"③

3. 卷二十六《感通上》《隋蜀部灌口山竹林寺释道仙传》云：

释道仙，一名僧仙，本康居国人。以游贾为业，往来吴蜀……投灌口山竹林寺而出家焉。④

《唐传》记载有关竹林寺情况比较少，仅有 3 条。第 1 条表明朱方即京口竹林寺，也有义解高僧驻锡。后两条具有几个新特点：其一，北方有鼓山竹林寺高僧事迹传播。其二，蜀部也有竹林寺，表明竹林寺分布各地广泛。其三，从分科看，开始出现在感通这一科。其四，从《释圆通传》

① 释宝唱：《比丘尼传》，载《高僧传合集》，上海古籍出版社 1991 年版，第 968 页。
② 释道宣：《续高僧传》，载《高僧传合集》，上海古籍出版社 1991 年版，第 174 页。
③ 同上书，第 324 页。
④ 同上书，第 327 页。

行文内容来看，非现实中竹林寺出现在僧传中，竹林寺成了僧传中神圣之地。

（三）释赞宁《宋传》

1. 卷八《习禅一》《唐润州竹林寺昙璀传》云：

> 释昙璀，俗姓顾氏，吴郡人也……后止于竹林之隩，茸宇篚缶而告老焉。①

2. 卷八《习禅一》《唐睦州龙兴寺慧朗传》云：

> 学者既多，颖脱则开元寺道饮慧祐道禅、龙兴寺辩海、宁国寺进玉、越州宝林寺有沛远整、杭州竹林寺一行等，并传朗之法，相继若瓜瓞然。②

3. 卷十《习禅三》《唐荆州天皇寺道悟传》云：

> 释道悟，姓张氏，婺州东阳人也。……年二十五，依杭州竹林寺大德具戒。③

4. 卷十六《明律三》《后唐杭州真身宝塔寺景霄传》云：

> 释景霄，俗姓徐氏，丹丘人也……武肃王钱氏，召于临安故乡，宰任竹林寺。④

5. 卷二十一《感通四》《唐五台山竹林寺法照传》云：

> 释法照，不知何许人也。大历二年，栖止衡州云峰寺。勤修不懈，于僧堂内粥钵中忽睹五彩祥云，云内现山寺。寺之东北五十里已

---

① 《宋高僧传》，第182页。
② 同上书，第188页。
③ 同上书，第231页。
④ 同上书，第401页。

来有山，山下有洞，洞北有石门，入可五里有寺，金榜题云大圣竹林寺。……自后，照又依所见化竹林寺题额处建寺一区。庄严精丽，便号竹林焉。①

6. 卷二十二《感通五》《后晋巴东怀濬传》云：

　　释怀濬者，不知何许人……时荆南大校周崇宾谒之，书遗曰："付皇都勘。尔后入贡，因王师南讨，遂絷南府，终就戮也。"押牙孙道能谒之，书字曰："付竹林寺。"其年物故，营葬于古竹林寺基也。②

7. 卷二十二《感通五》《后晋襄州亡名传》云：

　　释亡名，不知何许人也。……法本云："出家习学，即在邺都西山竹林寺，寺前有石柱，他日有暇必请相访。"③

8. 卷二十五《读诵二》《唐幽州华严和尚传》云：

　　释华严和尚，不知名氏，居在幽州城北……华严曰："勿去余处，但送往州西马鞍山竹林寺内施僧。"④

　　以上所见《宋传》中有 8 条。其中第 6 条，从行文内容来看，可以补充说明，荆州竹林寺以前确实存在，在后晋寺院不存，只有旧址，所以不列入统计范围，那么还有 7 条进行分析。从朝代来说，唐代 5 条、后唐 1 条、后晋 1 条。从分科来看，习禅 3 条、明律 1 条、感通 2 条、读诵 1 条。这个出现次数可以说明以下几点：（1）习禅出现多，与当时禅学兴盛的形势一致。感通之多，是《唐传》中竹林寺神圣化的延续。从竹林寺分布来看，分别有润州竹林寺、杭州竹林寺、五台山竹林寺、邺都西山

---

① 《宋高僧传》，第 541 页。
② 同上书，第 563 页。
③ 同上书，第 564 页。
④ 同上书，第 634—635 页。

竹林寺、幽州马鞍山竹林寺。此说明竹林寺在一些新的地域得到了命名。其中杭州竹林寺出现次数最多，有 3 次；杭州竹林寺的兴盛有自身原因。释一行继承释法朗禅学，释法朗乃当时有名高僧，无形抬高了杭州竹林寺的地位。杭州又具有特殊的地理优势，经济发达、交通便利。自钱氏入主吴越，以杭州为中心，大力崇佛，杭州竹林寺自然受到了重视。润州竹林寺是因为在竹林附近而立，具有偶然性，但并不排除立寺者心中具有双重意思。五台山竹林寺，是因为高僧释法照多次目睹非现实的圣寺竹林寺，乃根据所见而立竹林寺。邺都竹林寺和幽州竹林寺都具有神异色彩。

上述是对"三朝高僧传"记录竹林寺的有关高僧及所在地区的佛教情况，以《梁传》和《宋传》比较多。所以，高僧传既为我们提供了竹林寺佛教的情况，又记录了其发展变化情况，有助于我们由点及面和纵向与横向相结合统一考察，为研究竹林寺提供了材料和线索，有重要的史料价值。

三

"三朝高僧传"的编撰者对竹林寺都有一定关注，说明竹林寺在中国佛教史上起了一定的作用。把"三朝高僧传"记载竹林寺情况结合起来看，可以总结几点：首先，竹林寺在我国流传久远、地理分布广泛。自晋代以来各朝代，僧传对竹林寺都留下了一些记载。地域分布不分南北，既有京师等便利之地，也有蜀川等偏远之处。从记载次数来看，有两寺相对具有盛名，即荆州竹林寺和杭州竹林寺。其次，从分科来看，十科之中，几乎每科都有。但其中也有相对集中之科，即义解和习禅，这符合各自历史时期佛教发展的趋向。再次，寺由人弘，竹林寺的留名离不开高僧的求法、弘法活动，求法、弘法之处，往往是佛教在某处得到发展的条件之一。

但是比较"三朝高僧传"编撰者对于竹林寺记载最大变化是：由传记性的真实竹林寺变为掺杂具有传说故事性色彩的竹林寺。《梁传》中，在释慧皎笔下都是传记性的笔调，竹林寺是高僧求学、传法场所。《唐传》中《释圆通传》，竹林寺以传说故事色彩出现。然而，《宋传》中，有三篇僧传中，竹林寺都带有传说故事色彩。后两僧传中，此类故事除一篇在读诵科外，其余都在感通科。

《唐传》之《释圆通传》，其文太长，兹不引出。读此传，我们可以发现，此篇并不像其他僧传那样，开篇介绍传主姓氏、籍贯等传主情况之后，详述传主求学、游学、传法等事迹。而是笔锋一转，用大量篇幅来述记其善待一客僧，由客僧引出鼓山竹林寺，于是顺理成章地把重点放在释圆通所见之竹林寺，此寺就好像是在一世外桃源之处。入寺方法、寺貌、寺内和尚"眉面峰秀，状类梵僧"、出寺等都具有神异色彩。从所叙述内容来看，此寺完完全全是一虚幻之中仙寺。对于此仙寺，作者极力想证明其真实，此篇结尾有"识者评云"云：

> 前者举镬驱僧，假为神怪，令通独进，示现有缘耳。言大和上者，将不是宾头卢耶？《入大乘论》：尊者宾头卢罗睺罗等十六诸大声闻，散在诸山渚中。又于余经亦说，九十九亿大阿罗汉，皆于佛前取筹住寿于世，并在三方诸山海中，守护正法。今石窟寺僧，每闻异钟呗响，洞发山林，故知神宫仙寺不无其实。
>
> 余往相部寻鼓山焉，在故邺之西北也，望见横石，状若鼓形……而传说竹林，往往殊异，良由业有精浮，故感见多矣……近有从鼓山东面而上，……暨周武平齐，例无别服……近武德初年，介山抱腹岩有沙门慧休者……大略为言，岩穴灵异，要惟虚静。必事喧杂，希闻奇相矣。①

作者通过此评极力表达了一个意思就是神宫仙寺的真实性。开始引经据典，其后实地考察，最后以三个不同时代相传事迹来说明像鼓山竹林寺之类的寺庙持续存在。可以说人证、物证俱全，那么如此具有信服力的仙寺自然在僧侣信士中得到崇信。有意思的是，释道宣仍在《律相感通传》中以问答形式来交代鼓山竹林寺的来历（也见于《法苑珠林·敬塔篇》卷第三十八）：

> 鼓山竹林寺名何代所出耶？答曰：是迦叶佛时造，周穆王于中更重造寺。穆王佛殿并及塑像，至今现存。山神从佛请五百罗汉住此寺中，即今现有二十圣僧。绕寺左侧，现有五万五通神仙供养此寺僧。②

---

① 《续高僧传》，第325—326页。

② 释道宣：《道宣律师感通录》，载《大藏经》（第52册），台湾财团法人佛陀教育基金会2001年版，第439页。

作者如此不厌其烦地述说鼓山竹林寺，可见此寺在一段时期内产生了很深远的影响。此种类型的故事同样存在于释赞宁所撰《宋传》中，卷二十二《释亡名传》看起来好像《唐传》之《释圆通传》的翻版，只不过在于人物和地点的不同。我们看作者系、通：

> 系曰："入竹林僧，何人也？"通曰："遇仙之士，亦仙之士，圣寺之游，岂容凡秽？一则显圣寺之在人间，一则知圣僧之参缁伍。无轻僧宝，凡圣混然。此传新述于数人，振古已闻于几处。且如此齐武平中，释圆通曾瞻讲下僧病，其僧夏满病差，约来邺中鼓山竹林寺，事迹略同。此盖前后到圣寺也。"①

在此论中，释赞宁强调僧人的修行，只有修行高的僧侣才能遇到仙人、仙寺。仙人、仙寺就在人间，并且毋庸讳言地表明与鼓山竹林寺事迹略同。卷二十一《释法照传》的故事类型基本相同，都好像一部天国游览记，过后不知所处。只不过情节安排有些变化，主要不同在于竹林寺出现是在一种空中楼台式幻境，而不是前面的世外桃源式。对于此传，作者同样有系、通：

> 系曰：佛成就三身，必居三土。显正依报庄严故。菩萨未沾国土名，但云住处。修净佛国因，随生佛家，故《华严经》有《菩萨住处品》焉。经云："唯佛一人居净土"，此下不僭上也。若《八字陀罗尼经》云："文殊大愿力，与佛同境界。"境界净则说法净，则三土义齐也。问："诸经中佛住王舍城等可非住处邪？"通曰："此义同名别，或可上得兼下也。又如兜率官院是补处净域，宝陀落、清凉支提等山，皆是菩萨净识所变刹土也。若然者，净土与住处义同名异耳。如法照入竹林圣寺，见文殊净境也，诸于山岭见老人童子等，则秽土见圣人。"②

由上述三个材料，我们发现，释赞宁与释道宣一样，在强调虚幻中的

---

① 《宋高僧传》，第565页。
② 同上书，第542页。

竹林寺存在真实性,强调圣寺的存在。释赞宁突出僧人的修行,修行高才能看到圣寺。此类竹林寺所代表的圣寺,无疑是作者心目中的理想国佛寺形象。两位作者对竹林寺的大力渲染,添加传说故事色彩,使竹林寺由一个传记性真实寺院走向神圣化。从叙事方式看,这种变化典型反映了中国传统史学的一个特色。我们知道,从体裁上诸僧传都是模仿《史记》以来的纪传体模式,那么其叙事方式无疑也受到其影响。竹林寺的变化模式,我们可以在《史记》中找到源头。《史记》有在叙事中借用古代故事传说。如《史记·高祖本纪》载:"高祖,沛丰邑中阳里人,姓刘氏,字季。父曰太公,母曰刘媪。其先刘媪尝息大泽之陂,梦与神遇。是时雷电晦冥,太公往视,则见蛟龙于其上。已而有身,遂产高祖。"① 如果从历史真实性来说,肯定不能当作信史,但是在当时人们流传可信度而言,可能的确作为了真实可信的事实,所以司马迁在叙事中借用一些故事传说进行适当的修改,既适应了民众的心理需求,也增加了《史记》的文学性。同样,竹林寺的变化,在佛教对广大信士的传播中,越传越真,以致时人当成事实看待,而僧传作者在此基础上进行了某些加工改造。所以说,竹林寺的变化模式,典型反映了中国传统史学的一个特色。

然而,在佛教在中国流传中,为什么会是竹林寺,而不是其他一些寺院呢?我们可以从以下几个方面来考虑。

首先,竹林寺使其神化升华是其先决原因。竹林精舍是天竺最早的僧园之一,又称竹园精舍,是古印度最初的寺院,迦兰陀长者献其竹园,摩揭陀国王频毗娑罗建立精舍,供释迦居住和讲法,这一"竹林"之名传播中土,凭借译经者对内典的传译。法显(约337—422)是去天竺取经的我国第一人,他归国后撰成《佛国记》,是现存对中外陆海交通的最早的详细记录,其中就有关于迦兰陀长者竹林精舍的记载。② 其后玄奘《大唐西域记》等都有关于竹林精舍的记录,以《百缘经》中保留了佛陀在该处生活传法及其行事的记载最多。随着佛教中国化,佛陀神圣化,那么就给竹林寺带上了许多神圣色彩,所以中国僧人在创作佛教故事时会借用到竹林寺之名,这也是竹林寺在中国佛寺得到命名的先决原因。

其次,竹林精神与中国士人精神相符。竹与士人精神的关系源远流

---

① 司马迁:《史记》,中华书局1982年版,第341页。
② 释法显:《佛国记》,章巽校注,上海古籍出版社1985年版,第113页。

长，对于清雅高洁之士来说，竹均是最美好的理想寄托。用竹来代表我国
传统士人精神品质在先秦时期就已经初步形成。以竹喻高尚品德，古已有
之，在《卫风·淇奥》中有"瞻彼淇奥，绿竹猗猗"。毛序："美武公之
德也。有文章，又能听其规谏，礼自防，故能入相于国，美尔作是诗
也。"① 以竹节之"节"喻士人精神之操守，出现也很早，《说文》云：
"节，竹约也，从竹，即声。"段玉裁注："约，缠束也。竹节如缠束之
状，引申为节省、节制、节义字。"② 由此，我们也就理解魏晋南北朝时
期，名士们对竹林的特殊偏爱。"竹林七贤"的冠名，表明竹林已经成为
当时玄学名士谈玄的象征。受其影响，社会上名士对高僧的评价，也以
"竹林七贤"来比附。《梁传》卷一《晋长安竺昙摩罗刹（竺法护）传》
云："后孙绰制《道贤论》，以天竺七僧，方竹林七贤，以护匹山巨源。
论云：'护公德居物宗，巨源位登论道。二公风德高远，足为流辈矣。'
其见美后代如此。"③ 竹林俨然已经成为玄学名士和佛教高僧的共同美好
象征。佛教在中国化过程中，首先要获得以士大夫为主的统治阶级的支
持，那么竹林精神与中国士人精神的契合，恰恰为两者找到了一个共同
点，所以高明的僧传作者把竹林寺作为一个神化的样板。这同时说明了为
什么同样是印度佛教史上有名的圣寺如祇洹寺等，在我国得不到广泛
命名。

再次，佛教在走向世俗化的过程中，需要一些传奇故事性的佛教传说
来吸引广大信士。释慧皎把《神异》安排在"十科"第三，有二卷，说
明他对此科的重视，在论中说道："神道之为化也，盖以抑夸强，摧侮
慢。挫凶锐，解尘纷。至若飞轮御宝，则善信归降。竦石参烟，则力士潜
伏。当知至治无心，刚柔在化。"④ 指出神异对于"善信归降"，在佛教传
播教化的神奇作用。释道宣把《感通》安排在第六，有三卷，不论从卷
数还是对高僧传主的记载大大增多，指出"然则教敷下土，匪此难弘。
先以威权动之，后以言声导之，转发信然，所以开萌渐也"⑤，看到了
《感通》对吸引佛教信徒的重要作用。释赞宁也把《感通》放在第六，但

---

① 王先谦：《诗三家集疏》，吴恪点校，中华书局 1987 年版，第 265 页。
② 许慎：《说文解字》，段玉裁注，上海古籍出版社 1981 年版，第 189 页。
③ 《高僧传》，第 24 页。
④ 同上书，第 398 页。
⑤ 《续高僧传》，第 352 页。

达五卷之多，比前两僧传所占分量都大。他在论中指出，"若夫能感所通，则修行力至，必有天神给侍是也。能通所感，则我施神变，现示于他是也。能所俱感通，则三乘极果，无不感通也"①。强调高僧佛教修养对于感通所现的关键作用。不管对于出家的僧侣还是在家的信众，都具有一种推动力。高僧传作者对竹林寺的改造，也许就是张伟然先生所说，"中国僧人还能利用印度佛教的某些元素创作出完全本土化的佛教传说"②。

　　综上所述，释慧皎在《梁传》中《神异》未有对竹林寺进行神化的篇章，可以归结于当时竹林寺的影响还不广泛。而释道宣、释赞宁的不谋而合，由于竹林寺的自身所蕴含的象征意义被流传开来，也说明竹林寺的传说已经广泛流传，在僧传中的这种记载可以说是继承传统叙事方式上一种时势使之然的行为，所以在一些篇章出现了不少看起来与僧传不相符合的不能看作是信史的神异记载。一句话，竹林寺在"三朝高僧传"中的掺杂神化色彩变化是佛教历史双向选择的必然结果，是中外文化结合的产物。通过对竹林寺命名来源、"三朝高僧传"对竹林寺记载的考察以及原因探究，可以说高僧传研究为竹林寺佛教研究提供了一定的社会和文化背景材料，竹林寺作为个案为中国佛教史提供了新思路。

（《宗教学研究》2009 年第 1 期）

---

① 《宋高僧传》，第 576 页。
② 张伟然：《竹林寺与桃花源》，《觉群·学术论文集》第三辑，宗教文化出版社 2004 年版，第 197 页。

参考文献

一　佛教典籍

（晋）释道安：《鼻奈耶序》，《大正藏》第 24 册。

（唐）释法琳：《辩正论》，《大正藏》第 52 册。

（明）释明河：《补续高僧传》，《高僧传合集》，上海古籍出版社 1991 年版。

（明）释如惺：《大明高僧传》，《高僧传合集》，上海古籍出版社 1991 年版。

（宋）释赞宁：《大宋僧史略》，《大正藏》第 54 册。

（南朝梁）释慧皎：《高僧传》，汤用彤校注，中华书局 1992 年版。

（唐）释道宣：《广弘明集》，《大正藏》第 52 册。

（明）释心泰：《佛法金汤编》，《卍续藏经》第 87 册。

（元）释念常：《佛祖历代通载》，《大正藏》第 49 册。

（宋）释志磐：《佛祖统纪》，《大正藏》第 49 册。

（南朝梁）释僧祐：《弘明集》，《大正藏》第 52 册。

（唐）释智升：《开元释教录》，《大正藏》第 55 册。

（宋）释惠洪：《林间录》，《卍续藏经》第 87 册。

释惟显：《律宗新学名句》，《卍续藏经》第 59 册。

（宋）释宗鉴：《释门正统》，《卍续藏经》第 75 册。

（元）释觉岸：《释氏稽古略》，《大正藏》第 49 册。

（宋）释赞宁：《宋高僧传》，范祥雍点校，中华书局 1987 年版。

（明）吴之鲸：《武林梵志》，赵一新主编：《杭州佛教文献丛刊》，杭州出版社 2006 年版。

（宋）释元敬：《武林西湖高僧事略》，赵一新主编：《杭州佛教文献丛刊》，杭州出版社 2006 年版。

（宋）释智圆：《闲居编》，《卍续藏经》第 56 册。

释义天录：《新编诸宗教藏总录》，大正藏第 55 册。

（明）释昙噩：《新修科分六学僧传》，《卍续藏经》第 77 册。

（唐）释道宣：《续高僧传》，《高僧传合集》，上海古籍出版社 1991 年版。

《注十疑论》，《卍续藏经》第 61 册。

上述《大正藏》版本（台湾财团法人佛陀基金会 2001 年版）、《卍续藏经》版本（河北佛教协会印行 2006 年版）。

二　古籍资料

（宋）释居简：《北磵集》，《四库全书》文渊阁影印本第 1183 册，上海古籍出版社 1987 年版。

（元）陶宗仪：《辍耕录》，上海古籍出版社编：《宋元笔记小说大观》（六），上海古籍出版社 2001 年版。

（宋）王钦若等：《册府元龟》，中华书局 1982 年版。

（宋）欧阳修：《归田录》，李伟国点校，中华书局 1997 年版。

（汉）班固：《汉书》，中华书局 1964 年版。

（南朝梁）萧绎：《金楼子》，中华书局 1985 年版。

（清）王昶：《金石萃编》，《石刻史料新编》，台湾新文丰出版公司 1982 年版。

（唐）李华：《李遐叔文集》，《四库全书》文渊阁影印本第 1072 册，上海古籍出版社 1987 年版。

（宋）吴处厚：《青箱杂记》，中华书局 1985 年版。

曾枣庄等主编：《全宋文》，上海辞书出版社、安徽教育出版社 2006 年版。

（后晋）刘昫：《旧唐书》，中华书局 1975 年版。

（宋）薛居正：《旧五代史》，中华书局 1976 年版。

金良年：《孟子译注》，上海古籍出版社 2004 年版。

（清）赵翼：《廿二史札记》，王树民校证，中华书局 1984 年版。

（宋）朱弁：《曲洧旧闻》，孔凡礼点校，中华书局 2002 年版。

（宋）洪迈：《容斋四笔》，孔凡礼点校，中华书局 2005 年版。

（宋）张表臣：《珊瑚钩诗话》，《四库全书》文渊阁影印本第 1478 册，上海古籍出版社 1987 年版。

（宋）李廌：《师友谈记》，孔凡礼点校，中华书局 2002 年版。

（清）吴任臣：《十国春秋》，中华书局 1983 年版。

（宋）释惠洪：《石门文字禅》，《四库全书》文渊阁影印本第 1116 册，上海古籍出版社 1987 年版。

（汉）司马迁：《史记》，中华书局 1982 年版。

（南朝梁）刘义庆：《世说新语》，余嘉锡笺疏，上海古籍出版社 1996 年版。

（清）浦起龙：《史通通释》，上海书店影印本 1988 年版。

（元）陶宗仪：《说郛三种》，上海古籍出版社 1988 年版。

（清）永瑢等：《四库全书总目》，中华书局 1997 年版。

（宋）李攸：《宋朝事实》，台湾文海出版社 1967 年版。

（宋）江少虞：《宋朝事实类苑》，上海古籍出版社 1981 年版。

（清）徐松：《宋会要辑稿》，中华书局 1957 年版。

（元）脱脱等：《宋史》，中华书局 1977 年版。

（元）佚名：《宋史全文》，李之亮校点，黑龙江人民出版社 2005 年版。

（唐）魏征等：《隋书》，中华书局 1973 年版。

（宋）乐史：《太平寰宇记》，中华书局 2007 年版。

（宋）宋敏求：《唐大诏令集》，中华书局 2008 年版。

（宋）蔡绦：《铁围山丛谈》，中华书局 1983 年版。

祖保泉：`《文心雕龙解说》，安徽教育出版社 1997 年版。

（宋）范成大：《吴郡志》，中华书局 1985 年版。

（宋）潜说友：《咸淳临安志》，《四库全书》文渊阁影印本，上海古籍出版社 1987 年版。

（宋）释文莹：《湘山野录》，中华书局 1984 年版。

（宋）王禹偁：《小畜集》，《四部丛刊本》，上海书店影印本 1989 年版。

（唐）唐明皇御注：《孝经注疏》，《十三经注疏》，上海古籍出版社 1997 年版。

（宋）欧阳修等：《新唐书》，中华书局 1975 年版。

（宋）吴缜：《新唐书纠谬》，中华书局 1985 年版。

（南朝宋）颜之推：《颜氏家训》，刘彦捷等注评，学苑出版社 2000

年版。

（元）方回：《瀛奎律髓》，李庆甲校点，上海古籍出版社 1986 年版。

（唐）段成式：《酉阳杂俎续编》，《唐五代笔记小说大观》，上海古籍出版社 2000 年版。

（宋）李焘：《续资治通鉴长编》，中华书局 2004 年版。

《续修四库全书》编纂委员会编：《续修四库全书》集部第 1621 册，上海古籍出版社 2002 年版。

（唐）吴兢：《贞观政要集校》，谢保成集校，中华书局 2003 年版。

（宋）司马光：《资治通鉴》，（元）胡三省注，中华书局 1997 年版。

（唐）令狐德棻等：《周书》，中华书局 1971 年版。

（唐）释皎然：《杼山集》，《四库全书》文渊阁影印本第 1071 册，上海古籍出版社 1987 年版。

三　近人论著

卿希泰、唐大潮主编：《道教史》，江苏人民出版社 2006 年版。

陈寅恪：《读书札记三集》，三联书店 2001 年版。

陈士强：《佛典精解》，上海古籍出版社 1992 年版。

陈兵：《佛教辞典》，中国世界语出版社 1994 年版。

严耀中：《佛教戒律与中国社会》，上海古籍出版社 2007 年版。

张曼殊主编：《佛教人物史话》，台湾大乘文化出版社 1978 年版。

杜继文主编：《佛教史》，江苏人民出版社 2006 年版。

张晓华：《佛教文化传播论》，人民出版社 2006 年版。

苏晋仁：《佛教文化与历史》，中央民族大学出版社 1998 年版。

严耀中：《佛教与三至十三世纪中国史》，宗教文化出版社 2007 年版。

夏广兴：《佛教与隋唐五代小说》，陕西人民出版社 2004 年版。

文史知识编辑室：《佛教与中国文化》，中华书局 1988 年版。

方立天：《佛教哲学》，中国人民大学出版社 1997 年版。

苏渊雷、杨同甫等编：《佛学十日谈》，上海书店出版社 1996 年版。

梁启超：《佛学研究十八篇》，辽宁教育出版社 1998 年版。

张国刚：《佛学与隋唐社会》，河北人民出版社 2002 年版。

纪赟：《高僧传研究》，复旦大学博士学位论文，2006 年。

许展飞：《高僧传研究》，华南师范大学硕士学位论文，2005 年。

严耀中：《汉传密教》，学林出版社 1999 年版。

张弓：《汉唐佛寺文化史》，中国社会科学出版社 1997 年版。

任继愈：《汉唐佛教思想论集》，人民出版社 1998 年版。

刘立夫：《弘明集研究》，中国社会科学出版社 2004 年版。

［日］镰田茂雄：《简明中国佛教史》，上海译文出版社 1986 年版。

陈寅恪：《金明馆丛稿初编》，北京三联书店 2001 年版。

陈寅恪：《金明馆丛稿二编》，北京三联书店 2001 年版。

梁启超：《梁启超卷》，河北教育出版社 1996 年版。

郝润华：《六朝史籍与史学》，中华书局 2005 年版。

李最欣：《钱氏吴越国文献和文学考论》，中国社会科学出版社 2007 年版。

［日］池田大作、［英］B. 威尔逊：《社会与宗教》（中译本），四川人民出版社 1991 年版。

陈垣：《释氏疑年录》，上海书店 1990 年版。

陈其泰：《史学与民族精神》，学苑出版社 1999 年版。

郭丹：《史传文学：文与史交融的时代画卷》，广西师范大学出版社 1999 年版。

刘长东：《宋代佛教政策论稿》，巴蜀书社 2005 年版。

顾吉辰：《宋代佛教史稿》，中州古籍出版社 1993 年版。

曹刚华：《宋代佛教史籍研究》，华东师大出版社 2006 年版。

姚瀛艇主编：《宋代文化史》，河南大学出版社 1999 年版。

汤用彤：《隋唐佛教史稿》，中华书局 1982 年版。

陶敏等：《隋唐五代文学史料学》，中华书局 2001 年版。

李斌城、李锦绣等：《隋唐五代社会生活史》，中国社会科学出版社 1998 年版。

范文澜：《唐代佛教》（附录：张遵骝·隋唐五代佛教大事年表），人民出版社 1979 年版。

李映辉：《唐代佛教地理研究》，湖南大学出版社 2004 年版。

周一良：《唐代密宗》（《周一良集》）第三卷，辽宁教育出版社 1998 年版。

郭绍林：《唐代士大夫与佛教》，河北大学出版社 1987 年版。

汤用彤：《汤用彤卷》，河北教育出版社 1996 年版。

汤用彤：《汤用彤学术论文集》，中华书局 1983 年版。

严耕望：《魏晋南北朝佛教地理稿》，上海古籍出版社 2007 年版。

汤用彤：《魏晋南北朝佛教史》，中华书局 1983 年版。

［美］露丝·本尼迪克特：《文化模式》，何锡章等译，华夏出版社 1987 年版。

［日］池泽滋子：《吴越钱氏文人群体研究》，上海人民出版社 2006 年版。

陈兵：《新编佛教辞典》，中国世界语出版社 1994 年版。

严耀中：《中国东南佛教史》，上海人民出版社 2005 年版。

王铁均：《中国佛典翻译史稿》，中国编译出版社 2006 年版。

刘保金：《中国佛典通论》，河北教育出版社 1997 年版。

中国佛教协会编：《中国佛教》（四册），知识出版社 1980 年版。

赖永海主编：《中国佛教百科全书》，上海古籍出版社 2000 年版。

黄忏华：《中国佛教史》，上海文艺出版社 1990 年版。

任继愈主编：《中国佛教史》，中国社会科学出版社 1988 年版。

陈垣：《中国佛教史籍概论》，上海书店出版社 2005 年版。

方立天：《中国佛教文化》，中国人民大学出版社 2006 年版。

魏承思：《中国佛教文化论稿》，上海人民出版社 1991 年版。

吕澂：《中国佛学源流略讲》，中华书局 2006 年版。

胡适：《中国佛学史》，中华书局 1997 年版。

吕澂：《中国佛学源流略讲》，中华书局 2006 年版。

曹之：《中国古籍编修史》，武汉大学出版社 2006 年版。

郑学檬：《中国古代经济重心南移和唐宋江南经济研究》，岳麓书社 2004 年版。

张舜徽：《中国古代史籍校读法》，上海古籍出版社 1962 年版。

方诗铭：《中国历史纪年表》，上海人民出版社 2007 年版。

葛兆光：《中国思想史》，复旦大学出版社 2001 年版。

谢和耐：《中国 5—10 世纪的寺院经济》，耿昇译，上海古籍出版社 2005 年版。

任继愈主编：《中国哲学发展史》（隋唐），人民出版社 1998 年版。

严耀中：《中国宗教生存哲学》，学林出版社 1997 年版。

刘淑芬：《中古的佛教与社会》，上海古籍出版社 2008 年版。

周少川：《中华典籍与传统文化》，广西师范大学出版社 1996 年版。

黄夏年：《中外佛教人物论》，宗教文化出版社 2005 年版。

黄敬家：《赞宁〈宋高僧传〉叙事研究》，台湾学生书局 2008 年版。

周叔迦：《周叔迦佛学论著集》，中华书局 1991 年版。

四　重要论文

金建锋：《释赞宁〈宋高僧传〉的史料价值》，《史学史研究》2010 年第 1 期。

金建锋：《释赞宁著述考》，《古籍整理研究学刊》2010 年第 3 期。

金建锋：《宋僧释赞宁生平事迹考》，《法音》2010 年第 10 期。

金建锋：《"三朝高僧传"与竹林寺》，《宗教学研究》2009 年第 1 期（季刊）。

金建锋：《〈大宋僧史略〉与〈宋高僧传〉成书时间考》，《中国典籍与文化》2009 年第 3 期（季刊）。

于应机等：《北宋僧人赞宁的译学思想》，《宁波大学学报》（人文科学版）2008 年第 1 期。

莫丹：《从〈宋高僧传〉看唐代外国僧人的汉语学习》，《徐州教育学院学报》2005 年第 3 期。

富世平：《〈高僧传〉文学性初论》，《西南民族大学学报》2007 年第 4 期。

杨海明：《简析〈高僧传〉与〈续高僧传〉成书目的及作传理念之异同》，《西安石油大学学报》2005 年第 3 期。

张乃翥：《龙门〈石道记〉碑与宋释赞宁》，《文物》1988 年第 4 期。

李贤民：《〈史记〉附传探微》，《河南师范大学学报》（哲学社会科学版）2000 年第 2 期。

罗书华：《史传的实录及其对章回小说的影响》，《学术论坛》2000 年第 1 期。

易宁、易平：《〈史记〉实录新探》，《史学史研究》1995 年第 4 期。

王振国：《略析〈宋高僧传〉、〈景德传灯录〉关于部分禅宗人物传记之误失——兼论高僧法如在禅宗史上的地位》，《敦煌学辑刊》2002 年第 1 期。

［日］滋贺高义：《三朝高僧传管窥——习禅篇为中心研究》，《大谷学报》1992 年 5 月。

闻人军：《宋初博物名僧赞宁事迹著作考评》，徐规主编：《宋史研究集刊》，浙江古籍出版社 1986 年版。

李剑亮：《〈宋高僧传〉的文学史料价值》，《杭州大学学报》1994 年第 1 期。

（日本）阿部肇一：《〈宋高僧传〉与〈禅林僧宝传〉——北宋之赞宁与德洪之僧史观》，《酒井忠夫先生古稀祝贺纪念论集》1982 年 9 月。

（日本）丸田教雄：《宋僧赞宁之イム教史观》，《龙谷大学佛教文化研究所纪要》1973 年 6 月。

（日本）安藤智信：《〈宋僧传〉著者赞宁之立场》，《印度学佛教学研究》1971 年第 3 期。

（日本）牧田谛亮：《赞宁与其时代》，张曼殊主编：《佛教人物史话》，大乘文化出版社 1978 年版。

聂士全：《赞宁〈大宋僧史略〉述评》，《戒幢佛学》第一卷，岳麓书社 2002 年版。

介永强：《中古西北佛教戒律学考述——以梁、唐、宋〈高僧传〉为中心》，《敦煌学辑刊》2007 年第 2 期。

张松涛：《中国千年佛经翻译的总结者——赞宁》，《外交学院学报》2002 年第 2 期。

（台湾）曹仕邦：《中国佛教史传与目录源出律学沙门之探讨》，《新亚学报》第六卷第一期。

后　记

呈现在读者面前的这本书，是我的博士学位论文修改稿。

时光在不经意间流逝，每当我读阅自己的论文，又会浮现那曾经经历过的人和事，当决定出版之时，心中的一块石头也算落地。

2006年9月，我有幸考入上海师范大学人文学院，师从严耀中教授攻读中国古典文献学专业博士学位。在此之前，我是从未接触过多少佛教知识和佛教文献，是先生的鼓励和悉心指导，让我有幸在洋洋大观的佛教典籍中有所小成，终成了博士学位论文《释赞宁〈宋高僧传〉研究》。

2009年7月，我就职南昌师范学院中文系，为了尽快评职称，把论文中一些颇为精彩的篇章整理投稿，所幸受到一些刊物的青睐。在这期间，博士论文也适当有小修改，加入了一些新的理解和体会。时间一直持续到2013年，就像珍藏的一件文物，自己赏玩久了，是时候拿出来与大家分享，于是开始了出版的系列事宜。

感谢父母和家人对我求学的默默支持，使我可以无后顾之忧的前进。感谢严耀中先生把我引入佛教的殿堂，开拓我的学术视野，对我的学术研究工作具有里程碑的意义。感谢论文答辩主席复旦大学王雷泉教授，答辩委员华东师范大学刘永翔教授、上海师范大学朱瑞熙教授、戴建国教授、曹旭教授等，各位老师在答辩过程中给出了一些中肯的修改意见，给论文增色不少。

感谢中国社会科学出版社凌金良编辑，联系之前，我们素不相识，在论文题目和格式等方面，提供了很多帮助。可以说，这本小书的顺利出版，很大程度上，得益于金良兄的大力支持。

特别感谢南昌师范学院学术著作出版资助资金，感谢学院领导、科研处徐书生处长、中文系韩春萌主任等在本书出版过程中的关心和帮助。

我很清楚，此书的研究和修改未能达到自己的预期目标和专家们所要

求的水平。因为本人学识和能力有限，本书会出现一些错误和疏漏，这些
均由本人负责和承担。

　　学术的高山上充满了无限风光，作为一个攀登者，即使能够前行一小
步也是来之不易，所以我将继续努力。

金建锋

2013 年 12 月 18 日